《周易》與審美文化論稿

谢金良 著

復旦大學出版社

谢金良

男,汉族,1971年生,福建安溪人,南京大学哲学博士,复旦大学中国美学博士后,现任复旦大学中文系教授、博士生导师,兼任复旦大学中国学研究中心副主任、国际易学联合会副会长兼学术部副部长、中国周易学会常务理事、上海市周易研究会副会长、中华美学学会中国美学专业委员会副秘书长、上海市美学学会理事等。

从事周易研究已三十余载。目前主要研究领域为易学与美学、中国古典美学等,已出版《穀梁传漫谈》《〈周易禅解〉研究》《审美与时间——先秦道家典籍研究》《穀梁传开讲》等专著,在海内外刊物上发表学术论文一百余篇。

学术上提出易学与美学的融通,主张在传承古今中外优秀学说的基础上,力求开创时间学来加以重新理解和弘扬,提出妙用文化智慧以化解诸多问题和烦恼,不懈追求真正幸福快乐的人生境界。

目录

导论 《周易》的人生智慧　1

上编 《周易》与文化传承

《周易》与签诗的关系初探　17
二十世纪《易经》来源问题研究的若干考辨　34
吕洞宾《易说》之真伪与内容考论　40
综论我国古代易学及相关术数学的政治决策作用　63
浅谈易学文化的传承与发展　79
上博楚竹书《周易》研究管窥　92
《易经》何错之有？
　　——杨振宁《〈易经〉对中华文化的影响》刍议　105
《易经》与"李约瑟难题"刍议
　　——兼与杨振宁先生商榷　125
俯仰千古学术　堪称一代宗师
　　——略论黄寿祺先生的学术成就　137
论郭沫若易学研究的主要特色　159

悟数理之易　尽变化之道
　　——易学研究方法略论　　　　　　　　167
关于孔子与《周易》学说的若干思考　　　　　183

下编　易学与美学研究

《周易》"中和之美"：中华审美文化的基因　　219
融通之境的寻求
　　——当代易学与美学研究史抉要　　　　225
关于《周易》与美学的若干思考　　　　　　　246
四圣一心　必中必正
　　——对易学文化与中华文明的若干思考　260
也谈《易经》阴阳爻与儒、道美学　　　　　　277
论《易经》对孔子天道观的影响　　　　　　　294
略论《周易》对两汉经学美学的影响　　　　　311
试论《周易》对西汉董仲舒审美观念的影响
　　——以《春秋繁露》为研究对象的考论　　325
综论《周易》对宋代审美文化的影响
　　——主要以理学为视角　　　　　　　　339
《周易》对阳明心学美学思想的影响　　　　　366
易学研究中若干重要问题的反思
　　——尚秉和《周易尚氏学》管窥　　　　391
百年未有之大变局中的中国易学与美学　　　　404

后记　　　　　　　　　　　　　　　　　　　423

导论 《周易》的人生智慧

《周易》是本高深的书，蕴含着丰富的人生智慧。清代修《四库全书》，把中国古代的典籍分成"经、史、子、集"四部，经部主要是儒家的典籍，主要是"十三经"。在汉代，人们就已经意识到，《易经》是所有经典的本源，是最重要的，所以在汉代便有"《易》冠居群经之首"的说法。这里面很可能跟传说"孔子作《易传》"是有关的，因为相传孔子晚年对《易经》特别重视。当儒家被尊为独一无二的地位的时候，《易经》也就随之被高度重视了。

要理解《周易》蕴含的人生智慧，首先应该对《周易》学说有一些常识性的基本了解，方能更好地把握该经典的学术价值与意义。

一、《易》之经传

《周易》的内容有哪些呢？我们首先要知道是"先经后传"。《周易》从书名来看好像是一本书，其实一般是指两本书。第一本指《易经》，这本书包括卦爻与卦辞、爻辞。卦一共有六十四个，每一卦都有对应的一则文辞叫卦辞，总共有六十四则卦辞。每一卦有六个爻，每一爻又都对应一则文辞，叫爻辞，总共有三百八十四则爻辞。但是有一个比较特殊的现象，《易经》的《乾》卦多了一则"用九"，《坤》卦多了一则"用六"，这两则文辞具有爻辞的意味。如果这两则文辞可算作爻辞的话，那么可以说《易经》是有三百八十六则爻辞的。

《易经》成书时间比较早,它成书的时间现在有争议,但是大概可以认为是在商末周初。《易经》刚开始主要是用于占筮,所以流传一般只限于官方。相传晚年的孔子读《易》"韦编三绝",且写有《十翼》,也叫《易传》。通常的说法认为有七种十篇:即《彖传》上下、《象传》上下、《文言传》(只有《乾》卦和《坤》卦有《文言传》)、《系辞传》上下、《说卦传》、《序卦传》、《杂卦传》,总共是七种,合起来是十篇。因为《易经》分成上下两篇,就是所谓的上经和下经,所以这些传文有的也随经分上下。所谓"翼",就像经的翅膀一样,具有辅翼之义。

《易经》和《易传》是两部书,《易传》是用来解释《易经》的,两者相隔几百年,因此不能把《易传》和《易经》简单地等同起来。《易传》又是迄今为止所能见到的最早的一部全面完整解释《易经》的著作,所以一般认为它是我们了解和研究《易经》必读的书。刚开始的时候《易经》和《易传》是分开的,后来由于儒家被独尊之后,大家就发现读《易经》必须读《易传》,《易经》和《易传》就合成一编了。刚开始的时候是《易经》在前面,《易传》在后面,后来可能是为了阅读的方便,慢慢地就把《易传》的内容参附到《易经》中,所以就出现了《易经》与《易传》的合编本。这个合编本也叫经传参合本,比如说《文言传》就分插到《乾》卦和《坤》卦的后面,《彖传》都分别放置到每一卦的卦辞后面,而《系辞传》以下几传仍放到经文的后面。到了宋代,很多学者,包括吕祖谦、朱熹等人就反对这种做法,认为它是变乱古制,所以就改过来。但是到了元代以后又变回去了。所以,我们今天看到的《周易》大都是经传参合本。这就很容易让我们误解《易经》和《易传》是同一本书,其实不是的,这是一个很大的误区。

经传参合本《周易》,仍有一个地方,体现出经传的隔离。我们知道,《易经》总共有六十四卦,每卦都有相应的《彖传》《象传》

穿插于卦爻辞后，紧接六十四卦之后才是《系辞传》《说卦传》《序卦传》《杂卦传》。而这其中，仅有第一卦《乾》卦告诉我们，《易经》是《易经》，《易传》是《易传》。也就是说，《乾》卦是先卦名，然后卦辞，接下来是爻辞，爻辞以后才是《彖传》《象传》《文言传》，这仍然是把经和传分开的。而到了《坤》卦的时候就不一样了，卦名、卦辞之后，接着是《彖传》，然后是《象传》，完全是经传参合在一起的形式。所以，只能从《乾》卦遗留的形式来看，才知道经传按理说本来就是应该分开的。

二、阴阳与八卦

《周易》卦爻是由两个重要符号构成的，一个是阴爻（— —），一个是阳爻（——）。通过阴爻和阳爻排列组合以后出现了八卦。每个卦都有一个符号，叫卦形，也叫卦符；又都有一个名称，叫卦名。这八个卦是乾、坤、震、巽、坎、离、艮、兑，这八个卦都是有形有象的，有主要的象征物，还有主要的象征意义。比如说乾象征天，因为它的三爻都是阳爻，一般认为阳是主动，阴是主静，阳气的方向是朝上的，阴气的方向是朝下的。古人认为乾（☰）的三爻都是阳爻，表明阳气非常充盛，没有一点杂质，所以把它象征为天。天有什么意义或特性呢？天体刚健，运行不已，所以就取了一个本义叫"刚健"。《乾》之《象传》有句话，叫做"天行健，君子以自强不息"，就是取自乾的本义。

坤（☷）的三爻都是阴爻，表明它一团都是阴气，阴气重浊，方向是朝下的，容易凝结，凝化成大地，所以坤的主要象征物是大地。大地的最重要特性就是非常柔顺，能容载万物，所以就取了一个本义叫"柔顺"。《坤》之《象传》有一句话，叫做"地势坤，君子以厚德载物"，就是取自坤的本义。如果说乾代表的是一种能力，坤代表的是一种德行，那么一个人只有能力是不够的，还必须有德行。乾健坤顺，阳刚阴柔，两者合德，就是希望我们做人要力求德才兼备，既才艺出众，又能厚道有德行。

再看震（☳），上面两个阴爻，下面一个阳爻。阳爻的方向是朝上，阴爻的方向是朝下，它的主要象征物是雷。春天到来的时候，阳气萌生，表面上还很阴冷，使得此时容易发生阴阳交战，所以就会出现打雷。打雷的时候是天摇地动，所以震具有"动"的意义，本义就是奋动。

再看巽（☴），它刚好跟震是相反的，下面一个阴爻，上面两个阳爻。所以巽表面很热，而底下有些地方很冷，所以就形成风。而风的特性是无孔不入，所以巽的主要象征物是风，本义是驯入。

坎（☵）卦可以有多种观法，坎为水。第一种观法，下面一个阴爻，上面一个阴爻，中间是阳爻，如果把阴爻看作是静的，把阳爻看作是动的，那么上下阴爻就像静止的河岸，中间的阳爻就像流动的水，所以说坎为水；第二种观法，如果把中间的阳爻，即阳为刚当做坚硬的土层，上面是地上水，下面是地下水，所以也可以看出是有水的意象；第三种观法，如果把阴爻当作氢原子，把阳爻当作氧原子，这刚好和水的化学分子式（H_2O）是一样的，所以坎具有水之象。还有一种观法，中间的阳爻就像孤岛，四周就像茫茫的大海，都是水，人在孤岛上是孤立无援的，所以它是很危险的，或者说只要有水的地方都是凹陷的，所以坎的本义是险陷。

离（☲）为火，任何看得到的火都必须附着在一定的物体之上，所以离的本义是附丽，必须是有所依附的。从这个卦象可以联想到火焰。作为火焰有内焰、外焰、中焰之别。一般内焰和外焰温度是比较高的，中焰温度是相对比较低的。从这个象可以看到，离也有这么一个特点，阳代表比较热，阴代表比较冷。离卦还有一个象征，就是离为日，因为太阳看起来也是一团火。离还可作为目，这直接从离的卦形就可发现，☲真像眼睛。

导论 《周易》的人生智慧

艮（☶）的主要象征物是山。这个卦象下面是两个阴爻，这两个阴爻就像大地，上面隆起来的是阳爻，就像地上隆起来的高山，所以艮有山的象征。而大山会阻止人们的去路，所以艮的本义是止，即抑止。

兑（☱）为泽，下面两个阳爻，上面一个阴爻，下面两个阳爻是刚硬的土地，上面有浅浅的水。在八卦中，坎为水，其实兑也为水。但是坎的水是流动的，而兑的水是相对不流动的，一般是指湖泊的水，而有湖泊的地方，景色是比较美丽的。因为兑是可引起人们喜悦的，所以兑的本义是欣悦。兑还有不少取象，如兑为羊，兑为少女等，这些取象都围绕着本义，就是能够使人高兴。

以上是关于八经卦的主要取象和取义，这里仅作简单通俗的疏解，难免挂一漏万，也未必很准确，目的是想让大家对八卦有一简易直观的了解。另外，南宋朱熹编了一首《八卦取象歌》，可以帮助我们理解和记忆："乾三连、坤六断；震仰盂，艮覆碗。离中虚，坎中满；兑上缺，巽下断。"大家如果想学《周易》，首先就得把八卦的卦形、卦义及其象征物牢记在心。

三、六十四卦

《周易》的主要内容就是卦、爻、辞、传。《易经》就是指六十四卦及其卦爻辞，具体包括卦符、卦名、卦辞、每卦六爻爻辞；《易传》部分就是相应于经文的传，传主要是来解释《易经》义理的。我们刚刚说的八卦，古人叫做经卦，这八个卦两两重叠以后就变成了六十四个卦，这六十四个卦起于《乾》《坤》，终于《既济》和《未济》。《周易》总共六十四卦，分成上经和下经。按理说应该是上经三十二卦，下经三十二卦，而古人的分法却是上经三十卦，下经三十四卦。

在这六十四卦里面，我主要举两个卦作一个简单的讲解。同样是由乾卦和坤卦组成，一个是坤卦在上，乾卦在下，这个叫"泰"卦（䷊）；另一个是乾卦在上，坤卦在下，即"否"卦（䷋）。为什么同样是由乾和坤组成的，顺序一换意思就截然相反呢？因为《易经》主要讲的是阴和阳的关系，而凡是阴和阳能够配合交感的，就被认为是吉祥有利的。"泰"卦是坤在上乾在下，坤的方向是朝下的，乾的方向是朝上的，一个下降一个上升，两者就能相遇，能交感，犹如天地相合，所以是通泰之象。相反，"否"卦是乾在上坤在下，乾是阳气，是上升的，坤是阴气，是下降的，没有交感，所以是否塞之象。在《周易》的六十四卦卦序里面是先"泰"后"否"，似乎在告诉人们要从泰到否只有一步之遥，而要从否到泰却是很难的，因为隔了六十三卦，所以我们常说的"否极泰来"其实过程是很艰难的。

四、《周易》的基本原理

讲到《周易》的基本原理，一般都会提到四个字，叫象、数、理、占。这里面可以归结为：观物取象、观象系辞、假象寓意、数理占测。第一是"观物取象"。在《易传》之《系辞下传》中有记载："古者包牺（伏羲）氏之王天下也，仰则观象于天，俯则观法于地，观鸟兽之文，与地之宜，近取诸身，远取诸物。于是始作八卦，以通神明之德，以类万物之情。"这告诉我们八卦是通过圣人长期的观察总结出来的。八卦是由阴爻和阳爻组成的，那么，阴爻和阳爻是不是伏羲创造的？在伏羲时代有没有阴阳的概念？这些到现在都是悬而未解的问题。

但是这则记载让我们知道，《周易》最初是来源于圣人的"观物取象"。通俗地说，以前先人就是用符号给宇宙、给万事万物"照相"。最模糊最笼统的"像"就是阴阳两种爻象符号，再具体一点就是四象，再具体一点就是八卦。八卦其实是一个比阴阳更清晰一点的象，而六十四卦就更具体清晰了。依此类推，到了当今的数码成像，就非常清晰了。《系辞下传》说"易者，象也；象也者，像也"，我看就是这个道理。

第二是"观象系辞"。有了六十四个卦爻符号以后，还要给它编排卦序，之后还要每一则系上一则文辞，每一爻也还要有相应的文辞。而且《周易》的文辞是跟卦形卦象结合在一起的。关于卦爻辞的作者，有各种各样的说法。有人说《易经》的卦辞是周文王所作，而爻辞是他儿子周公所作。还有些人认为《易经》的卦辞、爻辞只能是周文王所作。我们要知道，卦形符号出现很久以后，可能是没有卦辞的。或者说有卦辞，但是那些卦辞有好几个版本，到了周文王这个版本比较为大家所公认。因为《周礼》里面有记载，相传在远古的时候有三部《易》书：《连山》《归藏》《周易》。《连山》据说以前是起源于神农后用于夏代，《归藏》是起源于黄帝后用于商代，而《周易》是源于周文王后用于周代。《连山》《归藏》《周易》的卦序都是不一样的，《连山》是以《艮》卦为首，《归藏》是以《坤》卦为首，《周易》是以《乾》卦为首。遗憾的是，《连山》《归藏》已经失传。

第三是"假象寓意"。就是我们要了解《周易》的思想是怎么通过象来表达的。通过象来表达的卦形是一个象，卦爻辞也是象，只是更具体而已。"假"就是凭借，即凭借卦象、卦爻辞，蕴含深刻的哲理。然而象和具体的事物虽是密切联系的，但是不能等同的。此外，"数理占测"是说明《易经》具有占筮的功用，能够通过象数与义理的推算，达到彰往而察来。这也是很多人特别感兴趣的话题。

五、《周 易》学 史

关于《周易》的作者时代，《汉书》里面认为《易》是"人更三圣，世历三古"。三古对三圣，上古是指伏羲，中古是指周文王，下古是指孔子。这个古即我们今天所指的先秦时期了。然而也有很多不同的讲法。比如说《易传》可能有一些东西是孔子之前或之后的，而有些东西是孔子自己说的，一般认为《易传》的主体内容大多源于孔子。

《周易》从汉代以来主要分成两派，一个是象数派，一个是义理派。象数派主要是进一步发展《易经》里面的象和数的一些原理，它主要是用来预测的。而义理派主要是揭示《周易》的哲学思想。最著名的是东晋的王弼，包括宋代一些理学家如程颐、朱熹等，主要是揭示《周易》的义理。这些派别又有不同的分支，到清代学者认为主要有两派六宗，到今天还是有很多不同的争论，但是大家基本上形成共识，认为研究《周易》必须象数和义理兼顾。

《周易》是一本"用于占筮预测"的书，一直都是如此。学《易经》也要学怎么占卜，通过学占卜才能够更清楚地了解《周易》的原理。占卜的方式是多种多样的，主要有三种：第一种，原始的占筮法，是用蓍草来占卦的，五十根蓍草，经过四营十八变的演算，最后得出一个卦，然后通过一些规则去查对卦辞和爻辞。但是，查找的结果还是有不同的理解，即卦爻辞说凶不一定凶，说吉不一定吉，还要根据条件来分析，根据所求测这件事情的具体前提条件来分析。这种方法推算是很麻烦的，也不太好解释，所以到了汉代就开始改变了。第二种，汉代发明用铜钱摇卦，叫纳甲筮法，三个铜钱摇一摇，六爻出来，就成为一个卦。

第三种，北宋有一位著名的易学家邵雍（谥号康节），他发明一种算卦方法叫"梅花易数"，他可以随便根据任何东西起卦，敲门声可以起卦，时间可以起卦，名字也可以起卦。起卦以后怎么得出卦呢？要先找出数字，这个数字根据先天八卦图的顺序：乾、兑、离、震、巽、坎、艮、坤对应1、2、3、4、5、6、7、8。比如说数是1，1就是乾，数是7就是艮，一个上卦，一个下卦就能够组成一个六爻的卦。通过这个卦再跟金木水火土五行结合起来,又是另外一种解释的方法。

六、《周易》的智慧

现在我们回到主题,谈谈《周易》的人生智慧。首先谈《易传》的智慧。在我看来,今本《易传》与人生智慧相关的,主要有四方面的思想。

第一,变动不居,与时偕行。对《易经》的解读,《易传》作者发现,人们所处的世界无时无刻不在变化,犹如卦爻一样是"变动不居,周流六虚,上下无常,刚柔相易"。因为世界无时无刻不在变化,所以我们不能固执行事。那该怎么办呢?对此《易传》大致有一个指导思想,概括起来就是"与时偕行",跟随时代的主旋律,做到以不变应万变。

第二,自强不息,厚德载物。自强不息代表的是能力,厚德载物代表的是一个人的品行。我经常联想林则徐的"无欲则刚,有容乃大"来对应自强不息与厚德载物。自强不息就是要无欲则刚,才能够生生不息;厚德载物就是要包容万物,才能够德配天地。

第三,居安思危,进退存亡。这是从《乾》卦看出来的,其《文言传》解释说:"亢之为言也,知进而不知退,知存而不知亡,知得不知丧,其唯圣人乎!知进退存亡,而不失其正者,其唯圣人乎!"这是从《乾》卦上九爻辞"亢龙有悔"现象中总结出来的,其中蕴含着深刻的哲理,如物极必反、处盛戒盈、刚柔相济等。此外,《系辞下传》也明确指出:"是故君子安而不忘危,存而不忘亡,治而不忘乱。是以身安而国家可保也。"晚明高僧蕅益智旭曾认为这句话是万古之正理。

第四,循序渐进,防微杜渐。这是从《坤》卦看出来的,其《文言传》解释说:"积善之家,必有余庆;积不善之家,必有余殃。臣弑其君,子弑其父,非一朝一夕之故,其所由来者渐矣!由辩之不早辩也。"这是从《坤》卦初六爻辞"履霜,坚冰至"的现象中体察出来的道理。《系辞下传》进一步指出:"善不积不足以成名,恶不积不足以灭身。小人以小善为无益而弗为也,以小恶为无伤而弗去也,故恶积而不可掩,罪大而不可解。"跟"勿以善小而不为,勿以恶小而为之"意思差不多。"循序渐进,防微杜渐"已经成为成语了,大家都很清楚,但是我们最容易忽视,因为我们的习惯往往会让我们忘记这句话。

以上四方面可以说是《易传》里面最主要的思想精髓。这些思想来自哪里呢?就是来自对《易经》的解读。所以,我们要看看《易经》是不是真有这些思想蕴含。不妨以《乾》卦为例。

《乾》卦(䷀)底下这一爻叫初九爻,初爻是得位,三爻也是得位,五爻也是得位,也称作"当位"或"得正",即阳爻居阳位(凡是奇数位,如初位、三位、五位,都属于阳位;反之,如二位、四位、上位,都属于阴位)。另外像《乾》卦中二、四、六都是阳爻居阴位,所以就叫"失位""不当位"或"失正"。一般认为,凡是当位的爻义多显示为吉,不当位的多显示为凶。一个六爻卦,如果三等分,即每两爻一分,上面两爻代表天,中间两爻代表人,下面两爻代表地,叫天地人三才。这些是基本的读《易》条例,有如开门的钥匙,学《易》者务必牢固掌握和灵活运用。还有不少相关条例,大家可找专书了解,此不多言。以下主要谈谈《乾》卦爻辞的象征与蕴含。

"初九,潜龙勿用。"整个《乾》卦有一个主要的象征物是龙,龙要到天上下雨,首先要潜伏在海底里面吸水,所以初九爻拟象为"潜龙"。这个时候,就相当于我们年轻时所处的学习阶段,属于学习的黄金时段。因此,这个时候应以学为主而"勿用"(不要过多施展才用)。勿用不完全等于不用,所以"潜龙勿用"的结果没有直接显示吉凶，可以理解为不吉也不凶。至于是吉是凶，就要看其所处的具体情况了：你如果去用了可能就不好了。这个勿用没有告诉你吉凶，因为它有后来发展的情况。但是初九是得正，就是当位，总体上爻义还是比较好的。

"九二，见龙在田，利见大人。"九二是居中，但是它不当位、不得正。凡是居中之爻，爻义都是比较好的，如果又是当位，就属于"中正"之爻，那么爻义一般都是大为吉利的。《周易》中，单单《乾》卦就出现两个"利见大人"，但是不一样。我理解九二的"利见大人"是仰视，虽然旁边能看到很多大人，但是这个时候是仰视（自己地位相对大人低卑），而到飞龙在天的"利见大人"则是俯视（自己地位高于所有大人，如同天子临朝）。九二代表崭露头角，这个龙从水里面飞上来了，好比人们地位上升了，开始走进了社会走近了大人（大有作为的人，大有权势的人都属于大人），但是此时毕竟还是处于低位的，故爻义也没有直接显示为吉利。

"九三，君子终日乾乾，夕惕若，厉，无咎。"本来是龙象，到了九三爻辞，龙没有了。三是属于人位，所以取君子为象征，大概是认为"君子犹龙也"，即君子具有人中之龙的象征意义。乾乾就是健健，整天振奋不已。夕就是晚上。惕就是警惕。白天很努力，晚上还很警惕。厉就是危险。无咎就是没有吉也没有凶。对"咎"字我有一个理解比较特别：天文学里面有一个测时的仪器叫"晷"，这个晷就像太阳底下的阴影，我们有过错就像有阴影，如果没有这个阴影就表示你没有什么太大的遗憾，也没有太大的收获，就是平安无事，无吉无凶。九三是当位，但不居中，它是在下卦之上，但又是在上卦之下，所以《周易》一般认为三是多凶，这个时候上不去，又很容易得意忘形。所以《易经》告诉我们这时一定要很努力，虽然有点小成绩也一定要终日健健不已，否则容易朝不保夕。

"九四，或跃在渊，无咎。""或"是可上可下。这个时候很重要的一个字是"跃",能够跃得过去就是上,跃不过去就会跌下万丈深渊,粉身碎骨。关键是要主动积极地"跃"。所以《易传》认为"二多誉,四多惧",因为此时要时刻有所警惧,懂得审时度势,积极进取,争取让自己升到第五爻。

"九五,飞龙在天,利见大人。"第五爻是居中,而且又是当位得正,所以是既中且正,这一爻也叫九五至尊,所以一般也把皇帝比作这一爻。前已说过,两处爻辞都有"利见大人",二爻时是仰视大人,这个时候应该是俯视大人,所以爻所处的位置很重要。但是好景都不长,《周易》始终贯穿着物极必反的思想,稍好一点就转向不好,所以时时刻刻都要警惕自己,即使到了九五爻也要警惕,因为很快这个龙就会飞得过高。

"上九,亢龙有悔。"亢就是高亢,亢龙飞得过高了就会导致后悔。所以到了上位,《周易》的作者一再警惕,做人一定要懂得居安思危,一定要舍得,要功成身退,由刚转柔。这也就是进退存亡之道。《论语》中孔子告诫我们:少年要戒之在色,中年要戒之在斗,晚年要戒之在得。上爻就是人生最有得的时候,如果什么都要,就会物极必反,所以这也是最危险的时候。总之,从《乾》卦中我们大致可以看出:《易传》里面所反映的一些思想,都是从《易经》的卦爻辞归纳出来的。

再举另外一卦为例:《谦》卦(䷎)。《周易》六十四卦,从大的方面来说无所谓好卦和坏卦,也无所谓好爻和不好爻。但是如果真的要论是不是有好的,那只有一个《谦》卦:"谦卦六爻皆吉",意思是此卦的六则爻辞,下三爻都显示"吉",上三爻都显示"利",可见其六爻之辞义都是吉利的。其卦辞"谦:亨,君子有终。""谦",就是谦虚。"亨",就是亨通。"有终"有两层意思,一个是只有真君子,才能够谦虚体现得自始至终,有始有终。另外一个意思是,真正谦虚的人才能够得到善终。从这个卦象来看,谦下卦是艮,艮为山,上卦是坤,坤为地。山本来比地高,但是它却甘居在地底下。好比一个才

导论 《周易》的人生智慧

德很高的人愿意自卑,就是一种谦,所以谦的前提是本身就很高,本身不高就没什么好谦虚的。古人说"谦受益",即一个谦虚谨慎的人能赢得大家的赞赏和肯定。因此,我们还是要继续保持和发扬这种谦虚的美德。

除了《周易》的卦辞、爻辞有这样关系人生处世的思想之外,卦序里面也包含了非常多的智慧。如以《乾》卦为首,似乎告诉我们要自强不息,要不失时机地进德修业;而最后一卦是《未济》卦,之前一卦是《既济》。既济是完成的意思,但是《易经》的最后一卦不是既济,而是未济,张善文教授总结出一句话叫"没有句号的人生进取"。由此方知,我们人生的进取永远都没有句号。每个人都有很多责任和义务需要担当,所以我们要认识这个问题,知道"没有句号"的含义,懂得这种持久不息的努力和奋斗。人生在世,不管是学习还是创业,只要一停下来就像逆水行舟一样不进则退,所以人生一定要不失时机地进德修业,一定要持续不断地积极进取,才能从成功不断走向成功,才能减免失败之苦而多享成功之乐。

七、结　语

以上,我们立足于对《周易》的经传、卦爻的基本认识,总结了《周易》的主要思想,意在说明《易传》思想并非凭空杜撰,而是来自《易经》卦爻辞的深刻蕴含。而卦爻辞思想又是源于阴阳变化之道,以此解释各种玄妙哲理,使得"唯变所适"的玄妙《易》道在人生无常的现实背景下,凸显出审美光芒,凝聚出一束离苦得乐的智慧之光。于是,人们不但可以透彻理解易学的玄奥,解开人生的疑团,知其然而知其所以然,而且可以善辨阴阳的关系,自然的法则,以不变应千万变,与时偕行,以简驭繁,守持正固,永守其中,由此而行人生至乐之道。

（原载《先典新识》第一辑，上海人民出版社 2011 年版，第 73—89 页。本文是讲座的整理稿）

上编

《周易》与文化传承

《周易》与签诗的关系初探

《周易》是我国古代一部特殊的哲学名著，也是我国现存最早的卜筮专著。它以极为特殊的体系和表达方式，为我国术数学的建立与发展奠定了牢固的基础。术数学中的占卜术是一种古老而又神秘的文化现象，《诗经》《尚书》《左传》等先秦典籍都有关于占卜的记载。至于《周易》，则凝聚了远古人民有关天文、地理、人事等方面的认识与经验，但因其创成之后，最突出的效用是占筮，故被奉为古代占卜术的经典。

《周易》是中国传统文化的源点，更确切地说，《周易》是中国神秘文化的源点。那么，作为一种既神秘又普遍的文化现象——签诗，与《易》卦占卜术之源《周易》之间肯定有着千丝万缕的关系。对签诗的研究无疑有补于对《周易》的研究，有益于人们对《周易》价值的正确认识。事实上，签诗作为一种独具特色的占卜文化现象，在中国思想文化史中是应该占有一席之地的；而从古至今的许多学者都把它忽略了，甚至始终把它当作简单的迷信现象来看待，没有进行必要的合理的分析研究，这实在是中国文化史研究的一大憾事。有鉴于此，本文拟在简介签诗所特有的集古代中国占卜、诗歌、各种思想于一身的体系的基础上，从《易》学的角度对签诗现象溯本求源、辨别真伪，尽可能揭示出《周易》与签诗之间几种固有的关系，以下分两个方面加以论述说明。

一、签诗概况

（一）对签诗的定义

签诗，亦称作"签书""签辞""签词"，它是求签占卜所特有的一种卜辞形式，是一种独特的文化现象。从形式上看，签诗是介于诗语与常语之间的一种特殊语言格式。此处的诗语特指中国古代韵律诗的语言，常语则指自古迄今人类日常使用的语言。签诗属于诗语，因为它既具备了韵律诗的形式，又具备了诗的审美功能。如："雨雪两纷纷，梨花深闭门。且须回旧迹，未可向前村。"（《清水祖师灵签》）但是，签诗又属于常语，因为它是以诗语为媒介专供占筮之用，具有直接的实用价值。签诗正是以这种特殊的语言格式，得以在民间世代流传。从功能上看，签诗仅供占卜之用是很显然的，但是签诗用于占卜又不同于占卦和推命。占卦的方法较为复杂，既有"人谋"，也有"鬼谋"，运用起来不容易得心应手，而推命是根据人的生辰八字从宏观上预测一生运程的，对人们的日常琐事顾及不多。可是，签诗却能对人们普遍关心的问题，诸如求官、谋事、婚姻、疾病、科考、六甲、诉讼、家宅（包括全家吉凶兴衰及修建、购买房舍等事）、田蚕六畜收成好坏以及堪舆等大小问题，通过抽取签诗予以迅速地解答。可以说，利用签诗来占卜比其它的预测方法，更简便且所测之事更繁多。从以上的分析不难得出：所谓签诗，就是一种以古代韵律诗为形式并仅供求签占卜之用的特殊语言形式和术数形式，是一种兼有哲学和文学色彩的卜辞。

（二）签诗生成、演变小史漫谈

真正意义上的签诗产生的年代相对较晚，大概是魏晋时期。因为签诗的生成必须同时具备以下三个有别于卦爻辞的本质特征。

第一，卜辞必须是韵律诗的格式，一般是五言或七言，也有四言诗。如"清风与明月，便是无价珍。团圆三五夜，何处不光明"（《清水祖师灵签》）具备五言诗的格式，明显有别于《周易》卦爻辞等非诗语的卜辞形式。另外，签诗都由几十首乃至几百首的诗构成一个有机的体系，而不是单一或零乱的。

第二，签诗必须是供占测人事吉凶之用的。即唯一的实用功能是占卜，而不像文学意义上的诗歌均以审美功能为主。这样，签诗就有别于文学意义上的写景诗或叙事诗。如著名的唐诗三百首，因为它不是供占卜之用的，就不能（也不会）被称作签诗。

第三，占卜的方式必须是抽签的卜筮法。即这种卜辞的名称是因其卜具（竹签）和语言格式（诗语）而得来的。这一特点又使签诗有别于其他占卜（具有诗语形式但卜具不同）的卜辞，如《焦氏易林》中的大量四言诗，因其用于占卜的方法不是"抽签"的方式，而不能称为签诗，只能称为卦诗和繇辞。当然，要是这些卦诗也用于抽签，自然也是可称为签诗的。

纵观历史，我国到了汉代才具备了五言或七言等诗体形式，之后诗歌才逐渐被用于占卜。可是，抽签这种占卜方法的出现却是在魏晋时期。卫绍生先生在《中国古代占卜术》一书中认为，《易》卦占卜的方法在魏晋南北朝时期有了新的发展，术士们把《易》卦的内容浓缩成数句易记易背诵的韵文或诗歌，刻在竹签上，然后根据卜者抽得的签来占卜吉凶祸福。其法最早见于晋代术者郭璞。当时已改变了用金钱占卦的传统做法，而是将卦象和释卦的诗句都刻在竹签上。这虽然只是简单的技术问题，但却从根本上解决了以前占卦难免的随意性的问题。不过，新的问题又出现了，一些仅知《易》卦皮毛，甚至根本不懂《易》卦的人，也凭借竹签和简单明了的诗句，到处招摇撞骗，民众不免上当饱受其害。《易》卦占卜术经过了魏晋时期的转变之后，形式基本上固定下来，这就是今天见到的那种形式：算卦先生手持一竹筒，筒内装有卦签（数量多少不等，视人而定），卦签上刻有卦象和释诗。有求签者，算卦先生持竹筒用力摇，使各卦签的位置自然排列,求签者任意抽出一根卦签,或由算卦先生摇出一根卦签,然后算卦先生就根据签上释诗来推测求签者的吉凶祸福。

签诗发展到宋代体例还很不完整,其内容最简单如《洪恩灵济真君灵签》和《灵济真君注生堂灵签》只有四句签诗,并无解说。如《洪恩灵济真君灵签》:

第一签　上吉
龙韬豹略枢奇谋,若遇明时即献筹。
世道风波多勇猛,好从静处细沉浮。

第五十一签　下
人情依旧不如新,五十年来又一旬。
是事总由心上渐,道傍筑舍不须论。

这种签诗费人揣摩,对一般祈神求签问吉凶去向的人并不解决问题,难于满足他们的要求。所以一般神签都不采取这种简单的方式而于签诗之外再加解说,明确写出神的旨意。例如《护国嘉济江东王灵签》:

第四签　下下
去年百事颇相宜,若较今年时较衰。
好把瓣香告神佛,莫教福谢悔无追。
解曰:先凶后吉,时运将泰。谋事无成,顿非前比,秉诚祷神,以求福祉。否则不觉,悔无及已。

但是,这样的体例还不能很明了地解答求卜的问题。我们再看一例:《玄天上帝感应灵签》共49签,每签都有四字标题概括全签大意,如"飞龙变化""否极泰来""枯木逢春""明月当空"等;每签之中均有八首七言体诗分别对"圣意""谋望""家宅""婚姻""失物""官事""行人""占病"作释,且都有"解曰"对本签所测之事作出更为具体的说明。这就是把求神问卜所关心疑虑的问题加以分类并以诗的形式一一做出指示或暗示性的解答,所以后世的签诗解说大多采取这种方式以满足祈求者的需要,而那种笼统的几句诗又无附加解说形式的则逐渐被淘汰。后来,当签诗进入宫观寺庙和大量流入民间之后,尤其是随着人们思维的缜密和演算经验的丰富,签诗也逐渐跟阴阳五行、九宫八卦、天干地支、爻辰纳甲、历史典故、名人注解以及点验之事等相联系,逐渐形成一个庞杂的占卜系统,这个系统也逐渐复杂化,以至于只有那些职业算命家才能很好地掌握。比如上面所举的《护国嘉济江东王灵签》发展到清末民国初时,已面目全非。在该签诗体例中增加了不少新的内容。

1. 章头典故。即每一首签诗所引用的典故名称,如"秦王三跳涧""薛仁贵征西"等,并简介所引典故的情节梗概。这些典故大多取自神话传说、仙话传说、传奇小说等体裁中的典型人物故事。

2. 纳甲。每一首签诗都有相应的天干符号与之相配,如"甲丁""甲戌";有的还标明属于哪一宫,如"乾宫""丑宫"等。

3. 圣意。即原始的释义,大概是古人认为这是神灵的谕示,或是所谓圣人的释解,故得此名。"圣意"都是以诗的形式出现的。

4. 名人注解。如"东坡解化""碧仙注",这些解注可能比"圣意"较迟出现,但却往往从另外的角度来对签诗加以解释以补"圣意"解注之不足。

5. "解曰"和"释义"。即后人重新加以详细明了的注解,一般不采用诗文形式,较浅易;并同时对签诗内涵加以解释,如《关帝签第四首·释义》:"此言名利之机,祸福之由也。尤当预图,免致噬脐,悔之晚矣!今年时运衰,言谋事不利;眷属不宁,但当侧身祈祷,则变灾为福。凡事先凶后吉,'运'字或作'渐'字。"不但对该签内涵加以解释,还提出了"变灾为福"的做法。

6. 点验。即录写应验之事,把该签应验的典型例子摘录下来以供参考。这些都是签诗发展变异的主要表现。

　　签诗大概是产生于魏晋时期,但签诗体系的完备当是在宋代以后,到了明清时期因大量焚毁大的宫观寺庙,导致不少僧人道士流落民间靠抽签算命维持生计时,签诗便在民间广泛流行,并因此而得到发展和变异。求签在唐末五代才有比较明确的文献记载,释文莹《玉壶清话》卷三云:

　　　　卢多逊相生曹南,方幼,其父携就云阳道观小学,时与群儿诵书,废坛上有古签一筒,竞为抽取为戏。时多逊尚未识字,得一签,归示其父,词曰:"身出中书堂,须应天水白,登仙五十二,终为蓬海客。"父见颇喜,以为吉签,留签于家。迨后作相,及其败也,始因遣堂吏赵白,阴与秦王廷美连谋,事暴,遂南窜,年五十二卒于朱崖,签中之语,一字不差。

　　卢多逊在宋太宗时任中书侍郎平章事,是后周显德初进士,他的幼年当在后晋,那时废坛上已有古签筒,则签诗体系的完备当在宋代建立以后。到了宋朝,求签在各地庙宇道观已很盛行。仅《正统道藏》著录的,就有《四圣真君灵签》《玄三灵应宝签》《大慈好生九天卫房圣母元君灵应宝签》《洪恩灵济真君灵签》《灵济真君注生堂灵签》《扶天广圣如意灵签》《护国嘉济江东王灵签》《玄帝感应灵签》八种。若按术数流派分类,近世则有《土地签》《灶神签》《城隍签》《关帝签》《东岳大帝签》《观音签》《祖师签》《圣公签》《孔明签》《仙公签》等;还有专门为治病求医的,如《华佗签》《吕祖药签》。签诗在内容上分类,一般按吉凶等级分为上、中、下三等,也有细分为九等的。上等为吉签,指不费心力、遇事顺利,或逢凶化吉,自然达到目的;中等签,一般要经过努力,费一些周折才能达到目的,但达到的也并非最高目标,一般是达到中等水平;下等签则是劳心费力,所得甚微,甚至几经挫折、劳而无功,遇事不遂或得而复失。这种签诗内容的详细分类使得签诗所蕴含的意象更具有"模糊的准确性",有助于解签者随时任意分析,从而提高签占的命中率。

二、签诗是《周易》卦爻辞的发展和变异

(一)真正意义上的签诗相对较迟才出现,但其出现之前却有着一个漫长的衍变过程

从签诗本身语言形式(诗语)、占卜方式(签占)、思想内涵(杂糅各家思想)三者同时具备的特点,可以断定签诗的形成至少需要三个方面的成熟。而签诗在这三个方面成熟的过程中都与《周易》卦爻辞和《易》卦占卜术有着重要联系。

1. 语言形式。签诗把韵律诗的格式作为语言形式确定下来,是语言思维发展的产物;而文字的产生和发展又是跟远古的占卜史联系在一起的。卜筮是中国最古老的占卜方法,其产生当在文字出现之前。那时,人们结绳记事,求神问卜无法采取文字形式,只能采用龟甲和蓍草,用龟甲称卜,用蓍草称筮。卜筮都是利用一些无生命的自然物呈现出来的形状来预卜吉凶。卜官在占卜后把所问的事情及卜得的结果都刻在龟甲或动物骨上,这就是后人所说的甲骨文,也是迄今为止考古发现的最早文字形式的卜辞。古人认为,经过神圣的求卜过程,那些自然物也就获得了神圣的象征意义,它们呈现出来的形状不是人为的结果,而是神灵和上苍的赋予,是神灵的启示或告诫。人们应该根据神灵的启示或告诫趋吉避凶,造福远祸。那么,运用文字符号刻在甲骨上的卜辞也同样具有了神圣的象征意义,同样可以作为占卜预测的符号。从甲骨卜辞的内容来看,在商朝及商朝以前,人们从事的每一项重大活动,事先都要经过占卜以决定是否可行。无所不用的卜筮作为一种文化形态,跟文字符号联系在一起,已经成为当时社会生活中不可缺少的一部分。历年出土的西周甲骨也证明了:到了周朝,卜仍然是术数的一种主要方法。

我们知道,《周易》卦爻辞作为一种卜辞,是古代圣人"观物取象"和"观象系辞"的结果,是对抽象的卦爻符号详加解释的形象的自然语言。但是,因为这种对卦爻符号作出某种解释的自然语言,是人们在长期的推理活动中积累下来的一些典型事例,每一条卦辞或爻辞,都只涉及相应的某类具体事物情况,在《易经》中只起着"举他物而以明之"(《墨经·小取》)的作用,即卦爻辞只是对卦象的一种具体、形象的例举性说明。它们所涉及的内容,是人们在长期、大量的占卜活动中精选出来的事例。这些事例,既有关于国家前途命运的得失成败的大事,也有平民百姓经商、婚娶等悲欢离合的琐事。况且,卦爻辞所记之事,大多是当时众所皆知之事,且又为占卜需要,故只记每件事的关键、转折之处,而不是像史书那样务尽务详交代清楚。其实,古今语言心理和语言思维以及语言习惯的差距,足以使后人无法真正读懂卦爻辞本来的故事原貌,只能靠考证和推测去领会经中辞义,以致历代《易》注甚多却依然无法真正反其本义。但是,《易经》还是被广泛应用于占卜活动,因为无论卦画也好,卦爻辞所记之事也好,在占卜中都只是某种启示,与所测之事没有必然的联系,都不能直接回答求签者千奇百怪各不相同的问题,其实也没必要。求签者只要从其隐喻、象征、引申的意义上去理解,进行类比推理就可以了。这样,卦爻辞的原义就渐次晦去。随着语言思维的发展以及生活习惯的不同,《周易》创书时代的语言文字在春秋战国时期已经慢慢模糊,以致在今人看来几乎是片言只语了。

既然用语言文字符号组合成的卦爻辞具有占卜的功能,那么随着时间的推移和语言形式的变更,必然会产生由新的语言形式重构的卜辞。签诗就是一种新的卜辞,跟《周易》卦爻辞在语言形式上明显不同,但制作的思维模式是大致一样的,都是"观象系辞"。而且所系之辞(诗)都是对某一卦爻(签)涵意的例举性说明。可以说,签诗作为卜辞是模拟《周易》体例和卦爻辞制作思维的产物。当然,这种模拟不是直接的,而是有一个间接的衍变过程。

从整个易学史来看，产生于春秋、战国之间的《易传》十篇，自出现之后，便成为自古以来众所公认、无与伦比的解《易》专著。那么，《易传》对《周易》体例和卦爻辞制作思维的阐释以及所挖掘出来的哲学内涵，必定深深地影响后人，也就日益成为后人制作新卜辞的思维模式和借鉴工具。及至秦代，始皇燔灭文章以愚黔首，而《易》为卜筮之书免遭焚毁，所以传者不绝。至此，占卜术得到了迅速的发展，《周易》的思维观念在人们的头脑中也就更加根深蒂固。至西汉董仲舒提出"罢黜百家、独尊儒术"之后，儒家学派把《周易》的研究拉向了纯义理的方向，以占卜为宗旨的术数家则走上了改变易卦筮法的道路。汉代先后面世的《焦氏易林》《京房易》《太玄经》《灵棋经》就是改革易卦筮法的杰作。其中《焦氏易林》根据一年二十四节气，把六十四卦分派到全年，以卦直日，创立了新的筮法。同时它又把每一卦都跟六十四卦重新组合成4096卦，并给所有的卦系上一首四言体诗的繇辞。如"不风不雨，白日皎皎。宜出驱驰，通利大道"（《坤之坤》），从形式上看，也是用文字表述的卜辞，但其卦形、卦名、繇辞已经与《周易》不同了——《易林》中的繇辞不再像《周易》卦爻辞那样片言只语、艰深古奥，而是把卦爻辞所涉及的内容融进一首四言体诗，读起来琅琅上口，耐人寻味；在《周易》卦爻辞中随处可见的"元、亨、利、贞、吉、凶、悔、吝、无不利"等断占之辞被省略了，完全融进诗的意象之中。有的学者认为"《易林》是后世签诗的始祖"，这种说法固然不妥，但至少可以说它是签诗在语言形式和制作思维上的发轫。

签诗在语言形式上与《周易》卦爻辞发生变异的原因在于语言的发展（主要是诗体的流变）和卜辞的社会化。从诗体的流变来看，《周易》中的卦爻辞多数不是诗语的形式，但有些词句似乎是押韵的，可能是采用了西周或更早的歌谣。如《屯·六二》"屯如，邅如，乘马班如；匪寇、婚媾"。又如《归妹·上六》"女承筐，无实；士刲羊，无血"。这些和《诗经》里以四言为主的诗体更为接近。随着我国最古老的诗歌总集《诗经》的出现,四言诗体逐渐走向成熟。卜辞的制作也开始采用新的四言体诗,《易林》不愧为四言体卜辞诗的代表。到了汉魏时代,五言和七言诗体已经逐步成熟,并取得诗歌的主体地位。不容置疑,新卜辞的制作也会自觉或不自觉地运用这些成熟的新诗体,并因韵律诗具有表达精炼、形式优美的优点而长期为卜辞制作者所青睐。到了晋代的郭璞为扬州别驾顾球的大姐占卜时,《周易》的卦爻辞已被提炼俗化为诗的形式。郭璞为顾球姊占得"大过之升"签,签上云:"大过卦者义不嘉,冢墓枯杨无英华。振动游魂见龙车,身破重累婴妖邪。法由斩祀杀灵蛇,非己之咎先人瑕。案卦论之可奈何!"显然,该签是对《周易·大过》九五爻辞"枯杨生华,老妇得其士夫;无咎无誉"诗化的体现。从卜辞日益社会化的角度看,随着《易》卦占卜术的广泛流传,卜辞的更新也逐渐成为求卜者的共同愿望。于是,经过术士的加工、整理、润色、增删的《周易》卦爻辞不断趋于诗歌化、神秘化、社会化,使《周易》卦爻辞在语言形式不断更新发展的同时走向变异。

2. 占卜方式。签诗是求签所用的卜辞,当诗体的卜辞出现并服务于签占卜法时,才产生真正意义上的签诗。签占卜法是中国古代占卜术的一种,是《易》卦占卜术发展和变异的结果,其法简捷方便,有利于广泛流行。签占卜法的形成大致如下图:

上古卜筮法　　　　　→　《易经》揲蓍成卦法　　　→
(用甲骨作卜具)　　　　　(用有灵的植物作卜具)
以竹签代蓍草成卦法　→　十二棋卜、杯筊(珓)占、钱卜　→
(用易得之物作卜具)　　　(易得之物作卜具流行化)
抽签占卜
(选用竹签作卜具)

签占卜法从产生后基本上保持不变,但签诗的体例却不断得到完备。由于汉代术数家大胆地改变《易》卦筮法并创制出大量新的筮法，为后世签占卜法的产生开辟了路径，签诗文化也才得以应运而生。魏晋南北朝时期是中国古代占卜术的发展时期，当时"《易》卦这种占卜术发生了很大的变化，最明显的就是把《周易》卦辞概括为简单明了的诗句，占卦时据诗句言人吉凶休咎，而很少在诗句之外再加附会"①。看来，《易》卦占卜术此时已经开始变异。然而签占的仪式仍与《易》筮的仪式大同小异。签占要求求签者虔诚礼神，斋戒洁身，诚心实意，进香叩首，不得有邪念之妄想。有诗为证："无意求神出此签，三心两念何相兼。衣冠被染魔边秽，我神先知案法岩。"（《杏春真仙灵签·第37首》）签占的礼仪源于古代卜筮的仪式和对神力的崇拜，主要是模拟《易》占仪式而来的。现在抽签的仪式跟朱熹《筮仪》中记载的《易》筮仪式大致相同，相对来得简略些。可见，《易》卦占卜术对签占卜法的生成有着重大的影响。

3. 思想内涵。签诗包含的思想极其复杂，可谓糅杂儒、道、释、神学等思想于一身。宗教神学总是劝人为善去恶，所以签诗往往也有宗教伦理道德的说教。如《四圣真君灵签》一开篇就是《降临劝世格言》："矫妄求荣，名誉不扬。克剥致富，子孙受殃。行恩布德，福禄来翔。寡欲薄私，专命尔长。毋欺暗室，毋昧三光。正直无私，赤心忠良。天地介祉，神明卫旁。延生度厄，必济时康。我言能依，百病消祥。"明显是把儒家、佛家的说教贯穿在签诗中。也可看出，签诗包含的思想并不是单独地摆出来，而是跟一些格言警句、历史典故、诗歌意象结合在一起，所以有很强的说服力。签诗蕴含思想的杂糅性，使其与《周易》相比之下，显得更主观、更消极、更具有唯心主义色彩。这可能跟签诗从一诞生就被道士、术士、僧人用于占卜和被儒者用于说教的社会现象密切相关，使签诗的思想内涵远不如《周易》的纯正和辩证。

---

① 卫绍生：《中国古代占卜术》，中州古籍出版社，1991年，第48页。

但是，签诗的思想也有很多是对《周易》理论思想的发展。我们知道，《周易》多被认为是一部关于占卜的书。这种观点的产生，源于求卜者共同的文化心理——相信神灵、相信命运。正是这种心理造就了许许多多神灵的崇拜者和迷信者，也造就了一些闻名遐迩的卜筮名家。这些迷信者和卜筮名家的大量出现，除了建立在占卜和问卜双方文化心理认同的基础上以外，如天人感应文化观念的认同、宿命文化观念的认同、对超自然力量的崇拜和对人自身力量的怀疑等，主要还是由于占卜的卜辞中具有一定的合理内核。如《周易》的"经"部分，虽以占筮为表，实以哲理为里，卦爻辞反映的是事物对立、运动、变化规律的哲学思想，而且这些哲学思想又都以当时典型的筮例表述出来，具有卜辞的形式，又有哲理的内核。再如《易林》，形式上为占卜之辞，内容实质却是反映了西汉后期的社会实况和思想面貌，包含着很多哲理和思维方法。同样，签诗也继承了《易》类卜辞的制作方法，每一首签诗几乎全是对一些家喻户晓的历史典故的形象概括，也是对历代社会、文化、思想诸方面的反映，而不是凭空臆造的，这就使签诗在无形中寓含很多合理的思想因素。可以说，签诗跟《周易》一样虽为占卜之辞，但都具有一定的哲理内核，甚至比《易》理更为通俗易懂，更带有实践性和人情味。如《观音签·第41首》"无限好言君记取，却为认贼将作子。莫贪眼下有些甜，更思他年前样施"，即是对历史典故"董卓收吕布"的形象概括。这种以典故入诗的手法，无疑能给求签者起到借古讽今的效果，让人明清事理；而且，这种诗中寓理、以诗明理的方法，比艰深古奥的《周易》卦爻辞更加为求签者所理解和接受，并依循签义而付诸实际行动。

其实，签诗还有不少思想是对《易》理的延伸和运用。如《周易》中"否去泰来"的思想在《观音签·第十二》中表现为"先凶后吉"：

否去泰来咫尺间，暂交君子出于山。若逢虎兔佳音信，立志忙中事即询。

再如《周易》中"潜龙勿用"的思想在《观音签·第三十三》"内藏无价宝和珍,得玉何须外界寻。不如等待高人识,宽心独且更宽心"中表现为"守旧待时";还有,如《坤》卦中"履霜,坚冰至"和《周易》中表现出来的"物极必反""乐极生悲"等思想都被签诗所接受。签诗思想与《周易》的源流关系,如果再对每一种签诗分别作剖析,将得到更好的说明。限于本文篇幅,略去不谈。

(二)签诗除了必须具备上文提到的三个区别性的特点外,还具有一些突出的特点,这些特点的共存使签诗的奥妙无穷无尽,以致求签者会把它奉为"神的示语"

事实上,这些特点无不源于《周易》,是对《周易》卦爻辞内容和形式特点的发展和变异。

1. 诗语的模糊性。我们知道,签诗和《周易》卦爻辞都是一种文学化的卜辞,以韵律诗为固定格式的签诗明显比片言只语的《周易》卦爻辞更富有文学色彩。但是,它们的表达方式都是通过汉字的组合实现的,也就同样具有了汉语言文字的模糊性特点。如果说《周易》卦爻辞具有模糊性和不准确性的特点,是由古今语言思维和习惯等历史原因引起的;那么签诗则是通过独具特色的诗语形式,即通过游离不定的诗歌意象或意境显示模糊性和不准确性的特点。这种模糊性的语言特点,无形中提高了占卜的命中率。李亦园论卦签时认为:"由于签诗内容较多模棱两可的含义并用诗的形式表现出来,所以对知识分子来说,就形成对签诗内容把玩推敲的风气,有时变成一种艺术的活动,而不完全是占卜的举动了。至于对非知识分子而言,他们依赖认识文字的人代为解释签诗的内容,因此,他们对签诗占得结果的信任,已不仅是对神的信心,而是同时把对文字及知识分子的尊敬加添进去了。"① 可见,签诗和卦爻辞所具有的明显的模糊性特点,使解签(卦)者容易游离于卦签文字表述的内容之外,进行牵强附会,

---

① 《信仰与文化·说占卜》,转引自卫绍生:《中国古代占卜术》,中州古籍出版社,1991年,第9—10页。

更快实现占卜者和求卜者心理上的认同,使卦爻辞或签诗所记的人事经历与所卜之事通过类比推理而产生相应的联系。显然,签诗和《周易》卦爻辞在这一点上是一脉相承的,具有异曲同工之妙。

2. 诗语的象征手法。《周易》是一部象征哲学。以八卦跟阴阳二爻相比较,均是古人观象所得,然后又作为喻示种种事物、事理的象征符号。就卦形看,六十四卦及每卦中的六爻,也同样都是作《易》者遵循"观物取象"思维模式的产物,这些卦爻都是某种特定的象征,暗示着各不相同的哲理意义。就卦爻辞看,六十四卦的卦爻辞,均是配合卦形阐明象旨的。周山先生在《易经新论》中认为:"《易经》的卦爻辞是人们在占事活动中,结合卦象选择有效验、有典型意义的事例对卦体及其各爻所作的一种具体解释,它的作用,只是起着给后人占事时的举一反三,触类旁通的参考。"① 即以为《周易》卦爻辞只是起着一种象征的作用。此说颇有道理。

笔者认为,签诗的表现形式跟卦爻辞一样,都是"假象喻意",即拟取人们生活中习以为常的有意义的事例,通过韵律诗的语言形式抽象又具体地表述出来,使其中的象征旨趣更为鲜明、生动。这就是签诗中广泛运用的象征手法。这种象征手法出现在诗中,就是诗的象征意象既可以代表一种瞬间呈现出来的与求签者有关的复杂经验,又可以代表各种根本不同的观念的联合,甚至可以代表求签者所卜之事的未来历程;是一个无形的庞杂的符号系统,又远远溢出它的对应符号。因此,解签者可以"引而伸之,触类而长之",即可以根据具体情况去领会该符号系统中与所占之事有联系的意象,从而获得超出符号形式(诗语)的具体内容并对求签者作出解答。

从目前搜集到的签诗来看,每一首签诗都有象征意象,而且这种意象不仅是对制签时所引典故大意的概括,也是对各种人事和物事的发展变化作出的暗示。如《关帝签·第十四》:"一见佳人便喜欢,谁

---

① 周山:《易经新论》,辽宁教育出版社,1993年,第39页。

知去后有多般；人情冷暖君休讶，历涉应知行路难。"不仅是对历史典故"郭华恋王月英"一事的概括，同时又对六甲、疾病、求官、诉讼、谋事诸占卜问题予以暗示，有助于解签者依象推断吉凶变化。再如《裴真人灵签》中的一首：

花发又花残，悲欢一半颜。
十分留晚景，新意到人间。

看似咏花诗，却没有花的形象。而是从规律上加以揭示，由"花发"与"花残"分别推出悲欢之兆，有景与兆的融合，构成"一半颜"的意象，而且这个意象显示的吉凶之兆又是由"是否能留住晚景"这个条件决定的，具有因人而异的效果。另外，该诗前两句是说现在之事态，后两句是示未来之兆向，使象征意象被限制在与占卜之事有关的范畴内，始终能为占卜所利用，淡化了诗语的文学色彩和审美情趣，充分显示了其占卜的特殊功能。

3. 大量用典。早期的签诗都附有标题，如"游蜂作蜜""飞龙变化"；后期的签诗就直接把引用典故的名称作标题，如"苏武还乡""王昭君和番"。这说明签诗的旨意是跟大量典故的情节联系在一起的。这些大量的典故融入签诗，不仅丰富了签诗的哲理内涵，扩展了签诗的象征意义，而且使签诗更有韵味和理趣而为平民大众所喜爱。

把典故与诗语结合来制作签诗的思维也是源于《周易》的。众所周知，《周易》卦爻辞是源于远古的卜筮活动。卦爻辞的主要作用并不是为后人写一部古代人的政治、经济、军事、道德修养、民俗风情等社会发展史，而是为当时及后来的人提供一种思维的工具，是供人们占筮得卦之后参象比类的范本、模式，是帮助人们"举一反三""由此推开去"（宋代朱熹语）的最佳参考材料。作《易》者的制作思维就是"观象系辞"和类比推理，即战国时期的惠施定义为"以其所知喻其所不知而使人知之"的思维方式，早在殷周之际就开始被普遍运用于人们的思维活动中，并逐渐成为中国传统的思维特点。签诗的制作也是依照这样的思维模式，因为签诗既然是作为一种卜辞，也只能是作为筮者参象比类的范本，即以固定的思维模式帮助求签者解决疑难时取得较好的思维模式（这些思维模式主要是从历史典故中生发出来，大多是前人实践经验和智慧的结晶，具有一定的指导作用）。从这点来看，引典故入签诗的制作思维模式也是延续《周易》的。

　　签诗大量用典主要是为了构成签诗的意象，使象中之理有史可依，更具有形象性和真实性。这一点跟卦爻辞的作用大同小异。《周易》卦爻辞就是根据卦体精录当时典型故事的先例。顾颉刚先生认为："《周易》的卦爻辞的性质既等于现在的签诀，其中也难免有这些隐语。很不幸的，古史失传得太多了，这书里引用的一些人物故事，只有写出人名地名的我们还可以寻求它的意义；至于隶事隐约的则直无从猜测了。"① 并且考证出《周易》中引用的一些人物故事，如"王亥丧羊于易""帝乙归妹""高宗伐鬼方"等。这一事实，无论从《易传》对经文大义的解说，还是从《易林》中借用大量时人故事作繇辞内容的现象，都可以得到证明。笔者认为，签诗和《周易》都是因为引入大量前人的实际经历之事，才使它们蕴含着包罗万象的哲理意蕴。其实，签诗引用的典故和卦爻辞中的故事不仅代表一种传统的观念，还可作为一种艺术符号，乃是一个个具有哲理或美感内涵的故事的凝聚形态，它被人们反复使用、加工、转述，而在这种使用、加工、转述过程中，它又融摄与积淀了新的意蕴，甚至在不同的解签过程中也能生添出更新的意蕴来，使卜辞的意象更丰满而又显得含蓄。所以，即使是隐晦曲折的卦爻辞或签诗的典故，也能因其本身固有的符号形式，对求卜者作出象征性的暗示。

　　《易传·系辞上传》曰："一阴一阳之谓道，继之者善也，成之者性也。仁者见之谓之仁，知者见之谓之知，百姓日用而不知，故君子

---

① 《〈周易〉卦爻辞中的故事》，《燕京学报》，1929年第6期。

之道鲜矣。"《周易》作为中华神秘文化的源点,其影响是十分广泛的。签诗成为一种神秘的文化现象,乃是《周易》卦爻辞的发展和变异,是《易》卦占卜术变异和发展的产物。历史发展到今天,签诗用于占卜在民间依然十分流行,不仅信神的人要去求签,就是半信半疑或不信神的人遇到疑难也往往去求签,使精神有所寄托,内心达到平衡,求得一种慰藉。毋庸置疑,《易》占和签占在漫长的中国历史上不自觉地起着一种特殊的心理咨询作用,也使无数的中国人因此而受到宗教迷信思想的束缚。签诗继承和发展《周易》的占卜效用而成为一种独具特色的新卜辞,参与签诗制作的人可谓善也,但他们却不知道这是错误的还是正确的延续。签诗是那样的广泛存在,而历代学者少有问津,以致"百姓日用而不知"。如果我们能够抛开签诗神秘的外衣,运用各种学科知识来挖掘出其中的奥妙,一定能使签诗弃其糟粕而显露出合理的内核,为中华文化增添新的光彩。

(原载《世界宗教研究》,1997年第4期,第117—126页)

二十世纪《易经》来源问题研究的若干考辨

《易经》①的来源问题是我国《易》学研究史上悬而未决的一大难题,该问题主要包括《易经》的卦爻由来、书名含义、写作时代、成书作者、创作过程等方面的内容。对于这些问题,我国历代学者众说纷纭,未臻一致。进入二十世纪后,每一次《周易》热中,《易经》的来源一直是人们最关心的主要问题,使得不少新的"来源说"应运而生。这些"来源说"可靠吗?笔者结合几年来研习易学的体会,仅就以下三个方面,予以扼要介绍和考辨。

(一)卦爻由来

关于八卦符号的来源,在古代除了《易传·系辞下传》提出:"古者包牺氏之王天下也。仰则观象于天,俯则观法于地,观鸟兽之文与地之宜,近取诸身,远取诸物,于是始作八卦。"即模拟自然之象作八卦的说法外,尚有一些离奇的说法。在二十世纪比较有影响的也有好几种。现代学者郭沫若认为:八卦基本符号阳爻"—"和阴爻"- -"分别是男女性器官的象征,阳爻为男根,阴爻为女阴,它们可以代表父母、阴阳、刚柔、天地的观念,从中可以看到古代生殖器崇拜的孑遗②。屈万里先生认为:八卦是由占卜龟甲而产生的裂纹演变来的,是对兆的摹仿,它和六十四卦都是标

---

① 本文所指的《易经》只包括卦爻符号和卦辞爻辞,不包括《易传》(《十翼》)所指的《周易》即经、传合称。
② 郭沫若:《周易时代的社会生活》,载《中国古代社会研究》,人民出版社,1977年,第23页。

准化的兆①。余永梁先生认为：阴阳爻符号是龟甲刻文的标识，是周人从这种"文字标识的演进，而有数学的叁伍排比，遂成六十四卦、三百八十四爻"的②。刘钰先生认为：八卦的条纹是用土圭测得的日影记录，最初是实地画下来的，作成方程式，以为占卜之用③。陈道生先生认为：根据古人结绳记事的记载，推出八卦是根据"有结"和"无结"的结绳形态而发明的④。以上五种说法，仅仅是对《易传》所提包牺取象作卦之说的"象"作具体的猜测和推断而已，均未得到考古史料和民俗资料的验证，因此是靠不住的。

此外，还有一些运用数字符号解源的说法。有人提出八卦是记数符号：☰为一，☱为二，☲为三，☳为四，☴为五，☵为六，☶为七，☷为八，其它数字均可以两个数相加而得到⑤。有人根据我国西南少数民族中彝族"雷夫孜"卜法研究认为：阴阳两爻是古代巫师举行筮法时用来表示奇偶两数的符号，八卦是三个奇偶的排列和组合⑥。新中国成立以来，考古学界对陕西周原出土的周初甲骨文、湖北江陵天星观出土的卜筮记录、陶文、金文中的一些原先未解的"奇字"进行了研究，发现了许多图形结构原理与八卦完全相同的数字符号，从而指出《周易》的卦爻符号是由这些"奇字"演变而来的⑦。再如徐锡台先生认为：八卦的阴阳爻是源于数的奇偶数观念⑧。这些说法都是跟数字符号有关的，明显跟《易传》之说有别。虽然所论有据，但由于其立论仅是基于迄今发现的文物之上，且对"奇字"的解读也未必无误，所以所作的推

---

① 屈万里：《易卦源于龟卜考》，载《"中央研究院"历史语言研究所集刊》第二十七本，1956年台湾版。
② 余永梁：《易卦爻辞的时代及其作者》，载《历史语言研究所集刊》第一本，1928年。
③ 刘钰：《关于易经卦画起源之研究》，载《求真杂志》第一卷第八期，1946年。
④ 陈道生：《重论八卦的起源》，载《孔孟学报》第十二期，1966年台湾版。
⑤ 胡怀琛：《八卦为上古数目字说》，载《东方杂志》二十四卷二十一期，1927年。
⑥ 汪宁生：《八卦起源》，载《考古》，1976年第4期。
⑦ 张政烺：《试释周初青铜器铭文中的易卦》，载《考古学报》，1980年第4期；张亚初、刘雨《从商周八卦数字符号谈筮法的几个问题》，载《考古》，1981年第2期。
⑧ 徐锡台：《数与周易关系的探讨》，载《周易纵横录》，湖北人民出版社，1986年。

断要成为确论，无疑有待考古界的再发现和学术界的深入研究。

(二) 书名含义

在古代主要有：许慎《说文解字》的"蜥易"说；《周易乾凿度》的"易含简易、不易、变易三义"说，《周易参同契》的"日月为易"说；毛奇龄《仲氏易》的"易有五义"说；吴汝纶《易说》的"易为占卜"说等。而在二十世纪提出的新说主要有：一是余永梁《易卦爻辞的时代及其作者》① 一文认为：筮法是周人所创，以代替或辅助卜法，较龟卜为简易，以其简易，故名其书曰《易》。二是黄振华《论日出为易》② 一文，据殷代甲骨文"易"字作"㫃"，认为字形象征"日出"，并认为"日出"象征阴阳变化，大义亦主于"变易"。三是黄寿祺和张善文先生认为"易"之名书本义为"变易"，而易简、不易等义当为后起之说③。此外，还有"易为国名"说、"易为斟酌"说、"易为地名"说、"易为卜官名号"说、"易为土圭测日影之象形"说、"易二日十夕"说，不胜枚举。综观以上诸说，或从"易"形，或从"易"义，或从"易"体，或从"易"用，试图解开《易经》书名含义之谜，但难免都有主观臆断之嫌。孰是孰非，因史料断缺实难定论。但是，一个"易"字居然就有那么多说法扰人，值得我们深思。针对这些说法，笔者拟提出三方面问题来辨疑：第一，据出土的商代甲骨文查证，"易"字有两种字形，一为"㫃"，一为"㸚"。据考古学家认为④，前一字形即"赐"字，后一字形有如两樽杯子互相倒换物品的样子，是今天所见的"易"之雏形，在周代文字中写作"㸚"，更像是各用一手拿着杯子倒换物品的样子。如此看来，有人把"赐"字雏形"㫃"当作"易"字，并由此推测"易"为日出之象或为测日影的土圭和倒影合形之象，明显是欠妥的做

---

① 余永梁：《易卦爻辞的时代及其作者》，载《历史语言研究所集刊》第一本，1928年。
② 载《哲学年刊》第五辑，台湾商务印书馆印行，1968年。
③ 黄寿祺、张善文：《周易译注》，上海古籍出版社，1989年，第16页。
④ 李圃：《甲骨文文字学》，学林出版社，1995年，第324、330页。

法。而有人从"易"字雏形联系《周易》主论"变易"学说,推出"易"义为"斟酌",虽有点道理,但也挺牵强。因为:如果观取"易"字雏形,说它有"交流""交换"等不同于拿酒杯"斟酌"的意味,也未尝不可。第二,《易传·系辞》有"生生之谓易"的说法,虽然不是从字形的含义来释解书名的,但其所概括的却是跟《易经》蕴含的旨意相合的。如果根据"生生之谓易"中的"生生"来解"易"义,那么"易"字取用书名明显就含有"变化""变易"之义。因为:在原始人类的思维里,万物的繁衍不息和人类自身的生殖再生就是造成生存环境日益变化而渐渐不同原状的主要因素,即生生导致变易。进而推之,先前阴阳观念的产生可能就是源于对自然界通过两性相交而得以生生不息之变化发展过程的直接感悟,《易经》正是这些感悟文字思维化的成果。如果再参证《象传》提出的"大哉乾元!万物资始,乃统天"和"至哉坤元!万物资生,乃顺承天"蕴含的旨意,可见《易传》以"生生"之义释"易"是颇为精到可取的。第三,纵观古今诸说,都极力想通过训释"易"本义或考证与"易"相关的人事来探清作《易》者取书名的本意,这种做法值得深思。且不论所据的材料能否推出"易"义,就算我们弄清了"易"本义,难道就能断定它便是《易》书名义吗?显然是不能的。因为从造"易"字义始至《易经》成书,"易"义可能不止一种,而作《易》者别有用意的选择,没有史料依据是不能断定的。另外,那些从《易经》蕴含的旨意来推断其书名含义的说法,明显有盲人摸象、以偏概全之嫌,也都是靠不住的。

(三)作者时代

要搞清这个问题首先要推断阴阳八卦符号及其重叠成六十四卦始于何时何人。自汉至唐人们对《易传》"包牺观物取象始作八卦"之说多信而不疑,而对重卦者及卦辞、爻辞的作者有些异议。其中重卦者,除以为文王外,尚有三说:一是王弼认为伏羲画八卦后自重为六十四卦;二是郑玄认为神农重卦;三是孙盛认为夏禹重卦。至于卦爻辞的作者,除以为文王外,尚有一说:认为文王作卦辞,周公作爻辞。

汉代以来"人更三圣,世历三古"的说法,随着学术界疑古风气的盛行而遭到怀疑。二十世纪以来,中外学者在《易经》成书时代问题上主要有六种分歧:一为西周初叶说,以余永梁、顾颉刚为代表①;二为西周中后期说②;三为西周末年到春秋中叶说③;四为东周说④;五为战国初期说,这是郭沫若根据汲冢发现的古书得出的结论⑤;六为战国晚年说⑥。与《易经》成书时代紧密相关的作者问题也有不少争论。郭沫若在《周易之制作时代》中提出《易经》作者为孔子的再传弟子馯臂子弓;陈梦家在《周易哲学时代及其性质》中主张,《周易》是殷亡后的遗民所写的;李镜池《周易探源》中认为《易经》卦辞、爻辞是编纂而成的,"可能是周王室的一位太卜与筮人。"此外,还有"周史说""日记说"等。总之,《易经》的成书时代与作者的讨论,至今仍然莫衷一是。笔者管见,《易传》的说法虽然较含糊疏略,但于理颇合,而二十世纪产生的新说则难免臆测。理由有四:第一,我们目前还远不能对史前和史初的历史真实作出合理解说,对阴阳卦形符号的来源所作的解说尚缺乏足够的材料证据;第二,我们至今还不能对片言只语的卦爻辞作出完满的训释,也就无法真正明晓《易经》文字内容的旨意;第三,《易经》在先秦时期主要是靠师徒口耳相授传世的,在传经过程中未免有遗失和删补其说的事实,自然会程度不同地打上各个时代不同传经者的思想烙印。如果我们仅从所发现的与某某家有观点相同的个别地方来作为解源的证据,所得出的观点肯定是欠妥的;第四,《易传》作者离《易经》草创的时代相比后代的学者而言是最近的,从其书体系完整系统且治学态度极严谨等方面来看,虽隐约其辞也可知是言出有据的,不像后之诸说大多属于臆测。

---

① 顾颉刚:《古史辨》第三册,上海古籍出版社,1982年。
② 李镜池:《周易探源》,中华书局,1978年。
③ 王世舜、韩慕君:《试论周易产生的年代》,载《齐鲁学刊》,1981年第2期。
④ 陆侃如:《论卦爻辞的年代》,载《清华周刊》三十七卷九期,1932年。
⑤ 《周易之制作时代》,载郭沫若:《青铜时代》,科学出版社,1957年。
⑥ 本田成之:《作易年代考》,载《先秦经籍考》,上海商务印书馆,1931年,第39—66页。

通过以上的简单回顾和扼要考辨,笔者认为:二十世纪对《易经》来源问题的研究,材料更充分,思维更活跃,明显得到新的深入,但是根本问题并没有得到解决,反而使问题更加复杂化。这样的研究所起的负面影响,是值得学术界加以反思的。

诚然,百家争鸣的学术界能够及时根据最新的理论材料和研究方法来推证破解《易经》的来源真相,不失为具有创意的可喜的学术行为,可促进《易》学文化的研究。但是,面对与日俱增的"来源说",学术界有必要进行认真的考辨,评估各种成果的得失,及时摒弃那些望文生义式、盲人摸象式、我注《易经》式、牵强附会式的无根之谈,以免鱼龙混杂而使《易经》更加难解或给《易经》重设新谜,使后学者更加无所适从。

对此,笔者有三点看法可供参考:第一,《易经》来源问题已是千年之谜,虽然不是完全不可破解的,但也不是随便靠若干文献材料或出土文物的考证推断就可以破译的。客观地说,只有在宇宙学、人类学、天文学、历史学、社会学、考古学、文字学、符号学、哲学以及自然科学等取得巨大飞跃的同时,或许才有可能得出一个符合史实的正确谜底。第二,在期盼相关学科有巨大突破的同时,《易》学界应不断积极开展比较研究,如研究《易经》与史初或史前的原始术数思维、图腾崇拜、阴阳五行、天文历法、异族民俗、语言文字、诸子思想、宗教艺术以及外国有关早期起源的各种至论等之间的关系。尤其是要对经传的文字内容加以深入研究,因为它们本身的记载乃是产生来源问题的活化石,绝不允许轻易弃之而研《易》。第三,要达到正本清源,既要正视《易经》本身的神秘性,好好参证历代《易》说史论,体悟精深的《易》理象数,又要正确估量研究者自己的能力所及,以免不自觉地陷入材料和观念的误区,而引发贻害问题研究的不补学说滋生蔓延。

(原题《本世纪〈易经〉来源问题研究的若干考辨》,原载《福建论坛》,1998年第3期,第74、75、68页)

吕洞宾《易说》之真伪与内容考论

被列为八仙之一的风云人物吕洞宾,可以说是家喻户晓的,而关于他有解说《易经》的专著传世之事却鲜为人知。根据《旧唐书》卷一三七以及《吕祖传》等资料的记载,吕洞宾大约生活在晚唐五代时期,原名吕嵒,或名巖,号纯阳子,自称回道人,世称吕祖或纯阳祖师或孚佑帝君。关于他的著作,有关史志及道书著录甚多,目前尚见于道教经籍及其他丛书中的题为吕洞宾撰的作品约有三十余种,但大多属于炼丹养性之类,且大部分是后人伪托的。至于其解《易》之作,《四库全书》和《正统道藏》均无著录,清代中期以前的学者亦无所闻。然而,到清代中后期才面世的有题为吕子撰的《易说》,就因为它得之玉松且被时人当作吕祖的不朽之作,从此便与吕洞宾结下不解之缘。那么,这部历吕祖羽化登仙后千余年始面世的《易说》,是否也该以伪作而论呢?这个问题的结论,对于道教史或易学史的研究来说无疑是重要的。因为,倘若《易说》果为吕祖所作,那么吕祖的《易》学思想理当成为宋《易》思想的发端而焕发奇光异彩;反之,将被看成是陈词滥调而贬低价值。对于这部《易说》,近代以来的学者并不重视,没能很好地深入研究以取得科学合理的考证结果,所持的观点也莫衷一是,或以为此乃吕祖之真知灼见,或以为乃是后人伪托的。可见,如何考辨此书的真伪并对其作出评价仍然是关系《易说》存世意义的重要问题。有感于此,今根据有关资料提供的线索结合文本实际对《易说》作一大体考证及概略性介绍。

一、《易说》的版本情况述证

关于传为吕洞宾所作的《易说》，今天可见到三种不同的版本。有清道光年间刊本，名为《吕子易说》；又有清咸丰年间刊本，名为《寿山堂易说》；另有《重刊道藏辑要》本，名为《易说》，均为同书而异名。以下先对三种不同版本的大致情况分别加以介绍。

（一）《吕子易说》旧题唐吕嵒撰，无卷数

此书首列《河图元图》《洛书元图》等三十一幅图解，次说上经三十卦，次说下经三十四卦，次说《系辞》《说卦》二传，最后仅列《序卦》《杂卦》之文而无解说。书前有曾燠《序》，言该书传为吕嵒所作，至后世始流传，并曰："惜虞山石室，书出太晚，前辈皆未之见，而近时人得书者，误列《道藏》及《吕子全书》中，予谨摘出，刊布专行。"书末载许承宣《跋》曰："抑闻之《易说》藏于虞山之玉松，已久历年所矣。今庚戌冬，广陵净虚同人①，乃梓而行之。岂书之行也，有其时有其地亦有其人欤！"②

（二）《寿山堂易说》六册，不分卷

今有嘉庆四年（一七九九）本③，题为"无极吕子"著。此书即《吕子易说》之同书异名者。但此本首载《吕子自序》，而曾燠《序》则无之；书前《自序》后，有宏教弟子柳守元熏沐的《易说题词》；书尾许承宣《跋》后，又有长白小农崇芳《跋》。撰人《自序》署名"黄鹤山人吕子"。许承宣《跋》称"大仙宗吕先生"。封面郭晋

---

① 按《寿山堂易说》和《辑要》本，均书为"虚净同人"。
② 笔者未见《吕子易说》本，以上所述均参考尚秉和先生在《续修四库提要·易类》中的说法。
③ 笔者所本的《寿山堂易说》未刊明版本出处。文中提及的"嘉庆四年本"和郭晋《记》，参见张善文：《周易辞典》，上海古籍出版社，1992年，第926页；另提及的"清咸丰年间刊本"，参见吕绍纲：《周易辞典》，吉林大学出版社，1992年，第254页。

《记》:"此《易说》为纯阳吕仙所撰,睢阳蒋爱亭银台所镌,板存京师书肆。戊午(一七九八)冬,冀宁观察赵子荫先生人觐见之。以其说如印泥划沙,不拾丁田牙慧,携归拟存蒲郡吕仙阁,而同妇好金欲印行,恐蒲郡道远莫致,晋为白这观察,就近贮于省城贡院东编之纯阳宫,从众好也。并即叫嘱葛兰谷明府饬庙祝永守毋失,庶仕宦读书省会,往来之地,益广其传云。"而对于"寿山堂"之名和吕子自序之所"空秀阁",皆未详其故。书末崇芳《跋》云:"同治丙寅,因公寓济南趵突泉道院,暇日偕张石渠观察登楼瞻眺,见楼檐下庋板片许多,谛视为《吕子易说》,询之主者,知为前任东阿县汪君南金寄存,查阅缺一页,时张君携有原书,因照抄补刻完好。同事诸君子……均以此书体裁明整、理解精深,为穷经者不可少之书。原板藏虞山之玉松,兵燹后,有无不可知,续刻之君业已谢世,不有以表章之。恐遂湮没,乃醵金集腋,刷印若干部,以广其传。"

(三)《重刊道藏辑要》本《易说》①

易说二卷图解一卷,孚佑上帝纯阳吕祖天师著,此本与《寿山堂易说》主要内容无异,所附后人的《序》和《跋》也基本相同,惟此书尾又多了"梅芳弟子蒋曰纶"的《后跋》,而长白崇芳《跋》则无之。蒋曰纶《后跋》云:"壬子之春,儿子予蒲得纯阳道祖《易说》,予敬读之,寻绎数十过,觉此真足发三圣未启之心传,汇万圣同宗之奥蕴。前辈许筠庵先生《跋志》甚详,无事予之再赘赞矣。爰重梓之,命予蒲偕鹿园庞太史详为校刊,独惜其中缺《蹇》卦半幅,数年来觅补无由。逮己未之岁月始于嘉会处遇之以成完璧,今适值重订全书之时,此亦一大奇缘也。因备志其颠末如是。"按蒋氏所记,查历书能在十九世纪找到"壬子"数年后便是"己未"的,仅有壬子(一八五二)和己未(一八五九),故结合《跋》文可推证蒋曰纶是在一八五九年觅补《蹇》卦半幅的。由此推知,此本重订时间是在

---

① 见《壁集一》和《壁集二》。

一八六〇年前后。另外,柳守元也在书首《易说题词》中述说此书来源,他说:"孚佑帝师本上古皇覃氏临凡洞彻乾坤之隐奥,了明性道之根源。自唐成进士后屡有阐《易》微义垂示法言,借未汇传于世,兹《寿山堂易说》乃古洞藏本……孚佑帝师曾将千古未泄之秘尽传于希夷陈先生,俾嘉惠后学数传而至穆修,乃得邵康节先生而广演之。我帝师又亲与证明、重加指授,现身说法,世所习闻。兹因重订全书,正宗敬述于此以作原起云尔。"看来,此本当是《寿山堂易说》的翻版,只不过是因载进《道藏》而显得更神秘更具道教色彩罢了。

综上所述,我们不妨对《易说》一书的流变历史,按清人的各种说法来梳理一下。先看看前贤的推证,尚秉和先生在《易说评议》中据曾燠《序》、许承宣《跋》之说,指出:"是《易说》原有刊板,藏虞山石室中,见者甚少。至嘉庆时,曾燠重刊之。燠字宾谷,江西南城人,世传《骈体文钞》,燠所选也。此本许《跋》称庚戌冬,按道光三十年为庚戌,则又后于曾刊矣。"又据崇芳《跋》文辩曰:"按同治丙寅,为同治五年(一八六六),此本殆即其年所印,而汪君刊板之时为咸丰无疑。是《吕子易说》初刊于虞山,再刊于曾燠,再刊于许承宣,至汪刊已四板。盖世之信奉吕子者多,故极为广其传,以企福利。至经说之如何,皆懵然莫明也。惟自曾刊,即名《吕子易说》。"尚先生根据所见的材料推证出来的结论可以说是基本正确的,但也许他没能看过封面的郭晋《记》和书尾的蒋曰纶《后跋》,所以推证结果尚不完全合乎史实。再据郭《记》和蒋《跋》的说法,笔者拟重新对《易说》流变的情况作些小结。以下分两方面来考察。

第一,从流变的过程看,相传是吕洞宾之作,后传陈抟,抟传穆修至邵雍时乃得广泛流传,尔后很长时间其传承无人知晓。后是吕祖又"现身说法"重加指授,使《易说》重返人间。大约是在清代中期,又不知何人在何年于虞山玉松得其原板,且将其藏于虞山石室而躲过兵燹之灾。在戊午年(一七九八)冬前后,郭晋见到此书时,京师书肆已有存板——乃"睢阳蒋爱亭银台所镌",后此书又贮于"省城贡院东编之纯阳宫"而得以广传,① 此本大概就是"嘉庆四年（一七九九）本"②。此外，嘉庆期间又有曾燠之重刊。据许《跋》说，庚戌（一八五〇）冬又有广陵虚净同人刊之，此本殆即"道光年间本"。再据蒋曰纶《后跋》所云，在一八六〇年前后又有刊本，此本很可能就是"重刊道藏辑要本"了。再按崇芳《跋》文，在一八五一至一八六二年间，还有汪南金的刊板，此乃"咸丰年间本"吧。以上乃据《易说》的《序》《跋》之文而为说。

　　第二，从清人的《序》《跋》所记看，《易说》在清代的流传情况仍不甚清楚。一是原板的发现情况一无所知，一是原板流变成三种版本的具体情况颇为混乱，也有诸多问题搞不清楚，比如《寿山堂易说》本始于何时何地何人，以及跟《吕子易说》的关系等。所以，对于《易说》在清代的流变史实，还有待于发掘新的史料加以佐证和澄清。笔者能力所限，以俟来者。

　　根据以上所述的情况分析，完全可以怀疑"吕祖传《易说》"的说法。那么，能不能就因为清人所发现的《易说》来历不明而推断这是一部伪作呢？肯定是不能的。当然，也不能因为清人对《易说》乃吕子所作之事深信不疑，而盲目相信这就是一部吕祖真传。因此，我们在对《序》《跋》之文进行考察时，就应该结合该书的思想内容以及参照有关历史事实进行多角度推证。

二、《易说》的思想意蕴考评

　　历代易家注《易》常常囿于"门庭""流派"之别而各抒己见，甚至是互相驳难。但《易说》作者并不墨守门户之见，对历代各家易

---

① 详见前引郭晋之《记》。
② 也可能是曾燠之重刊本。因曾燠《序》言："近时人得书者，误列于《道藏》及《吕子全书》中"，故作此推测。

说皆有吸取和肯定，具有调和象数和义理两大流派的倾向。其说偏主义理，但又因杂糅前代易说而流于空虚浮泛之弊。

从学术源流方面寻讨，《易说》大体上采用了晋代王弼、韩康伯的注本，如采用经传参合本《周易》，上下经不章解句释，以象爻辞、彖象传、文言传各为一组，先录全部经文，然后总体择要论说；其解说又偏重于以《十翼》解经，即仍以伏羲、文王、周公、孔子之说解伏羲、文王、周公、孔子之《易》，不再追求《周易》经传文字训诂方面的考证，而是把《周易》视为圣人穷理尽性至命之书和盛载三才之道的工具，并借助其蕴含的义理来阐发自己的哲学体系。可以说，《易说》作者的动机，是要对历代易家的成就融会贯通而成一家之言的。他在《自序》中述著书宗旨云："圣贤之学，在明乎天道，以人合天而已。以人合天即'与时偕行'。第小儒曲学，昧于从违，往往宜晦而显，宜退而进，静默不知守，满盈不知戒，几萌不惕，变至不审，日趋于凶咎悔吝之途而人道沦没，圣人于是作《易》以明天道，于六爻之中著阴阳之变化，盈虚、消息、进退、存亡皆寓于其内，其示人以趋避也至矣。然其义显矣而又甚隐，其辞明矣而又甚微。浅者以为占筮之书，深者或以为天机之秘。大哉《易》乎！利用安身之道，达天知命之学……故予有世道人心之忧焉。乃取六十四卦，详为说辞，明为剖析，后之学者观象玩占于阴阳消长，辨吉凶于几先，进退显晦不失其道，庶几治国守家，保身理物，皆有赖焉。余之说《易》未敢云有功于《易》，然以人合天之理启迪来学，使利贞常获，无蹈危机，是余之志也夫！"不难看出，这话的意图是要借助《周易》阐明天人之道，使天机之秘昭然若揭，从而指导世人更好地"治国守家、保身理物"。

从《易说》文本的思想内容上考察，是书除了主要以《易传》思想阐《易》说理外，尚包容了汉、宋易学的诸多思想，显得极其庞杂。平心而论，它或多或少地吸收了汉代"卦气纳甲"和宋代"先后天"象数学、"河图洛书"之学、"太极"之说的内涵义理，又较为明显地继承了三国、两晋以来以王弼为代表的"扫象阐理"的治《易》观点及各种《易》例，甚至有继承东汉魏伯阳《周易参同契》理论思想的迹象——如沿用了天人一体的思想和"日月为易"之说；但在更高程度上，则是融进了鲜明的宋代《周易》义理学的崭新内容。试寻考《易说》所包容的历代《易》家思想，比较明显的约略体现于以下几个方面。

（一）源承《易传》之意，而以儒、道说《易》

从整体上看，《易说》思想根源就在于《易传》，细读之，宛如一部读后感。全书解说卦爻不依经文解义，仍视《周易》为穷理尽性之书，重在说理，关注天人之间的关系。如其在解释《泰》卦之义时说："泰者，天地交通，贞元会合之谓。本世运以推其机，实从天运以定其数，故圣人之道与造化相为消息也。而或先焉，或后焉，往来各有相成之妙。先之而图也，后之而维也，体天之心以用天之权，则天莫之违而天下都不难为也，故曰'吉亨'。初之'拔茅'，以一人倡之，群贤汇起而从之，是先天而图也。……故君子不忧天之否，而忧圣人尽诚以回天，其道尚有时而塞之也。故天之未始不可为也，在人事之初机，而时之未始不可挽也，在往来者得其相成之道耳。"其中解卦辞"吉亨"、爻辞"拔茅"，明显是以天人相应之理言之，并紧扣《易·彖传》的旨意加以衍说，而最后又把所解的卦义扯到天道与人事上。可以说，《易说》都是按此思路来解说每一卦的。

从解《易》条例上探寻，《系辞》和《说卦》等传中所提出的许多易学和哲学范畴以及解说《周易》一书的原理原则，都被《易说》当作"圣人之道"加以延用、发挥。如阴阳，刚柔，健顺，三才，位，中，时；承，乘，比，应；太极，两仪，四象；象，数，意，神，几；阖辟，动静，鬼神，死生，太和；先天，后天，等等；再如，乾坤父母说，天人之学，四德说，中道观，进德修业说，扶阳抑阴说等伦理学说内容也被《易说》所采用。此外，《易说》对《易传》所述的关于《易经》的来源及卦的构成、卦爻的象征意义、

《易》中的道理和妙用、《易》对人事的指导意义等都一一表示认同，并作为建构自己的哲学体系的坚实基础和有力依据。以上所述，可从《易说》解《说卦》"穷理尽性以至于命"一句见得一斑，兹列其说：

> 天赋为命，物受为性，根源皆系于《易》。此《易》之所以为大也。圣人仰观俯察以作《易》，容天下之理，尽人物之性，而合于天道之自然，所以得性命之源也。学者穷理尽性以至于命，则性命之源究不越乎四德之统天也。得天命之元在我谓之仁，得天命之亨在我谓之礼，得天命之利在我谓之义，得天命之贞在我谓之智，故曰：元亨利贞，乃天道之常；仁义礼智，即人性之纲也。观乎此，造化之理，天尊地卑，阳动阴静，贵贱攸分，吉凶互致，根于太极之先，一定而不可易者，即性命之源也。

这就是《易说》欲启来学的以人合天之理，既包含了儒家的伦理思想，又融进了道家的宇宙观和以人效天的思想。而这恰恰是《易传》所开创的一种囊括天地人三才之道的十分宏阔的整体之学，一种结合道家的自然主义和儒家的人文主义并与《易》理有机联系的天人之学。以此观之，足以说明《易说》乃是根植于《易传》思想体系的。

（二）高掭象数之表，援以"图解"明理

《易说》偏重于以阴阳二气解说义理，大体不主象数。唯其"图解"（第一册）侧重于以图书之象数申发义理，共有图解三十一幅。这些图说与汉、宋易图大同小异，无非是堆聚一起意图将宇宙阴阳剖判过程描述得更加具体而已，而图之名称形状亦更加诡奇怪诞，如阳奇图画一大白圆，阴偶图画一大黑圆①，太阴图画一"月"字形，象明图画一日一月，并参合卦气、卦序、消息、律吕、三分损益、三十

---

① 其阳奇图和太极图、阴偶图和混极图的形状相同。

六宫等。因此,张善文先生在《周易辞典》中评介此书时指出:"无非滥用汉、宋《易》说,矜奇伐异。"当然,这些图解也尚有作深入探讨的必要,兹略择数图加以考评。

1. 河图元图、洛书元图。据许多道教文献以及文人杂记的描述,麻衣道者与吕洞宾都与宋代《易》图书之学的奠基人陈抟有过交往,相传陈抟所撰《易龙图》一卷,其学传自吕洞宾(一说出自麻衣道者)。另传说吕洞宾曾由钟离权那里得到"太极图"。后来吕洞宾与陈抟同隐华山,又把太极图传授给陈抟;陈抟将太极图刻于华山石壁;另外,陈抟又从麻衣道者手中获得"先天图"。这些传说没有可靠的文字根据,尚不足为信。不过,北宋许多传习易图的人,倒都自称其学出自陈抟。这就奇怪了!据可靠的文献资料,首先创作易图的当是刘牧,稍后是邵雍和周敦颐。那么,对于这些相传为吕洞宾所作的图解又该作何解释呢?从目前许多学者的考证结果看,可以肯定在吕洞宾的炼丹养性之作中已蕴含有宋代易图学的思维模式,但倘要说他有系统的图解之作遗世肯定是令人惊奇的。下文拟针对其中的河洛图解,谈谈它与宋代易图的异同。

河洛之图以黑白点形式出现始于宋代刘牧《易数钩隐图》。刘牧在书中认为河图、洛书皆出于伏羲之世,并以九为河图,十为洛书,托言出于陈抟。《易说》之图,则是以九为洛书,以十为河图,与之相反而与朱熹在《周易本义》所载的一致。怪就在此,既然刘牧之图源于陈抟,陈抟又是源于吕洞宾,为何其图名称又恰恰与《易说》相反呢?这不可能是讹误所致,因为《易说》中还有"伏羲则河图以作易图"和"大禹则洛书以作洪范图"两幅,而且详为解说。其对后一幅图解曰:

伏羲继天而王,受河图而画之八卦。禹治洪水,锡洛书而陈之九畴。河图洛书,相为经纬;八卦九章,相为表里。大抵经言其正,纬言其变,而二图之左旋右转、右转左旋,互为正变者也……河图之文，七前六后，八左九右；洛书之文，九前一后，三左七右，四前左，二前右，八后左，六后右。

可见，《易说》所持的依据是毫不含糊，而且把前人关于河图、洛书为八卦、九畴的说法进一步加以阐明。更为奇怪的是，解中的"河图之文"以下表述河洛图式的句子，与北宋阮逸伪造的《关朗易传》所表述的一致。① 阮逸关于圣人观数画卦之说，与刘牧无二，只是将刘牧洛书改为河图而已。据说阮逸与刘牧同为宋仁宗时人，出于嫉妒便假造了《关朗易传》，以此作为自己主张"十为河图、九为洛书"的证明。后来，朱熹明知此事却依然把阮逸之说收入自己的著作，使之几乎成为定论。由此似乎可见《易说》之河洛元图，与阮逸、朱熹之说有着较为密切的关系。我们再来看看《易说》中另外两幅言及河洛的图解，就更为清楚了。其"八卦合洛书图"解云："上古神龟出洛，其数戴九履一，左三右七，二四为肩，六八为足，五居其中。以一九三七，阳数居四正之宫；二八六四，阴数居四隅之地，始于一而终于九，五行之性，顺则相生，逆则相克。而以一六水克二七火……洛书之序，自北而西，右旋而相克。然相待之位，东南四九金，生西北一六水……"其《八卦合河图数图》解云："生数居内，成数居外。……河图之数，自北而东，左旋而相生。然对待之位，北方一六水克南方二七火……"其中所表述的关于洛书图式、左旋右旋和生数成数以及相生相克之说，均与署名朱熹的《易学启蒙》暗合。再如，关于旧传古圣人效法"河图"作八卦、效法"洛书"制《洪范》"九畴"之说，可以说是上文所论《易说》四幅言及河洛之图解的主要内容，而这些在《易学启蒙》中均有提及。不妨略各抄一处加以对比：

① 《关朗易传》云："河图之文，七前六后，八左九右，圣人观之以画卦。"又云："洛书之文，九前一后，三左七右，四前左，二前右，八后左，六后右，后圣稽之以为三象。"

"洛书"之实,其一为五行,其二为五事,其三为八政,其四为五纪,其五为皇极,其六为三德,其七为稽疑,其八为庶征,其九为福极,其位与数尤晓然也。(《易学启蒙》)

天乃锡禹洪范九畴,彝伦攸叙。初一曰五行,次二曰敬用五事,次三曰农用八政,次四曰协用五纪,次五曰建用皇极,次六曰义用三德,次七曰明用稽疑,次八曰念用庶征,次九曰飨用五福威用六极,洪范九畴配九宫之数、阴阳之用备矣。(《大禹则洛书以作洪范图解》)

两种说法大同小异,后者所论更详细、更怪异。

2. 六十四卦方圆图、三十六宫图。六十四卦方圆图传自邵雍,是图书史上非常重要的易图。《易说》收录此图,其旨不再是停留于解说六十四卦排列方位及其内在规律,而是把它们当作暗藏天机的秘图,并从中得出以心解《易》的道理。请看《六十四卦方圆图》解云:"伏羲之图,所谓八卦方位也,外此而横图也,圆图也,方图也,则皆邵子之图也。图从中起其心法也,三图不同其揆一也。……故图起于中者,震巽为之也,即天之根也,月之窟也,六十四卦之枢也;在人心则寂感之交也,在事物则万化之本也,此先天定位之元机也。"读此图解后令人茅塞顿开。原来,《易说》作者在解经前煞费苦心地选择三十一幅重要易图并详为解说,就是为了得出"图起于中"的规律,从而为他以"心法"说《易》打下理论基础。按此思路我们不妨再作细察,其图解是先从以五为中心有规律分布黑白点的河洛之图开始,从先天混极图到少极变化图主要是剖判阴阳未分之前的宇宙情状,即说明天地氤氲之气的摩荡变化是源于太极,以此得出"人之用出于阳之上而包于阴之外,故能参天两地而成位乎其中也"①。从太阳图到两仪生四象生八卦图主要以阴阳生克转化和对待起伏之理力图描

---

① 见《太极图解》。

述三才之道和八卦的生成与变化过程,不仅阐述其生成和变化中气化自然之理,使后学"故知太极无所不包,则知两仪四象八卦之变化无不涵蕴于其中也。"更重要的在于引出:"以人而具二气之精,立两仪之极而首出乎其中矣……人又与太极同其功用也……是以三才之统还于太极之一也。"此即论人为天地万物之中,又与宇宙之本太极同功用。从乾坤阖辟到三分损益图继续阐发天道自然之运而得出以人合天之理,即所谓"天下之万象不出乎一方一圆,天下之万数不出乎一奇一偶,天下之万理不出于一动一静,天下之万声不出于一阖一辟也"和"阴阳之交即性命之蒂也;六虚之动,坎离之运用也;万化之流,性命之根源也。是故八卦者天体之自然也,即心体之自然也,圣人则而象之、理而分之本无矫强之智也"①。既然,人为天地之中,人之中在于心,而心体自然亦即八卦、天体之自然,所以《易说》作者在《三十六宫图解》中也就自然而然地得出:"是故万物化光皆根于心,心之为根也,心之为窟也,生生不息。与震俱出,与巽俱入,不戕其根,不障其窟,则满腔皆春,发育万物,是无偏倚驳杂之虞也已。"总而言之,图从中起其心法,心即天根月窟,乃万物生生不息、变化无穷的本源。这也许就是《易说》首列图解所要说明的道理吧。

3. 阴阳消息图、卦序图。"阴阳消息图"主要以观日月之升沉往来体验卦象阴阳之消息藏伏,说明极则必变、阴消阳长之理,如解云:"藏伏非无象也,实以见阴阳正位乎中,内以合外,外以合内,消中含息,息里藏消,消息之妙用无穷,正化育之功能无尽也矣。""卦序图"则旨在解说《周易》六十四卦的编排次序,揭示诸卦相承相受的原理。但其说法跟《序卦传》不同,其解上经三十卦之象次序,主要以"乾坤父母说"和"阳尊阴卑、乾主坤从"之说作为依据;而其解下经之序,则以"六子之交,以克为生"和"阴唱而阳和"之说为据,来辨卦象之主客和明卦时之用事的。其所要阐明的

---

① 以上四处引文详见《易说·图解》。

无非就是阴阳生克、刚柔相济、阳尊阴卑等道理，即如图解结语所云："故上下经之卦序，刚柔相济，内外合一，当循环观象而玩绎之也。"

（三）尽传心《易》之法，兼以气学解《易》

细究《易说》，其体系明显有包容宋代易学中心学派和气学派的理论思想。前已述之，《易说》在图解中就得出了"心"为宇宙万物本源的观点，而在解析卦爻辞时更是明确地摆出"心与天地合一""心与太极同一""心象合一""心《易》合一"等观点。兹略择数例加以说明。如在解《乾》卦辞时指出："三才之立始于乾元，而三才之用发于人心；是人心者，乾坤之变化也，《易》即人心之所藏也。有天地而无人心，生生之理。人心所至，鬼神所至也；鬼神所体，人心所体也……欲人反诸心而自得之也，故穷理尽性以至于命一也。是以知《易》，心《易》也。以《易》为书则泥，皆未明于《大易》之秘也。"再如其在解《乾·象传》"自强不息"之句时又指出："天之所以为天也，圣心之运也……夫《易》之象，心之象也；心之用《易》之机也；用《易》者神而明之即心用之也。则知吾心之用与《易》象中之变化，有当然之合也。天地万物之象皆吾心之象也，吾心之用即天地万物之用也，故遗心而逐象者非玩《易》之元，舍象而求心者亦非知《易》之至也。"在解《坤》之卦辞时亦曰："则知心体自然之妙与天地造化之妙同归一致者也。"由此观之，《易说》以心学解《易》，并以此"心法"说解羲文周孔之心传的意图是很显然的。

《易说》所含以气学解《易》的思想也是一以贯之的。前已言之，其治《易》观点偏重于以阴阳二气解说义理，既讲天道又讲人事，视《周易》经传为利用安身之道，达天知命之学，重在解说以人合天之理。此外，其以气学说《易》尚有一些特点，兹略举数端加以说明。其一，以气说解释宇宙本源问题，认为太极是"本自嶷然，乘气机而端变化，本于刚柔相生之至理"，"洞然不杂于阴阳，朗然不亏于元体,存变化于无定极之中",且"不言元极,则太极同于一物,而不足为万化之本根"。而"元极者,本元始之凝合,藏太和之氤氲,粹至精而无色,含一气而无形,正有物浑成先天地生之谓也"①。其二,认为宇宙变化无不涵蕴气化自然之理。如《两仪生四象生八卦图》解云:"自太极相涵……八卦成矣,此皆天地氤氲之气自相摩荡而成,非强为布置于其间也……天地之初,未有此形先有此气,未蕴此气先藏此理,理不可见是为无极,及其无中生有,体象浑沦,其气氤氲将以化醇,是为太极。"其三,对气与阴阳、形神、声音等关系加以分辨。如《三分损益图》解曰:"天地之道形以气感,声音之道气以形应,是气也,触于形而发于声也。形有长短,气有衰旺,故声有高下之分,音有清浊之殊耳。"又如解《系辞上传》"精气为物"句时言:"夫阴精阳气,合而有生;阴形阳神,聚而有身,此所谓精气为物也……阳有知而无形,阴有形而无知,其信然也。但形神之分,惟魂升魄降而已,能知阴阳之理,相变而不相离,则升而上者,气之精也;降而下者,气之迹也。总宇宙之理以气相感。"再如解《系辞传》"阴阳不测"句时又更进一步指出:"道体兼有无而论也。阴为形,阳为神,神无形有……则知气者形之种,而形者气之化。一虚一实,皆气之为也,而神又为形气之妙用,即性之不能已者也。故曰有虚即有气,虚不离气,气不离虚,无所始无所终,正神之为用也。神为形气之主,气为造化之宗,得其自无而有、以有还无之理,阴阳不测之用得矣。"

(四)推阐儒理之蕴,参以史事证《易》

所谓道学,又称理学。这是宋代学者以继承孔孟"道统"为宗旨,以讲求"性命义理"之学为主的一个哲学流派。《易说》既视《周易》为穷理尽性之书,又借《易》理来推阐道学意蕴。是书除了以心学和气学说《易》外,很显然还有以儒理阐《易》和以史事证

---

① 以上三处引文详见《中极图解》《太极图解》《元极图解》。

《易》的思想倾向，可谓融进了异常浓厚的理学思想。这是我们考辨其书源流时必须注意的重要环节。

《易说》既延续了先秦儒家在《易传》中所阐明的义理，也包容了宋代以来新儒家的解《易》思想。细加分析，其以儒家之理说《易》所涵蕴的思想，择其要者言之，约有如下数端：其一，把"理"连同"心""气""太极"都作为其易学的最高范畴。前已论之，《易说》通过对《易》图意蕴的剖析，得出了"人心同太极并为万物之化源"的观点，又认为"人同此心，心同此理，吾能得其所谓正，即能得其所谓通"①，"天地之初，未有此形先有此气，未蕴此气先藏此理"，"气为造化之宗"，"理气本无先后"，则可知其所言之心、理、气以及太极都是万物之源、宇宙之中。其二，援引"天理"之说，以解释《易》理的本质内涵。如其解《乾·象传》"乾道变化"句时云："乾道之始终无间，乃天理之本然也。故乾道变化各正性命保合太和者，此天理之在万物者也。理之在天地者与在人心者无二，在人心者与在万物者亦无二。但万物之生虽或冥顽，而此理无不具也，故乾之为道，或使物随时而渐变者，或使物感气而卒化者，各能正定其性命而保合此生理也。"再如解《系辞》"鼓万物而不与圣人同忧"句亦曰："鼓之而不愆于时，不泥于象，皆以自然之理，故无忧也。圣人循天理，而欲万物同之，所以有忧。"其三，提出"生生之理，即《易》之根源"。在解《系辞》"生生之谓易"时提出这个命题，并云："天下有不易之理，理即有生生之数，诚得其理，则数之相生者皆理之不易者也。"其四，把儒家的纲常伦理，纳入他的"天理"范畴之中。如在解《系辞》第六章时指出："能知损益，则私欲日消，天理日莹，虽处危困而此心卓然不动，然后左右逢源……然必以礼为基，德为之柄，则圣人之学可知也……天下之事，逆乎情则先难，顺乎理则后易也。学问之道，德日进则宽裕，心日下则不侈张也。"又

---

① 详见《易说·同人》，后续引文见《图解》。

如在解《说卦传》"尽性至命"时亦云:"仁义礼智,即人性之纲也。"其五,阐说"天理"之旨时,又与"人欲"互为辨析,力图从《周易》中推明"循天理,灭人欲"的道理。如解《无妄》曰:"卦之无妄,乃真实无伪,即诚者天之道也。人能念虑不淆,惺存不灭,循事理之当行,识天命之本体,则得元亨也……祸福存亡本无定辙,总由于人欲天理之存……动而过刚,盖溺于欲之无厌也。欲而无厌,妄之所由来,祸之所由伏也。"再如解《系辞》"精义入神"句时又进一步指出:"学者当存其神而致渊默之功,顺其化而待变通之日,由人欲净尽,天理流行,便可以继至善之道,而成神化之性也已。《易》之致勉于存养者如此。"解《豫》时言:"读《豫》之卦,而知圣人遏人欲于将萌,维天理于未绝,戒于顺动之中者,岂易易哉。"其六,沿卜筮以揭示义理。如在解《系辞》"退藏于密"句时指出:"《易》非为卜筮而设也,即卜筮以明理也……是以蓍生卦立,吉凶之理,既听命于天矣。"而对于趋吉避凶之道,作者不赞成走卜筮之道,其途径是"荡除其心,若圣人之心,浑然太极,物我一本"和"以正胜吉凶",即做到无得无丧、以正胜天。正如其解《系辞下传》首章时指出:"天下之事,非吉则凶,非凶则吉,常相胜而不已。若能不造不为,冥心任数而乘御于太虚,则无吉也,亦无凶也。六十四卦,三百八十四爻,皆以贞为贵,惟天下之理,一正而能胜天下之万变"。其实,《易说》不以《易》为卜筮之书,是另有原因的。这从它解《履》之卦义就可以明白,其解曰:"《易》之一书泄天地之苞符,尽人事之变化,原为人涉世而作也,故其辞多危。《易》之于阴阳动静之分,刚柔进退之际深致意焉,故曰《易》为涉世而作也。"

《易说》在推阐儒理意蕴时,往往援引历代史事作为证据加以分析说明,并从中阐发出具有现实鉴戒意义的象征内涵。可以说,援史证《易》是《易说》推阐以人合天之理的重要内容,在解卦中屡屡可见。兹略举数例,如解《蛊》卦云:"是故君子当蛊之难干,有先去而不事者,微子、季札以之当蛊之既干;有后去而不事者,范蠡、张良以之先去者。"解《无妄》曰："恐人迹虽无邪心，有偏倚即为妄已，如仲子之廉、庄子之放，其为人岂求福利者哉。"再如解《睽》卦之义后援史证曰："是故古之豪杰每处于卑小而成硕大之功者，如平之交勃、子产之赂伯石、仁杰之交二张是也。苟不知所同偏为侈大而自失其用者，如汉之袁、何，唐之李、郑，欲讨君侧之恶而过视其事，遂至于睽散而不可解，则无得于《易》之义者也。"可见《易说》阐明《周易》哲理时，很明显有援史为据的迹象。

(五) 暗藏内丹之学，明以生生为《易》

我们知道，内丹学的概念和思维方式离不开外丹学，而外丹学的建立又是以易学为本的。所以，大凡讲内丹的书几乎都离不开易学的理论和概念。考《易说》一书虽然没有明确提出内丹学的概念，但从其所蕴涵的思想来看，无一不合于道教内丹学的理论思想。如其解卦时所本的天人之学、心学、理学、气学、图书学等；其所推阐的以人合天之理：天道自然、阳动阴静、扶阳抑阴、动静无端、阴阳无始、气化自然、心《易》合一、人物相应、体道而行、与时偕行、以正胜天、以贞为贵、无思无为、无得无丧、人心同理、图起于中、以性制情、循理灭欲、尽性至命、进德修业、修身养性，等等。这些都是道教内丹学的理论基础，而在《易说》中也是自成体系的。因此，我们认为在《易说》中暗藏着内丹学理论。对此，笔者试寻绎散于书中的有关解说来推阐这一暗藏的内丹学思想体系。

其一，以图解明理，说明人必须修心养性的原因。前已论之，《易说》由图起于中的规律，指明：心是天地万物变化的本源；吾心之用即天地万物之用；《易》即人心之所藏；心即是《易》，即是理；理气本无二物、本无先后，气为万化之宗；心体自然即天体自然；《易》是弥纶天地之道，非为卜筮而设，而是为人涉世而作；万物化光皆根于心，天地以生物为心，阳舒阴惨，皆生生之气，而生生之理，即《易》之根源；阴阳气交乃性命之蒂，万化之流乃性命根源。可以看出，《易说》主要以心法正《易》，即以生生之理为《易》，又特别强调人心之用，认为心为万物之中，在天为太极，在理为《易》，在气为性命，是体天道自然而生生不息的。所以，其解《乾》卦辞之义提出"心《易》合一"的观点后立即指出："善学《易》者，能于一念入微极深研几适乎万变周流之妙，则虚明寂照之体可以合乎元亨利贞之用也已。"由此引而伸之，深明《易》理于心，使吾心之用合乎元亨利贞之德，就可以尽性至命，使人与天合一、生生不已。既然如此，修心养性自然也应该是每个人的当务之急。

其二，以卦义明理，指明人通过穷理尽性以至于命的依据。《易说》在《三才图解》中就认为：人居万物之一，人之应物，物之感人，无时不然，及斯扩充运用，正三纲，明五教，序万事，穷理尽性以至于命，而人亦可与太极同其功用。在解《说卦》时又认为：天赋为命，物受为性，根源皆系于《易》；只要能合元亨利贞之天道、尽仁义礼智之人性，便可得性命之源。对于"物受为性"之说，其在解《系辞》"一阴一阳之谓道"时就指出：人物受生之始而无善恶，有恶者乃敝于杂揉之气、违于阴阳之道；只要能禀先天流行之阳气，保合后天直方之气质，便可继道之功而终天地之能。此即证明人可尽性至命的理论依据。再看其解《谦》卦之义，曰："吾人身在宇宙，虽有盖世功勋，返之本来如浮云耳，只因人德顺浅薄，承载不起，便有骄矜之见也。"又云："人之心体本无障碍，犹太虚之无物也。以无物之心而称乎物，所以得其平也；以有物之心而加乎物，所以违乎谦也。"由此可见，做人只有厚德载物，方能继善成性，而其要在修心。

其三，以道学明理，说明炼养心性的妙处和途径。《易说》指出：天下之事，非吉则凶，非凶则吉，除了以正胜之吉凶外，若能不造不为，冥心任数而乘御于太虚，则亦无吉凶，即以吾心之无吉凶胜数之吉凶卒至；或如圣人形骸空而物我一本，亦无吉凶。同时又以"循天理、灭人欲"之论为据，指出：大凡私欲不入其心，则其心凝定，其动光明；学者当存其神而致渊默之功，顺其化而待变通之日，则人欲净尽、天理流行，便可以继至善之道，而成神化之性；若能学至于行权变化，便可使心之真体，浑然全复。再如，解《晋》时曰："惟清心以别理欲，用智以防危微，进退不苟复于本体之明，如日之方升而精采益焕矣。"解《咸》时曰："物若静养此心，寂然不动，廓然无我，如明镜止水，触之而虚静自如，是得天下之感。"解《艮》之"艮其背"① 时又指出："背后之为体，内含脏腑，外统肢骸，无欲无思，其静与动载虚而行，止之意也，故取象焉。人能知其所止，凝神虚，远形迹，化而思虑捐，内可忘己，外不见人，则动静皆天，自无妄动之咎矣。惟道是体，何己之见；惟道是用，何人之见。人己两忘，定慧生而客尘灭，器宇光明，随机圆应，孰得而为吾道之障哉。"解《复》卦时云："随时随理，而此心仍归于寂然，故曰向晦入宴息，盖澄其心于何思何虑之乡，其神于勿助勿忘之候，得随时之正者也。"此外，《易说》还认为：圣人之所以退藏于密，是为了完其精而不使盗，固其气而不使入；圣人之所以要识时而潜、与道为一，是因为天地鬼神本皆与道为一，人只有体天道而行，闲心独处，无将无迎，无起无灭，无思无为，无得无丧，方能默合流行之妙，各得其性命之正而全于无妄。概而言之，人应效法作《易》者，容天下之生理，尽人物之性情，而合于天道之自然，然后得性命之源，即可长生不已。

从前面引述的《易说》观点综而析之，可以得出如下结论：(1)《易说》解《易》，重在阐明生生之理，强调心和理气的重要性。(2)《易说》认为人皆可成神化之性，得性命之源，并指出其途径是：深明心《易》生生之理——循天理灭人欲，以人合天，体天之德，即做到仁义礼智，中正诚善——其心凝定，无私无为，物我两忘，无得无欲，退藏于密，与道为一，此即炼养心性之道。由此可证：《易说》藏有内丹修炼的基础理论。该推证结果，还可从书中两处原文见得一斑，兹略引如下：

---

① 早期的内丹学著作，认为《艮》卦中蕴藏着古代仙人留下的秘传丹诀。

> 然《易》之所用以占者，皆因其变动也，当以文王之卦位为准，虽逆探其变而实顺用其机也，非若金丹以克为生之理，逆推造化于返还也。（解《说卦》"数往知来"句）
>
> 若云必欲凝心无为，息缘住静，即流于虚寂之学也。岂圣人经纶无所倚之学哉。（《易说·艮》）

直接从引文可知：《易说》既反对以克为生的金丹（即外丹）学理论，又反对息缘住静（即出世）、虚寂无为的修道之学。因此，我们可进而确定《易说》所建构的易学理论体系，是道教神仙家主张修炼内丹以得长生的基础理论。

详论至此，《易说》的思想底蕴可谓显露无隐了。其思想主要根植于先秦至宋代儒家阐《易》明理的成就，并兼容道家的思想于一体，真可谓"汇万圣同宗之奥蕴、阐三教同源之妙道"。其以传统的易学思想结合所谓"心法"来解说《易》中以人合天之理，蔚成一家之言，并由儒入道意图将其易学理论用于讲求尽性至命、复体保身的内丹修炼，可谓"发三圣未启之心传"，由此视其为内丹派的易学著作应该不算过分。但是，如果从儒家《周易》注疏学的角度看，其不依经解义，杂糅诸说大言义理，正如尚秉和先生在《续修四库提要》所评："观其诂《易》之处，空虚浮泛，无一实际。盖义理之流弊，至斯而极，已不知《易》为何物矣。此经学之蠹也。"对此，也是研究《易说》时必须实事求是加以认真对待的。

三、《易说》的真伪问题考辨

《易说》作为一部有关内丹学的易学著作，说它是吕洞宾的著作，单从学术源流上寻讨的话，是可以令人信服的。这也是清人确信其传自吕洞宾的重要依据。然而，若从其书的内容上细考，《易说》肯定是宋代以后的作品，按常理结合吕洞宾的生活年代分析可知：不可能是吕洞宾所作。

第一，《易说》在解《系辞下》第二章时首先指出："伏羲之有四图，何也？曰：伏羲有一图而无四也，其圆图也，横图也，方图也，皆后人准《易》而为之者也。"并先在《六十四卦方圆图解》中说明这些先天图"皆邵子之作也"。另外，考《易说》在"三十六宫图"上所录的天根月窟诗，云："耳目聪明男子身，鸿钧赋予未为贫。手探月窟方知物，足蹑天根始识人。乾遇巽时观月窟，地逢雷处见天根。天根月窟闲来往，三十六宫都是春。"该诗跟邵雍《伊川击壤集》卷十六中的《观物吟》只有个别文字的差别，即邵子诗句为"洪钧赋与未为贫。因探月窟方知物，未蹑天根岂识人？"如此看来，《易说》当是邵雍以后的作品。这是近代以来的学者证伪的有力依据。因为，按文献记载邵雍是生活在吕洞宾出生222年后的宋代，以常理而论，吕洞宾不可能在邵子之后作《易说》，也不可能预知百余年后宋有邵子其人并必作先天图和天根月窟诗。笔者认为，如此考据证伪虽合乎常理，但并不科学，对此所持的理由有三。

理由一：查考文献可以发现，至今无人知晓吕洞宾的卒年；吕洞宾确实不是凡人，是一个主张炼养心性并躬行实践的著名内丹家，说他健康长寿至宋仍存，以今日的大寿星互相比较，也不会太令人惊奇。君不见，今日百岁凡人到处是，何况性命双修的吕洞宾？

理由二：查考文献又可以发现，自《旧唐书》至《道藏》等有关言及吕洞宾的作品，无不传说他已得道成仙。今举一记吕洞宾传邵雍仙道的例子，如在《纯阳帝君神化妙通纪》卷四"道印康节第三十四化"中载说：

> 康节先生一日宴坐，忽闻里香满室，觉心地恍然，遂下数得一兑卦，为口。重兑，两口也。曰：吕公至也。忙整案设一纯阳真人位牌，敬待良久，仆报一道人在门首，欲谒雍。忙出作礼迎

请上庭，真人中坐将位案倒，曰："尔何知吾来？"雍以前因实告。真人曰："既知吾来，必知吾往，只今吾往何处？"雍茫然无答。真人曰："适来便是吾一念动，子便知之；吾寂然，子茫然罔措。"雍豁然有悟……雍曰："一念未起，鬼神莫知，不由乎我更由乎谁？"真人曰："此性理也。真空慧命则未在。"……抵暮飘然而往。自此后尧夫少出屏事，养浩乐天，后工夫绵密。有诗云："冬至子之半，天心无改移。一阳初起处，万物未生时。玄酒味方淡，大音声正希。此言如不信，更请问庖牺。"

此中故事的真实性不得而知，其所云诗句即《伊川击壤集》中的《冬至吟》。顺便提及，《易说》也有以节候合卦气而言"《复》为冬至子之半……《大易》之秘见于斯矣"，具体详见《六十四卦节气图解》。

理由三：《易说》的天根月窟诗与邵子诗有些差异，不算全部转录。然从其诗意完全与三十六宫图意相配的情况来看，辨不清是自作抑或是抄自邵子。

第二，《易说》在援史证《丰》卦之义时曰："如秦皇汉武，宋之道君，迷于一时之识，障蔽不迁，皆有翔于天际之意。汉能自悔，中业复兴；宋卒不觏而凶，蔽犹是也。"从这句话可进行如下推证：（1）倘若从前文所述《易说》包容有宋代道学意蕴和图书学模式的事实，尚不能确定其是先或后于宋而作的话，那么读此引文后便可确定：它的成书至早在"宋卒"以后。（2）引中所言"宋之道君"，即北宋末期的徽宗，也是跟秦皇汉武一样想通过寻求不老丹而得长生的君王。按《易说》此处的口气，略带有对求丹道之君的讽刺意味，不妨视为作者对外丹术的鄙弃。因为前文所论已发现其书中藏有内丹学的思想。倘若再看其书《自序》言"第小儒曲学昧于从违……"和其论《系辞》"天地之大德曰生"时所云："儒者之言曰：'无极而太极、阴阳、五行、万物，自无而达有……故曰：《易》逆数也。'此论过矣！"作者似乎不是儒者。但是，从其书说《易》的思想乃根植儒学且处处不离"圣人""君子"之事来看，作者又非得是儒者不可。而再从其由儒入道的意图来看，作者的身份要合乎既用儒又反儒、既言心又言道、既讲治国守家又倡尽性至命的，就非得神仙家不可了。如果单从作者的身份来考察，把著作权归到吕子名下，并不违背常理。

通过以上的考察和辨析，我们可对《易说》的真伪问题作出结论：《易说》成书时间肯定是在宋代以后，按正常的生理来看，它不是吕洞宾的著作。但是，倘若吕洞宾在宋卒之后仍活着，则其作《易说》的可能性将无法排除。

（原载詹石窗主编：《道韵》第一辑《钟吕仙脉与丹道养生》，台北：中华大道文化事业股份有限公司1997年版，第116—152页）

综论我国古代易学及相关术数学的政治决策作用

政治决策就是根据预定的政治目标做出某种行动的对策。它既是解决一切政治问题的关键，也跟国计民生息息相关。政治决策是中国古代决策文化的核心部分，与中国传统文化思想紧密相联。从文字和国家相继出现之后，政治决策就一直备受统治者的重视。纵观中国古代决策活动的历史，尽管著名的决策人物和事例层出不穷，且颇富中国特色，但由于落后生产力条件的制约，他们所作的决策一直处于一个自我总结的阶段，都是一种经验决策，没有超出个人才能的界限，没能摆脱文化传统的束缚。具体而言，中国古代的政治决策主要是依靠管理者或思想家个人的阅历、知识和智慧，而这些又大多来源于根深蒂固的传统文化思想。研究资料表明，我国古代政治决策思想尤与各种预测学术密切相关，诸如原始占卜术、《周易》学说、术数学，等等。由于这些预测学术向来号称具有特殊的决策功能，而且历来为统治者所青睐，所以在中国古代政治决策中起着至为重要的作用。如何正确认识和看待我国古代预测学术的政治决策作用，无疑应是当今学界亟须解决的主要问题之一。有鉴于斯，本文拟从三个主要方面对该问题作些粗浅的理解和探讨。

一、原始占卜术对上古政治决策的左右

人类的生存和发展需要导致了人类的决策活动。我们知道，人的

活动是一种有目的的活动，这也是人类能够区别于其它动物的重要标志。而这种"有目的的行动"之前构成的支配人的行动的理想和意图，实际上就是决策行为。上古时期，人类在为生存而斗争的劳动实践中，产生了早期朴素的决策思想。在文字产生之前，这种决策思想以本能方式储存在人脑里。文字的产生，极大地促进了决策活动的发展，并使人类决策活动产生了质的飞跃。正是有了如此质的飞跃，以往的各种决策经验才得以更好地积累保存并广为流传，使更多人的行动逐渐避免了操作前的盲目性，从而更好地征服和改造大自然。不少历史神话传说告诉我们，原始先民们正是凭借着无数实践经验总结出素朴决策思想，来组建生存群体和改造生活家园的。当部落乃至具有政权性质的国家出现之后，其领导者们更是注重对决策思想的总结和运用，并把它跟治理国家事务联系起来。从那时开始，政治决策活动无疑也就随之产生了。

　　那么，原始政权草创之初及其以后较长的一段时间里，先民们又是如何进行政治决策的呢？由于史阙有间，该问题的研究在目前肯定还找不到完整满意的答复。但是，如果从社会文化对人的决策有着重大影响这一角度来看，不难发现那些土生土长的原始占卜预测方术及其活动，处处都在左右着上古社会的政治决策。占卜术作为介于原始宗教与巫术之间的一种精神文化的表现，在人类初民社会中普遍存在并对当时的社会生活和文化发生重要影响，这是经近代以来民族学与人类学的研究反复证明了的。而从大量的史料记载和考古发现来看，上古社会这一普遍的占卜风俗现象尤与政治决策密切相关。对此，我们还得从原始占卜术的历史起源谈起。

　　原始占卜术的产生乃至普遍流行，主要是当时社会生产力和人类认识能力极端低下的结果。占卜起源于原始的前兆信仰和各种崇拜。在万物有灵观念下，先民们认为事物之间都有因果关系，也就把偶然发生的一些奇特自然现象和生理现象，都看作是神灵的某种启示。前兆多为自然发生，具有相当的偶然性，其预示的内容也相应受到所出现兆象的限制。为了能够不受时空限制,及时得到神示来趋吉避凶,先民们便开始采取人为手段来主动地获取兆示内容,于是占卜术就应运而生了。中国新石器时代考古的大量资料表明,古代中国占卜术的发展至迟可以追溯到距今五千年以前。这时中国境内已出现以兽骨和畜骨为材料的占卜技术。其中最早的一项卜骨遗存出自位于今内蒙古巴林左旗的富河沟新石器时期遗址中,距今约5 300年。在中原地区,大量的卜骨资料亦发现于距今5 000至4 000年之间各个新石器时期文化遗址中。所有这些远古占卜遗存都属于史前时期,由于缺少相应的文字记载,我们似乎还很难确定当时的占卜手段已包含了重大的决策行为。但从占卜的目的和应用范围来看,可以推想当时的决策活动是丝毫也离不开占卜行为的。在我国,以兽畜骨为材料的占卜技术持续发展了相当长的时期。到了殷商时期,用来占卜吉凶的材料已为龟甲所代替,当然有时也用动物的肩胛骨,但同样也是用火烧灼卜物以视其裂纹而定吉凶。可是用动物骨时,由于较大,不易灼裂,故而常常是剖开用。这种卜法,后人称作甲骨卜。不过,这一时期的甲骨卜极少用于平民,而大都是用于邦国贵族,大概是龟甲较为宝贵的缘故吧。卜官在占卜后把所问的事情及卜得的结果都刻在龟甲或动物骨上,这就是后人所说的甲骨文。从二十世纪大量出土的甲骨卜辞中,就可以充分证明原始占卜术的确左右着上古政治决策。那么,上古政治决策为什么会一直被占卜方术所左右呢?又是如何被左右的呢?透过厚重的史实,我们不难找到相关的答案。

由于上古的生产主要是畜牧业和农业,直接依赖于自然界。在对面向自己的大自然不能够彻底了解的情况下,先民们把面对的大自然看作是有意志的巨大的异己力量,从而加以极端的崇拜和迷信。中国古代的占卜一开始就是和农事、狩猎、征伐、祭祀等联系在一起的,是与社会生活相关的一种专门性活动。于是事无巨细,只要与生活稍有关联的都要祈求神灵的启示,然后再根据神灵的启示决定行动与否和行动计划。于是神秘的占卜术也就自然成为各种决策的重要手段和依据，而使人的主观思维所起的作用往往降为次要。殷商西周之际，社会分工日趋细密、固定，阶级分野和统治秩序进一步明朗化、制度化，加上文字的创制和普遍使用，出现了专门的神职人员——巫史。巫与史在殷商西周时代的宗教、政治生活中占有重要的地位。从宗教方面说，他们是神人交通的媒介，因而是神的意志的唯一的权威阐释者和神权的实际掌握者。从政治方面说，巫史以上天意志的代表自居，有权训导君主的言行。凡遇有政治事务，先由巫史占卜吉凶，然后再定行止。即使遇到战争也是如此。先秦文献中已有关于这方面的记载，最详的是《礼记·曲礼》：

> 凡卜筮日，旬之外曰远某日，旬之内曰近某日。丧事先远日，吉事先近日。曰："为日，假尔泰龟有常，假尔泰筮有常。"卜筮不过三，卜筮不相袭。龟为卜，筴为筮。卜筮者，先圣王之所以使民信时日，敬鬼神，畏法令也；所以使民决嫌疑，定犹与也。故曰："疑而筮之，则弗非也；日而行事，则必践之。"

这段话详细地告诉人们怎样选择吉日，怎样卜筮，卜筮的目的，以及卜筮所应注意的事项。其中关于卜筮目的的说明，特别有助于我们进一步理解原始占卜术左右上古政治决策的社会原因。综而言之，上古政治决策会被原始占卜术所左右，主要是由占卜的目的和本质所决定的。换句话说，随着社会的日益进步，原始占卜术不但得以更新发展，而且长期左右着各种决策行为，在客观上已充分表明了以灵物兆象来占卜预测所形成的一套决策手段，在当时已经被神圣化和普及化。而以占卜结果左右决策行为所存在的严重弊端在尚未为先民们充分觉察到之前，是不可能被人们抛弃的。

关于原始占卜术对上古政治决策的左右，还可以从《尚书·洪范》中的一则故事窥见一斑。话说周武王在攻克商王朝之后，曾去拜访旧臣箕子，向他请教治理天下之道，其中着重讲述了占卜结果与政治决策的关系。文中记曰：

> 稽疑：择建立卜筮人，乃命卜筮。曰雨，曰霁，曰蒙，曰驿，曰克，曰贞，曰悔，凡七。卜五，占用二，衍忒。立时人作卜筮，三人占，则从二人之言。汝则有大疑，谋及乃心，谋及卿士，谋及庶人，谋及卜筮。汝则从，龟从，筮从，卿士从，庶民从，是之谓大同。身其康强，子孙其逢吉。汝则从，龟从，筮从，卿士逆，庶民逆，吉。卿士从，龟从，筮从，汝则逆，庶民逆，吉。庶民从，龟从，筮从，汝则逆，卿士逆，吉。汝则从，龟从，筮逆，卿士逆，庶民逆，作内吉，作外凶。龟筮共违于人，用静吉，用作凶。

这则材料主要告诉我们三种故实：其一，凡在作任何决策有疑难亟待考究时，便要选择设立卜人与筮人来执行占卜任务；其二，必须同时请三个知晓卜筮的人分别卜筮，并按少数服从多数的原则判决结果；其三，详细说明了一系列决策规范，即在决策之前，首先要用心思考，同官员们商议，征求平民百姓的意见，以及看占卜、占筮的答案，并按照五个方面的抉择原则去权衡。而这五条参考原则却集中说明了一层意思，即在国君自己、卜、筮、卿士、庶人这五个方面的意见中，最重要、最关键的是卜筮的意见。由此可见占卜在当时虽然不是重大决策的唯一依据，但它所代表的神意远远高于一切。大量的殷商时代的甲骨文也印证了这一点。甲骨文多是当时卜筮之记录。它表明在商王朝，对于卜筮的迷信几乎到了狂热的程度，每日必卜，每事必卜，每事必占，如任命官员、征伐出战、祭祀祖神、修筑城池等大事的决策皆列其间，任凭占卜神意的左右摆布。

从前则史料的记述来看，在以卜筮作决策的同时，并不排除参考人的主观意愿。这也说明占卜在当时并非完全左右着人们的决策思维和思想。事实上，即使在占卜意识尤为浓厚的商周时代，对于重大的决策，统治者也未必完全采纳卜筮官的预告。如《史记·齐世家》和《论衡·卜筮篇》均记载了商代末年周武王起兵伐纣一事，战前曾让卜筮官预测吉凶，结果是不吉，而且还发生了暴风骤雨，当时的人都认为是不祥之兆。在这种情况下，周武王率领的部队都感到恐惧，只有军师姜太公力排众议，鼓励武王坚持伐纣。武王也没有听信占卜预言，继续进军，结果在牧野之战中一举灭商，建立了周王朝。可见，在当时所谓的占卜结果，最终还是由人的主观愿望来决定的，原因就在它替代神示并没有被先民们完全迷信①。尽管如此，原始占卜术对上古政治决策的左右，依然是我们不能忽视的历史事实。这一事实，也必将被越来越多的考古发掘材料所证实。

二、《周易》原理在政治决策中的功用

　　《周易》是我国现存最早、最具权威、最著名的一部经典著作，是两千多年前华夏先民聪明智慧的结晶。在先秦时期，它便与《诗》《书》《礼》《春秋》《乐》（已佚）并称为六经。到东汉时，班固在《汉书·艺文志》中把它列在第一位，从此便赢得"群经"之首的独特地位。自汉代以来，它一直是封建文人的必读教材，也是历代学人酷爱深研的宝典。时至科学文化高度发达的今天，这部古老的奇书仍吸引和牵动着无数学者，从不同的视角努力去探索和挖掘它博大精深的奥蕴。

　　《周易》究竟是一部什么性质的著作？它为什么能备受历代统治者的重视而盛传不衰、影响深远呢？从该书面世至今，类似以上的问题就一直悬而未决。尽管人们已从占筮、哲学、科学、史学等不同角度极力探研，并由此产生了汗牛充栋的论著，但仍没有得出真正令人

---

① 卫绍生：《中国古代占卜术》，中州古籍出版社，1991年，第37—38页。

信服的答案。从内容和结构上看，《周易》的确是一部占筮书，是周朝（也可能是在此之前）的筮官根据占筮的原始记录材料，按一定法则整理编纂而成的。其作用好比后世宫观寺庙中的签书，便于民众查找占卜的结果。正如有一千个读者，就有一千个哈姆雷特一样，历代不同研《易》者对《周易》的功用也有着不同的理解，并使这一广大悉备、博大精深的经典蒙上浓厚的神秘色彩。久而久之，世人也都相信《周易》是一部很有用的好书。也许这就是它久传不绝的真正原因吧。

那么，《周易》的有用之处表现在哪些方面呢？按照《系辞传》的说法，《周易》可以"通天下之志，成天下之务""通神明之德，类万物之情"，具体作用表现在"以言者尚其辞，以动者尚其变，以制器者尚其象，以卜筮者尚其占"四个方面。按《说卦传》的理解，学《周易》还可"穷理尽性以至于命"。从历史到现实，也可见《周易》几乎无所不包，无所不及，一直在天文、地理、人事诸方面发挥着巨大作用。举凡我国传统的中医、气功、武术、方术、文艺、哲学、发明创造等等，无不深深打上了它的烙印。《周易》大而广的作用，可谓名副其实。

《周易》乃是上古时期的著作，为什么从古至今都能发挥出大而广的作用呢？这看似平常而简单的疑问，事实上已难倒了历代无数学人。一般认为，《周易》原本是占筮典籍，而它之所以能占筮预测，并对后来的各学科门类之形成与发展有指导作用，乃因它本身具有开放合理的哲学思想内核，即所谓素朴的唯物辩证思想。在此观点的基础上，参照《周易》自古及今所起的各种作用，我们认为它最实际最根本的作用莫过于能帮助人们作出更好的决策。不妨就从政治决策的角度，来探究《周易》原理的决策功用。

由原始占卜术发展演变而来的《周易》占筮术，以其完整系统的文字卦符体系，逐渐成为上古政治决策的主要手段。从《周易》"经"部分的产生缘因、材料来源、创作过程、原始功用等方面加以考察，可以发现它跟当时的政治决策有密切关系。从前一节的论述中，我们知道上古政治决策对占卜预测有依赖作用，并被各种原始预测术所左右。但是，随着社会生活的不断发展和日趋复杂，原有的各种不成体系、牵强附会于神灵旨意的预测术，在实际决策活动中所起的反作用也日益增多，再也难以令人置信。从预测术的发展史来看，其自身也具有不断更新的功能，总是能根据现实生活的需要，利用新发现的理论认识来变换预测的方法，以达到更加取信于人、便于人用的目的。正是在这样的前提下，先民们完成了从卜法到筮法的改革，并因此发明了《周易》占筮术。从这个角度来看，《周易》的产生乃是缘于先民对决策根据和方法的迫切需要，是远古预测方术日益发展变异的阶段性成果。从创作过程和材料来源来看，《周易》的定型至少经历了三大复杂阶段：阴阳概念的产生、八卦创立、重卦并撰成卦爻辞，其中无不包含着先民们改造和征服宇宙自然的智慧结晶，自然也包含着他们在各种决策活动中所积累的思维模式和认识体验，尤其是那些字面上就与占筮预测密切相关的卦爻辞，仍留下先民们进行预测决策活动的痕迹。这些都可看作是《周易》作者对以往无数决策经验的总结和再利用。不妨略举两例以证之，如《豫》卦之卦辞"利建侯行师"，讲的是关于建立诸侯、出师征战这等国家大事的决策；《师》卦上六爻辞"大君有命，开国承家，小人勿用"，则是对国家用人问题的决策。《周易》卦爻辞涵盖的社会生活内容相当广泛，不可能每个卦爻都附有上古政治决策的占例，但如果从其隐喻或象征的大道理来论，那么可以说六十四卦三百八十四爻的文辞都与政治决策密切相关。对此无须多加赘述，只从《周易·系辞传》中便可找到答案。《系辞传》明确指出"圣人设卦观象，系辞焉而明吉凶""易与天地准，故能弥纶天地之道""以定天下之业，以断天下之疑""能研诸侯之虑，定天下之吉凶"，无疑就是认为《周易》具有很强的政治决策功能。从《周易》在创成之时及其以后很长时间内的主要功用来看，其主要用于占筮预测，且大多与政治决策相关。这除了以《周易》经传文字作内证外,还可从《左传》《国语》等先秦典籍中找到有力的史实根据,也不妨略举两例①,如《左传·僖公十五年》记"秦伯伐晋"一事,战前有请"卜徒父筮之",并卜得吉卦之后才涉河伐晋,俘获晋君的;再如《国语》记载晋公子重耳在即将结束逃亡生活时,担心能否顺利返回而决策不下,便让董因利用《周易》占筮来作决定,终因"筮得国"而下定决心。由此可见先秦时代统治者在作政治决策时,对《周易》占筮术有着相当程度的依赖性。正是因为《周易》特有的占筮预测功能,仍作为先秦时代政治决策的主要手段和依据,所以我们认为源于决策又用于决策的《周易》,真可称得上是我国现存最早的一部关于决策科学的宝典。

话说回来,既把《周易》视为一部决策科学的宝典,它的决策根据和思想又是什么呢?从表面上看,《周易》决策的依据在于占筮预测,即人们只需通过一定的占筮方法求得卦象,然后根据求得的卦爻辞来判断吉凶成败,就可作出相应的决策。而事实上,这只是《周易》决策的方便法门而已,并不是《周易》堪称古代决策科学著作的有力证据。《周易》被认定为古代决策科学著作,从深层次意义上来说,主要是其本身已形成一整套比较系统周密的决策思想原理。这一原理,概而言之就是《周易》中合理的哲学思想内核,即素朴的唯物辩证思想——以天地人为研究对象,以阴阳对立统一为基础,以变易理论为核心,以理、象、数、占为手段,以守中持正、趋吉避凶为目的,经过推理演绎所得到的概念或文字卦符体系。用《周易》的话讲,就是所谓的"一阴一阳之谓道",即《易》道。具体而言,情况颇为复杂,以下拟结合鲍宗豪先生《决策文化论》的研究成果对此加以简要的归纳和总结。从决策文化论的视野分析,《周易》在运用卦象卦理进行预测与决策的时候,不仅揭示了宇宙间事物发展、变化的自然规律和对立统一的法则,而且形成了自身的决策文化观雏型:其

---

① 尚秉和:《左传国语易象释》,北平晨报,1936-03-16(31期),27(32期)。

一，贯通于天、地、人各方面的预测决策思想，尤以"定吉凶""定天下"的政治决策思想为主；其二，形成了一套独特的预测天文、地理、人事的方法，即以"大衍之数五十""十有八变而成卦"的蓍草占筮法为主；其三，体现在《易经》六十四卦爻辞和《易传》中的一种辩证精神，特别以《系辞》《文言》诸传的记述文句为详。从政治决策思想角度总结，主要有两大方面：一是政治决策之道，主要有阴阳、经权、安人、中正、德行、用人、为政、贵谦八种；一是政治决策之原则，也有均衡与对称、相称与结合、盈足与蓄通、物序与均势、中和与适度、和谐与协调、主次与取舍、互补与权变八种。另外，我们还可从规律论、全息论、信息不灭论、信息可用论、相互感应论、时空论六方面，为《周易》决策找到基本理论依据[1]。正如美籍华裔成中英先生在《周易管理系统及其应用："C"理论》文末指出的那样，"易经整体是定位时中之说，是最好的决策系统。其最高境界是天、地、人的调和，以谋求处理矛盾、解决冲突"[2]。这些代表着当今学术界对《周易》决策原理及其价值的独到认识，从某种意义上说也是《周易》原理与政治决策密切相关的又一证据。

　　立足《周易》经传文本，我们同样可以找到《周易》指导政治决策的思想所在。这一思想总的来说，是以知变制变为出发点，以追求稳定平衡为归宿，以人事变化与吉凶关系为依据的一套通变政治哲学理论。具体而言，第一，思想核心是在言"变"，目的是以此"成天下之务""定天下之业"。变易是自然与社会的一般法则，政治形势无时无刻不在变，只有知变方能制变、善变、通变，以至作出正确的决策。这从《系辞传》中"通变之谓事""通其变，使民不倦""穷则变，变则通，通则久"等文句便可直接找到依据。第二，决策的关键不仅要有充分的准备，而且要审时度势，随机应变。如《讼》卦之《象》辞说"君子以作事谋始"，即要求决策者在事前要善于谋划。

---

[1] 鲍宗豪：《决策文化论》，上海三联书店，1997年，第17—39页。
[2] 陈传康、董恒宇：《周易策略与经营管理》，万国学术出版社，1993年，第55页。

再如《贲》卦之《彖》辞说"观乎天文,以察时变;观乎人文,以化成天下",即要求决策者要把握时机,及时根据客观情况的变化作出对策。这一点对行政者制定方针政策尤为重要。第三,决策的根本在于顺天应人、持正守中。如《系辞》中"危以动,则民不与也;惧以语,则民不应也;无交而求,则民不与也""因贰以济民行,以明失得之报"。又如《革》卦之《彖》辞说:"汤武革命,顺乎天而应乎人。"《坤·文言》说:"正位居体,美在其中,而畅于四支,发于事物:美之至也""坤道其顺乎!承天而时行。"这些以中正爱民为本的思想,对政治决策者特别有启发意义。第四,决策的目的在于趋吉避凶,以求得新的平衡和发展。《乾·文言》所说的"保合太和,乃利贞"便是此意。追求国泰民安、政局稳定,使各项事业得以和谐持久地发展,无疑乃是政治决策者的理想目标。综上所述,不难发现《周易》蕴涵着丰富的政治决策思想,有待我们去进一步加以挖掘和利用。

三、易学术数的发展对政治决策的影响

对《周易》《易经》《易传》《易》学、易学、象数、义理、数术、术数等几个名词概念,如果不细加分辨,往往很容易把它们等同起来,混为一谈。长此以往,必会引起后学者对它们的误解,以致不明其定义,难辨其源流,也给研读者造成不必要的混乱。有鉴于此,特先对它们加以简要的解释和说明。

先秦时代的文献中提到的《周易》,一般专指六十四卦的卦形及卦爻辞,即今《周易》文本的"经"部分,不包括《易传》(即阐释和发挥"经"义的《十翼》),亦通常称之为《易》。因该书被孔子编入"六经"之列,所以在先秦时期,便有了《易经》之称。两汉时期,原本之《易》连同《易传》都被尊奉为儒家的重要经典,时人便

开始把它们合称为《易经》或《周易》。两汉以后,由于《易传》被合入六十四卦经文并行,学者所言《周易》,往往都是经传并称的,不再单指《易》的内容。所以,今天通行本《周易》的内容,即包含"经""传"两部分,而习惯上又把"经"部分称为《易经》,"传"部分称为《易传》①。

  《易》学,顾名思义,就是指研究《易经》的学问,是以《易》为主的思维模式探研宇宙变易规律的科学,今人往往直称为"易学"。由于两汉以来的《易经》已等同于《周易》,所以易学实际上指的是研究《周易》的学问。若论易学研究之源,读《易》"韦编三绝"的孔子堪称有史可查的第一个大家,集先秦研《易》之大成的《易传》七种十篇也可看作是第一部《易》学论著。随着秦汉以来《易》学研究的日益昌盛,相关的论著不断涌现,著名的《易》家不乏其人,研用的范围也逐渐扩大,有如清代《四库全书总目·易类小序》所说:"又《易》道广大,无所不包,旁及天文、地理、乐律、兵法、韵学、算术,以逮方外之炉火,皆可援《易》以为说,而好异者又援以入《易》,故《易》说愈繁。"若论易学研究之流派,细分而论,往往是因学者研用的角度不同而有别,已非前引《四库》之说提及的几类所能完全涵盖。大体而言,清代以前主要有"两派六宗",即如《四库全书总目·易类小序》所言:"《左传》所记诸占,盖犹太卜之法。汉儒言象数,去古未远也;一变而为京、焦,入于禨祥;再变而为陈邵,务穷造化,《易》遂不切于民用。王弼尽黜象数,说以老、庄;一变而为胡瑗、程子,始阐明儒理;再变而为李光、杨万里,又参证史事,《易》遂日启其论端。此两派六宗,已互相攻驳。"由此可知,"象数"和"义理"实指《易》学研究的两大主要派别。清末至今,由于研《易》的方法和角度又有所不同,所以《易》学流派也在"两派六宗"之外产生新的变化,诸如"文学易""哲学易""科学

---

① 黄寿祺、张善文:《周易译注·前言》,上海古籍出版社,1989年。

易""史学易""管理易"等,举不胜举,难以尽详。

最令人不解的是易学与术数学的关系。不少人把那些专门用于算命迷信的"预测术"视为易学或《周易》的范畴,无形中引起民众对《周易》学说的盲目崇拜或片面否定。这不能不使我们对《周易》学说研究的前途深感忧虑不安。术数,亦称数术,是古代天文、历法、医学、占卜、方技、谶纬的通称,在我国已有数千年的传承历史,其源可溯至上古的原始占卜术,其流可寻至今日的各种变相预测术。术数学,即是研用术数的学问,其历史应与术数的发展史相当。中国的历史学向来重视对术数之事的记载。先秦的《周易》《春秋》《左传》,便已有了记述卜筮事例和方技艺的传统。《史记》的《龟策列传》《日者列传》,其它正史的《五行志》《方技列传》都以专题的形式辑录了不少有关术数的神奇事迹。自《汉书·艺文志》开始,历代正史的《艺文志》或《经籍志》,都记载着各种术数著作的目录。欲了解术数学著作涉及的范围,只需借助史家所作的目录分类便可。如《汉书·艺文志》分有天文、历谱、五行、蓍龟、杂占和形法;《四库全书总目》分有数学(与算术不同)、占候、相宅相墓、占卜、命书相书和阴阳五行。各史志所收录的术数类著作,其子目则有所谓风角、九宫、太乙、奇门遁甲、六壬、易占、堪舆、阵图之类,不一而足。至于传统医学著作、丹道养生之书,原先亦属术数。留有相关著作的术数家,代代涌现,颇有贡献,如众所周知的唐代僧一行、明朝刘基等人都在此列①。

《周易》及其学说之所以同术数有密切联系,是由其特殊思想体系、发生发展历史决定的。可以说,《周易》源于术数,这在前两节的文中已有说明。但是我们还应该认识到,《周易》及其学说的形成衍变对术数学的繁荣发展有着极其重大的影响。换言之,正是历代研用术数之士,都视《周易》及其学说的思想内容和思维模式为一切术

---

① 张其成:《易经应用大百科》之唐明邦《序一》,东南大学出版社,1994年,第1页。

数的基础，甚至借用其概念和术语，来探索未知宇宙力量和神秘世界，才形成一脉相承而又各具特色的术数之学的。话说回来，倘若不是这与《易》沾边的术数文化，日益世俗化并广为流传，《周易》学说也难以普及并深为研用。我们还应看到，正是同属于易学与术数学的象数学，主要是《易》卦占卜术，成为一条联系的纽带，而又广为人用，才使对此略知皮毛的世人不知不觉地把它们完全等同起来，混而为用，以致不知它们一向有着源与流、本与末、主与次、广与狭的严格区别。

通过以上的介绍说明，我们至少可以看到几个故实：第一，所谓的术数学都与《周易》这部奇书有密切的联系，都是以《周易》作为理论源点生发起来的；第二，术数学都离不开对《周易》的阐释和运用，从现象到本质都可看作是《周易》研究的发展和变异；第三，术数学存在的目的仍同《周易》一样，试图揭示天文、地理、人事运作的规律及其之间的关系问题，从而为人类生存提供合理可行的方法论，以便人们处事时能趋吉避凶，更好地持续发展；第四，术数学仍同《周易》一样，因在社会生活中发挥出大而广的功用，而被历代统治者所重视；第五，术数学能传承数千年而未衰绝，说明它们跟《周易》的思想体系同样有着合理的内核，值得认真研究和批判运用；第六，术数学所发明的各种预测术，尽管跟《周易》占筮术一样都是古人愚昧落后的思想所致，但从根本上说都是从神秘的角度在努力满足人们决策未来命运的迫切需要，思想原理基本相似，只是操作的方法或通过的途径表面上不同罢了。在这六个方面的基础上，再结合有关的史实材料，我们不难推出一个结论：术数学固有的推阐天地人的思想原理和用于占算人事命运的各种方法，如同《周易》和原始占卜术一样，对历代统治者的政治决策有着深刻的影响。这也是下文侧重分析和说明的主要问题。

从整体上看，易学术数的政治决策观是以《周易》通变政治哲学理论作基础的。与《周易·系辞传》"八卦定吉凶""以定天下之业"

"能研诸侯之虑""能弥纶天地之道""变则通""唯变所适"等思想一脉相承。纵观中国易学史，象数派和义理派的《易》学家们在不同程度上都有把研《易》与治国平天下相提并论的倾向。象数派方面，如汉代孟喜、京房，仍以《周易》占筮学说作为研究方向，不仅倡导卦气、纳甲、飞伏、五行、八宫卦诸说首创象数易学体系，改革了《周易》占筮起卦和解卦的方法，而且极力主张只要掌握了八卦的变化规律，便可上判国家治乱，下决个人吉凶祸福。再如陈寿《三国志》中记载的管辂，也把《周易》视为占算时日、预测祸福的方术，将纳甲、五行、六亲诸说跟他坚守的卦爻取象说合而活用，靠占算为当时的曹操等政治人物作决策。义理派方面，首推孔子以《易》道论治国为政之道，在《易传》中还保存了他为数不少的决策至论；又如晋代的韩康伯，重视义理研究，继承和发展王弼取义说，以卦义来象征和说明事物变化之理，用以表现人事治乱之义，对政治决策有一定指导作用；再如宋代的程颐易学，主张引史入《易》，以史说理，代表作《伊川易传》中引用了许多史例，目的是探求人们如何修德和社会治乱兴亡之理，并提出"随时变易以从道""损人欲以复天理"等以明理为主的决策思想。此外，如宋代的杨万里、叶适，以及明清的王夫之、李光地等《易》家，也都侧重从义理角度研讨《周易》可能明人事得失、社会治乱变化的规律，探索《周易》与政治决策文化的原理。

综观中国术数学史，萌芽于上古时期的天命观、宿命论、万物有灵说、天人感应思想等神秘主义色彩一直笼罩着术数之学，并使之沿着《周易》占筮学说指引的"定吉凶""决犹疑"方向深入拓展，尽量去满足人们对人事、政事作出决策的需要。从理论原理方面看，历代术士除了囊括了各易学流派的思想精髓和思维模式以及《易》学术语外，还善于汲取历史上各家各派的理论发明来充实自身，并及时衍化成新的术数体系，如战国末期的邹衍，首先运用天、人相互推衍的思想把阴阳说和五行说结合起来，提出了"五德终始"说，并以此来解释历史的变迁乃是由水、火、木、金、土五种"德"的生克制化所支配的；再如传统的星占学，起源于原始的天体崇拜，以《周易》"天垂象，见吉凶"的思想作为最基本的信念，又沿着天人感应的学说，不断吸取历代天学研究的成果，制定并根据历法和历书来预占国运盛衰和军国大事，具有一定的政治决策功能。① 从预测法术方面看，依靠阴阳、五行、八卦、天干、地支、节候、河图、洛书、符箓、卦象、义理、象数等学说构建而成的术数学体系，推演和派生出了许多新的预测方法，诸如易占、龟占、梦占、星占、择日、式占、风水、推命、相术、签占、杂占、预言、紫微斗数、铁板神数等②③，尽量从多角度满足人们预知未来命运的愿望，当然从根本上说主要还是在为统治者的政治决策服务。总而言之，易学和术数学在理论和方法上的创新和发展，都对中国古代政治决策产生了重大影响。

（原载《周易研究》，2003 年第 3 期，第 48—55 页）

---

① 郭志诚：《中国术数概观》，中国书籍出版社，1991 年。
② 金良年：《中国神秘文化百科知识》，上海文化出版社，1994 年，第 239—247 页。
③ 李零：《中国方术概观》，人民中国出版社，1993 年。

浅谈易学文化的传承与发展

先秦时期的重要典籍《周易》及其学说，在古代主要是作为一门"经世之学"得以传承和运用，在当代主要是作为一门"国故之学"得以延续和发展；又始终因为它的玄妙和广博，而无法作为一门独立的学科得到科学的诠释和研究，导致在传承与发展过程中经常面临尴尬困惑的局面。时至今日，尽管《周易》及其学说已广泛影响到中国社会生活的各个层面乃至世界各地，但相关知识的普及面仍然是极其狭窄的，以致人们对易学研究仍存在种种偏见和误解。《周易》知识难以普及，固然源因其本身的艰深、古奥、渊博、神秘，但也跟这门学问的研究和传播长期处于杂乱状态密不可分。因此，深入探讨易学文化的传承与普及、发展与运用等问题，无疑具有一定的现实意义。

一、应该合理界定易学的名称范畴

从《易经》到《易传》，从《易传》到历代与《易》相关的各种学说的广泛出现，自然而然地形成了独具特色的易学文化。从历史的角度来看，易学文化作为一门学问是在历代学人对《易经》进行多方面的理解和广泛的运用中得以延续至今的。从形成的过程与结果来看，易学文化是自然形成的，是为了满足中国人的特殊需要而形成的，是积累历代无数中国人的知识与经验而形成的。易学文化是一门兼具理论与实践、既独立又开放、既专一又广博的学问，具有特殊的思想内容和学术体系，有理由作为一门独立的学科。而在现实中，易学不仅无法构成一门独立发展的学科，而且连自身名称及其所指的范畴都无法得到统一的界定。由于学术界对易学文化所涵盖的思想内容、研究领域没有明确形成统一的认识，以致相关研究难以顺利开展。面对这种不合情理的现实，不能不引起我们深刻的反思。要使易学文化在科学时代里更好地传承与发展，首先就应该为易学正名，使易学之名称早日得到合理规范的界定。

（一）"名不正"则"研不顺"

要顺利开展易学文化的研究，就必须赋予易学一个符合学术实际的名称。如果易学这个名称所指的内容含混不清，势必影响人们对这门知识的广泛研读和深入研究。就目前学术界对与易学文化相关的基本名称术语的理解和表述情况而言，仍存在混乱不一的现象。在不少文章中，对《周易》《易经》《易传》《易》学、易学等几个名词概念，往往不细加分辨，甚至把它们等同起来，混为一谈。长此以往，必会引起后学者对它们的误解，以致不明其定义，难辨其源流。有鉴于此，以下先对它们加以简要的区分。

先秦典籍文献中提到的《周易》，一般专指六十四卦的卦形符号及卦爻辞，即今《周易》文本的"经"部分，不包括《易传》（即阐释和发挥"经"义的《十翼》），亦通常称之为"《易》"。因该书被孔子编入"六经"之列，所以可能在先秦就有了"易经"之称。两汉时期，原本之《易》连同《易传》都被尊奉为儒家的重要经典，时人便开始把它们合称为《易经》或《周易》。两汉以后，由于《易传》与六十四卦经文参合并行，学者所言《周易》，往往都是经传并称的，不再单指《易》的内容。所以，今天通行本《周易》的内容，即包含"经""传"两部分，而习惯上又把"经"部分称为《易经》，"传"部分称为《易传》。《易》学，顾名思义，就是指研究、发挥、运用《易经》的学问，是以《易》为主的思维模式探研宇宙世界和社会人事变易规律的学问，今人往往直称为"易学"。由于两汉以来的参合

浅谈易学文化的传承与发展　　　　　　　　　　　　　　　　　　　　　　　　　*81*

本《易经》已等同于《周易》，所以易学实际上指的是研究、发挥、运用《周易》的学问。若论易学研究与运用之始，史初时期的圣贤祖先就有用《易》观象制器的传说故事，最早可能是在伏羲氏和神农氏时代。读《易》"韦编三绝"的孔子堪称有史可查的第一个大家，集先秦研《易》之大成的《易传》七种十篇也可看作是第一部易学论著。随着秦汉以来《易》学研究的日益昌盛，相关的论著不断涌现，著名的《易》家代不乏人，研用的范围也逐渐扩大，有如清代《四库全书总目·易类小序》所说："又《易》道广大，无所不包，旁及天文、地理、乐律、兵法、韵学、算术，以逮方外之炉火，皆可援《易》以为说，而好异者又援以入《易》，故《易》说愈繁。"若论易学研究之流派，细分而论，往往是因学者研用的角度不同而有别，已非前引《四库》之说提及的几类所能完全涵盖。大体而言，清代以前主要有"两派六宗"，即如《四库全书总目·易类小序》所言："《左传》所记诸占，盖犹太卜之遗法。汉儒言象数，去古未远也；一变而为京、焦，入于禨祥；再变而为陈、邵，务穷造化，《易》遂不切于民用。王弼尽黜象数，说以老、庄；一变而为胡瑗、程子，始阐明儒理；再变而为李光、杨万里，又参证史事，《易》遂日启其论端。此两派六宗，已互相攻驳。"由此可见古代《易》学研究主要有两大流派，即"象数派"与"义理派"①。清末至今，由于研《易》的方法和角度又不断更新，所以《易》学流派也在"两派六宗"之外产生新的变化，诸如"文学易""哲学易""科学易""史学易""管理易"等，难以尽详。以上是笔者对易学及其相关名称术语的粗浅认识，未必合理妥当，权作本文展开问题讨论的基础，期望有更多专家一起来探讨这些基本问题。

众所皆知，华夏文化源远流长，《周易》是华夏文明的重要源头。《周易》不仅是华夏文明最古老的文献经典之一，而且对华夏文明的

---

① 黄寿祺、张善文:《周易译注》，上海古籍出版社，1989年。

形成和发展有着广泛而深远的影响。在几千年的中国文明中，不论在哲学、宗教、伦理道德、文学艺术、科学技术以及民风民俗的各个领域，几乎都不同程度和以不同的方式体现了《周易》的影响。《周易》经典的学说价值，是流传至今的所有其它古代典籍都无法与之媲美的。《周易》学说的古远与渊博，是华夏文明几经发展演变的基础和核心。《周易》能在整个华夏文明的源流中不断涌现，既充分显示了经典本身的无穷魅力与威力，也正体现了古今中国人民对这部古老经典的神圣景仰和高度重视。我们今天探索华夏传统思维方法的发生、研究传统思维方法的特点、继承和发扬华夏文化的伟大传统，都离不开《周易》①。时至今日，《周易》的学术价值也确实越来越得到人们的重视。"名正"则"研顺"，正因为《周易》作为一部值得研究的神圣经典在今天已基本上成为学界共识，所以我们就可以堂而皇之地顺利开展《周易》经典的研究。

《周易》所具有的无与伦比的学术价值，跟其本身合理的特质分不开，也跟历代学者不断研究和发扬分不开。《周易》经典内容得到高度重视，历代研究和发扬《周易》内容的学说按理也应该得到高度重视。但是，由历代学者研究和发扬《周易》学说内容而形成的易学文化，长期以来由于人们的偏见，使其"名不正"，以致其所具有的学术理论价值未能得到高度的重视和全面的挖掘。

(二)"名不正"则"研不广"

所谓"研不广"包含两层意思：一是指目前易学文化的研究领域不够广泛；二是指目前易学文化的研究队伍不够广大。《周易》流传至今，已越来越多地得到科学的解释，但易学尚未作为一门科学的学科出现。把易学作为一门独立的学科来看待，并不意味着易学就等同于现实生活中人们所理解的科学，而是标志着这门学问能够被人们普遍运用科学的方法加以认识和研究。长期以来，人们所理解的易学文

---

① 翟廷晋主编：《周易与华夏文明》，上海人民出版社，1998年。

化往往因为学科的隔阂而产生多种的学术偏见,致使易学成为多种学科交叉的一个显点。但是,这个显点其实却因为不够独立而经常成为人们认识的误区和盲点。简言之,想接近的人多,真正进入的人少;不能理解的人多,真正研究的人少;研究《周易》经传的人多,研究历代《周易》学说的人少;研究易学经典的人多,研究民间易学的人少;研究《周易》史论的人多,研究易学理论运用的人少;研究《周易》形而上问题的人多,研究《周易》形而下问题的人少。之所以如此,不仅仅是因为易学文化本身的深奥玄妙而拒人于门外,与其不能名正言顺地作为一门独立的学科发展是关系密切的。

(三)"名不正"则"研不深"

随着经学时代的终结和科学时代的到来,中国学术界的研究模式和学科态势发生了巨大的变化。对传统国学的研究完全打破了以往的方式方法,学科设置基本上沿用西方发达国家的模式,主要分成人文科学、社会科学、自然科学三大门类,人文社会科学又细分成文学、历史学、哲学、伦理学、语言学、逻辑学、法学等。而对易学文化的研究,则主要是作为哲学学科的分支部分。为什么要把易学文化归入哲学学科呢?主要由于易学文化之源《周易》包含有较多的哲理成分。其实,这种做法是不切合实际的。《周易》及其学说,固然有哲理成分存在,但其涵盖的内容和适用的范围却是相当广泛的。如果仅仅因为它包含某种分类学科的成分,就可直接把它归入那个学科的话,那么易学最终就会因为其所含成分的博杂而成为"四不象"的学科。按目前的情况来说,研究易学文化的专家学者分布相当广泛,以哲学领域的居多,但从事文学、史学、思想、文化研究的也为数不少。由于文史哲在现行学术机制中的割裂,以致对易学文化的研究长期处于割裂状态,各自为言,难臻一致。如此割裂研究,不仅使研究者处于尴尬状态,同时导致研究成果片面化,而且使学术传统逐渐丧失,使具有圆融系统和民族特色的学术丧失其自身作为一个整体的巨大价值。从另一个方面看,不同学者长期站在各自学科的立场观点来研究易学文化，由于切入点的局限性，所得出的结论自然有很大的缺陷；各种繁杂的有缺陷的研究结果相继出现，在得不到及时梳理整合的情况下，就会导致相关研究无法深入。

毋庸置疑，易学文化是中国学术的重要组成部分。但是，如何才能正确认识易学文化呢？古往今来，在这个问题上的认识往往存在明显的分歧。分歧的表现形式是多样化的，不一而足。就古代而言，象数易、义理易、图书易、数术易等流派，都是对《周易》思想的理解分歧而产生的不同学派。以今天而论，虽然没有出现明显的学派分立，但从各地学者的研究特色来看，对易学文化的理解产生分歧仍然是明显的。依笔者之见，分歧的原因主要有二：一是易学文化在发生期就是作为一门"弥纶天地之道"的学说，在发展期更是被看作一门"无所不包，无所不适"的学说，所以学人从各个不同角度都能探到其学说的价值；二是易学文化从内容到形式伴随时代的发展不断得以更新和变异，而学人又往往不能从更新和变异的角度来理解这门学问的价值。理解产生分歧是很自然的，但如果只分不合就不应该了，因为严重的分歧直接导致的后果就是会严重阻碍易学作为一门独立学科的发展前途。所以，为易学正名，使社会各界对易学文化形成较为一致的认识，对易学文化的传承与发展是尤为必要的，对易学如何作为一门独立的学科开始科学的研究也是至关重要的。

那么，究竟该如何来界定易学呢？这个问题有待学术界来共同探讨和解决。一般认为，易学自古以来就有广义和狭义之分。广义的"易学"包括作为"十翼"的《易传》；狭义的"易学"专指"十翼"之外对《易经》的解释[①]。这种说法具有一定的合理性，但也有局限性。按笔者的理解，所谓狭义的易学概指正统的《周易》解释学，在古代主要是随着儒家经学的确立和发展而形成的，是经学的一个重要组成部分。所谓广义的易学概指与《周易》内容有一定理论联系的学说，其涉

---

① 朱伯崑主编：《周易知识通览》，齐鲁书社，1993年，第265页。

及范围和领域是相当广泛的，但也不是纯粹的"无所不包"，而必须涵括较大比重的《周易》学说成分。从这个角度来认识，则易学就不应该只包括正统的《周易》解释学。如果从学科发展的角度来界定易学的名称与内容，笔者以为只有从广义上来理解和界定才是合理的。因为狭义的易学，主要是限制在经学和哲学的研究范畴，并不切合易学文化的实际内容和适用领域。当然，易学之名称不管是以"广义"界定，还是以"狭义"界定，都必须依据这门学问的具体内容和历史实际来界定。只有明确的合理的界定，才能使这门学问的研究趋于科学规范。

二、应该密切关注易学文化的传承问题

二十世纪八十年代，海内外共同掀起的"周易热"，使濒临衰绝的易学文化再次呈现出勃勃的生机，各种有关易学的研讨会蓬勃开展，有关易学的研究机构和民间学术团体相继设立，有关易学的论文和著作更是层出不穷。在这样有利的学术背景下，人们似乎已不必再担忧易学文化的传承问题。人们关心的，主要是如何借助这门学问挖掘出更有价值的东西来，而不是易学文化该如何传承的问题。事实上，易学文化研究虽然已呈现出良好的学术研究态势，但从传承的角度来看，仍存在一些值得密切关注的问题。

（一）关于传与承的方式问题

学术传承是一个传者与承者双向互动互补的过程，不仅需要双方各自的努力和互相密切的配合，而且需要政府的支持和社会的关怀。据此来考察当代易学文化的传承情况，不难发现一些亟待人们关心和解决的实际问题。首先，易学文化研究领域内的专家学者对传承问题的重视程度还不够。据笔者观察，当今易学文化界的研究专家主要仍致力于培养研究生（但专门培养易学类研究生的却很少）、撰写论著、举办研讨会、出版易学刊物、各地讲学等，而对如何传承这门学

问并没有作出更为积极的探讨。从某种意义上说,当代易学的传承,仍没有完全脱离传统"师法"和"家法"的传承方式,仍局限在比较狭隘的圈子里。这种传承方式,基本上可以保证易学的薪火相传,但却不足以为易学文化的迅速发展注入强大的动力。所以,从长远的角度来看,目前的这种传承方式是不适应时代发展需要的,应该得到及时的改进。其次,年轻的后学者对传承问题也不够重视。在当前的易学研究界,后学者主要有两大类:一类是生活在高校或研究机构里。这一类后学者的学习途径依靠的是导师的传授和对各种古籍史料、易学论著的研读,从事的主要是文、史、哲等人文社会科学理论方面的研究。这一类后学者的知识面尽管较为宽泛,但国学研究的功底大多不够扎实和牢靠。另一类是生活在民间各行各业里。这一类大多是易学的爱好者或运用者,他们学习的途径较为复杂多样,从事的主要是易学理论的应用与实践,而不是易学理论的建构和研究。这一类后学者一般知识面较为狭窄,知识结构不健全,而且所学的东西往往流于表面和片面,相对缺乏学术的严谨和规范。但是,这类后学者数量众多,覆盖面广,对易学文化的传承和发展所起的作用和影响却是不容低估的。由于目前教育和科研体制仍不能适应学术发展的需要,以致年轻的后学者不能更好地学习和研究传统文化,所以如何使易学文化得到正确的传承和弘扬,也应引起当今易学界的高度重视。再次,整个社会不够重视易学文化的传承问题。在当今学术界,易学并不是真正的显学,既得不到政府和社会的高度重视,又不能作为一门独立的学科加以研究和发展,只能在各种相关学科的夹缝中求生存,导致专门从事易学文化研究的队伍无法形成规模,从而影响该学问的研用和弘扬。

(二)关于传承中的新老交替问题

从文化传承角度看,任何一种思想文化,如果不能得到广泛的传承,就容易出现学术断层而逐渐沦为绝学。好的传承能使其学昌盛不衰,坏的传承会导致其学衰微灭绝。传承的好坏,关键在于能否及时实现学术骨干队伍的新老交替。新老交替问题,是学术传承中不可避免的问题。如何处理好这个问题，关系到所传之学术的质量与生命。这种传承者新老交替的演进过程，正充分体现了学术文化发展和变化的历程。对于传者和承者来说，都负有准确传承学术的责任，也都负有开新学术的责任。传者不精不真，则承者有疏有漏。传者不够全面，承者应该补缺补漏。目前易学研究界在传承上虽然没有出现明显的断层问题，但新老交替问题仍然存在。对此，我们有必要简单分析一下目前易学研究队伍的年龄结构。目前的研究队伍主要由老、中、青三代构成。老的一代主要有三类：第一类是新中国成立前加入的，但大多在二十世纪末都相继作古，现在世的为数极少；第二类是新中国成立后至二十世纪六十年代中期前加入的，现在世的也为数极少；第三类是二十世纪六十年代中期后至改革开放前加入的，现在世的人数并不多，也大多离开科研岗位。中的一代主要有两类：一类是八十年代初期加入的（当时就已步入或即将步入中年），如今已接近老年，颇有影响；另一类是八十年代末九十年代初加入的（当时正值青年），目前正值壮年期，年富力强。青的一代主要有两类：一类是九十年代中后期加入的，目前接近中年，崭露头角；另一类是正在校攻读的学生，正值青年，富有朝气。

从总体来看，目前的这支研究队伍尽管还不够壮大，但队伍中各年龄段的人员构成在整体结构中所占的比例还是趋于合理的，应该说实现新老交替不成问题。但是，这仅是表面的合理而已。如果认真分析这支研究队伍的各方面情况，那么就会发现：(1) 撰写论著的多，堪称名家的少。(2) 旁敲侧击的多，专业研究的少。(3) 自学自研的多，得名师传承的少。(4) 半途而废的多，学有所成的少。(5) 以偏概全的多，全面兼顾的少。(6) 急功近利的多，循序渐进的少。由此，可见目前易学研究的新老交替仍存在一些问题。倘若不能及时得到加强和调整，易学文化研究将失去强大的后劲，断层的危险依然存在。所以，当前面临的新老交替问题，如何抓紧做好应该是刻不容缓的。

（三）关于传承与普及问题

可以说，传者多而承者少，传者强而承者弱，单线或小范围传承,都是不利其学术发展的。一门传统的精华学问,随着时代的发展,不仅应该传承不断,而且更应该尽快得到普及化和大众化。传承意味着学术生命的延续,而普及则标志着学术文化的发展。学术传承是知识普及的前提,知识普及是学术传承的目的。知识普及既有利于增强学术传承的后备力量,又有利于提高学术研究的质量。综观近二十几年来易学的发展情况,不难发现这门学术知识的普及面仍相当狭窄。为什么会这样呢?笔者以为,除了易学文化所包含的知识难以普及之外,至少还有三方面原因:第一,易学文化研究界本身难辞其咎。到目前为止,较为全面、权威、统一而且通俗易懂的易学文化教材仍为数不多,致使广大读者对易学知识望而生畏。相反,形形色色的易学书籍充斥市场,良莠不齐,真假难辨,导致不少后学者走进误区。第二,中国的学校教育和家庭教育都缺乏国学文化知识的引导教育。换句话说,易学文化由于目前社会的偏见,得不到正确的看待,也就无法得到普及性的教育;得不到普及,这门学问的研究后备力量将被大大地削弱,其研究的前景也将失去应有的光明。第三,目前中国的学术研究模式不利于易学文化的传承与普及。由于学术界对易学文化乃至整个国学的研究都缺乏整体的思维观念,导致易学文化体系在研究中越发显得支离破碎。一门学问的学术系统一旦被强行割裂或打破,其传承和普及自然会出现严重问题。当然,我们也应该认识到,社会各界对学术研究价值和功用的正确认识需要一个循序渐进的过程,所以易学文化知识要得到全社会的认可和普及也不可能一蹴而就。

三、应该逐步拟定易学的发展目标

学术乃天下之公器,万民之福利。学习易学文化,应该是为了理解其独特的思维模式和思想内容;研究易学文化,应该是为了创新其奇妙的学术理论和实用方法;传承易学文化,应该是为了传承其优秀的学术文

浅谈易学文化的传承与发展

化和文化传统;发展易学文化,应该是为了扩大其使用范围和适用领域。有鉴于此,为了稳步推进易学文化的发展,让易学文化能沿着正确方向而不再盲目或变相地发展下去,我们应该逐步拟定易学文化的发展目标。

第一,从易学文化史的进程来看,易学文化的发展主要还是朝着利国利民的理想目标。理论研究和实践运用相结合,是易学文化研究的主要方法。易学文化有史以来一直朝着探寻《易》理以利国利民的目标发展:《易经》以卜筮决疑、趋吉避凶为目标;《易传》以穷理尽性、修身治国为目标;历代《易》学以探赜索隐、学以致用为目标。之所以如此,主要在于早期作《易》之圣人和历代研《易》之学人都同样认定《易经》对于人类生活有着巨大的功用和价值。所以,在易学文化传承与发展的问题上,我们有理由把研究发挥《周易》及其学说的功用问题作为探讨的重点。易学的功用,源于《周易》本身的合理内核,并与《周易》相统一。按照《系辞传》的说法,因为《周易》是"显诸仁,藏诸用",以致"仁者见之谓之仁,知者见之谓之知,百姓日用而不知";学用《周易》既可"以言者尚其辞,以动者尚其变,以制器者尚其象,以卜筮者尚其占",又可"通天下之志,成天下之务""通神明之德,类万物之情";"民咸用之谓之神"是《周易》功用大化天下的崇高境界。按《说卦传》的理解,学《周易》还可"穷理尽性以至于命"。从历史到现实,也可见《周易》几乎无所不包,无所不及,一直在天文、地理、人事诸方面发挥着巨大作用。举凡我国传统的中医、气功、武术、方术、文艺、哲学、发明创造等,无不深深打上它的烙印。《周易》大而广的作用,也正是在历代易学的发展中体现出来。由此也说明易学文化在理论和实践上都具有广大利用价值是有史可鉴、毋庸置疑的。既然如此,我们只有大力推动易学文化继续朝着实用易用和利国利民的方向发展,才能使易学文化在造福人类的事业上作出更大的贡献;否则,易学文化的功用将会因其发展的限制而局限在狭小的领域,不但传统的易学理论得不到创新和发扬,而且连原有的易学研究成果也得不到及时的运用与实践。

第二，从目前的情况来看，易学界对易学文化仍没有明确的发展目标。从学术的发展要求来看，任何一种学术要达到可持续发展，其传承者都必须提出一些发展目标。为一门学问的研究逐步拟定近期目标和远期目标，应该是学术研究最起码的要求。有必要先简要回顾一下近几年来易学文化的发展情况：一是东方国际易学研究院和山东大学易学与中国哲学研究中心的成立；二是世界易经大会和国际易学研讨会的召开；三是海峡两岸青年易学研讨会的召开；四是一系列有代表性的易学专著出版，有古籍整理，也有理论创新；五是宣传易学知识和易学研究动态的网站纷纷成立；六是一些新的易学刊物陆续创办或正在筹划。根据以上情况，应该肯定目前易学文化的发展势头还是良好的。但是，问题的关键并不在于发展的规模和形式如何，而在于各地各家的发展目标是否能趋于"统一"（和而不同）。从目前情况来看，整个易学界的发展仍未形成规模化和整体化的研究群体（尽管已有中国周易学会），仍未完全摆脱杂乱无序的状态（尽管已有若干易学研究重镇），尤为不足的是仍未拟定出一个较为明确的发展目标，以致各地各家的研究仍缺乏向心力。诚然，易学文化的发展途径应该是多方面的，发展过程应该是多层次的，如果仅停留在研究探讨和小范围的运用层面上，如果其发展不具有可持续性，如果其发展纯粹是理论形式的翻版或翻新，都不利易学文化的稳步发展，甚至有变相或倒退的可能。

第三，从未来发展对易学文化的要求来看，易学文化只有通过学科独立发展的途径，才能更快趋向利国利民的理想目标。易学文化的发展任重道远。如何才能真正推动易学文化的发展呢？笔者以为，易学界除了要抓紧做好易学史论的深入研究，并积极开展易学知识的普及工作之外，尤为关键的任务就是要争取使易学成为独立的学科加以发展。"民咸用之谓之神"，应该是运用和发展《周易》学说的最高境界。既然要达到"民咸用之"的境界，就免不了要先做好易学知识的研究和普及工作；而要使易学知识得到更快更好的研究和普及，就必须把易学文化作为一门独立的学科来加以重视和建设。因为，易学研究只有真正受到重视,其研究的人才才能更广泛而集中,研究的领域才能更全面而专一,研究的问题才能更具体而深入,所发挥的作用才能更巨大而突出。当然,探讨这个问题的同时,我们不能回避相关问题的思考:(1)易学能不能作为一门独立的学科?(2)易学该不该作为一门独立的学科?(3)如果把易学作为一门独立的学科,那么对该学科的性质、目的、目标、意义等该如何规定和认识?(4)如果把易学作为一门独立的学科,那么应该如何处理好易学与中国哲学、文学、史学等相关学科的关系?(5)如何才能把易学建构成一门具有理论和实践意义的特色学科?(6)如果易学始终不能作为一门独立的学科出现,我们该如何来传承和发展这门学问?诸如此类的问题非本文所能谈得清楚,在此大胆提出来以待学术界一起来探讨和解决。尽管在现在提出把易学文化当作一门学科还为时过早,但是如果我们一直没有意识到这个问题的重要性并为之努力奋斗,那么使易学作为独立学科发展的理想就永远也实现不了。

四、结　　语

易学文化是华夏祖先开创的优秀文化遗产和宝贵精神财富,我们作为炎黄子孙后代,有得天独厚的条件和权利来研用这门学问,也有不容推卸的责任和义务来关注这门学问的传承问题,推动这门学问的发展进程,为这门学问的研究和弘扬贡献力量。只有同心协力来解决这门学问在传承与发展中遇到的各种问题,才能使古老而常新的易学文化发扬光大。以笔者粗浅的学识来谈论一门精深学问的传承与发展问题,文中难免有不妥之处,愿能得到各方的批评。文中提出的问题,如能得到各界的关注,则笔者之文幸甚矣!

(原载《周易研究》,2005年第4期,第56—63页)

上博楚竹书《周易》研究管窥

《上海博物馆藏战国楚竹书》第三辑《周易》[①]问世一年以来，海内外的学者对此表示了极大的关注，并纷纷发表各种不同的看法。或从文字考释，或从版本比较，或从学说思想，或从符号探秘，进行了较为深入的探讨。综观各家的研究方向和所得，笔者发现该出土文献的研究还有一些重要的问题值得认真探讨。以下拟从几个方面提出问题，并发表笔者的一管之见。

一、关于特殊符号与卦序名辞

上博楚竹书《周易》最引人注目最有特色的地方，莫过于有规律散见其文本中的六种红黑组合的特殊符号。这六种符号有一定的特殊性，不妨分开说明。

A. 纯朱红色的大方块"■"。
B. 纯朱红色的"⊏"中含嵌一墨黑色的小方块"■"。
C. 墨黑色的大方块"■"。
D. 墨黑色的"⊏"中含嵌一纯朱红色的小方块"■"。
E. 朱红色的大方块"■"正中包含一墨黑色的小方块"■"。
F. 墨黑色的"⊏"（没有包含任何方块符号，据《说文》此为古

[①] 马承源：《上海博物馆藏战国楚竹书（三）》，上海古籍出版社，2003年。

字"方")。

这些符号之所以引起特别重视,主要因为它是迄今为止首次发现的与《周易》经文本紧密相联的最古老的图案符号,而且与《周易》的阴阳思想似乎也有密切联系。就此而言,该符号的出现的确是为易学研究提出了新的课题。在笔者看来,由此符号的表象就可引发一系列值得认真研究的问题。

第一,为什么这些符号组合的颜色只有两种,而且是红与黑?由于阴阳学说在先秦时期就已产生并流行,且与《周易》学说关系密切。一般情况下,红色代表"阳",黑色代表"阴",刚好存在对应的关系。所以,研究者大多由此推定该符号与阴阳的象征符号相关,也就让人觉得是理所当然的,没什么奇怪的。笔者以为,我们思考这个问题,不能一概以"阴阳学说"介入思考,应该多加考虑其它种可能性。比如可以设想,用两种不同的颜色纯粹就是为了起"标志"或"标记"的区别作用,而与阴阳学说无关;只用红与黑两色,是因为当时的色彩单调,要在竹简上留下颜色在技术上只能达到仅取红与黑而已。甚至可以设想,该文本如果是完整保留的话,可能还有其它种颜色;或是说,有些本是其它色彩而退化成黑色。凡此种种,都是该残缺文本留给我们的悬念,都有深入研究的必要。

第二,为什么是六种符号,而不是两种、四种、八种或其它种?这个问题可从两个方面来思辨。一方面是,该文本有残缺,可以猜测该文本可能还有其它种符号存在,即可能不止已见的六种符号。按道理,这种可能性是可以成立的。就以现有的六种符号的特征加以分析,也可说明问题。透过已见的六种符号不难发现:A 与 C 的图形和颜色正好相反;B 与 D 的图形一样,而颜色正好相反;可是,E 与 F 却没有与之相对应的图形。如果因循 A 与 C、B 与 D 的造型染色规律,可能还存在与 E 对应的 G(其图色是墨黑色的大方块"■"正中包含一朱红色的小方块"■"),与 F 对应的 H(其图色是朱红色的"冂"),这样一来就有八种符号了。我们还发现,文本中只有三个开口朝右的方字号"匸",没有开口朝左的方字号"コ"。如果假设有"匸"必有"コ"的话,那么该文本的特殊符号就有可能增加到十二种(增加的图色符号为:与B、D图形相反的两种,再加上色彩相反的两种,再加上与F图形、色彩相反的两种),也有可能增加到十四种(前十二种,再加上假设可能存在的G与H两种)。问题是这些新增的符号都是假设而已,在文本中根本没有出现过。我们可以因此推测不存在新增的符号,但是也就似乎可以因此证明该文本的六种符号并不完全存在与"阴阳学说"完全相对应的规律存在。

另一方面是,假定该文本确实只有六种符号的前提下,来思考该文本作者为什么只用六种符号。如果从"阴阳学说"的角度介入,阴与阳的关系用图色的表现形式也不应该仅体现为已见文本的六种。如果仅有A和C两种,恰好表示一阴一阳,也是合理的;仅有A、B、C、D四种,与《易传》所言的"四象"(太阴、太阳、少阴、少阳)可形成对应,也是合理的;也可有八种,以A、B、C、D、E、F分别与八经卦象乾、震、坤、艮、离、巽对应,假设存在的G、H分别与坎、兑对应,也是较为合理的(**A**纯朱红色可象征纯阳之**乾**;**B**外一分红内包两分黑可象征下一阳上二阴之**震**;**C**纯墨黑色可象征纯阴之**坤**;**D**外一分黑内包两分红可象征下二阴上一阳之**艮**;**E**外围二分红内包一分黑可象征上下各一阳中包一阴之**离**;**F**左外围一分黑内中空无可象征下一阴上二阳之**巽**;**G**外围二分黑内包一分红可象征上下各一阴中包一阳之**坎**;**H**左外围一分红内中空无可象征下二阳上一阴之**兑**)①。既然只有六种符号,就说明这其中或许还有其它规律,而与今本《周易》的"阴阳学说"有相异之处。可见,如何来认识此符号总数为"六",仍有待作深入研究。

第三,为什么这些特殊符号要与每一卦联系在一起,而且必出现

---

① 此种符号与八卦图形对应的假设,其它几卦都能明显体现,只有F与巽、H与兑的对应比较勉强体现,不那么形象直观。所以,只能说此假设是较为合理,而不是完全合理。

在每卦的首尾？如此首尾相联有何目的或特殊意义？楚竹书《周易》文本还有一个不容忽视的特点是，每一卦的文字都是独立的，不存在两卦的文辞符号同属一枚简，即如濮茅左先生所言"符号分别出现在每一卦的首简和尾简。首简的符号，我们姑且称它首符，尾简的符号称它尾符。每一卦书写的格式为：一卦画；二卦名；三卦符；四卦辞、爻辞；五尾符。尾符后面空白，不再书写下一卦的内容，以明每一卦的独立性。每个符号前都有两项内容，即首符前有卦画和卦名；尾符前有卦辞和爻辞"（第五版左下角）①。因为首符不是在卦画之前，而是介于卦名与卦辞之间，又与尾符包容了卦爻辞，这一特征似乎可说明这些特殊符号与该文本的内容存在着某种意义上的联系，而非仅是某种起标签作用的符号而已。再者，在已发现的文本中大多存在同一卦中首符与尾符图色相同的现象，更能说明此符号应与卦文辞义有内在的联系。倘若如此，如何才能揭示出其中的联系呢？由于存在好几卦的首尾符都一致的情况，说明这些符号不只是与某卦的关系，而是与某类型卦的关系，所以似乎可以把这些符号看作一种分类号。倘若如此，这种分类号就不是单一的，而应是以"首符+尾符"的形式出现，那么按排列组合的方式可推导出其分类号是：A+A、A+B、A+C、A+D、A+E、A+F；B+B、B+A、B+C、B+D、B+E、B+F；C+A、C+B、C+C、C+D、C+E、C+F；D+A、D+B、D+C、D+D、D+E、D+F；E+A、E+B、E+C、E+D、E+E、E+F；F+A、F+B、F+C、F+D、F+E、F+F。共三十六种。而实际上，已见文本只有十七种：**A+A**（《需》《讼》《比》三卦）、**B+B**（《塞》《姤》《井》三卦）、**C+C**（《谦》《豫》《随》三卦）、**D+D**（《恒》《遁》《睽》《艮》四卦）、**E+E**（《涣》一卦）、**B+C**（《颐》一卦）、**C+F**（《大畜》一卦）、**F+D**（《咸》一卦）；**A+?**（《师》一卦）、**?+B**（《夬》《困》两卦）、**B+?**（《解》《萃》两卦）、**?+C**（《大有》一卦首符残失，《无妄》一卦首

---

① 施宣圆：《上海战国竹简〈周易〉"亮相"》，《文汇读书周报》，2004年1月16日。

符未见)、C+?(《蛊》一卦)、D+?(《革》《渐》《旅》三卦)、?+D
(《丰》《小过》两卦)、?+E(《既济》一卦);首尾符俱残缺的,即?
+?(《蒙》《复》《未济》三卦)。这里面两处有不同说法①:一是
《旅》卦是F+?,一是《艮》卦是D+F。如果以单一符号的出现次数
再作统计,共有7A、11B、11C、14D、3E、2F,或者是7A、11B、
11C、12D、3E、4F。可以发现,E与F在已见文本中相对而言用得很
少;尽管总体的倾向趋于A+A、B+B、C+C、D+D、E+E的同一模
式,但明显的B+C、C+F、F+D等个别模式的出现,却有力地否定了
首尾符完全同一的模式。此外,该文本中的八纯卦的首尾符几乎都残
缺,唯独《艮》卦体现为D+D。按前文的假设D与艮相对应成立,
则《乾》《坤》《坎》《离》《震》《巽》《兑》的首尾符是否也可依次
推测为A+A、C+C、G+G、E+E、B+B、F+F、H+H呢?类似问题,
实在是无法解决。从以上情况分析来看,由于楚竹书《周易》残缺不
全的缘故,致使其中特殊符号的排列构不成有机的系统,即使似乎有
规律可循,但却很难知其然再知其所以然。

第四,这六种红黑符号的排列分布与该文本的卦序排列是否有一
些必然的联系呢?从前三个问题的分析过程中,我们可以发现这六种
特殊符号在文本中的排列似有规律可循,但又很难加以简单的概括。
如果以今本《周易》的卦序作为参照,可以发现这些已见的符号有着
耐人寻味的排列规律:A和C两种符号只在上经出现(从《需》首符
至《比》尾符只出现A;从《大有》尾符至《大畜》首符只出现C);
从《咸》尾符至《旅》首符只出现B和D(《咸》尾符至《睽》尾符
只出现D;《蹇》首符至《井》尾符只出现B;《革》首符至《旅》
首符只出现D)。有了这些"规律"迹象似乎就可以表明,这些符号
与卦序有关联。当然,有论者认为与卦序无关,而与"标签"分类有

---

① 顺便指出,这种争议来源于对竹简刻印痕迹的不同认识,也应该通过集体研究
来取得共识,而不能单凭某些个人的推测而定论。在尚未确证之前,不妨存疑为好。

关,也是有道理的①。因为,该文本的每一卦简都是相对独立的,借助这些相对平均划分六十四卦的分类号,以及分类号之间的某种联系,就可以迅速查阅每一卦的内容(对占卜者更有利);也可以防止错简乱简的现象发生。但是,倘若真与卦序相关的话,该文本符号所体现的是与今本《周易》的卦序相同还是相异呢?濮茅左先生推测是相异,而李尚信先生的推测则是相同。比较两者的见解,笔者比较倾向于李先生的看法②,但不排斥存在"大同小异"的看法。理由是:已见符号所体现的"规律",比较合乎今本《周易》的卦序排列准则,不太可能存在与今本"大相径庭"的卦序;但是,在个别地方存在差异还是有可能的。对此,尚待进一步的研讨。

第五,此六种符号与先秦时期的阴阳学说有何联系?如果六种特殊符号中的红与黑,果真与阴阳有对应关系的话,那么这些符号所代表的意义无疑能说明阴阳之间的复杂关系。但是,进而言之,倘若这些符号也代表着一种阴阳学说,其与先秦时期萌芽的各种阴阳学说又有何关系呢?且不问在学理上的联系,就问与其它阴阳学说在出现年代上孰先孰后的问题,就需要费很大的时间和精力才有可能解决。至于,把这些符号与某种未曾出现的高明理论联系起来,更需要做深入细致的研究才行。在研究中,我们还发现了一个值得注意的现象:这六个符号都与"方形"相关,有三个符号都是正方形,另外三个的主要构图形式都是以古字"匚"为主。这说明此特殊符号与匚形关系密切。这让我们想起一个未解之谜:为何古人会把《周易》占筮术和一些神巫之术统称为"方术",把操持此术的人称为"方士"?把治国的策略称为"方针""方略"?把中药单称"药方",把做事的思路称"方法"……?莫非此"方"果真与《周易》学说有密切的联系?笔

---

① 姜广辉:《上博楚竹书〈周易〉中特殊符号的意义》,http://www.confucius.com/qhjb/sbcczszyztsfhdyy.htm,2004。

② 李尚信:《楚竹书〈周易〉中的特殊符号与卦序问题》,《周易研究》,2004年第3期。

者据此猜测，六种符号的形成可能与"匚"或方形物有关系，甚至连早期的阴阳、八卦等符号的形象化和抽象化也与此"匚"相关。

第六，这六种符号与后来问世的太极图、易图是否有所联系？如果能够认定这六种特殊符号确实与《周易》文本内容或卦序相关的话，是否也可以认为这些符号是迄今为止所发现的最早的易图呢？我以为，在假设的前提下应该是可以成立的。但这又凸现了另一个重要的问题：已被证实的易图至唐末五代时期才出现，与楚竹书《周易》的符号产生年代相距在千年以上，如何才能解释清楚易图的开始出现与大量出现的时间竟然要相隔那么遥远？如果能够认定这六种符号与《周易》的阴阳学说基本一致，也就与由阴阳鱼构成的太极图所表现的意义相一致。从实际情况来看，太极图所表现的"两仪四象""阴阳互包""阴阳转化""阴阳互根"等意义，也可从六个符号的排列中领略出来，那么是否可由此来说明这六个符号就是早期原始的简单的方形的太极图呢？……在这些问题面前，我们可以考证、猜想、推测，甚至可以借此构建新的理论思想，但是不可以回避的是由此特殊符号引发的种种问题都有可能成为永远解不开的谜团。这个谜团尽管可能解不开，但却给了我们研究者很多有益的启示。

二、关于文字考释与版本比较

楚竹书《周易》虽然已经整理出版了，但是在文字考释方面仍存在不少的争议，这从近年来发表的相关研究成果中可以得到有力的说明。为什么会存在争议呢？主要来自两方面原因：一是竹简上的文字符号痕迹难以完全分辨清楚；二是竹简上的所谓楚地文字，今人基本上无法直接辨识。这无疑就给文字的考释工作带来极大的麻烦。首批整理者固然都是文物考古、古字鉴别的专家，但也并非都是能够破解所有古字的专家，也就不可能整理出完全合乎实际的文本来。从这个角度来看，目前出版的楚竹书《周易》文本的考释当是错误在所难免，值得学界作进一步的研究。我想，很多学者纷纷撰文讨论文字的考释问题，也正是缘于此因。

对楚竹书《周易》文本文字的再考释虽然是很有必要的，但是仍应该注意一些问题。在我看来，至少有三个问题值得重视：第一，考释的方法。之所以要考释，就是认不出该字的音和义。而硬要考释的话，只能旁敲侧击，援引相关的说法为证。既是硬加考释，就难免要出错，甚至是大错特错。这就关系到考释的方法问题。我比较赞成单纯从文字的角度出发来"识字"，因为只有始终因循文字自身的规律来"识字"，才不会识错字。否则就会陷入望文生义的泥潭，就如小学生或半文盲认生字那样，容易产生推认的错误。所以，我非常反对主要借助今本《周易》或相关经典的文辞内容，来考释楚竹书《周易》文本中的生僻字。当然，要是能先认出其字音形义再与今本《周易》的对应文字辞义校正的方法，还是颇为可取的。否则，对楚竹书《周易》文本的考释，不仅会错误百出，而且会使之固有的价值大打折扣。第二，考释的证据。文字考释的基础，就是要找到可靠可信的证据。如果证据不充分，就可能考释出错字来。古人云："失之毫厘，谬以千里"。这句话对我国传统的字形多变的象形文字的识别来说，无疑是很恰切的。"天"与"夫""土"与"士""人"与"入"等仅是细微的差别，却是音形义迥然有别。所以说，要考释正确，就必须有足够的证据表明，而不能凭借任何的猜测或推想，因为只要一个细微的环节猜想错误，就一定会认错字。那么，如何才能找到充足的证据呢？我以为，要想做楚竹书《周易》的文字考释工作，除了必须具备文字考释的素养外，还必须对楚文字的演变规律作深入的研究，此外还必须对《周易》乃至先秦两汉的经学有深入的理解。否则，所做的考释工作就会如"瞎猫捉鼠"一般，除非撞到"死老鼠"才有考释正确的可能。换句话说，楚竹书《周易》的文字考释工作，并非一般的研究者可胜任。如果不胜任者，硬要来尝试发表考释文章的话，必将给该文本的考释工作带来更多的麻烦。第三，考释的结果。既然是考释，其结果就未必是实际结论，尽管考释的方法科学，证据确凿。这一点，可以说是常理。但是，许多文字考释者总是忘乎所以，硬是以为自己的考释结果就是正确结论。诚然，有些结果就是正确结论，但也往往造成错误的结论被当作定论。纵观古今学术史，可资借鉴的案例屡见不鲜。我以为，这种不必要的教训，对今天的考释者们应该努力吸取。如果能够吸取教训，那么我们所考释的结果，都应该留给后人进一步研究的空间和指向，而不能试图以定论来掩盖考释过程中可能出现的错误环节。话说回来，既然一些名家的考释结果未必是定论的话，也就不能在具体的考释过程中以名家的考释结果作为主要的佐证，否则就会导致因讹出错的现象屡屡发生。

对楚竹书《周易》的研究，文字考释工作是一个基础性的前期工程，也是后续研究工作的重要前提。如果首批整理者的考释工作大多不到位，就会导致后续的研究产生各种偏差。比如，会推导出本不具有的思想来，或会对以往的研究工作产生干扰，等等。由此影响最为直接的就是《周易》各版本的比较问题。众所周知，今本（通行本）《周易》乃是我国世代相传的一个重要的权威版本，在马王堆帛书《周易》本出土之前乃是人们唯一可见到的版本，随着阜阳汉简《周易》本和上博楚竹书《周易》本（这两种都是残本）的面世，《周易》的版本也日益多样化。因此，摆在我们面前的一大问题就是：如何判定这几种版本的优劣呢？我认为，可以不作比较，就可判定今本《周易》是最优的，不仅是因为它最完整，而且是在至少两千多年的流传过程中发挥了作用并经受了考验。于此甚至可以进一步断言，即使有更多的出土文献《周易》本出现，也是比不上今本《周易》的。倘若硬要比较的话，首先离不开一个重要的前提：必须把出土文献本的文字考释真正搞清楚。其次不能离开一个原则：考量评比的结果应该是整体的，而不是局部的。对此，我非常赞同林忠军先生《从战国楚简看通行〈周易〉版本的价值》① 一文所持的观点，即今本虽然并非十全十美，但总体上比另外三本优胜。当然，我也不排斥三种出土文献本的文字内容有个别地方比今本优胜。限于篇幅，暂不赘言。

三、关于思想蕴涵与学术价值

我们之所以会把现当代的三种新出土文献版本内容也称为《周易》，就是因为这些出土的文献内容与今本《周易》的内容有着很大的相同之处。如果是存在太大的差别，就应该视作不同于《周易》的著作文本。从实际情况来看，帛书本、阜阳汉简本、楚竹书本，确实都与今本《周易》大同小异。而"小异"部分，除了卦形符号的表现形式不同之外，主要是一些文字上的差别。这种文字上的差别，在我看来主要是不同时地的用字不同造成的。先秦时期，文字的用法存在很大的差别。同是齐鲁之地，春秋时期与战国时期的用字就有差异；同是中国之地，齐与鲁、齐鲁与楚地的用字也有差异。从汉文字的发展规律看，前者因时代的差异一般较小，而后者因地域的差异则较大。今本《周易》主要发源于早期的中原地区，并因历代统治者的重视而得到广泛的正规化流传，所以文本的文字与汉字的流传演化的步调基本一致。如果不存在前人肆意篡改古本以成今本《周易》的话，那么今本《周易》在孔子删定六经之后的版本流传应该是相当可靠的。当然，也不能排除两个可能：一是在由口耳相传到著于竹帛或由竹简转为帛书的环节中出现差错；另一是汉初《易》家在各自的口传私授的传承中导致文本内容的错乱和缺失。而帛书本是发掘于湖南长沙，阜阳本是发掘于安徽，楚竹书本可能是发掘于荆楚之地（今湖北

---

① 林忠军:《从战国楚简看通行〈周易〉版本的价值》，《周易研究》，2004年第3期。

一带),从地域上看在先秦两汉时期这三本的流行地,都应算是非常远离中原文明之地的。不言而喻,这三本《周易》的文本记录形式都会具有鲜明的地方色彩。于此,我们不能忽视两个重要环节:一是先口耳相传再著于竹帛。这个环节会出现两种可能性的结果:"传"者读音不准确而使"著"者将错就错;"传"者以方言的替代字(或为地方用字)来"著"《周易》,以便不识"汉字"的某些尊贵读者可以读懂。一是著于竹帛时进行转译工作,有如六朝时期以格义方法翻译佛经一般,造成文本文字的"半文半土"。从这些角度看,出土文献的文本内容与今本相比较确实存在这种可能性。倘若如此,尽管出土文献本的内容与今本有差异的地方,具有独具一格的思想性,也是不能视为原本《周易》蕴涵的思想的。所以,我认为,要挖掘出土文献本的思想蕴涵,最好不要与《周易》原本的思想过分紧密地联系在一起,而应该更多地从地方学或民俗学的角度来考虑。否则,我们很有可能因此过于抬高或贬低《周易》原本的思想内容及其学术价值。另外,还必须强调的一个观点是,应该从文字发展演变的规律出发来认真考释出土文献的文字符号,才能为思想价值方面的研究提供最为可信的版本依据。

最后一个问题就是:如何来看待楚竹书《周易》的学术价值?对此,我认为,要解决好这个问题在认真做好文字考释和思想研究工作的同时,要着力解决一个重要的问题:如何证明楚竹书《周易》文本的真伪?大量战国楚竹书的面世,不仅为我国增添了一笔非常宝贵的"国宝级"文化遗产,也满足了海内外广大中国学术研究者热衷于依靠出土文献研究国学本源的愿望。所以,在这批楚竹书发现乃至面世以来,几乎所有的人都宁愿信其为真,而不愿疑其为伪。但是,众人的愿望并不能铸成坚实可靠的证真佐证,一切还得实事求是才有说服力。因为,这是一批"劫余截归"(第1页)[①] 的文物,连最起码的

---

① 马承源:《战国楚竹书的发现保护和整理》,载《上海博物馆藏战国楚竹书(一)》,上海古籍出版社,2003年。

发掘人、时、地都一无所知；早期的流传过程也是置若罔闻；就连由香港古玩市场辗转拍卖给上海博物馆的真实过程，也只是个别的人士知晓而已；从运回上海到公之于世，又相隔十年之久，其间如何加工、保护、整理的事实情况也是少数人知晓而已。就文本的内容看，所用的文字是多数学者看惯多年已不觉稀奇的所谓"楚文字"，所用的载体材料是传说中祖先们常用的竹简，所载的残缺内容与今本《周易》差异不大，与帛书本也有一定的雷同，只是一些文字形体的构造区别较大而已；所特有的符号似乎也能从已有的易图中转变而来……可以说有很多地方可以作为疑点。

或许有人会以原子核碳元素的测量结果，来反对说其是"伪"。但是，又有谁能确信在当今科技高速发展的世界里没人能造出连原子核也测不准的文物呢？或许有人会以整批竹简的深广内容，来证明这些非出自远古先民的创作不可。但是谁又能完全确信当今无人可胜此任呢？如果假设造假者是一批高水平的学者，那么其可能性就更大了。试想，远在两千年前的汉代学者们，不是也曾有苦心伪撰过《尚书》、《庄子》外篇、《列子》等一大批古书而使后代学者难辨真假吗？在物欲横流的今天，有谁能够肯定不会出现类似古代作伪者来造就这伟大的文化造假工程呢？可以说，只要有疑点存在，只要存在造假的可能性，我们都不能轻易放过，而且必须如实认真加以考辨。所以，在本文的结尾，我要大声呼吁现今的学者们，能够一致重视这个问题。如果确实有足够理由可证明该文本真实可信的话，就应该联合起来公开行文宣布所有可以证真的材料依据和共同结论。这样一来，我们的后来研究者们就无须再为前所指出的可能性疑点而争论不休了。如果可以完全证明是珍品和真品的话，那么该文本的学术价值可谓是不可估量的，值得学界做尽可能深入的研究了！

综上所述，本文形成一个基本看法：对出土文献楚竹书《周易》的研究应该冷静、慎重地从多方面解决好每一个问题，稳步推进研究进程，不可急于下定论。文中的提法未必十分准确，恳请广大读者同仁批评指正。

（原载刘大钧主编：《简帛考论》，上海古籍出版社 2007 年版，第 154—165 页）

《易经》何错之有?

——杨振宁《〈易经〉对中华文化的影响》刍议

2004年9月3日,著名物理学家、诺贝尔物理学奖获得者杨振宁先生在人民大会堂召开的"2004文化高峰论坛"上发表了《〈易经〉对中华文化的影响》演讲。杨先生在演讲中,明确提出"《易经》影响了中华文化中的思维方式,是近代科学没有在中国萌芽的重要原因之一""《易经》是汉语成为单音语言的原因之一""《易经》影响了中华文化的审美观念"等一系列观点。之后不久,在清华大学主办的"中国传统文化对中国科技发展的影响论坛"(10月23日)、"博鳌亚洲论坛会议中心举行的新闻发布会"(11月20日)等重要场合中,杨先生仍坚持自己的观点。杨先生的观点刚提出,就震惊学术界,并立即引发各界人士的激烈讨论。各种讨论的意见,主要集中在互联网上。在众说纷纭的争论中,对该观点集中体现了三种不同意见:一是认为该观点的论证存在不少常识性的错误,是对《易经》文化的误读,因此表示反对;二是认为杨先生是敢于说真话的人,揭示了《易经》文化的负面影响,因此表示赞成;三是认为该论题没有实在意义,论点有对也有错,故不置可否。从当时网上讨论的情况来看,持第一种意见的占多数,但持第二种意见的也为数不少。面对争执不下的讨论,各执己见,不少讨论都开始离题,而对杨先生的讲演稿文本内容仍缺乏认真细致的思辨。因此,摆在人们面前的仍是一个悬而未决的问题:杨先生所论是否可信?

如何解决这个问题呢?笔者认为,为了避免离题的争论,必须回到演讲稿的文本,回到《易经》影响中华文化的史实,运用史实材料来检验杨先生阐述观点的每一个重要环节,才能明白事实的真相。有鉴于此,本文拟运用文本研究的方法,对杨先生演讲稿文本依照语段次序进行较为详细的评析。必须郑重声明,本文将侧重从"纠错"的角度来品评文本,目的是力求如实发现杨先生在具体论证细节方面的疏漏和错失以便做到客观公正地评判是非,完全没有以此批评杨先生及其论点拥护者的意思。个人见解难免会出现失误,笔者也热切希望能有更多的专家学者,针对本文遇到的一系列学术问题展开深入的批评和探讨。

一

本文所引用的杨先生演讲稿内容,不是根据他演讲的录音整理稿①,而是发布在人民网上的文稿②,因为段落比较零散,所以为了行文方便,笔者在引文中又根据语意略加编排整理(主要是合并自然段和添加书名号以及省略附图,不改动任何观点)。演讲开始,杨先生在简短的自我介绍之后,就开始说明他的演讲题目和研究动机以及一系列主要观点。他说:

> 我的题目是《〈易经〉对中华文化的影响》,以下几十分钟要讨论许多观念:精简、比类、天人合一,联想,取象,汉语汉字之形成,归纳等。这么多观念很短时间不能讲得清楚,主要讨

---

① 按:录音稿与本文所引用的文稿文字上有些地方表述不同,但主要观点完全一致,区别在于录音稿对事例的分析比较具体,也比较口语化,可是却有个别地方表达不清。要全面理解杨先生的观点必须参看录音稿,详文可点击 http://www.kyoo8.com/2004/20040928001.htm。

② 按:该稿可能是杨先生讲演前的底稿并在讲演后略加修订的定稿,转引自 http://www.people.com.cn/GB/wenhua/40462/40463/3049020.html。

论的集中于三点：第一，《易经》影响了中华文化中的思维方式，而这个影响是近代科学没有在中国萌芽的重要原因之一。这也是我所以对于《易经》发生了兴趣。第二，《易经》是汉语成为单音语言的原因之一。第三，《易经》影响了中华文化的审美观念。我是研究物理学的，没有研究过历史学、考古学、语言学、语音学、美学、哲学等。可是对于中国文化的成因，我近年来产生了兴趣，所以大胆的今天在这个场合跟大家谈谈我自己的一些想法。

《易经》大家知道是中国非常古老的一个文献，据说是夏朝已经有了最早的《易经》叫"连山"，商朝有了比较晚一点的"归藏"，都失传了。我们现在所看见的《易经》是西周时候的"周易"。所以《易经》的孕育前后至少经过一千多年，这个结论我想是大家可以同意的。《易经》里面六十四卦开始是乾卦和坤卦。如果问《易经》是怎么形成的，以下这个说法大家似乎可以接受：最早中国发展了占卜，因为要对占卜作系统性了解就发展了卦符，所有六十四卦都有卦符。乾就是六个连线，坤是六个断线。有了符以后还得有名与字。卦名有音，有音还不够，就有一个字。这前后发展的次序，我不是研究考古学的，不过我想这个次序很可能多少是对的。可是我们知道孕育《易经》的年代也正是汉语汉字开始形成的年代，是中华文化孕生的年代。这些卦是"象"，这是《周易》里面自己讲的，是浓缩了的观念，以卦符卦名将天、地、人的变迁分类为"象"。

上面这几句话可以说是用今天的语言来描述到底《易经》的精神是什么：浓缩化、分类化、抽象化、精简化、符号化是《易经》的精神。而这种精神我认为贯穿到了几千年以来中国文化里面每一个角落。譬如分类、精简，例子极多。今天大家知道中医的理论其中重要的一点就是把疾病与医药各分成阴阳、寒暖、表里等类，用这个分类的观念做大前提发展中医理论。这是从《易经》的传统所遗留下来的。像这样的例子我们可以举很多。

以上演讲大致可分成三个语段，这些内容是杨先生所要论述的主要观点和重要前提。对论题和论点的前提进行检讨和思辨是很必要的，有助于考辨材料和观点的真伪而使问题得到澄清。对此，以下主要分成三部分针对引文的三个语段加以评议。

评议一：《易经》与中华文化的关系问题，是一个非常重要而又极其复杂的论题。《易经》是现存中国古代最古老、最重要的经典文献之一，对整个中国文化形成与发展有着巨大的影响，这早已是国人基本达成共识的看法。值得继续思考的问题是，《易经》文化是如何影响中华文化的各个方面，以及这种影响是否有利于中国社会的发展进步？杨先生虽然以《〈易经〉对中华文化的影响》为题，但并非停留在对"共识"的再体认，而是特意指出《易经》对中华文化的某些重要的负面影响。客观地说，"小心求证"比"大胆假设"更为重要。杨先生如此大题小做也未免不可，出发点是很好的，论题的方向也是很有意义的，但更关键的是对论题的论证能否做到实证材料与创新观点的统一。如果做不到，那么再好的观点也是无稽之谈。正如杨先生所言，该论题要在很短时间内讲清楚是不可能的。但是，要论证这么重要的问题，至少也必须撰写一篇厚重的论文。可是至今为止，我们只能读到杨先生的讲演稿。如果他事先没有写出规范论文的话，那么单凭这样的讲演稿无疑就显得粗疏草率而有失严谨。众所周知，"中华文化"应该是指中国各民族文化的总体，"汉族文化"只是"中华文化"的一个重要组成部分。这一点杨先生应该是会认同的（他在讲演中没有具体说明"中华文化"的含义），但他在讲演中所提到的"中华文化"似乎与"汉族文化"是相等同的概念。此外，杨先生也很实在，所以他自己先坦白是研究物理学的，没有研究过与论题相关的其它各种学问，讨论该论题只是出于"兴趣"。当然，这也说明杨先生有可能对该论题确实研究得不够深入和透彻。倘若不是谦虚而是事实的话，那么他对该论题所谈的"一些想法"必将是不成熟的。正因为如此，我们可以认为杨先生在人民大会堂召开的"2004文化高峰论坛"这一如此重要的场合上"不成熟"地讨论重要的论题，并发表一系列惊世骇俗的言论，显然有失科学研究的严谨态度。至于他所提出的三个论点是否可信，最主要的还是要看他下文的具体分析和论证过程。

评议二：关于"《易经》是怎么形成的"，已经成为中国易学史研究的一个典型公案。杨先生在此也试图说明他的理解，并以为自己的想法"很可能多少是对的"。既然是个公案，就是目前尚无足够的材料依据可以解决问题。当然，这并不等于无法判别对处理和回答该问题的一些常识性错误。笔者对杨先生的说法委实难以接受，不仅仅是因为他的表达过于含糊和简略。这里面至少涉及五个关键性问题：（1）占卜术与《易经》的关系。杨先生大致以为"先有占卜后有《易经》"，这很可能是对的。但他却忽视了《易经》产生的原因和意义。从已有的各种研究成果表明，《易经》虽然是脱胎于远古占卜术的实践经验，但成书的目的和意义并不仅仅是为了更好地完善占卜术，而是有着更广大的功用。这一点，《易传》的论述颇多，足以为证。（2）卦符的产生与发展。今本《易经》主要由卦符、卦名、卦辞、爻题、爻辞等要素共同组成，这些要素出现的先后次序问题也是典型的公案。比如"卦符"，就包括阴爻和阳爻、三画卦与六画卦，这些卦形符号的产生和发展究竟如何呢？这在目前的研究中是没有定论的。杨先生以为"要对占卜作系统性的了解就发展了卦符"，显然低估了先民发明"卦符"系统的智慧，仅仅说成是"了解"也是有失偏颇的。（3）卦符的名、音、字。这个问题跟"蛋与鸡的先后问题"类似，但却没有那么复杂和艰难。杨先生的理解是"先名次音后字"，看似符合某种逻辑顺序，实际上是把卦符的名、音、字之复杂关系完全割裂了。姑且不论"卦符"与其名、音、字的次序问题，就以"卦符"的名、音、字问题来讨论。如今本《易经》首卦：名"乾"、音"qián"、字"乾"。如果先民不是已有了"乾"的读音、字形、字义，如何以此来表述"卦符"，并因此扩充出卦辞和爻辞来呢？我们不敢否认"乾"字的音形义有一个先后的形成过程，但绝对能够相信这个过程是在《易经》文本出现之前就已经完成的。换言之，这个过程与《易经》不存在根本的联系。(4)卦与象。《易传·系辞下》："是故《易》者，象也；象也者，像也。"这是《易传》作者对《易经》的理解和诠释。也许正是缘于此句，杨先生果断认为"这些卦是'象'"，并言此是《周易》自己讲的。这种说法勉强能靠得住，但要据此进一步说明"象""是浓缩了的观念"、"以卦符卦名将天、地、人的变迁分类为'象'"，就未免过于牵强。(5)《易经》、汉语汉字、中华文化的产生年代。按杨先生的说法，这三者的产生年代几乎是同时，大致是在西周以前的一千多年里。这种说法很不准确，主要是混淆了时间概念。我们不能因为史初情况不明，而把一千多年的历史看作同一个时期，进而把这个时期发生的故事都看作是"同时"的。如果可以这样的话，再过五千年的子孙后代，就可以说中国近代科学与西方是同时产生于二十一世纪之前的五百多年里。再说，如果不排斥大量关于远古时期的考古成果，那么汉语汉字乃至中华文化的产生和形成时间绝不是与《易经》孕育的年代大致相同。

评议三：《易经》的精神是什么？这个问题可以有多种多样的回答，在古人看来《易经》可谓"无所不包"，只要看法的角度不同所理解的"精神"也就不同。但杨先生似乎没有意识到这一点，所以才试图以自己的语言描述来全面概括《易经》的精神。杨先生认为《易经》的精神有"五化"：浓缩化、分类化、抽象化、精简化、符号化。不难发现，这"五化"精神单从杨先生所说的"上面这几句话"显然是推导不出来的。因此，杨先生认为这些《易经》精神贯穿到"几千年以来中国文化里面的每一个角落"也显然是不切实际的。姑且认定这些是《易经》的主要精神，那么中国文化中的"早期佛教文化""少数民族文化"等角落是否处处都被这种精神所贯穿呢？在文中，杨先生仅举"中医"而言"例子极多"，实在是不能以理服人，未免有"瞒天过海""以偏概全"之嫌。关于《易经》与中医的关系问题,已有不少的研究成果,确实有不少倾向于"医易同源"的看法,但要说中医"分类的观念"是"从《易经》的传统所遗留下来的",恐怕是无稽之谈。于此,由于杨先生没有提供足够的史料依据,所以我们认为此论仍不足为信。

二

在提出一系列主要观点并略加说明之后,杨先生开始举出事例对他的三个主要观点进行论证。首先,他集中讨论了"近代科学没有在中国萌生的原因"。他认为:

> 近代科学为什么没有在中国萌生,已经有很多人讨论过了。归纳起来大概有五种道理:第一,中国的传统是入世的,不是出世的。换句话就是比较注重实际的,不注重抽象的理论架构。第二,科举制度。第三,观念上认为技术不重要,认为是"奇技淫巧"。第四,中国传统里面无推演式的思维方法。第五,有天人合一的观念。第四跟第五两点跟《易经》我认为都有密切的关系。
> 先讲第四点,关于推演与归纳两种思维方法。近代科学的思维方法见下图:(略)(近代科学的两条寻找自然规律的方法。归纳法用虚线表示,以示其难。推演法用实线表示,以示其易。)归纳与推演都是近代科学中不可缺少的思维方法。为说明此点让我们看一下 Maxwell(1831—1879)创建 Maxwell 方程的历史。Maxwell 是十九世纪最伟大的物理学家。他在十九世纪中叶写了三篇论文,奠定了电磁波的准确结构,从而改变了人类的历史。二十世纪所发展出来的无线电、电视、网络通讯等,统统都基于 Maxwell 方程式。他是怎样得到此划时代的结果呢?他的第一篇

文章里面用的是归纳法，里面有这样一段话："我们必须认识到互相类似的物理学分支。就是说物理学中有不同的分支，可是他们的结构可以相互映证。"他用这个观念来研究怎样写出电磁学方程式，以流体力学的一些方程式为蓝本。这种研究方法遵循了归纳法的精神。几年以后，在第三篇文章中他把用归纳法猜出的电磁方程式，运用推演法而得出新结论：这些方程式显示电磁可以以波的形式传播，其波速与当时已知的光速相符，所以"光即是电磁波"，这是划时代的推测，催生了二十世纪的科技发展与人类今天的生活方式。上面的故事清楚地显示归纳与推演二者同时是近代科学的基本思维方法。中华传统文化的一大特色是有归纳法，可是没有推演法。其中归纳法的来源是什么？"易者象也"，"圣人立象以尽意"，"取象比类"，"观物取象"，都是贯穿《易经》的精神。都是归纳法，是向上求整体"象"的方法。可是中华文化没有发展出推演法。我们怎么可以证明此欠缺呢？请看徐光启的一些话：徐光启（1562—1633）是明朝末年一个大臣，而且是一个大学者。大家知道他是最早与利玛窦合作翻译欧几里德的《几何原本》的人，翻译了前六章。他们翻译的原版，现在在国内还有几本，我曾经在北京图书馆去请他们给我看过一本。欧几里德的几何学是人类历史上一个大贡献，第一次把推演法规律化，其影响不可以道里计。后来牛顿写了 Principia Mathematica。如果你翻一下此书你就会发现他写的方法完全是照着欧几里德《几何原本》方法，是由公理，定理，然后到证明等等。它是照抄欧几里德的推演法的形式。不幸的是徐光启翻译《几何原本》的时候虽早，（那时牛顿还没有出生），可是这翻译有将近三百多年在中国没有发生应该有的影响。徐光启在翻译了以后，了解到推演法一个特点就是"欲前后更置之不可得"。就是一条一条推论不能次序颠倒。这跟中国传统不一样。中国传统对于逻辑不注意，说理次序不注意，要读者自己体会出来最后的结论。徐光启又有这样几句很有名的话："似至晦，实至明；似至繁，实至简；似至难，实至易。"这也是推演法的特点。懂了推演法的精神以后就知道推演其实比归纳容易。请参阅图二（略）。

下面要讲上述第五点，关于"天人合一"的观念。"天人一物"、"理一分殊"、"内外一理"，起源于《易经》每一卦都包含天道地道与人道在内，天的规律跟人世的规律是一回事。我们知道王阳明格竹子，是要用人世间的"理"追求自然界的"理"，这样当然格不出近代科学。近代科学一个特点就是要摆脱掉"天人合一"这个观念，承认人世间有人世间的规律，有人世间复杂的现象，自然界有自然界的规律与自然界的复杂现象，这两者是两回事，不能把它合在一起。当然我讲这句话会使得很多人觉得，尤其是研究中国哲学的人觉得我对于中国的传统哲学攻击得太厉害了。我完全没有攻击的意思。天人合一的内涵绝不止内外一理，还有更重要的"天人和谐"。"天人和谐"对于中国的传统影响极大。而且从今天的世界现状讲起来，我们可以问，摒弃"天人合一"而完全用西方的办法发展下去是否将要有天人对立的现象。这是一个非常重要的题目，不过不在我今天所能够讨论的范围之内。

以上演讲主要指出了"近代科学没有在中国萌生"的五大原因。但在杨先生看来，前三个原因容易为众人所认同，所以就侧重阐述第四和第五方面原因。以下主要针对五个原因分成五方面加以评议。

评议一：中国的传统，有入世，也有出世，且两种思想几乎是并行的。儒家是入世，但佛、道两家是出世。这些都是事实，无须再争辩。而杨先生似乎只看到儒家的"修身、治国、平天下"等占主导的务实思想行为，而忘记道家的"无为、不争、成神仙"和佛家的"修心、悟空、成佛"等务虚思想行为，还有一些亦儒亦道亦佛、既入世又出世的思想行为。如果说中国的传统"不注重抽象的理论架构",那么魏晋时期的玄学、隋唐以来的中国化佛学、宋明以来的理学和心学所提出的思想理论,难道都是不够"抽象"的吗?当然,如果所谓的"理论架构",都必须如西方著作一般,那么中国古代学者的文论和著作都会因为是"文言文"的表述方式而不能成为"理论架构"。否则,古代中国学者的理论实在是太抽象和深奥了!

评议二:中国科举制度在汉代就已推行,但是汉代以来的科学发明和创造并没有因此而中断,这应该是史实。杨先生把科举制度列入近代科学不在中国萌生的主要原因之一,看似有理,却失于笼统和片面。在今人看来,科举制度似乎是有弊无利。但在古人看来,肯定是利大于弊,否则中国人也不会把它延续了两千多年。科举制度被后人彻底批判,就是因为它太有魅力而被中国人惯用了太久,以致由合理变为害人。明于此,我们就不能把近代中国的贫穷落后归根于它。科举制度,是中国古人共同选择推行的一种教育用人制度。制度是人制定的,而不是制度本身自生的。西方文明国家也有类似的制度,只是不如中国的严格和漫长而已,因为这是一个国家赖以发展的基础制度。中国科举制度的堕落,是由于制度的不完善和推行者的不严格,尤其是教育内容的片面和教育目的的单一导致制度的过失,说到底是与制度相关的人的违规和堕落。所以说,科举制度不应该承担中国近代科学落后的罪责,这个罪责应该由不认真贯彻落实科举制度的近代中国人承担,是他们没能"与时俱进"完善和更新科举制度而使之从合理变成害人。

评议三:中国古代确实有批评技术手段是"奇技淫巧"的说法,但这只是个别人士从"大道"的角度出发,来看待各种技术的。杨先生因此以为这是中国古人的普遍观念,显然是以偏概全、不切实际。试想,如果中国古人都认为技术不重要的话,为什么自远古时代以来一直技术革新不断,而且成为古代技术水平最高的国家?中国人没有萌生出近代科学技术,可能是因为宇宙观和世界观的局限而没有产生对高新技术的需求,而不可能是因为不重视技术的缘故。

评议四：毋庸置疑，所谓的归纳与推演都是近代科学中不可缺少的思维方法，都是西方人擅长的思维方法。有人认为，中国是因"无归纳法而无近代科学"。而杨先生又认为是有源于《易经》思维模式的归纳法而无推演法的缘故。看来，归纳与推演可能都是中国古代所缺少的。但这能够怪罪《易经》吗？如果必须以西方的"推演法"为标准，而否定中国古代"直观外推"的方法是推演法的话，中国传统肯定没有"推演法"。如果说只有具备归纳和推演式的思维方法，才能萌生近代科学，那么中国没有萌生近代科学的原因只要归咎于此就可以了，没有必要再把"科举制度""文化观念"等当作原因了。进一步说，既然肯定"中国传统里面无推演式的思维方法"，即说明《易经》产生之前、之后中国都没有推演法，则不能把中国传统无推演法归咎于《易经》，而应该归咎于创造中国文化的人。至于说明代徐光启翻译了《几何原本》而没能促使中国人学会运用比归纳法更简易的推演法，应该也是当时的许多原因造成的，而不能归咎于《易经》的存在和影响。话说回来，中国传统果真无推演法吗？就以《易经》用于占卜为例吧。《易经》占卜并不是凭空猜测，而是有着一套独特的演算推理过程。且不说那复杂的演卦过程，就从得出一个卦象后说起，也还要经过"推象阐理""明断吉凶"的过程。由卦象来推导人事变化以判知吉凶的过程，并没有直接的答案可以参照，必须靠极其抽象的推演才能完成。关于这些，只要了解过《易经》占筮方法的人都会明白。难道说这种推演不是思维方法吗？

评议五：中国近代科学与西方国家相比明显滞后，是否与"天人合一"观念有重要的联系？要回答这个问题，首先必须完全搞清楚"天人合一"的理论构成与思想意义。杨先生认为所谓的"天人合一"，即"天人一物""理一分殊""内外一理"，是起源于《易经》每一卦都包含天道地道与人道在内，天的规律跟人世的规律是一回事。这种说法明显是对《易经》文化的误解，主要体现在把宋明理学和心学的思想主张与《易经》的文本思想混为一谈。实际上，《易经》产生之前的史初时期，这种"天人合一"观念就已经存在，可能是起源于远古先民的"天地生万物"和"万物皆有灵"的观念。在春秋战国时期，这种观念基本上被诸子百家们所承受，除了《诗》《书》《礼》《易》《春秋》等早期经典外，《易传》《春秋三传》《老子》《庄子》《管子》《孟子》《荀子》《韩非子》《墨子》《国语》等一大批先秦典籍都不同程度地打上了"天人合一"观念的烙印。从某种意义上说，"天人合一"的观念乃是华夏祖先与生俱来的共同的思想观念，并非源自《易经》所开创的思想体系。而"天人合一"观念成为儒家思想的主导，乃至成为我国两千多年封建体制社会的主导观念，也不是《易经》成为儒家"群经之首"而导致的，主要还是由《春秋》这部经典的"微言大义"所导致的。汉武帝时期的董仲舒在其代表作《春秋繁露》中认为"《诗》无达诂，《易》无达占，《春秋》无达辞"，并以儒家宗天重民思想为核心，引入阴阳五行说，将神权、君权、父权、夫权等观念熔铸成一个完整的"天人感应"式的宗法神学系统，才使得"天人合一"的观念得以广泛的流行。至于后来宋明理学和心学所阐释的"天人合一"，并非仅仅依据《易经》和《易传》的思想，也综合了其它儒家经典和佛道两家的思想。从这个过程来看，《易经》所体现的"天人合一"既不是唯一的思想源头，也不是该思想观念的唯一代表。依此而论，倘若"天人合一"观念果真阻碍了中国近代科学的发生，也不能归咎于《易经》本身，只能怪罪我们的老祖宗偏偏都嗜好"天人合一"而始终不变。何况在思考该问题时，我们还必须继续追问：为什么中国近代科学没有萌生的原因之一会与"天人合一"观念如此密切相关？

三

紧接着，杨先生又从语言学的角度探讨了"汉语汉字的成因"问题，大胆地提出个人的猜想：

> 世界上原始语言与成熟语言几乎都是复音的，单音的语言是仅有的。我不晓得任何一个别的成熟的语言是像汉语这样单音的。近年考古学家发现一万六千年以前江西的居民已经采集野生稻为主要的粮食。所以在一万多年以前已经开始形成了中华文化。我们可以相信他们已经有语言，我们也有理由可以假设，这些我们的祖先所用的语言是复音的。那么后来怎么变成单音的汉语呢？
>
> 从复音的汉语变成单音的汉语这中间一定有一个很长的过程，而且一定有它的道理，因为这是十分独特的事情。我的一个大胆的假设是：这变化是受了《易经》的影响。卦名是单音的。乾、坤，……都是单音的。是统治者用的，是神秘的，有重大影响的，念起来有份量的。久之就形成了一个重视单音符号的价值观，而影响后来整个汉语的发展。在座有语言学的专家，我这个讲法是很大胆的，希望不被语言学家批评得体无完肤。我们看元、亨、利、贞、吉、凶、阴、阳、日、月、天、地，这些有声有色、有份量的、讲出来有影响的单音字对于整个语言文字的发展当然产生重要的影响，所以我刚才说我猜想汉语、汉字所以变成单音的语言文字与《易经》有密切关系。

以上演讲简单表露了杨先生对"汉语汉字的成因"的猜想。既然是猜想，想到的观点就容易似是而非，值得小心论证。但从他的猜想过程来看，硬伤很多很明显，以致不足为论。以下针对上文语段分成两方面来评议。

评议一：有文化是否就可能有语言呢？即使就有语言，是否就必须是口头语言呢？这个问题不是目前的考古学和语言学研究所能解决的。如果可以假设人类是"先有身体语言后有口头语言"的话，那么祖先创造文化的同时，就未必非要运用口头语言不可，只要有一些互相熟识的身体语言就可以了，如同聋哑人的表达一样。而杨先生不但没有意识到这点，反而继续所谓"有理由"的假设，自以为"祖先开始所用的语言是复音的"，然后追问"变成单音"的原因。由于这种"假设"的"理由"是不充分和不可靠的，所以可见杨先生所提出的是一个不值得深究的假问题。

评议二：又是大胆的假设！可惜问题的前提不可能成立，对问题的求证又是粗枝大叶、错误迭见。主要错误有三：一是以为《易经》卦名都是单音。其实，《易经》六十四个卦名中有近四分之一是复音的，如"大畜""大过""噬嗑""既济""未济"等。二是以为《易经》中的单音字影响汉语言文字的发展。其实，杨先生所举的单音字在《易经》中并不是独立使用的。这只要再翻阅《易经》便可知晓，无须多论。三是以为《易经》文本出现时，中国尚没有其它文字材料。这一点杨先生没有直说，但完全可发现他有这种想法。如果他有意识到与《易经》并行于世的文本典籍尚有不少，恐怕就不会猜想出如此不合史实的怪论来。可以断言，杨先生此论是丝毫也不成立的。

四

杨先生演讲的最后一个观点是关于"中华文化的审美观"，援引了古今中外的一些语言文字现象，来讨论《易经》对审美观的影响。他说：

> 《易经》的浓缩化、分类化、抽象化、精简化、符号化的精神对中华文化的影响极深又极广。下面我简单讨论它对汉语、汉文法、文学、艺术、书法等的影响。

英文"Word",通常翻译为字。这不恰当。应翻译为词,是一个或好几个字构成的。比如"现代",比如"所以",都是两个字的词。词可以是一个、两个或更多字所组成的,可是绝大多数是一个或者两个字的,不太有三个字以上的词。多半的三个字或以上的词都是复词,或是音译的词。前者例如"外祖父","洞庭湖",后者例如"成吉思汗"。19世纪开始翻译元素名字的时候也只用一个字:氧、硫、镭,这些在英文里面都是复音的,在中国翻译都变成一个单音的词。为什么这样吝啬呢?我认为在中华文化形成时代,在汉语形成时代,受了《易经》的卦名的影响,发展出来了精简为美、浓缩为美的深层观念。此审美观影响了词的形成。

世界所有的语言都有共同的深层文法,然后在此深层文法之上,不同的语系各自发展,这是 Chomsky 的一个大发现。比较不同的语言就会发现每一种语言都有名词、动词、形容词、介词等等。汉语亦然。可是汉语的一大特点就是极少用介词。例如不说"我的父亲"而说"我父亲";不说"慢慢地跑"而说"慢慢跑",把介词省略掉了。所以西方人说中文是电报式的文字,尤其是古文。好的古文确实是极美的文学。美的原因之一就是古文不遵循通常文法的发展方式,而力求用最少的词表达出最多的意思。这种审美观念应是《易经》的浓缩化、精简化的申延。

联想在世界任何文学之中都占重要的位置,而在汉文文学之中占有特别重要的位置,因为汉文中的词既常常建构于数个单音的字,就往往是根据联想而形成的。譬如"风气、风云、风流、风景、风光、风雨、风俗"都是联想形成的词。"风云"一词的形成可用下图表示:(略)这种词的结构更进一步促使汉文学演化成联想的文学,"云想衣裳花想容"、"秦时明月汉时关",就都是升华了的联想。

中华传统绘画所追求的意境与西方传统绘画完全不同,是

"观物取象"的象,不是照像的像;是精神的象,不是形似的像;是天人合一的象,不是歌颂自然的像。我认为这种思维精神是从《易经》来的。至于说《易经》对书法的影响,更是非常清楚了。书法在传统的中华文化中占极重要的位置,是其它文化所没有的。而书法显然跟《易经》的浓缩化、符号化、抽象化的精神有直接关系。我一个好朋友书法家、雕塑家、文学家、文学评论家熊秉明在《中国书法理论体系》里面曾说"中国文化的核心是哲学,中国文化核心的核心是书法",我所以完全同意他这句话,就是因为书法把《易经》的精神具体化了,现实化了。

以上演讲旨在论述《易经》精神对中华文化审美观的影响。而讨论的内容,大部分是中西方文化个别典型的比较。之所以产生中西文化差异的原因,杨先生认为都与《易经》的"五化"精神有密切联系。下面将针对以上所引的五个语段内容,分别加以评议。

评议一:杨先生在开始讲演时说:"我是研究物理学的,没有研究过历史学、考古学、语言学、语音学、美学、哲学等等。"由此来看,他对汉语、汉文法、文学、艺术、书法等方面也是没有什么研究的。按理说,没有研究就没有发言权,或者说就不可以充当专家。但是,杨先生却不"循规蹈矩",试图凭借自己的"感觉"和"想法"来破解人文社会科学方面的重大难题。倘若杨先生对所持观点的论证完全能站得住脚的话,那么应该让他再获一次诺贝尔人文社会科学奖。当然,我们也应该清醒地意识到,说"《易经》对中华文化的影响极深又极广""《易经》影响中华文化的审美观"虽然是杨先生所持的论点,但这并非是他的首次发现,而是早就被中国学者们所认知和接受的观点了。关键的问题在于,杨先生对这陈旧观点的论证是否合情合理,是否有根有据。客观地说,随便提出一些新观点是很容易的,但只有得到严密论证的观点才能成为学术观点,否则学术研究就无须实证材料与逻辑论证的统一,只需臆想和推测就够了。因此可以断言,在社会科学方面没有实证研究的杨先生,根本就不可能把思想文化方面的史论问题解决清楚。至于他对传统文化进行反思的动机和结果,是否能触动文化领域的深入研究,笔者以为可以另当别论,不能因为他的善意或诚意而把他得不到有效论证的批评观点当作"真知灼见"来加以发挥和阐扬。对《易经》学说乃至中华文化是非得失的评判,笔者认为还是要全面认真分析为好,片面地指责和褒扬都解决不了实际问题,只能把问题复杂化甚至是掩盖了问题的本质。

评议二:杨先生认为汉语中单音词居多,尤其是翻译英文时常以单音对译复音,这种现象的确是普遍存在的,也的确与中国以"精简为美"的观念有关。但这种现象是否与受到《易经》精神或卦名的影响有密切关系,笔者以为应该加以深入思考。有三个理由可以反驳杨先生的观点:一是汉语言文字产生的时间比《易经》早。比如甲骨文中的文字,应该是比《易经》的卦名更早出现,但甲骨文中就已经多数是单音词了。二是《易经》并非我国最古老的文字典籍。在《易经》之前,汉语言文字已经初具雏形,且已用于记事和交流。在《易经》中出现卦名、卦爻辞的同时,一些记载历史、典章、诰令、诗句等的文本(如《尚书》《诗经》等)也相继出现。大量早期文献中的汉语,应该多数是不受《易经》影响的,但其中的单音词就已经比复音词多了。难道可以说《诗经》的"精简"诗句也是受《易经》影响吗?三是影响汉语言文字发展和变异的并非只有《易经》。如果按照历史记载,在先秦时期对汉语言文字修辞影响最大的应该是《诗经》。至于其它经书典籍,也都不同程度地影响了汉语言文字的演变和定型。总之,汉语言的形成和演变,虽然也受到《易经》的影响,但这种影响并不是主要的和起决定性的。

评议三:杨先生认为"汉语的一大特点就是极少用介词"。按他的论述,此句更为准确的表达应该是"极少用助词",因为"的""地"是助词,不是介词。这的确是汉语的一大特点。但是,怎么能说这主要是受《易经》影响呢?这种看法显然忽视了先秦时期众多诸子百家经典对汉语的影响,也忽视了《易经》出现之前汉语发明者语言思维因素的决定作用。比如,若要论文言文的浓缩和精简,"诘屈聱牙"的《尚书》明显胜过"片言只语"的《易经》,为什么不把这种审美观念看作是《尚书》的申延,而非得牵扯《易经》不可呢?

评议四:杨先生认为汉文中的词往往来源于联想,这是有道理的。但是,就此说汉文学变成了联想的文学,恐怕不尽然。联想和象征,固然是汉文学表达的通常手法。但汉文学中,仍然有许多不同于联想和象征的表达手法,如写实文学中的铺陈叙事、诗歌文学中的"赋"、史传文学中的描写和叙事等。可见,不能把汉文学简单理解成以联想为特色的文学。同样道理,认为汉文学中的联想与《易经》精神密切相关,也是不符合实际的。

评议五:中国传统绘画的确以写意画居多,比较强调神似而非形似;中国书法也可以说是融缩了中华文化的精神。但是,能否断言这一切都是受到《易经》精神的直接影响吗?这一问题,杨先生只提出观点,没有进行论证,我们也就无从检讨其立论的依据。我以为,《易经》的思维方式和审美观念难免会影响到中国传统绘画和书法的创作,但这种影响并非就是传统绘画和书法获得特质的主要因素,而应该是受到中华文化中诸种因素共同影响的结果。对此,还有待专门研究中国绘画和书法的专家继续深入的探究。

总评:不可否认,《易经》的确影响了中华文化的思维方式,但这并不表示中国传统的思维方式都是来源于《易经》。笔者以为,应该是中国本土的生存条件造就了中国人固有的思维方式并促使《易经》的出现,而《易经》文化又恰恰是凝聚了中国人思维方式的智慧结晶之一。从这个角度看,影响中国思维方式的主要根源应该是中国土壤上的黄色人种本身与生俱来的特质,而不是以文字作为载体的《易经》。《易经》是早期中国人的产物,是中华文化的一个组成部分,尽管因为被中国人奉为宝典流传千古而被当作中华文化的代表,也不能因此把它误解成中华文化的唯一根源和全部思想。如果《易经》的思维方式不符合中国人的思维习惯，也就不会具有神圣的巨大影响力而被中国人所信奉。如果一定要把《易经》当作决定中国独特思维方式的根源，那么中国西周时期以来的荣辱得失无疑都可归到《易经》上来，无须证明也可相信"中国近代科学没有萌生的原因"、"中华文化的审美观"与《易经》的影响有密切关系，何必再大论特论呢？如果不能这样的话，那么《易经》何错之有？《易经》为何要承担近代科学不在中国萌生的主要罪责？可以设想，如果《易经》就在秦火中失传，那么中国本土就能催生出近代科学吗？世界上不受《易经》影响的国度数以百计，而事实上大多数国家都没有萌生近代科学，这一点足以充分表明《易经》的影响不是近代科学没有在中国萌生的重要原因。

可以相信，只有溯本求源，全面综合，细致分析，深入研究，才能揭开产生问题的症结所在。否则，单凭空想推测，断章取义，不可能得出正确的结论。通过以上几个方面的评析，可以发现杨先生所提出的观点在其演讲稿中并没有得到有效的论证，而且出现不少的常识性错误，以致不少分论点带有明显的硬伤。但是，我们也应该发现，杨先生的观点虽然没有严密论证，但观点本身所关注的问题也具有一定的现实意义。如果我们能够就此论题，深入地研究和探讨《易经》文化的特质以及对中国社会的正反面影响，一定能更客观地看待《易经》文化。否则，我们只能因循守旧、半信半疑地接受和传承以《易经》为代表的中华传统文化，而不能让传统文化得到客观的批判和弘扬。正如《甲申文化宣言》所指出："华夏56个民族共同创造的中华文化，至今仍是全体中国人和海外华人的精神家园、情感纽带和身份认同。应当认识，中华文化五千年生生不息、绵延不断的重要原因，在于她是发生于上古时代多个区域、多个民族、多种形态的文化综合体。她不但有自强的力量，而且有兼容的气度、灵变的智慧。当是时也，我们应当与时俱进，反思自己的传统文化，学习和吸收世界各国文化的优长，以发展中国的文化。我们接受自由、民主、公正、人权、法治、种族平等、国家主权等价值观。我们确信,中华文化注重人格、注重伦理、注重利他、注重和谐的东方品格和释放着和平信息的人文精神,对于思考和消解当今世界个人至上、物欲至上、恶性竞争、掠夺性开发以及种种令人忧虑的现象,对于追求人类的安宁与幸福,必将提供重要的思想启示。"这段出自杨先生等人达成共识的宣言,不仅能帮助我们理解杨先生所讲演的观点,也能比较客观地引导我们重新认识和传承中国传统文化。

(原载《卿云集》三编,复旦大学出版社 2010 年版,第 410—431 页)

《易经》与"李约瑟难题"刍议

——兼与杨振宁先生商榷

2004年9月3日,诺贝尔物理学奖获得者杨振宁先生在人民大会堂召开的"2004文化高峰论坛"上发表了《〈易经〉对中华文化的影响》①,明确指出"《易经》影响了中华文化中的思维方式,是近代科学没有在中国萌芽的重要原因之一"。在清华大学主办的"中国传统文化对中国科技发展的影响论坛"(10月23日)、"博鳌亚洲论坛会议中心举行的新闻发布会"(11月20日)等重要场合中,杨先生仍坚持自己的观点。尽管杨先生在讲演中没有挑明,但可以知道他所要探讨的问题之一,其实就是所谓的"李约瑟难题"或"李约瑟命题"。关于"李约瑟难题",相关研究成果已相当丰富,此不赘述。本文主要从《易经》文化影响的角度,来探讨这一问题。

一、"李约瑟难题"的症结

关于中国近代科学技术落后的原因,近百年来已有不少中外学者

---

① 按:杨先生演讲的文稿内容,发布在互联网上的主要有两个版本:一是根据他演讲的录音整理稿(详见http://www.kyoo8.com/2004/20040928001.htm),一是杨先生讲演前的底稿并在讲演后(9月23日)略加修订的定稿(详见http://www.people.com.cn/GB/wenhua/40462/40463/3049020.html)。录音稿与修订稿文字上有些地方表述不同,但主要观点完全一致,区别在于录音稿对事例的分析比较具体,也比较口语化,可是却有个别地方表达不清。本文所引用的观点,主要根据修订稿,后文不再另注出处。

致力于该问题的研究。20世纪50年代以来,英国学者李约瑟在不同场合以不同方式提出了著名的"李约瑟难题"。其中最具代表性的全面表述是在《中国科学技术史·序言》中:

> 中国的科学为什么会长期大致停留在经验阶段,并且只有原始型和中古型的理论?如果事情确实是这样,那么中国人又怎么能够在许多重要方面有一些科学技术发明,走在那些创造出著名的"希腊奇迹"的传奇式人物的前面,和拥有古代西方世界全部文化财富的阿拉伯人并驾齐驱,并在公元3世纪到13世纪之间保持一个西方所望尘莫及的科学知识水平?中国在理论和几何方法体系方面所存在的弱点,为什么没有妨碍各种科学发现和技术发明的涌现?中国的这些发现和发明往往远远超过同时代的欧洲,特别是在15世纪之前更是如此(关于这一点可以毫不费力地加以证明)。欧洲在16世纪以后就诞生出现代科学,这种科学已经被证明是形成近代世界秩序的基本因素之一,而中国文明却没有能够在亚洲产生与此相似的近代科学,其阻碍因素又是什么?从另一方面说,又是什么因素使得科学在中国早期社会中比在希腊或欧洲中古社会中更容易得到应用?最后,为什么中国在科学理论方面虽然比较落后,却能产生出有机的自然观?①

然而,国内外对"李约瑟难题"的理解大多偏离了"命题"的原义。其中最具代表性、影响最大的是拜纳姆在《科学史词典》中的转述:"李约瑟表明,大约在1400年以前,中国在科学、技术这两方面都比欧洲先进。他问:那么中国为什么没有像15至16世纪的欧洲那样发展出现代科学文化?"许多论者在探讨解答"李约瑟命题"时均以这类转述为依据,对李约瑟命题的各种求解也常以此为前提,且惯于把

---

① [英]李约瑟:《中国科学技术史》第1卷导论,科学出版社,1975年。

"科学"和"技术"两个词合起来使用,导致对这个问题的误读①。如表述为:"中国古代科学技术非常发达,为什么近代科学却显得落后?"或"近代科学为什么没有在中国萌生?"或"既然古代中国科学那么发达,为何没有发生类似16、17世纪的欧洲科学革命,以致从那以后就日益沦于落后?"等等。

这个难题牵涉到对"科学"一词的理解。已有学者指出,"李约瑟之所以会有近代(西方)科学为什么没有诞生在中国的疑问,其根本原因就在于他们把中国科学和西方科学这两个不同的概念看成同一个'科学'概念。在中国传统的哲学和文化背景下任何时候也不会孕育和诞生出西方科学,这就如同在西方哲学和文化背景下永远也不会诞生出中国的科学一样,都是显而易见的。那么为什么我们要抛弃我们的传统科学而接受西方的科学呢?这当然是由于西方的近代科学与技术结合在一起,显示出了强大的威力,因此迫使我们不得不这样做"②。从前提上看,如果把"古代科学"和"近代科学"都看作是具有普适意义的"科学"或"不同层次的科学",那么这个难题是真命题。相反,如果仅以西方"近代科学"作为"科学"的标准范式,中国的"古代科学"就不是所谓的"科学",那么"李约瑟难题"是个伪命题。对此,美国的席文和中国的席泽宗、江晓原、吾淳等科技史学家都有过分析和批评。若以真命题而论,不同地区的"科学"发展水平是不一致的,可能有高峰就会有低谷,有先进者就会有落后者,不可同日而语。从近代以来,西方自然科学发展迅速,犹如找到捷径一般;而中国的科学理论依然固步自封,举步维艰,犹如背受沉重包袱一般。于是,西方科学领先而富强,中国科学落后而衰落。究竟是中国"古代科学"的发展注定无法突破瓶颈,还是由于各种内在和外在的因素导致中国"古代科学"失去深究宇宙世界和发明创造新

---

① 劫灰:《文化人类学视野下的李约瑟命题》,引自 http://www.21red.net/view/。
② 同上。

物的动力和机会？不妨从两方面来思考。

  一方面，假设中国"古代科学"不受任何外来因素的干扰，仍沿着原来的思维方式和科学理想前进（即使速度很慢），能够逐渐建构出一套与西方近代科学理论相同或完全中国特色的思想体系吗？或者说，能够发明出电、电脑、电子、飞机、核武器等东西吗？或是发明出一系列有助人类过上幸福生活的理论和工具吗？另一方面，假设中国"古代科学"仍然不断受到各种因素的影响和制约，但是不存在西方"近代科学"的产生和发展所带来的思想冲击，能否有突破瓶颈的可能？这两方面的问题不容易回答，也是不容回答的，因为历史的发展并不支持此两种假设事实的存在。与假设相反的事实，必然要发生，也的确已经发生。不断消失的历史进程所呈现的结果表明，科学的发达与落后并不取决于人类的某些单方面行为，而是取决于不断变异的人类本身。通俗地说，中国"古代科学"发达，不是因为中国古人比同时代的外国人聪明，而是因为中国古代具有更适合"科学"发展的特殊环境。同理，西方"近代科学"发达，也是因为具备更好的特殊环境。不断变异的人类本身，对自身环境有不同的需求。当发达的中国"古代科学"得以满足古代中国人的环境需求时，试图改变旧环境而去探求新环境的人——所谓的"科学家"，自然数量减少，甚至是丧失探研的激情。而相对落后的古代西方人，在接触中国文明之后开始看到差距，无法满足旧环境而试图改变，于是在人类原有科学文明成果的基础上又开辟出新的天地，取得新的收获。可以想见，当所谓的"科学"为人类自身打造出共同满足无忧无虑的环境时，人类的"科学技术"肯定会处于停滞不前或缓慢发展的阶段。如果这种设想可以成立的话，那么"李约瑟难题"的解决就不应该仅仅从古代和近代中国的文化、思维、制度、教育等枝节上去寻找原因，而应该从人类本身的各种特质和环境中去发现事实的真相。其实，真相永远是公开地隐藏，而且不依个人的主观意志所转移，因为人类本身的变异总是那么的复杂、细微和出人意料，可以说是不可思议的。据此而论,"李约瑟难题"的探讨只能不断增加一些由材料、方法和观点组成的研究成果,而不可能取得真正解决难题的真实结论,尽管有些探讨对某些工作而言仍具有相当的价值和意义,但片面和虚妄的结论迟早都会被人抛弃。

二、近代科学萌生的原因

近代科学萌生的原因是什么呢？美国著名科技史学家理查德·S.韦斯特福尔（Richards Westfall, 1924—1996）在《近代科学的建构：机械论与力学》一书中指出："近代科学建立在经验事实的牢靠基础之上；当人们从中世纪经院哲学的空洞说辩转向对自然的直接观察,近代科学就诞生了。"① 近代科学不在中国萌生的原因又是什么呢？如前所言,这是一个与"李约瑟难题"几乎等同的问题,是一个难以道破天机的谜题。中国近代科学的先驱、中国科学社的创始人任鸿隽（1886—1961）早在1915年创办《科学》杂志之时,就探讨了"说中国之无科学的原因",认为"无归纳法为无科学之大原因"。1920年,梁启超（1873—1929）在《清代学术概论》中认为：清代"朴学"的研究法,已"近于'科学的'",而自然科学不发达,是因为我国人有"'德成而上,艺成而下'之观念,因袭已久,本不易骤然解放,其对于自然界物象之研究,素乏趣味",又因为清代中国没有学校、学会、报馆之类的建制,科学上之发明不能流传和交流,"因秘而失传者,盖不少矣"。1924年,他在《中国近三百年来学术史》中进一步认为,自然科学未能发展起来的原因,最大的障碍物,自然是八股取士的科举制度。化学家王琎（1888—1966）在1922年《科学》杂志上,发表了《中国之科学思想》一文。他认为中国科学不振之原

---

① ［美］理查德·S.韦斯特福尔著、彭万华译：《近代科学的建构：机械论与力学》,复旦大学出版社,2000年,第20页。

因,不仅是"吾国学者之不知归纳法",或"我国素鄙视物质科学,不加注意";而强调"历史之影响,即专制之影响",以及"民性之影响,乃依赖之影响也"。他还认为政府的专制、学术(如《易经》、阴阳五行学说)的专制,对中国科学的发展是极大的"摧残";而社会与学者的心理,"皆不视科学为研究真理之学问、不知其自身有独立之资格、固不必依赖富强之号召为其存在之保护人也"。这缺乏独立性、自主性的依赖心理也"断丧了"科学的发展。此后,著名学者冯友兰、竺可桢、张东荪、陈立、朱伯康等也讨论过该问题。综观上述学者的论述,他们把中国近代科学落后的原因,比较简单片面地归结于研究方法、哲学思想、价值观念、专制政治、教育制度(科举制度)、社会经济制度等①。从20世纪80年代起,伴随对"科学""文化"的深层次思考,"李约瑟难题"一直是我国学界关注的重要问题,曾先后多次召开相关的学术研讨会,相关的研究成果也频繁出现。尽管各家看法不一,但有不少看法是有一定道理的,如早在二十年前就有中国学者认为是因为"中国古代形成了自己独特的科学技术结构。这种结构和中国封建社会结构是十分适应的"②。值得注意的是,以往所有研究该问题的学者,没有人提出"中国近代科学技术落后,与《易经》有着重要联系"。近代中国科学技术落后,的确是历史事实,也的确是近代中国遭受外国列强全面侵略的重要原因。但是,近代科学不在中国发生的原因应该归咎于何呢?原因肯定是多方面的交织,但是否确"与《易经》有重要联系"呢?对这个问题,杨振宁先生在《〈易经〉对中华文化的影响》中提出自己的看法,他说:

  近代科学为什么没有在中国萌生,已经有很多人讨论过了。

---

 ① 范岱年:《关于中国近代科学落后原因的讨论》,引自 http://www.ihns.ac.cn/readers/fdn.htm。
 ② 刘青峰:《让科学的光芒照亮自己——近代科学为什么没有在中国产生》,四川人民出版社,1984年。

归纳起来大概有五种道理：第一，中国的传统是入世的，不是出世的。换句话就是比较注重实际的，不注重抽象的理论架构。第二，科举制度。第三，观念上认为技术不重要，认为是"奇技淫巧"。第四，中国传统里面无推演式的思维方法。第五，有天人合一的观念。第四跟第五两点跟《易经》我认为都有密切的关系。

先讲第四点，关于推演与归纳两种思维方法。……归纳与推演都是近代科学中不可缺少的思维方法。为说明此点让我们看一下 Maxwell（1831—1879）创建 Maxwell 方程的历史。……上面的故事清楚地显示归纳与推演二者同时是近代科学的基本思维方法。中华传统文化的一大特色是有归纳法，可是没有推演法。其中归纳法的来源是什么？"易者象也"，"圣人立象以尽意"，"取象比类"，"观物取象"，都是贯穿《易经》的精神。都是归纳法，是向上求整体"象"的方法。可是中华文化没有发展出推演法……

下面要讲上述第五点，关于"天人合一"的观念。"天人一物"、"理一分殊"、"内外一理"，起源于《易经》每一卦都包含天道地道与人道在内，天的规律跟人世的规律是一回事。我们知道王阳明格竹子，是要用人世间的"理"追求自然界的"理"，这样当然格不出近代科学。近代科学一个特点就是要摆脱掉"天人合一"这个观念，承认人世间有人世间的规律，有人世间复杂的现象，自然界有自然界的规律与自然界的复杂现象，这两者是两回事，不能把它合在一起。……

因篇幅限制，引文只节选主要观点。杨先生推论的思路大致是：因为，归纳与推演都是近代科学中不可缺少的思维方法，近代科学一个特点是要摆脱"天人合一"观念；而中国由于《易经》精神的影响，只有归纳法而没有推演法，具有"天人合一"观念；所以，近代科学没有在中国萌生的原因跟《易经》有密切的关系。笔者认为,这样的推论是很值得商榷的,因为事实上并不能把中国传统里无推演法和有"天人合一"观念的原因归结于《易经》。理由很简单:第一,杨先生既已认识到"归纳与推演是近代科学中不可缺少的思维方法",而"中国传统里面无推演式的思维方法",只需把近代科学不在中国萌生的原因归结于"无推演法"就足够了,没有必要再考虑其它因素。第二,既然认为"中国传统里面无推演式的思维方法",就是说中国在《易经》产生之前和之后都无推演法,那么中国无推演法的原因就应该与《易经》无关。换言之,如果杨先生能够推证中国在《易经》产生之前有推演法,那么再把先秦以来中国无推演法的原因推给《易经》,才是有些合理的。第三,即使中国近代科学落后与具有"天人合一"观念相关,也不能只怪罪《易经》。史前时期,这种观念就已经存在,这是有考古依据的——"1979 年,在江苏连云港锦屏山将军崖,发现了一处新石器时代的石刻岩画,该岩画刻在海拔 20 米的黑色岩石上,长 22 米,宽 15 米。岩画上刻有各种星云图和植物人面图形,其中星云图刻有太阳和月亮的图形……这极有可能是中国原始人类具有天人相应萌芽观念的一个标志……总之,原始人在一些农业生产知识当中已不同程度地反映出一种天人相应或人与自然相应思想的萌芽"①。在春秋战国时期,这种观念基本上被诸子百家们所承受,这是有文献依据的——除了《诗》《书》《礼》《易》《春秋》等早期经典外,《易传》《春秋三传》《老子》《庄子》《管子》《孟子》《荀子》《韩非子》等一大批先秦典籍都不同程度地打上了"天人合一"观念的烙印。从某种意义上说,"天人合一"的观念乃是华夏祖先与生俱来的共同的思想观念,并非源自《易经》所开创的思想体系。而"天人合一"观念成为儒家思想的主导,乃至成为我国两千多年封建体制社会的主导观念,也不是《易经》成为儒家"群经之首"而导致的,

---

① 吾淳:《古代中国科学范型——从文化、思维和哲学的角度考察》,中华书局,2002 年,第 80—82 页。

主要还是由《春秋》这部经典的"微言大义"所致的。汉武帝时期的董仲舒在其代表作《春秋繁露》中，以儒家"宗天重民"思想为核心，引入阴阳五行说，将神权、君权、父权、夫权等观念熔铸成一个完整的"天人感应"式的宗法神学系统，才使得"天人合一"的观念得以广泛的流行。从这个过程来看，《易经》所体现的"天人合一"既不是思想源头，也不是占主导地位和最有特色的。依此而论，倘若"天人合一"观念果真阻碍了中国近代科学的发生，也不能归咎于《易经》本身，只能怪罪我们的老祖宗偏偏都嗜好"天人合一"而始终不变。

根据以上分析，应该可以说明《易经》与推演法、"天人合一"观念的有无没有必然的联系，由此可证杨振宁先生所持观点"《易经》影响了中华文化中的思维方式，是近代科学没有在中国萌芽的重要原因之一"，是不能成立的。

三、《易经》影响与近代科学

《易经》对中华文化的影响是有目共睹的。《易传·系辞下》"古者包牺氏之王天下也"一章，就传说伏羲氏观物取象"始作八卦"之后，便开始观象制器——"作结绳而为网罟，以佃以渔，盖取诸《离》"。伏羲去世后，神农氏、黄帝、尧、舜等人又继续根据《易经》卦象发明制作许多器具。可以说，在《易经》文本完整成型之前，《易》卦的思维方式就影响了中华文化的文明进程。《易经》文本出现之后，其影响与日俱增，在周秦时期就是主要的经典之一，在西汉时期就被确立为儒家的"群经之首"，一直到现在其影响力都没有减退。在《易经》文化的影响下，中国古代在天文、历法、算术等方面一直处于世界领先的地位。根据史实来看，杨振宁先生认为"《易经》影响了中华文化中的思维方式"应该是对的。但是"这个影响"与近代科学的萌生有何关系呢？杨先生认为是"近代科学没有在中国萌芽的重要原因之一"。笔者认为这种说法缺乏根据。在笔者看来，《易经》文化的影响恰恰是催生近代科学的原因之一。对此，不妨作一系列的思考。

其一，众所周知，近代科学产生并发展于西欧。换句话说，近代科学在美洲、拉丁美洲、大洋洲、亚洲、东欧、北欧、非洲等地区都没有产生。这些地区除了东亚的局部地区外，都没有受到《易经》的特别影响，为什么就没有萌生近代科学呢？正如李约瑟在《中国科学技术史》第一章中说："我们所面对的是一系列惊人的科学创造精神、突出的技术成就和善于思考的洞察力。既然如此，那么，为什么近代科学，亦即经得起全世界的考验，并得到合理的普遍赞扬的伽利略、哈维、维萨留斯、格斯纳、牛顿的传统（这种传统注定会成为统一的世界大家庭的理论基础）是在地中海和大西洋沿岸而不是在中国或亚洲其他任何地方发展起来呢？"① 可见，近代科学的产生与是否受《易经》影响并没有直接的联系。

其二，众所周知，《易经》产生于先秦时期的中国，秦汉以来一直作为儒道各家信奉的重要经典而影响广泛。即使如此，但是明清以前的科学技术却特别发达——"中国古代领先于世界的发明和发现不胜枚举"②。难怪李约瑟在《东西方的科学与社会》中会问："为什么在公元前3世纪到公元15世纪之间，中国文明在把人类自然知识运用于人的实际需要方面比西方文明有效得多？"③ 如果不因近代新兴科学的出现，而彻底否定以往的发明创造属于科学的话，那么可见《易经》广泛传播并不阻碍科学技术的发展。

其三，《易经》在二十世纪中，已开始受到世界上科学技术发达国家的重视。如果《易经》思想果真与近现代科学格格不入的话，凡

---

① ［英］李约瑟：《中国科学技术史》第1卷导论，科学出版社，1975年。
② 《大美百科全书》第6卷，台北光复书局，1990年，第274页。
③ 劫灰：《文化人类学视野下的李约瑟命题》，引自 http://www.21red.net/view/。

是受《易经》影响的国度都会不同程度地阻滞科学发展的脚步,而事实上并非如此。可以当代的中国和美国为例:美国人对待《易经》,已如同中国人那么重视,但他们所获得的诺贝尔科学奖仍然是世界第一;中国自二十世纪八十年代以来,《易经》研究蓬勃开展,甚至是与《易经》相关的各种沉渣学术也一并泛起,但是这并没有阻碍中国科学技术不断向前发展。种种事实进一步表明,《易经》并不阻碍科学的发展。

其四,如果说古代的经典会阻碍近代科学的产生,为什么中国人就无法超越这个局限呢?我们知道,欧洲的科学进程也是一波三折,而且主要原因明显是古希腊文化对近代科学的阻碍,如托勒密学说、亚里士多德的物理学对哥白尼学说的阻碍,欧几里德几何对发展微积分的阻碍,等等。但是,这种阻碍终究是阻挡不住近代科学的产生和快速发展。假设《易经》真的有阻碍近代科学发生的作用,那么中国人为什么就不能像欧洲人那样迅速冲破阻碍呢?进一步追问,近代欧洲人为什么会那么急切和坚决地冲破经典的阻碍呢?在这两个问题上,如果要把《易经》影响与近代科学的关系硬扯在一起也是可以的,但应该说《易经》是萌生西方近代科学和不萌生中国近代科学的原因之一。可以作这样的推想:在古代,《易经》文化造福了中国人,让中国人在拥有一系列发明创造之后,获得了自给自足乃至自满自大而不求进取的生活,到了近代之前的明清王朝俨然成为傲立世界的强国;而近代的欧洲人,如马可·波罗游览中国之后,发现了欧洲与中国的巨大差距,因此唤醒了许多人敢于质疑和否定他们传统的学说,积极开拓新的发展思路。更通俗地说,因为《易经》的影响,中国近代人满足得几乎丧失发展科学的需要,而西方却因此找到了超越现实和实现理想的途径。这一点让笔者想起李申在《中华读书报》发表《我赞同席先生——古希腊文化与近代科学关系问题》一文所说:"话到这里,我就不能不和席泽宗先生一起大声地说'在传统与现实之间,现实的需要和提供的条件才是科学发展的更重要的动力'"。

其五，《易经》文化所产生的文明成果，客观上也为欧洲发生近代科学革命提供了基础和条件。如果没有中国古代的先进技术和重要发明作基础，西欧近代科学进程必将难以前进。正如《简明不列颠百科全书》中所说："中国自古希腊以来就与欧洲国家不断接触。直到文艺复兴时期，中国技术比欧洲先进得多，中国的指南针、火药和印刷术三项伟大发明对欧洲近代社会发展有着至关重要的影响。"① 试想，如果欧洲没有引进中国的印刷术，能使知识得到广泛传播吗？没有中国的指南针，能征服海洋和寻找新大陆吗？没有中国的火药，能去征服新的殖民地和发展资本主义吗？不言而喻，正是中国古代技术发明不断传入欧洲之后，才催生了近代科学。从某种意义上说，促使中国古代不断发明创造的《易经》文化影响，也间接地催促了西方近代科学的萌生。

平心而论，《易经》与"李约瑟难题"并没有根本的联系，不值得作过多的思考和探讨。本文以此为题，提出自己的一些想法，也实在是情非得已。但对反驳杨振宁先生的观点，应该是具有一定现实意义的。总之，探讨"李约瑟难题"时，对《易经》文化还是不要无端地过分指责为好②。

（原载《国际易学研究》第十一辑，线装书局（北京）2011年版，第485—497页）

---

① 《简明不列颠百科全书》第4卷，中国大百科全书出版社，1985年，第720页。
② 本文参阅的文献还有：刘兵：《若干西方学者关于李约瑟工作的评述》，《自然科学史研究》，2003年第1期；《学界关于"李约瑟难题"的部分见解》，详见http://www.oursci.org/ency/phil/066.htm；《关于"李约瑟难题"的资料》，详见http://www.ihns.ac.cn/readers/fdn.htm。

俯仰千古学术　堪称一代宗师
——略论黄寿祺先生的学术成就

黄寿祺（1912—1990），字之六，号六庵，一度自号巢孙，晚年自称"六庵老人"，时人常尊称为"黄老"，福建省霞浦县小南区盐田（今盐田乡中街）人。幼承家学，早年求学并执教于北平中国大学。新中国成立以后，曾长期担任福建师范大学中文系主任。晚年担任福建师范大学副校长、中国古代文学硕士研究生导师，兼任福建省政协（第四届、第五届）常委、中国周易研究会顾问、中华诗词学会中国韵文学会顾问、省政协文史委员会副主任、省社会科学联合会副主任委员、省语文学会会长、省中华诗词学会会长、省中学语文教学研究会会长、纽约四海诗社名誉社长等多重职务，并拟任美国易经研究院院长。去世以后，门徒及社会各界常不断追思缅怀，多次举办纪念会追思会，还专门出版追思纪念文集《易学宗师黄寿祺》《中国易学·纪念文集合编》等，并成立福建省黄寿祺研究会。2005年5月1日黄寿祺先生以第二名的得票被评选为"霞浦县十大历史文化名人"。

适逢黄寿祺先生百年诞辰之际，笔者忽然萌生一个想法：作为中国学术的后学者，应该如何看待和评价前代学者的学术成就和贡献呢？倘若我们要更好地继承传统，推陈出新，势必要好好地研究前贤的治学经历及其成就，庶几有补于个人乃至当今学界的某些不足，亦有助于对一些重要学术问题的深入探讨和认识。有鉴于此，笔者拟根据自己所掌握的材料和近二十年来的所闻所思，对黄寿祺先生平生的学术成就作简要的述评。

一、学术经历:师承正统　转益多师

公元 1912 年 9 月 14 日(农历八月初四日丑时),黄寿祺先生出生于福建省霞浦县盐田镇一个累世读书人的家中,并在此度过少年时期。"作为一位儒者,之六先生极为重视渊源与师承。六龄入塾,而在这之前,祖母毕氏已为启蒙。既由《诗经》之'寿考维祺',获知自己名字的来历,又由乾嘉间福州陈寿祺(笔者按:陈寿祺乃清代著名学者),了解到父亲的期待。当时赐以佳名,乃希望将来能够成为名扬天下的一名学者。"① 1928 年初中毕业,考入省立福州第一高级中学第一分校(后改名理工中学)。翌年,考入北平私立中国大学文学预科,后升入本科国学系,1935 年毕业,获文学学士学位。据说②,他在中学时代,因受国文教师陈筱猷先生的影响,对地方文献和桐城派古文产生兴趣,曾从《东越儒林传》《东越文苑传》得到启发,自撰《霞浦县志·文苑传补》十余篇和《福宁人士记》一册。大学期间,在马振彪、尚秉和、吴承仕等名师教导下,尤致力于古文、《礼》《易》等的研学,曾撰写《六庵吟稿》和《六庵文稿》各一集、《闽东风俗记》一册。大学毕业后,于 1935 年秋,他回乡探亲,被留任县立简易乡村师范学校教导主任兼文史教员,不久因表扬进步学生陈子英作文能针砭时弊,激怒时任县长兼校长的张灿,而被学校解

---

① 引自施议对:《易学与词学——排列组合与数位解码》,《中国易学·纪念文集合编》,福建教育出版社,2010 年,第 465 页。

② 关于黄先生生平介绍,主要参考:《黄寿祺自传》、黄高宪《黄寿祺年谱简编》、郭天沅《六庵先生著述要目》,均并载《福建文史资料》第三十辑《易学宗师黄寿祺》,中国人民政治协商会议福建省委员会文史资料委员会编,1993 年版;网页 http://www.fjsq.gov.cn/showtext.asp 中《福建省情资料库·地方志之窗·霞浦县志》之《黄寿祺》;黄高宪《略述先父黄寿祺教授的教学和科研成果》、张善文《易学宗师之风范——先师黄寿祺教授治〈易〉成就述略》和《福建〈周易〉研究述略》等,并载《中国易学·纪念文集合编》,福建教育出版社,2010 年。

聘。后经乡友帮助，复返北平，担任嵩云中学国文教员，继续从尚秉和、吴承仕、高步瀛诸先生受业①。1936年8月，国民党第二十九军爱国将领宋哲元军长考选北平、天津、保定各大学毕业生，培养抗日干部。他报名投考，录取后到南苑接受军训四个月，其间，还为训练班主任佟麟阁副军长讲解《周易》的哲学原理，撰写《南苑受训杂录》一册。受训完毕，分配在冀察绥署参谋处当文职人员，闲时终日伏案点注《十三经注疏》，还先后三次写信与业师尚秉和讨论《周易》。后苏联科学院院士舒茨基博士，以黄、尚论答《周易》书函合称《与尚节之先生论易三书》，作为所著《变化的书》（1960年初版于莫斯科，1978年为美国转译，英译名为《易经研究》）的参考文献目录。1937年"七七事变"，佟麟阁副军长抗日阵亡，二十九军南撤，他滞留北平，先在嵩云、燕冀两中学教古文，后应邀回中国大学国学系任讲师。时值日本东方文化事业委员会组织中日学者续修《四库全书提要》，尚秉和、吴承仕等受聘参加撰写。他在教学之余，除了协助吴、尚撰写外，还自写"易"类提要三十篇，"礼"类提要六十多篇，整理《易类提要目录》一册。日本学者桥川时雄编撰并于1940年10月印行的《中国文化界人物总鉴》所载黄寿祺传记称"他在中国大学师事尚秉和教授，研究易说，是一位精苦刻铭的学生"。

1941年冬返闽，先后在福建省立师范专科学校、国立海疆学校任副教授、教授兼国文科主任，讲授《左传》《诗经》《楚辞》《庄子》《史记》《汉书》等经典著作和文字学、训诂学、经学概要、国故论著、要籍目录、历代散文选、诗歌选、词曲选，以及国文教材教法、各体文习作等十多种课程。其间，学校迁移频繁，生活动荡，他除编写教材和讲稿外，前期还撰写了多种著作。

1950年秋，师专改师院，他续任中国语言文学系主任。1953年，中文系设工作组，改任组长。1956年复设系主任，再任系主任。1963

---

① 按：黄寿祺先生求学生涯中与几位导师过从甚密，师徒关系非同一般。

年国庆节，应邀参加天安门观礼，11月参加中国科学院第四次扩大会议，受到毛泽东、刘少奇、周恩来、朱德、邓小平等中央领导的亲切接见。1970年2月，下放周宁县农村。其间，写有《山居集》270余首旧体诗。1972年秋，福建师范大学成立（即福建师院恢复后改名），他调回学校，任教授兼中文系主任。1974年，参加明代李贽《焚书》《续焚书》注释组，任总纂，表现出不随波逐流的学术个性，坚持实事求是地评价李贽著作①。

1979年，升任副校长，兼古代文学硕士研究生导师。1981年7月1日，他以七十高龄光荣加入中国共产党。生命中的最后十年，他"放尽光芒吐尽丝"般地忘我工作，积极实现其人生价值：参与学校行政工作，大力培养学术传人，组建各种社团学会，参加各种学术活动，奔赴各地交流讲学，赴京亲自整理吴承仕遗著，与助手不断合撰《楚辞全译》、《周易译注》、合编《周易研究论文集》、合写学术论文、选编个人诗集，等等。他治学严谨，学识渊博，一生著作除因时代变故而散佚流失外，多数在二十世纪八十年代重新出版和发表。1990年春，他应邀赴美国讲学半年，后因水土不服提前回国，刚回来就勤于各种事务，不久即确诊为胃癌；住院治疗期间，还作《住院杂咏》多首，同年7月28日病逝，享年七十九岁。他逝世后，在福州举行隆重的追悼大会（据说当时吊唁者大多悲泣流泪②），海内外多家报刊登载有关报道及悼念诗文、挽章，由福建中华诗词学会编成专辑出版。

黄老毕生好读常见书，曾自名书斋为"读常见书斋"。一生深读之书，按大致顺序，主要有：《三字经》《千字文》《孝经》《论语》

---

① 据刘学沛《良师虽逝　风范长存》评价黄老当时注李贽著作的表现说："不人云亦云，不唯上，不随风，在任何情况下都尊重事实，坚持真理，是黄老治学的一个非常突出的特点。"引见《易学宗师黄寿祺》，第47页。

② 据季仲《时光磨洗不尽的记忆——怀念之六先生》："追悼会上，更目睹了罕见的大悲大恸。我看见许多吊唁者在向寿祺师致礼诀别时，泪湿衣襟，敛声忍泣。在这个年头离开人世，能享花圈满堂的隆重葬仪之荣，并不太难，而要赢得人们真诚的眼泪，则实在不易。"引见《易学宗师黄寿祺》，第105页。

《孟子》《大学》《中庸》以及一些短篇古文;《诗经》《左传》《纲鉴易知录》《古文笔法百篇》《古文观止》《古文析义》《千家诗》《唐诗三百首》《正谊堂丛书》(翻阅过大部分)、元末明初吴海《闻过斋集》(手抄过)、陈左海《东越儒林传》和《东越文苑传》、《霞浦县志》1929年版、林纾《畏庐文集》及其翻译的小说、部分外国文学名著、中学和大学教材(大学六年,从未涉足歌楼舞榭,同学笑称之"大书呆")、《文选》、《法宝坛经》、《五灯会元》、《王阳明全集》(翻阅过,精读其中的《传习录》)、《十三经注疏》(点注)、清代卢见曾《雅雨堂丛书》、《易经》、宋元明清四朝学案、唐宋诗选、杜甫诗集、黄庭坚诗集、元好问诗集(前此包含《易经》等几种均为讲授课程)、《续修四库全书》中130多部"易"类和60多部"礼"类书籍(翻阅并撰写提要)、吴承仕先生遗著47种(代为整理,并写成《先师歙吴先生之著述》一文)、《楚辞》、《庄子》、历史类著作均有所涉猎(如《史记》《汉书》等二十四史、《资治通鉴》、《续资治通鉴》、《资治通鉴纲目》、《通鉴纪事本末》),等等。由此可见,先生常研读之书,主要是中国古代的经史与诗文类作品。

综观黄老的一生,笔者发现他有几个鲜明的特点:一是研治国学,矢志不渝;二是尊师重道,谦虚谨慎;三是奖掖后学,诲人不倦;四是知行合一,令人难忘。他在高校从教五十多年,教书育人,兢兢业业,教泽绵长;生平著述颇丰,以易学和经学、文学研究见长,亦擅长古体诗而且笔耕不辍。他曾有诗句自称"及门子弟追洙泗,开国文章迈汉唐"(《赴京道中寄怀院中诸老友》),可见并非言过其实。2002年召开黄寿祺先生九十周年诞辰暨中国易学学术研讨会时,中国周易学会会长刘大钧教授为其题辞追思:"含和执中";台湾"中央研究院"著名学者李亦园教授为其撰联追思:"隔岸久心仪玄思精妙诗绵邈,识荆未面命墨宝雍容日摩挲"。这些语句,不仅能再现后人对一代宗师的无限崇敬心情,也正是其一生治学严谨、守正、博学、大成的真实写照。总之,黄老一生始终能做到做人与做学问有机结合,全心全意为教育为学术,成人之美,甘作人梯,守正持中,至诚至善,具有与众不同的人文精神与人格魅力,不愧是一代儒者的典型代表。

二、易学成就:承前启后　一代宗师

黄老自幼学《易》①,既有家学,又有师承,终生研《易》,成绩斐然,享有"易学宗师"之美誉。关于他的易学成就,已有不少论述。论之最多且最详的,是其高足张善文教授,已有多篇文章:《黄寿祺教授与易学》(《福建学刊》,1987年第4期)、《易学群书平议简评》(《哲学研究》,1989年第4期)、《先师黄寿祺教授治易成就述略》(《福建文史资料》第30辑《易学宗师黄寿祺》,1993年版)、《福建周易研究述略》(《龙岩师专学报》,1998第2期)、《易道洁静精微——黄寿祺教授的易学传统与福建师大易学研究所》(《语文世界》,2003年第2期)、《易道洁静精微——黄寿祺教授的易学传统》(《中文自学指导》,2003年第3期)、《易学宗师之风范》(《中国易学·纪念文集合编》,福建教育出版社2010年版)。2009年9月23日《福建日报》专门发表题为《黄寿祺:为易学研究端正一代学风》的文章指出:在《周易》研究领域,他主张"从源溯流,强干弱枝"、"不为怪异,创新求实"的治学思想,则为端正一代学风产生了不可磨灭的影响。以下拟再从三方面加以简要概括。

---

① 按:《黄寿祺自传》中未曾提及他何时开始研读《易经》(少年时期所读之书中没有列出《易经》)。他在中国大学读书时,所敬仰的老师中,如马振彪、尚秉和、范秋帆等人都是《易经》专家,他还专门修学过尚秉和先生开设的《易经》课程(他说"研究《周易》,主要是得到他的传授"),协助完成《焦氏易诂》并为之序。据此推测,黄先生专心研《易》之始,当在此阶段。据黄高宪《黄寿祺年谱简编》:"黄韶喜欢研究《周易》,黄寿祺受其父影响,对《周易》特别感兴趣。"可见他幼年便接触和学习《周易》了。而他开始担任讲师,教授《易经》,则始于1938年,时年二十六岁。引文并见《易学宗师黄寿祺》。

（一）生平易学作品宏富扎实、影响深远

黄老一生中潜心研《易》主要是在青年时期，长达十余年之久，所论长于史料考辨，亦有颇多创见，可惜有些力作因故亡失；中年时期，受时代影响，且忙于教学和行政，几乎没有易学专书问世；七十岁以后，老骥伏枥，重操旧业，全心弘扬易学，又有名篇名作传世，为数虽然不算多，但对中国易学的承前启后无疑具有开创和推动之功。兹略述其易学作品及其影响如下。

1942年前完成的作品有：《与尚节之先生论易三书》、《论易学之门庭》①、《易类提要目录》一册（已佚）、《与范秋帆先生论易书》、《焦氏易诂序》、《续修四库全书》之"易"类提要合称《易学群书平议》② 7卷134篇、《汉易条例》5卷（已佚）、《六庵易话》（原名《嵩云草堂易话》1卷）、《历代易家考》5卷（已佚）、《历代易学书目考》1卷（已佚）、《尚氏易要义》2卷（已佚）、《六庵读书札记》100余册（其中有不少谈《易》杂作）。1942年后三年间：《周易要略》1卷（载《群经要略》中）。解放战争期间：《周易名义考》一文。新中国成立初期十七年间：《汉易举要·孟氏易》1卷、《答包笠山论易书》。

1979年以后至去世前：《周易名义考》（正式发表于《福建师范大学学报》1979年第2期和《中国古代史论丛》第1辑，福建人民出版

---

① 1940年大暑日于北平中国大学研究室写成讲演初稿，1980年清明节后十日为福建师范大学中文系研究生班讲演写再稿，后发表于《福建师范大学学报》1980年第3期。文末有曰："穷天人之际，通古今之变，挥斥百家，包扫一切，冥思独运，卓然自树，而成一家之言，上既无所依傍于前贤，而下且足以梯航乎后学，此乃所以论于成德达材，虑非鄙陋如余者，所能措意也。"其抱负之远大，学殖之渊深，气度之闳博，由此数语即可见一斑。

② 完成于1947年，初名《六庵读易录》，中改《易学群书述评》，后改定今名。1988年6月经张善文校点后，正式由北京师范大学出版社出版，同年荣获福建省社会科学优秀成果奖。书中有尚秉和的《序》云："凡解《易》之书经黄君商订解剖，其是非得失，判然立明，如镜之鉴物，妍媸好丑，毫无遁形。学者苟由其说以求之，绝不至有面墙之叹，歧途之入也。"有陈遵统的《序》云："书中搜罗弘富，辨极精确，洵足以补《提要》之缺略，作后学之津梁。"此书足见黄老易学功力之深厚，亦是他被尊奉为一代易学宗师的重要学术基础。

社1981年版)、《六庵易话》(一、二)、编辑《学易初阶》讲义、《从〈易传〉看孔子的教育思想》、《闽人易著提要五篇》、《周易辞典序》。此外,与张善文先生合作的有:学术论文《"观物取象"是艺术思维的滥觞》、《试论〈周易〉对〈文心雕龙〉的影响》、《〈周易〉对立变化创新思想中的美学意义》;主编《周易研究论文集》(共四辑,收文158篇);合撰《周易译注》(五十二万字,出版后一年内重印四次,至今已重印十数次,累计印数达十多万册,受到海内外学术界的广泛好评;还先后荣获福建省哲学社会科学"六五"规划科研项目优秀成果奖和1992年"首届全国古籍整理研究优秀图书奖"三等奖)。

去世以后,其子黄高宪先生为其整理汇编的有:《黄寿祺论易学》(汇集了黄先生的主要易学论文、易学讲演录、与名家的易学通信等),台北学易斋2003年6月出版;《周易尚氏学札记》(1980年5月大陆中华书局出版了《周易尚氏学》,黄老于1984年6月至7月间仔细阅读了该书,同时写了读书札记。此书的另一则札记所记的时间是"1986年7月9日"。另有1981年7月台湾老古文化事业公司出版的《周易尚氏学》,黄老也在阅读中写了一些札记。这些均由其子黄高宪先生统称为《周易尚氏学札记》,没有全部正式发表)。其徒张善文先生整理的有:《庸言》(载《周易研究》2002年第1期);另外,把《易学群书平议》收入《尚氏易学存稿》一书中。

黄老的易学研究蜚声中外,影响深远,在学术界获得相当高的评价。在其纪念文集《易学宗师黄寿祺》中,有许多生前学友、学生对其高度评价,不妨略引几处:周振甫《纪念六庵先生》说他"言引《易》辞,深于《易》学"、"先生论《易》,包举百家,探神妙而扫浮辞,崇尚自强不息之义,以圣言为归,贵得真义。于此见先生之诗作典雅而《易学》精纯",评其《周易译注》是"体大而思精",对其易学传人张善文亦是倍加赞赏。美籍学者李珍华教授《忆与黄老相处的日子》:"闽中多志士英才,在文化方面已经作出并将继续作出很多贡献,黄老在诗歌方面的成就便是一例"、"离开福州前,黄老送我几本他的易学专著。回美国后细读,发现他是个典型的中国学者——既深于研究,又善于文学创作——是个通才。"刘蕙孙《城曲曾同作布衣》对他认识半个世纪以上的老友充分肯定,说他是"朴学大师"、"道德文章彪炳乡里,有口皆碑",并"认为(《易学群书平议》)这部书是之六的不朽之作"。郭风《怀念寿祺师》回忆:"寿祺师尚未到校,但师生间已风传他是一位当代易学大师,精通我国古典文学……他给我们的印象,是十分年轻(当时不过30岁出头)。"方南生《一代宗师 永在我心中》说他"虽刚过而立之年,却已是左海有声的博学鸿儒了"。在其纪念文集《中国易学》中,刘大钧《学术端宜辨伪真——追忆黄寿祺教授》指出:"黄老的《易》学,可贵之处即在于有自己的创获,他最重要的著述是《易学群书平议》。"张其成《我心目中的黄寿祺先生》:"(《周易译注》)该著是我写作博士论文《象数哲学研究》的重要参考书,也是我讲《易》时重点推荐的必读书。"

(二)治《易》继承传统、注重方法、坚持原则、敢于质疑、勇于创新

黄老易学一大特色,就是基于考辨,敢于质疑,不虚美,不隐恶。这主要体现在他对历代易学家是非得失的评判上,即使是面对自己恩师尚秉和先生的学术观点,一旦发现有所"不逮"之处,也敢加以"匡正"。这种不唯师是从而能唯道是从的严谨治学精神,从他年轻时的《与尚节之先生论易三书》、《与范秋帆先生论易书》和晚年的《周易尚氏学札记》可见一斑。这种寻根究底、严谨不苟的学风,不仅是中国易学界也是中国学术界比较缺失的,所以应该值得今人大力提倡和发扬。

黄老研治《易》学的最大特点,就是兼顾象数与义理,兼综汉宋,网罗古今,辨源流宗派,知家法师承,明主宾本末。因此,他治《易》始终坚持两大原则:一是从源及流。首须熟读经传本文,考明

春秋内外传诸占筮,其次观汉魏古注,再次观六朝隋唐诸家义疏,最后始参稽宋元以来各家之经说。不从古注入手者,是为迷不知本源。二是强干弱枝。须知《周易》源本象数,发为义理,故当以义理象数为主干,其余涉及天文、地理、乐律、兵法、韵学、算术以及方外炉火、禅家妙谛,与夫近世泰西科学者,皆其枝叶。不由根干而寻枝叶者,是为浑不辨主客①。

黄老《易》学的另一个特点,就是治《易》非常重视门径方法,既注重传统,又勇于开新。因注重传统,故不作无根之论,不发无稽之谈,凡有所论当注重根据,力求做到实事求是,以致学说醇正;因勇于开新,故不拘一家之言,不会墨守成规,凡有所是当择善而从,力求做到兼收并蓄,以致视野开阔。有论者认为,黄老研《易》重在以传解经,有经传合观的倾向②。毋庸置疑,黄老对《易传》的看法,与同时代易学家们的观点相比较而言是相当公允中肯的,他既肯定《易传》与孔子的密切关系,又不否认《易传》是非一人一时之书,这从目前的研究成果来看还是相当可信的。正是他正确把握了《易经》与《易传》的关系,让人更加明白《易传》对于《易经》及其《易》学发展的重要性。因此,在以传解经传统的基础上,从源溯流,强干弱枝,也就把握住《易》学发展的历史流变。但是,他同时也能与时俱进,敏锐地发觉新时期的易学研究必须不断开拓,努力开新。早在1984年首届中国大陆《周易》学术讨论会开幕式上他就明确指出:"我们今天来研究《周易》,应该做两方面的工作,一是继往,一是开来。在继往方面,我们应该研究《易》卦的起源和《易》学的发展历史,(除了)《四库提要》所总结的两派六宗之外,在哲学、社会科学方面,我们还需要深入研究《易》学和道教的关系,佛教的关系,史学的关系,文学的关系,民族学的关系,考古学、文字学的关系,在自然科学方面,它和天文、地理、历算、乐律、兵法、医学各

---

① 详见《论易学之门庭》,《福建师范大学学报(社会科学版)》,1980年第3期。
② 王长红:《高亨与黄寿祺易学研究比较浅谈》,《周易研究》,2008年第5期。

方面都发生过密切的关系。我们必须把他合理的因素好好地继承下来。在开来方面，我们必须同现代自然科学中的天文学、物理学、化学、数学、遗传工程学、信息论等等尖端科学好好地沟通起来，做到中西文化的密切结合，开创这一代研究《易》学的新局面。"① 这番话充分体现了一代易学名家对未来易学研究的远见卓识，对一个长期擅长以传统治学方法研《易》的老一辈学者来说尤为难能可贵。

黄老易学还有一个显著特点，就是重视《易》理《易》道的体悟与践行，尤其注重忧患意识。黄老非常重视义理，认为《周易》蕴含深刻的哲理，有着合理的思想内核，是一部特殊的哲学著作，因此能够揭开《周易》的神秘外衣——"卜筮之书"，通过理解其象征思维，明白古人观物取象、假象寓意、观象系辞的根据与意义，使人更好地理解这部圣经宝典的历史作用和现实意义；同时，也兼顾象数、图书之学，甚至是不废术数，以致能在一个更加合理符实、更加包容开放的学术框架下融通各种学说。《易传》指出"作《易》者其有忧患乎"、"惧以终始，其要无咎，此之谓《易》之道也"，黄老的一生也是充满忧患的一生：少年丧父，中年丧妻，老年丧女；自幼体弱多病，及长及老亦常有病相侵；青年时期曾因战乱滞留北平困顿交加，中晚年经历十年浩劫屡受批斗整改。也许正因为如此，他深感《周易》是一部忧患之书，自当以发掘其中的人生道理为要务，充分揭示警惧审时、居安思危、守持正固、安贫乐道、惩忿窒欲、阴阳和谐等人生哲理，从而造就一个谦虚谨慎而又好学有为的光彩人生，也为后学解读和运用《周易》留下宝贵的经验和启示。

（三）为现当代中国易学的传承与传播作出巨大贡献

黄老在易学传承方面可谓师承正统，其师尚秉和乃是曾国藩的再传弟子，又是近代最著名的易学专家之一。除此，主要体现在三个方面。

---

① 引自《中国〈周易〉学术讨论会史料辑集》，张武主编，湖北省社会科学院哲学所、武汉大学哲学系、湖北省哲学史学会合编。

1. 早年跟随尚秉和先生研治易学，"特别是写了不少《周易》提要，使他在关于《周易》的学问上由广博至于精深"①，中晚年有汉易研究，在《周易》象数学方面也具有精深造诣。

2. 晚年创办大陆第一个官方的易学研究室（始于1983年，1986年后改为易学研究所，现已成为中国易学研究的东南重镇），与张善文先生合编《周易研究论文集》（共四辑）、合撰《周易译注》②。

3. 人生的最后一年远赴美国讲授《易经》，促使易学国际化。1990年2月17日自福州抵达洛杉矶，对美国几所大学作"易学"巡回演讲，4月初因感不适提前结束原定半年的访学回到福州。据美国《1990年华商年鉴》（南加州版）报道，美国易学研究院拟聘请黄寿祺任院长。报道写道："易学——使人类聪明的学问。由世界易经权威、中国大陆著名易学教授黄寿祺先生担任院长，主持讲授易学原理及易经应用等"③。

以上是对黄老易学成就的简要评述。笔者在研究中发现，黄老的易学成就没有达到更高的顶峰，主要有几方面的遗憾：一是研《易》不够持续。正当他学《易》已成，且年富力强之时，却因故而长达三十余年不能专心研治易学。据吕荣春《正直、坦诚的长者——缅怀黄寿祺教授》所言："他在（系主任）这一岗位上全力以赴，呕心沥血，并且不得不将他原先擅长的易学研究暂时放下。"④ 而十年浩劫期间，他更是无法从事正常的学术研究。二是理想不全实现。如他在北平的最后三年半，大约是在1940年前后，曾有雄心计划撰写《周易通考》《周易集解义疏》《周易正义新疏》三书，藏之名山，传之其人，只可惜最终都没能如愿；1981年前后，准备补写已经亡失的《历代易家

---

① 刘蕙孙：《城曲曾同作布衣》，载《易学宗师黄寿祺》，第13页。
② 廖名春、康学伟、梁韦弦：《周易研究史》认为"《周易译注》是新中国成立以来第一部全面翻译《周易》经传本文，并对其要理进行系统阐释的高水平的专著"，湖南出版社，1991年版。
③ 转引自黄高宪：《黄寿祺先生年谱简编》，载《易学宗师黄寿祺》，第219页。
④ 引见《易学宗师黄寿祺》，第51页。

考》《历代易学书目录》,并准备编写《中国易学史》以供研究中国学术思想的同志们参考,临终前还念念不忘要完成一部《易经辞典》等,都因故未能实现。三是理论不够全新。作为一名长期接受并研治国学的传统学者来说,在接受西方各种理论方面显然不足,加上大部分时间生活在理论闭塞的时代环境,以致在学术理论创新方面不够深入和彻底。但让人尤为可喜的是,他晚年的作品已经迈出了重要的一步,表明他已经关注到理论研究之于易学的重要性。薪尽火传,他的那些夙愿,也基本上都在他去世之后由他的高足张善文教授逐步得以实现。笔者深信,在黄老易学成就的基础上,将有更多的后来者为中国易学的传承与传播作不懈的努力,尽快开启全球化时代易学研究的新局面!

三、经学成就:要理群经 尤精于礼

黄老少年时期学于家塾,受祖父和父亲等长辈教诲,熟读儒家群经;大学阶段,在经学方面又受到名师的严格教育,受《易》《诗》于尚秉和,受《书》《礼》于吴承仕,受《春秋左氏传》于马振彪,还常问业于高步瀛、林损、余嘉锡、杨树达、朱师辙、孙人和、林义光、柯昌泗、范毓桂等国学名家,因此对群经要义均有深明,尤其深好《易》和《礼》。以下拟从三个方面略论其经学成就(不再述及易学成就)。

(一)生平经学研究作品较多,且不少为名篇名作

1946年前完成的作品有:《晋荆扬诸州郡县多于汉代考》、《〈吕氏春秋·十二纪〉与〈淮南子·时则训〉略同,汉儒辑为〈月令〉盖古明堂行政遗文考》、"礼"类提要60多篇、《先师歙吴先生之著述》、《六庵读礼录》1卷、《丧服浅说》4卷(已佚)、《宋儒学说讲稿》14卷(已佚)、《明儒学说讲稿》7卷(已佚)、《六庵读书札记》

100余册、《左传要略》1卷、《群经要略》11卷。1979年以后的作品有:《关于先师吴承仕先生的材料》《略述先师吴检斋先生的学术成就》《关于先师吴检斋先生学术成就的报告》。其中,"礼"类提要60篇收入《续修四库全书提要》中,台湾商务印书馆1971年出版;经其子黄高宪先生校注的《群经要略》与章太炎、梁启超、王国维等国学大师的著作一起,作为《二十世纪国学丛书》之一,于2000年10月由华东师范大学出版社出版。

《群经要略》一书,虽然篇幅仅有十来万字,但颇能看出黄老在经学方面的深厚功力。该书源于他于1942年至1945年间在福建省立师范专科学校、国立海疆学校任教的自编教材,后经刊削,厘定为十一篇卷,述及《经名与本枝》和《周易》《尚书》《诗经》《三礼》《春秋三传》《孝经》《论语》《孟子》《尔雅》等儒家十三经以及总论一篇,对各经的名称、来源、内容、传承、特色、存在问题等均有所论述,所论都有史料佐证,言简意赅,脉络清晰,要义分明。对此,陈祥耀先生《谈黄寿祺先生的〈群经要略〉》一文深有体会:"第一,作为介绍'群经'的一本'通论'性著作,书中对有关的主体内容,是写得很完备的,可以说尽得其'要'。第二,上文说过书中有溢出于主体内容以外的要点。(笔者按:此点意在说明黄老书中所论不囿于经学领域,还兼及文史、政治、文化等相关内容)第三,作者长期博览有关经学著作和考究其中问题,故论述时所加评语、案语,多极精当难得。第四,书中介绍同时或稍前的经学学者及其著作,有的人是不甚为人所知,有的书是未刊稿,都是他书罕加涉及的,弥堪重视。"① 郑瑜辉《经典的阐释——浅谈黄寿祺的〈群经要略〉》一文,则从文本细读和经典阐释的角度,作出高度的评价:"黄寿祺的《群经要略》,是一部建立在他对儒家经典著作的细致研读,并运用广阔的学术视野和严谨的考镜源流的学术态度的基础上,

---

① 详见张善文、黄高宪主编:《中国易学·纪念文集合编》,福建教育出版社,2010年,第421—423页。

结合当时的社会时代背景和人文环境而论述的著作。可以说,这是黄寿祺个人对儒家经典著作在细致研读后的感悟和心得,同时也有极强的学术严谨性和科研价值……黄寿祺的《群经要略》里面所论述涉及的都是儒家的经典文本,他以自身深厚的学术涵养犹如站在泰山之巅,对群经在其时代背景、内容要义、与其他诸子的关系、文体文法等方面做逐一的论述。在吸取整合前人观点的基础上,也不乏自己的创见,《群经要略》可以说是经典文本阐释的一个范本……黄寿祺的《群经要略》无疑是一部论述儒家经典著作中,不仅在宏观上能做到从大处着眼,微观上也同样不乏细致分析的范例之作。"① 毋庸置疑,《群经要略》已成为当今研究中国经学的一本不可多得的参考书。

黄老在经学方面尤精于礼,曾受礼学大师吴承仕先生亲炙。这方面的表现,他除了帮吴先生撰写的60余篇"礼"类提要外,主要体现在他对吴先生遗著的整理上。令人遗憾的是,尽管他精通《三礼》之学,但相关的专书作品却不多,也没能把这门绝学传给后来人。据林海权《忆念吾师黄寿祺教授》文中说,黄老去世那年赴美前后与他的多次谈话,都提及想招礼学方面的研究生,以遂最后心愿。只可惜病魔最终还是让他心愿不能实现,只能抱憾九泉!这无疑也是中国礼学研究的一大损失!

(二)博览群经、熟悉历史、治学严谨、实事求是

黄老的经学成就,更为重要的体现是在古典文献整理方面功力深厚。对此,不妨举一特例加以说明——关于吴承仕先生遗著的整理一事:"吴先生逝世后,他在北平的弟子虽很多,但他的朋友、学生和家属都认为,对其学术有较全面的认识、对其遗著能认真地加以梳理的,非黄先生莫属。"② 1983年4月至11月间,黄先生携助手经过长达七个月的整理后,中共北京师范大学委员会来函称:"对于吴老的

---

① 郑瑜辉:《经典的阐释——浅谈黄寿祺的〈群经要略〉》,载《当代小说(新诗文)》,2009年第11期。
② 详见陈祥耀:《黄寿祺教授遗事纪略》,载《易学宗师黄寿祺》,第27页。

这些遗著,包括许多未加整理的散乱手稿,黄寿祺同志一一检阅,按类分出,并逐一写出了校阅附记。在附记中,既概述了每一著作的中心内容,又尽力考订了它们的写作年代,这为进一步研究吴老学术思想打下了良好的基础",经过黄寿祺同志的辛勤劳动,现已分类整理出《经学通论》、《经典序录》和《国故概要》类、《周易》类、《尚书》类、《诗经》类、《三礼》类、《春秋》类、《读书提要笔记》类,以及《诗文集》类等13种,近200万字;并和我校启功教授一起指导整理出《吴检斋文录》《论衡校释》《吴检斋读书提要》《检斋读书记》《检斋学术论文集》《淮南旧注校理》6本书。……黄寿祺同志严谨的治学精神、实事求是的工作态度和诚恳待人的品格,给我校同志留下了深刻印象"①。我想,这道书函中的评语,足以证明黄先生在经学方面的深厚功力和卓越贡献,尤其是他的高风亮节非同一般,不愧是知行合一的好学者!

(三)博学强记、古今贯通、推陈出新、学以致用

中国传统文化源远流长,古代典籍汗牛充栋,思想博大精深,往往令人望而却步。自古及今,凡是精通国学者,往往必须具备几个特点:博学强记,天资聪颖,精力旺盛,出入经史,著作等身。由此反观黄老的治学,可谓是有过之而无不及。最为人称道,也是让当今学者自叹不如的,就是他始终具有超强的记忆力。林海权《忆念吾师黄寿祺教授》说他"从小勤奋,并具天才,加上师友的教诲,造成深邃广博的学识和惊人的记忆力。先生平时谈话,引经据典,如数家常,古诗古语,冲口而出,令人钦佩得五体投地……先生真不愧是一部'活字典'……先生惊人的记忆力老而不衰"②。陈祥耀《黄寿祺教授遗事纪略》:"先生晚年,虽近视颇深,耳朵有些重听,但神志极清,记忆力仍极强。对所读的书,人有询问,仍能原原本本记诵以告;对

---

① 详见李青藻、徐金凤:《"放尽光芒吐尽丝"——黄寿祺教授晚年光荣入党前后》,载《易学宗师黄寿祺》,第38—39页。

② 详见《易学宗师黄寿祺》,第86—87页。

多年前的事,也能清楚复述。他工作常至深夜,晚年夜里事毕、客散之后,仍坚持写日记。精神很好,工作很繁,不异少年人。"① 曾任福建省文化厅厅长的李联明教授在《先生之风　山高水长》中给予高度中肯的评价:"黄老自幼勤奋好学,后又师从名家,学识渊博且又融会贯通,其于吾国传统文化,素有'活字典'之盛誉……黄老皓首穷经,卓有建树。他满腹经纶,又非食古不化。他崇奉儒家,常以古证今,但同时又注今入古,推陈出新,因而他的言行往往迸发出传统精华与现代意识相互撞击的耀眼的火花。他是一位非常开明的老学者。"②

四、文学成就:深研诗赋　雅正率真

综观黄老的一生,更多的时间精力是花在中国古典文学的教学与科研,以及日常的文学艺术创作上。这方面的成就也是巨大的,兹略述如下。

(一)文学研究和创作的作品繁富,尤以各时期个人诗集为多

1942年前完成的作品有:闽东浙南旅行日记(1928年)、《霞浦县志·文苑传补》十多篇、《福宁人士记》一册、《霞山诗草》一册(200余首)、《北学集》1卷(原名《六庵吟稿》)、《六庵文稿》(古文数十篇)、《闽东风俗记》一册、《南苑受训杂录》一册、《阿比西尼亚王国记》(稿成一半,已佚)、《六庵读书札记》100余册。1942年后三年间的作品有:《先秦文学史》1卷、《世说新语注引书考》1卷、《六庵别录》1卷、《水南读书札记》1卷、《南旋集》1卷、诗文杂著《海疆集》1卷。

新中国成立初期十七年间的作品有:《六庵读书札记》、《六庵日

---

① 详见《易学宗师黄寿祺》,第31页。
② 同上书,第82—83页。

录》、主编《中国古典文学作品选》和《福建文学史稿》及《清诗选注》、旧体诗《朝阳集》（270余首）、《漫谈革命现实主义和革命浪漫主义相结合的问题》、《漫谈如何研究中学古典文学教材的重点难点和疑点问题》、《试论杜甫绝句》。"文化大革命"期间的作品有：《劳动日记》、《山居集》（270余首）、参与注释明代李贽《焚书》《续焚书》（担任总纂）、札记《注李腾墨》。

1979年以后的作品有：《漫谈中国古典文学的自学问题》、《学习〈毛主席给陈毅同志谈诗的一封信〉的几点体会》、《作家应该向我国的古典文学优秀传统学习》、《六庵诗话》、《清诗选注释》（与陈祥耀教授合作）、《楚辞全译》（与梅桐生合作）、《华香园集》（诗）、《蕉窗词稿》、《漫话福州》、《六庵诗选》（近六十年旧体诗作品选编）、《善于选择运用好的选本》、《学生古今诗词鉴赏辞典》（领衔撰写人之一，并撰书序）、《秦豫行——黄寿祺、赵玉林唱和集》、《福建诗词》（主编第一、二集，并收录其作品多首）、《从苏颂诗文看北宋朝廷与道教的关系》（与詹石窗合撰）、《福建历代名人传略序》、《梁容若诗存稿序》、《回忆"一二·九"运动》、《风尘呓语跋》、《籔启吟草跋》、《训诂学概论序》、《陇右方言发微序》、《李贽年谱考略序》、《空海研究序》、《论文写作指南序》。与张善文合作的有：《〈九歌·河伯〉鉴赏》《〈迢迢牵牛星〉赏析》《朱熹诗文理论述要》。去世以后，黄高宪编《黄寿祺论中国古典文学》，又收录了一些遗作。

从以上所述不难发现，黄老的作品大致可分四类：一是诗歌吟咏与鉴赏。他是个极富感情的人，以诗言志，寄情吟咏，常年不辍，写下了大量诗词，前后达千余首之多。同时，也很注重研究古诗的鉴赏和评析。二是生活日记与随笔。尤其是新中国成立后三十年间的日记，将有助于后人更真实地了解这段尘封的历史。三是读书札记与体会。这方面虽然相对零散，但数量惊人，作为读书心得，凝聚了先生的学术精髓和真知灼见，不是专书但价值应该不亚于专书，值得后学者重视。四是学术论文与著作。为数不多，且多通俗平易之作，主要是配合古典文学教学，但不乏经验之谈。

（二）文学研究注重明道济世，诗文创作体现雅正率真

黄老治学很有特点，与现在的学者迥然不同。他坚持实事求是的学风，强调治学与做人的统一，不会刻意追求大篇大论，更不喜欢哗众取宠、无病呻吟。在他看来，学者应该德才兼备，"他经常对学生说，要当一名教授、学者，就不光要有博大精深的科学文化知识，更要有良好的思想品质，不然写的文章再好，别人也不服气"[1]。教师应起到表率作用，"他常说：为经师易，为人师难；教师要重视自己的学习，自己先学好，然后才能教好别人。"[2] 此外，对于治学他也提倡学以致用："实事求是，是他的一贯学风。他的主要学术观点是：一、文学所以言志、抒情、咏物、写景、记人、纪事，而最终目的在乎明道济世；二、温故知新、承先启后，有所革亦有所因，故一切学术均应虚心研究，继承优良传统并加以发展变化，以适应新情况、新要求；三、文附质，质待文，故文学作品要求内容形式并美。评价古今人物及著作，应在精研深思的基础上，不虚美，不隐恶，舍短取长，实事求是。黄老在课堂讲授、研究著述和答问解惑中，无不遵循这些观点。他教育学生做学问要脚踏实地，要善于联系实际。"[3] 在日常生活中，他始终做个大好人——待人诚恳，诲人不倦，处事认真，操守清正，晚年虽身兼多重社会职务，但凡有专业会议他都准时参加，单位和个人来访、来信，必亲自接待和答复，从不敷衍了事；平时生活俭朴，不义之财不取，帮助别人解决困难，也从不图回报。我想，这些也就是黄老不仅学问精深广博而且为人口碑极好的根本原因。

"诗入精微与道通"。黄老的诗，有真情，有善思，有哲理，有意蕴，感悟人生，雅正纯真，回味无穷，令人叫绝。"题材十分广泛，

---

[1] 李悦照：《留取丹心照后人——忆六庵老人》，《易学宗师黄寿祺》，第139页。

[2] 张均：《略述黄寿祺教授对语言文学教育的贡献》，《易学宗师黄寿祺》，第148页。

[3] 俞元桂：《老树当风叶有声——记黄寿祺教授》，《易学宗师黄寿祺》，第157页。

感受独特,不论言志、抒情、感时,还是写景、记人、记事,都能迸发出诗的真、善、美的熠熠光彩。"① "黄老为友人诗集作序,往往自谦不善为诗。就我看来,他能为嗣宗的忧愤,少陵的沉郁,太白的飘逸;又能为牧之的清丽,石湖的平易。他的诗,接武前贤,义归雅正,才兼众体。"②《六庵诗选》是他晚年亲自选编的,1986年由福建人民出版社出版,收诗600首,即自1926—1983年间的代表性诗词作品,以编年为序,分为《北学集》《南旋集》《海疆集》《朝阳集》《山居集》《华香园集》《华庐集》7卷,又附《蕉窗词》22首。出版以后,受到学界同仁的高度评价。陈祥耀《六庵诗选序》《当代诗词点评》《黄寿祺教授遗事纪略》都有所论及,还特别夸他"诗才甚捷"。1986年11月6日《泉州晚报》登载严如钺先生读《六庵诗选》的评论《哲理诗情共短长》。逝世后,王景禔先生有专论《六庵之诗及其诗学主张初探》一文,以"真""爱""美"三字概括其诗艺特色,总结他的诗学主张是"妙契文心与道心""春梅秋菊竞芬芳""文运推移随世变""道义担当赖铁肩""祝君绮思美如诗",并进一步窥探他诗艺与诗学主张渊源于多方面:家学乡学影响、名师益友熏陶、深得《文心》奥旨、发扬闽派流风、博采众家之长③。在纪念黄老的文集中,还有不少谈及他爱好诗歌创作的文章,可以看出他是一位地地道道的诗人,才华横溢,情感真挚,诗艺精纯,雅俗共赏,而且还是一位一字之师,经常指导友人进行创作与鉴赏。

  黄老的文,也是很有特色的。他文宗桐城派,率意存真,有《六庵文录》等作品。"先生解放前多用文言文写作,解放后才多写白话文,写文言文,守桐城派的义法,力求有物有则,归于雅洁;又兼学殖深广,落笔时自有辞藻涌赴,故出以自然,毫无费力做作之感,而

---

  ① 李乡浏:《老读遗诗倍眼明——〈六庵诗选〉的艺术特色》,《中国易学·纪念文集合编》,第338页。
  ② 俞元桂:《老树当风叶有声——记黄寿祺教授》,《易学宗师黄寿祺》,第162页。
  ③ 详见《易学宗师黄寿祺》,第171—185页。

渊懿闲雅可喜。晚年的文言文、白话文，能率意存真，故我挽他的诗，有'文守方姚到率真'之句。"① 此番评论，颇能见出黄老为文的率真特色。

（三）楚辞研究有特色，清诗选注开新河，应酬书法传美感

黄老在文艺创作与研究方面，还有一些成果与特色，不得不提。主要有几方面：一是楚辞研究。黄老在初任教师时，就开讲过楚辞。在日后的古典文学教学中，每逢讲到《离骚》时都很精彩，引人入胜，往往为学生所称道。在晚年招收先秦两汉方向的古典文学硕士研究生后，便与高足梅桐生合撰《楚辞全译》。该书注译了王逸《楚辞章句》的全部作品，还增补了贾谊《鹏鸟赋》和《吊屈原赋》两篇辞作。为了力求通俗准确，采用简体和直译的方式，体现了学术性和通俗性相结合的原则，对初学者接触和研读楚辞有很大的帮助。全书25万字，贵州人民出版社1984年出版，1991年重版，1992年获贵州人民出版社优秀图书奖。二是选注清诗。在二十世纪六十年代前后，他组织本系中国古典文学教研室的力量，与陈祥耀教授一起主编《清诗选》。该书1984年由人民文学出版社出版。对此，中国韵文学会会长钟振振先生认为，在清诗为数不多的当代选注本中，该书是出版较早，质量较高，影响也较大的一种。书中很多篇目此前从未有人注释或解说过，颇具原创价值②。三是书法创作。黄老自幼喜欢写字，经常临摹名帖，早在13岁时，"在纪念20周年校庆时举办的成绩展览会上，我的作文和书法都以全校第一名获奖"③。正如蔡起迪《深蕴易理，大道物象——黄寿祺教授书法浅议》所说："他无心成为书法家，但他的书法作品却给人一种深蕴易理，大道物象的艺术美感……他的书法作品已逐渐被人们所推崇。"④ 平日里，黄老经常把所作的诗

---

① 陈祥耀：《黄寿祺教授遗事纪略》，《易学宗师黄寿祺》，第31页。
② 钟振振：《〈清诗选〉吴伟业〈过吴江有感〉等七首注释辨正》，《中国韵文学刊》，2004年第4期。
③ 《黄寿祺自传》，载《易学宗师黄寿祺》，第196页。
④ 引见《中国易学·纪念文集合编》，第445页。

词、联对等用毛笔书写后，加盖图章，赠给亲友，不少作品被人们珍藏。他的书风清丽雅健，舒卷自如，善于变化，颇具功力，富有美感。

以上是对黄老毕生学术成就的简单总结，唯恐不够周全和恰当，还有望深知者批评指正。笔者作为黄老易学的再传弟子，可惜无缘以见师祖。自从1992年求学福建师大以来，黄老的精神便一直成为我治学与做人的榜样，催我奋进。特别值得一提的是，在此文完稿前的连续三个晚上，都梦晤黄老，奇哉！首梦最奇，先是一自称力大三千五百斤的勇士向我诉说，他与黄老PK，竟然惨败。我不信，便去问黄老。黄老说他乃区区文弱书生，实斗不过大力士，之所以PK得胜，乃在于以智取胜也。以智取胜，以文胜武，我在迷糊的梦中似乎明白了黄老的思想真谛！于是，梦醒后我完成了一副长达一月而琢磨不定的对联以追挽黄老：寿不比南山而学高行正名垂千古；祺未若东海而慈善德谦泽披万世。愿黄老学术不断弘扬光大！

（原载《福建师范大学学报（社会科学版）》，2012年第6期，第1—11页。另载纪念黄寿祺先生百年诞辰暨中国易学研讨会论文集《中国易学》第二辑，福建教育出版社2014年版，第125—143页）

论郭沫若易学研究的主要特色

郭沫若（1892—1978），在中国现代学术史上颇负盛名，对中国易学的研究也颇有成就，被认为是运用马克思主义唯物史观研究《周易》的第一人。郭沫若对《周易》的研究，主要体现在两篇长篇论文：一篇是作于1927年的《〈周易〉的时代背景与精神生产》，后改名为《〈周易〉时代的社会生活》（编入《郭沫若全集·历史编》第一卷，人民出版社1982年版，第32—89页）；另一篇是作于1935年的《〈周易〉之制作时代》（编入《郭沫若全集·历史编》第一卷，人民出版社1982年版，第377—404页）。尽管这两篇文章都出自郭氏，且创作时间相距仅有八年，但前后观点不一。因此，如何更客观准确地评价郭沫若的易学研究，也是一个值得注意的学术话题。

一、学术界对郭氏易学的评价

郭沫若的易学研究作品不多，但影响不小，因此学界也把他的易学研究看作一个流派，简称为郭氏易学。毋庸置疑，在中国易学史上，郭氏易学是很有特色的。尽管不是好评如潮，但也不是一无是处，总起来看学界的看法是褒贬不一的。

郭沫若在《中国古代社会研究》之"一九五四年新版引言"中评价自己的研究时说："这是'用科学的历史观点研究和解释历史'

的草创时期的东西,它在中国古代的社会机构和意识形态的分析和批判上虽然贡献了一些新的见解,但主要由于材料的时代性未能划分清楚,却轻率地提出了好些错误的结论。这些本质上的错误,二十几年来我在逐步地加以清算。"①

"郭先生这篇研究《周易》的论文,上篇的缺点是在他的方法不精密与幼稚,然而多少还有点可取;下篇却简直不像话了,其荒谬可说是无以复加。"②

"他是首先用马列主义的眼光来研究中国古代史的一个,他天才地一个一个地解开了那些古代的神秘的谜,为我们的理性开辟了一条通到古代人类社会的大道,不管它或许包含着一些缺点,甚至个别的错误,然而它的成果,毫无疑义地成为一切后来研究的出发点。"③

董作宾曾评价郭沫若的研究说:"不用说,大家都知道的,唯物史观派是郭沫若的《中国古代社会研究》领导起来的。……他把《诗》、《书》、《易》里面的纸上材料,把甲骨卜辞、周金文里面的地下材料,熔冶于一炉,制造出来一个唯物史观的中国古代文化体系。"④

"史学界的同志们,无论是否同意郭老的观点,无论是否有独到的创获,但没有例外,都是随着郭老开辟的道路,随着郭老首先在史学领域举起的马克思主义旗帜前进。"⑤

现代著名易学研究专家李镜池先生不仅跟郭沫若经常书信来往切磋易学,还专门撰文对郭沫若一生的易学观点,予以系统的质疑和反驳,证明其说是不能成立的⑥。

---

① 郭沫若:《郭沫若全集·历史编》第一卷,人民出版社,1982年,第3页。
② 李星可:《周易的时代背景与精神生产——评郭沫若所论并抒己见》,《中法大学月刊》,1935年第6卷第4期。
③ 李初梨:《我对郭沫若先生的认识》,《解放日报》,1941年11月18日。
④ 谢保成:《郭沫若学术思想评传》,北京图书馆出版社,1999年,第107页。
⑤ 白寿彝:《深切悼念开辟新史学的伟大旗手》,《光明日报》,1978年6月29日。
⑥ 李镜池:《论周易的著作年代——答郭沫若同志》,《华南师范学院学报(社会科学版)》,1982年第4期。

"对《易传》和孔子的关系,我同意范文澜同志《中国通史简编》和郭沫若同志1927年所写的《周易时代的社会生活》的看法(郭老1935年所写《〈周易〉之制作时代》的说法,我所不取)。"①

"其实,从易学研究的立场说,郭氏的这两篇论文,除第一篇还有一些'范式'的意义外,第二篇基本上就没有多少可取之处。"②

"郭沫若的《周易》研究以'新兴科学的观点'来审视《周易》,在古史辨(笔者按:原文误作'辩')派的基础上,深入到了古代的思想及制度,使传统的经学研究一变而为社会的、文化的和哲学的研究,他不仅开辟了《周易》研究的新领域,而且也成为用《周易》打开认识'古代真实'大门的第一人。这也正是郭沫若《周易》研究的价值所在。但同时郭沫若的《周易》研究也存在不足,如对材料的时代性未能划分清楚,得出了错误的结论;以传解经的错误;疏于考证,有臆测成分及趋时、片面的批评,这也是评价郭沫若的《周易》研究时不可回避的部分。""从总体上来看,郭沫若的《周易》研究的成就是巨大的……我们后来的研究都是沿着他开拓的道路前进的,这是我们总结20世纪的易学史时所必须承认的。"③

以上简要列举了一些学界对郭氏易学研究的看法与评价。不难发现,郭氏易学的成就与不足都比较明显,但其影响力显然是巨大的。就其巨大的影响力而言,笔者认为郭氏易学研究也是应该值得重视的,仍有深入研究的必要。

二、郭氏易学研究的主要特色

关于郭沫若研究《周易》的主要特色,已有不少学者论及。这

---

① 黄寿祺:《从〈易传〉看孔子的教育思想》,《齐鲁学刊》,1984年第4期。
② 杨庆中:《二十世纪中国易学史》,人民出版社,2000年,第120页。
③ 魏晓丽:《成就与不足——浅议郭沫若的〈周易〉研究》,《周易研究》,2002年第4期。

里,也简要谈谈笔者的一些看法。主要有以下四方面。

(一) 祛魅

祛魅,是郭氏易学研究的目的。在当代人看来,《周易》依然充满神奇的魅力。可想而知,在九十年前的旧中国社会,《周易》在人们看来是如何的神秘。《周易》的神秘,跟其文本内容渊深古奥和占卜功能奇特巧妙等是分不开的,当然还有许许多多的附加因素。也许正因为如此,郭沫若研究《周易》的目的就是试图祛魅,揭开真相。问题的关键是,如何才能有效地祛魅呢? 在他看来,"神秘作为神秘而盲目地赞仰或规避都是所以神秘其神秘。神秘最怕太阳,神秘最怕觌面"①。《易经》这座神秘的殿堂是由一些神秘的砖块——八卦——砌成的,而八卦又是由阴爻和阳爻两种符号组成的。那么,要祛魅就得从八卦和阴阳符号开始。在《〈周易〉时代的社会生活》中,他首先认为可以很鲜明地看出八卦的根柢是古代生殖器崇拜的孑遗,画一以象男根,分而为二以象女阴,再逐步演化出一系列与阴阳相关的观念;再进一步联系到数字,得出八卦所具有的二重秘密性:一是生殖器的秘密,二是数学的秘密。紧接着,他联系一些相关史料的阐说,论证传说中伏羲、神农、文王、周公等圣人与《周易》草创的关系是不可靠的。在《〈周易〉之制作时代》中,他又根据一些发现和心得,果断得出"八卦是既成文字的诱导物"的结论。由此试图推翻历史传说,而达到为《易经》乃至早期社会生活祛魅的目的。

我们知道,《易经》除了卦爻符号外,还有大量的卦爻辞文句。因此要为《易经》祛魅,就必须对这些片言只语、艰深古奥的卦辞爻辞作出合理的解释。对此,郭沫若的观点和研究方法是很明确的,他认为:"这些文句除强半是极抽象、极简单的观念文字之外,大抵是一些现实社会的生活。这些生活在当时一定是现存着的。所以如果把这些表示现实生活的文句分门别类地划分出它们的主从来,我们可以

---

① 郭沫若:《郭沫若全集·历史编》第一卷,人民出版社,1982年,第32页。

得到当时的一个社会生活的状况和一切精神生产的模型。让《易经》自己来讲《易经》，揭去后人所加上的一切神秘的衣裳，我们可以看出那是怎样的一个原始人在作裸体跳舞。"① 深入解读文本，根据文本内容来认识其真相，无疑是为之"祛魅"所必不可少的路径和方法。在以往的易学研究中，人们往往囿于"崇圣尊经"的樊篱，不敢跨越雷池半步，总是在不求甚解的文辞解释中摸爬滚打，以致经典文本的神秘性因素越来越浓厚！平心而论，郭沫若为《易经》祛魅的目的是正确的，方法也是颇为可取的。但是，问题就在于，《易经》的文本本身存在许多问题，它不是一堆凝固不变的活化石，无法被简单地作为标本进行客观科学的解剖和实验。《易经》的卦爻辞，作为语言文字的载体，不论是其形成的过程，还是其本身字句的阐释，都有许多悬而未决的谜题。在这些谜题大多难以破解的前提下，试图从中还原出某种真实的社会生活图景，难免要得出许多错误的结论。理解了这一点，我们也就不难理解郭氏易学研究会有种种的不足。当然，我们也能因此明白郭氏易学研究的价值和意义所在。祛魅是必须的，但应该脚踏实地，实事求是，注重事实依据。

（二）还原

还原，是郭氏易学研究的方法。在《〈周易〉时代的社会生活》中，郭氏主要的工作就是想还原历史，即借助《易经》的文本内容，通过分门别类，试图还原出一个《周易》时代的社会生活图景——生活的基础，如"渔猎""牧畜""商旅（交通）""耕种""工艺（器用）"；社会的结构，如家族关系、政治组织、行政事项、阶级等；精神的生产，如宗教、艺术、思想等。这项工作看似简单，其实极其繁杂，必然涉及训诂、典故等问题。郭氏的做法大致是，先确定一类主题，再从卦爻辞中找出与之相关的文句来，罗列在一起，然后再对其中的疑难问题加以分析说明。这样的工作多少有些粗糙，但无疑能

---

① 郭沫若：《郭沫若全集·历史编》第一卷，人民出版社，1982年，第38页。

够说明一些问题。但由于卦爻辞语句的解释难度很大，所以要以此达到历史真相的还原，仍然是相当困难的。除此之外，郭氏还专辟一章"《易传》中辩证的观念之展开"，深入探讨《易经》的思想在《易传》中是怎样展开的。首先，试图规定《易传》的时代性；其次是分节探讨《易传》的思想观念——"辩证的宇宙观"、"辩证观的转化"、"折衷主义的伦理"、"《大学》、《中庸》与《易传》的参证"。在这里，郭氏不仅仅是在分析总结《易传》的主要思想观念，而是想借此进一步论证《易传》的产生时代不是在春秋末期的孔子时代，而可能是在战国时代。在该文原创时，郭氏是认为"总之孔子是研究过《易经》的，他对易理当然发过些议论，我们在《易传》中可以看出不少的'子曰'云云的话，这便是证据。大约《易传》的产生至少是如象《论语》一样，是出于孔门弟子的笔录吧"①。这样的观点是令许多人信服的。然而，后来在修改和重版时，郭氏的加注完全与原来的观点相反——果断认为："这是错误。孔子并不曾读过《易经》……《易传》中的'子曰'的'子'，可能就是荀子。"② 这也是郭氏《〈周易〉之制作时代》一文得出的主要结论。

（三）创新

创新，是郭氏易学研究的价值。创新，对郭氏易学而言，在思维上应该是值得肯定的，而其创新所得出的结论到目前为止还看不出有什么价值。所以，我们对郭氏易学在创新意义上的价值评估，主要是注意到他在思维方式上对易学研究所起的推动作用。郭氏易学的创新，集中体现在《〈周易〉之制作时代》中，该文凡十二部分，论题依次是："序说""八卦是既成文字的诱导物""《周易》非文王所作""孔子与《易》并无关系""《易》之构成时代""《易》之作者当是馯臂子弓""《易传》之构成时代""《彖传》与荀子之比较""《系辞传》的思想系统""《文言传》与《彖传》之一致""《易传》多出自

---

① 郭沫若：《郭沫若全集·历史编》第一卷，人民出版社，1982年，第68页。
② 同上。

荀门""余论"。这些小题目，大多也是郭文所得出的最新结论，很能见出郭氏在很多问题上的别出心裁与自成一家之说。但是，学术研究上的创新始终离不开实证研究。我们发现，郭氏在这一点上把握得很不好。也许是"祛魅"过头，试图还原历史真相的学者也变得晕头转向，郭氏在没有充分理据而得出结论"八卦是既成文字的诱导物"，就因此否定以往有关卦画和《易》书来源的传说，并根据自己的判断对一些重大问题重新作出自己的解说。只顾创新，而对一些关键环节有所忽略，导致错误的结论一个接着一个。这样的研究，当然是失败的。但是，从学术研究的论证过程上看，我们只要与相关的易学研究成果相比，就可以发现郭氏在思维形式上还是力图创新的，并有许多创新的结论（即使大多是不令人信服的），可以说是因此构成了郭氏易学研究的一大特色。

（四）臆测

臆测，是郭氏易学研究的不足。臆测，就是缺乏实证，主要凭借个人的臆断来猜测，是治学不够严谨的体现。也许是时代的局限，也许是郭氏的个性使然，臆测使得郭氏这位天才式学者的学术成果，在获得强烈关注和巨大影响之后，其学术价值就大打折扣，甚至是让人觉得一文不值。相比较而言，在《〈周易〉时代的社会生活》中，郭氏的论证尽管不失轻狂，但学究气还是相当浓厚的，所得的结论也较为中肯公允；而在《〈周易〉之制作时代》文中，为能证明自己的若干新结论是正确的，郭氏经常以自己的臆测想法代替历史事实。例如，因臆测"八卦符号是于既成文字加以某种改变或省略而成的"，进而得出："由既成文字所诱导出的八卦，它们的构成时代也不能出于春秋以前。"[①] 这个结论是非常重要的，可以说就是该文立论的基础。可惜，该结论不是纯粹实证的结果，而是带有很大的臆测成分。郭氏似乎发现了大部分八卦卦名的汉字与卦符有某种联系，非但不进

---

① 郭沫若：《郭沫若全集·历史编》第一卷，人民出版社，1982年，第380页。

一步深思卦名是否在卦符的基础上形成的,反而想以此来推证卦符是根据卦名的汉字形体诱导出来的,并借此把八卦符号出现的时间论定在春秋时期以来,这种做法明显是违背时间逻辑和历史逻辑的,明显是一种主观臆测。如此臆测得出的结论,使得他开始信誓旦旦地想推翻《汉书》"人更三圣,世历三古"的说法,于是在一些似是而非的历史材料面前,他果断地采取"利己"的思路,尽可能为自己的错误结论作辩护,以致一错再错!在该文中,还有许多臆测的事例,限于篇幅,不再一一列举说明。总之,过于相信臆测的结论,并在此基础上考证历史,不但没能更好地还原真相,使《易经》得到祛魅的效果,反而使问题变得更加复杂。这无疑是郭氏易学研究的最大不足!

任何研究都不可能是完美的,即使存在不足也未必就是一无是处。本着这样的标准,重新看待郭氏易学,我们仍然应该切实看到郭氏易学在中国现代易学史上的地位和价值,也能很客观地看到郭氏易学的主要特色,尤其是他的不足之处更应该引起我们学术研究者的警惕和改正。

(原载《郭沫若学刊》,2013年第1期,第41—43页。初题《论郭沫若与中国易学研究》,原载《俄罗斯圣彼得堡大学第六届远东文学国际学术研讨会论文集》,2012年6月,第223—230页)

悟数理之易　尽变化之道
——易学研究方法略论

中国人研治《易经》至少两千多年了，在研究方法上累积不少的高招。尽管如此，本文的论题仍然是弥久常新的，因为以往的方法虽然还能借鉴运用，但并不完全适用。道理很简单，眼下的时代变化太快了！我们研究易学的方法，是否也应该有所变化？与此相关的问题，一直困扰着笔者对《周易》的学习与研究。本文是笔者从事易学研究中的一些思考与体会，希望能就正于各位学界同仁。

一、探讨易学研究方法之思

提起易学研究方法，我们可能会想到什么？最容易想到什么？是否也应该反思什么？探讨什么？总结什么？……相关的很多问题，都是值得思考的，但却缺乏答案。我想，有许多问题是需要不断思考的。

（一）熟视无睹之思

最容易让人熟视无睹的往往是问题的本身。因此，笔者首先要提出的是三个与论题对应的容易忽视的问题：什么是易学？什么是研究？什么是方法？可以肯定，大家对这三个基本问题的理解，多少都会存在分歧。分歧的存在，必然导致该问题的研究结果难以达成共识。因为，看似面对同一个问题，其实是不一样的。

什么是易学？一般都认为是研究《周易》经传的学说，是以《周易》思想为核心的学说。内涵是确定的，但外延却很难界定清楚。由于古往今来受到《周易》影响的学说很多，"易道广大，无所不包"，所以很难确定易学所包括的范围。尤其是易学与术数学关系密切，在社会上经常把两者等同了。为了避免无意义的争论，本文所探讨的易学主要限定在狭义范围，即指研究《周易》经传的学说。尽管这样的界定仍缺乏科学性，但在易学不具有学科主体性和规定性时，只能大致按约定俗成作如此相对准确的界定。如此作些界定，就可以使所探讨的问题更具有针对性，有利大家在共同的平台上对话。

什么是研究？"研究"这个词不难理解，但意思很难说清楚。简单地说，就是通过深入挖掘整理并反复推敲各种材料，得以把握其中规律，从而发挥更大功用。对理工科学者来说，研究意味着要有所发现、发明和创造，成果主要是依靠科学实验获得的；对人文学者而言，主要是有所感悟、发现和创新，经常是以文字作品作为成果的。对于易学研究，基本上属于人文学科的研究，要求在史实材料和理论方法上有所突破。一个非常特殊的情况是，许多人研究易学的目的，是为了发现并开启某种预测功能。所以，易学研究往往具有一定的神秘性。也因此，如何科学地研究易学成为一大难题。事实上，在神秘面纱真正揭开之前，很难界定什么样的研究才是科学的，甚至连各种研究成果的科学性都可能再受到质疑。

更值得思考的是：什么是方法？方法必须和其目的联系在一起，两者是不可分割的。那么，目的是什么？有没有自古及今都管用的方法？方法错误会导致什么后果？时代的改变，为什么方法也要随之改变？如果必须随时代改变的话，哪些是最需要改变的方法？……诸如此类的问题，都很值得研《易》者思考。有鉴于此，笔者认为：作为研《易》者，只有清楚自己研《易》的目的，才能不断找到合适有效的研究方法，才能从根本上解决研究过程中的方法论问题。

（二）老生常谈之思

最常碰到的问题，也是些老生常谈的问题，比如：学习和研究《周易》学说有什么正确方法吗？这对于任何一个前行者而言，多少都能谈一些，当然是对还是错就得另当别论了。对此，笔者想提一些比较尖锐的问题：前人或名家积累总结出来的方法，后人是否必须遵从？在研《易》方面，有没有超越传统的便捷方法？说到底，还是方法能否创新的问题。如果确实可以创新的话，是必须在传承中创新，还是同样容许彻底创新？笔者觉得易学研究方法与众不同的是，既可以靠老师言传身教，也可以靠个人自学实践感悟，但决不纯粹是一种知识性和技术性的方法传授，而是跟研究者自身心理的觉察和领悟能力密切相关，在表现形式上自然会因人而异，因地而异，因时而异。也许从表达形式看，我们会看到各种各样的方法，但其实是良莠不齐的，要求接受者作出明智的选择。而选择的正误，又该如何衡量呢？如果说实践是检验真理的唯一标准，那么我们的研究要通过什么样的实践才能得到验证呢？如果说修身、治国、预测、发明、创作、练武、养生、医疗等方面都可以进行易学实践的话，对一种方法正确性的验证是否要经过全面的实践？而一旦得到正确验证，在思想方法上易学与科学是否还有差距和差别？要是得不到或只得到部分验证的话，是否该质疑这些方法？质疑之后是选择抛弃还是扬弃，抑或仍然固守传统持续传扬？可见，即使是老生常谈，也无法消解一代又一代承传者的疑问。

（三）反复斟酌之思

从某种意义上说，研究是永无止境的。当研究达到一定程度或境界之后，如何获得最好的方法来接近目标和实现目的，就需要反复认真地思考。这类问题就是：自己以往的研究方法正确吗？是最好的吗？如何才能改进呢？这对于任何一个深入研究易学的人，只要不是狂妄自大和自以为是，都必须反复思考这些问题。由于历史上和生活中没有一个研《易》的绝对成功者，可以作为我们前行的目标或检讨的标准,所以很容易陷入迷茫。当然,如果仅仅是把历史上或现实中某个易学名家当作模范,刻意效仿,趋之若鹜,就不会太迷乱,但在方法上的调整可能就会有一定的倾向性,也就容易出现偏差,甚至明显走向片面和极端。此时的研究处境真是进退两难!古人云:"师父引进门,修行靠自身""吾爱吾师,吾更爱真理""尽信书,不如无书"。笔者认为最好的应对策略,就是不断地反思,不断地调整,切不可盲从,亦不可抛弃!

(四)不得其解之思

所有的思考,可能都会有答案,但都不可能得出正确的答案。学术研究,难在不知正解,也妙在没有正解。人类生老病死的大问题一成不变,求解的思考过程就注定布满艰辛;人类衣食住行的小问题千变万化,破解的思维方法就应该灵活善变。人类既追求幸福快乐,又追求长生不老,还有数不尽的遏不住的欲望追求,都寄托在漫长的"研究"中,都期待有特殊的"方法",把所有问题统统解决。这样的事可能实现吗?一直以来都不得其解。对于易学研究方法的思考,也是如此。尽管没有正确的答案,但是众多的答案放在一起,却仍有优劣之分。换句话说,证真不可能,证伪相对容易。因此,笔者觉得在寻求易学研究方法的同时,应尽可能收集历史上各种有价值的研究方法,细加甄别,多些尝试,不断摸索,力求印证。努力求解,或许就是方法论永恒的主题,也是激发研究兴趣不变的动力,充满着人类生生不息的全部意义。

二、探讨易学研究方法之要

自古及今,易学流传,持续不断,日益扩大。尤其是有汉以降,《易》奉为经,立于学官,学《易》和研《易》者不计其数。由此而观,历朝历代沿袭传承下来的易学研究方法自然也是很多的。可能有些已经失传,更多的是存在各种易学论著文本中,隐而不明。只要稍加整理,就可总结出许许多多有著作文本依据的研《易》方法。可以说,摆在我们面前的,不是没有方法可以借鉴,问题就出在各种方法繁多芜杂,让人无所适从。因此,如何探讨易学研究方法的要诀,就值得重视。根据师传古训①,并结合自己的一些感悟,不妨也发表一些浅见。

(一)熟能生巧

任何研究都要逐渐摸透研究对象涉及的范围和内容,尽可能地全面熟悉相关的材料。对于易学研究,至少要做到"三熟"②:熟读经传内容、熟练掌握义例、熟悉易学历史。易学从根本上说是《易经》的产物,始终是围绕《周易》经传的思想展开的,所以作为学说根源的经典文本内容——《周易》经传要熟读,能完整背诵是最好的。由卦象符号、文辞、传文组成的《周易》,自古以来就有一套较为严密的解释义例,有助读者理解《周易》的象征意义和深奥哲理。为了能在前人的基础上更好地理解《周易》,相关的解释义例也应该熟练掌握,烂熟于心。《周易》流传以来,传承者和研究者代不乏人,新人辈出,不断创新,构成一部宏大复杂的易学史,叙述着不同阶段易学思想发展的历程。为了能更好地继往开来和推陈出新,就必须深入史书古籍全面梳理和熟悉易学发展的脉络,分清主次,辨其源流,明其本末,识其枝干,搞清楚各个重要历史阶段的主要易学思想、流派、人物、著作、影响,等等。对一些重点研究的对象,相关的历史背景和文本内容还需要更深入细致的了解。此外,熟练运用古代汉语中的训诂、音韵、文字、版本、目录、考证、校勘、类书等方法,对易学古籍的

---

① 参见[宋]朱熹:《周易本义·周易序》,天津市古籍书店,1986年。《周易序》(文本与《河南程氏遗书·易序》相同,《河南程氏遗书》即《程氏易传》)中提出:"六十四卦、三百八十四爻,皆所以顺性命之理,尽变化之道也。"笔者草拟本文,缘于读《周易序》时而深有体会,故本文题目也基于此而拟定。

② 参见张善文:《周易入门》,学林书店(香港),1990年,第168—173页。"三熟"的方法,主要源自黄寿祺先生,经本师张善文先生申发,笔者在此又结合了自己的理解和体会。

研究尤为必要；熟悉了解《正统道藏》《中国丛书综录》《四库全书》《续修四库全书》以及历代著名藏书家、刻书家等保留至今的易学古籍资料，也是很有帮助的；对于二十世纪以来海内外易学界的新观点、新材料，尤其是陆续出土的几种简帛残本《周易》及其研究成果，也要全面了解。可以说，想从历史文献的角度研究好易学，此"三熟"是必要的，不可或缺。

（二）思可创新

任何研究都希望能取得创新的成果，而要有所创新离不开对重大问题的深入思考。对于易学研究，除了思考所研究的具体问题以外，还必须强调经常"三思"：思索宇宙秘密、思虑人类前途、思考人生意义。因为，易学从根本上是要思考和解决人类面临的生存问题，而人类的存在离不开地球与日月星辰在宇宙中的运行承载，离不开人与人在社会中的彼此联系，离不开每一个体在生活中的互相影响，所以我们只有不断思考与宇宙、人类、人生相关的重大问题，才能更加深刻地理解易学的思想意义。尤其是伴随着其他学科对宇宙、人类、人生的研究取得进展的同时，我们只有对此密切关注，同步思考，才能及时跟易学思想结合起来，去粗存精，解疑祛魅，从而积极推动学科的研究进程。可以说，想从经典文本或日常生活中获得有益的感悟，此"三思"是必要的，不可须臾离也。

（三）比才知道

任何研究都要对相关方面进行比较，才能发现问题，找出解决问题的最佳途径。任何事物都具有两面性，研究者只有通过仔细权衡比较，才能更全面地了解真相，才能真正知道事物发展的规律。同样，在易学研究中，学会运用比较的手段来鉴别材料、辨别是非、取舍优劣是很重要的。除了对具体研究材料的比较外，还应该凡事学会"三比"：比类阴阳悬殊、比较古今异同、比对内外差别。易学原理具体表现为阴阳学说，而阴爻阳爻两种符号的象征意义，只有理解比类的思维才能明白，所以应该经常培养敏感细密的比类思维，才能更细致入微地洞察阴与阳两种现象的变化规律。而在现实中，时间维度上的古今向度所体现的人事历史的差异性，空间维度上的地域广度所体现出的人事现象的差异性，往往容易被个人所处时代和地域的事相遮蔽或掩盖，所以必须打开视野，借助史料，通过实证，也可加以合理的推测和想象，让彼此得以充分的比较，从中获得有益的启示。只有学会比较，学会换位思考，在面对传统与现代、东方与西方、中学与西学、内心与外物等对立面产生冲突时，才能巧妙地化解，使之趋于平衡与和谐。必须要注意，比较的目的不仅仅是通过比较来区分是非、大小、高低、优劣、对错等矛盾对立面的差别，而是为了便于更全面知道事实的真相，得以除却在相对的主观的狭隘的视野中比较事物的偏颇心理。众所皆知，比较是需要参照物和标准的，否则不可能找到可比性。而参照物是相对的，标准也是主观的，那么比较出来的结论也肯定是不可靠的。因此，我们强调所作比较，不是为了比较出两者孰好孰坏的判断和结论，而是为了比较出事物之间的差异和特色，然后根据变化中的实际情况择善而从，各取所需，各为所用。一般来说，在比较中不宜提倡"非此即彼"的对立思维。只有在具体的功利性选择时，比较才沦为下结论的有利手段，而使其结论都具有主观倾向性。可以说，想在具体的易学研究中更好地发现问题和解决问题，此"三比"不啻为最直接有效的方法，但也不可滥用。

（四）明以安心

任何研究应该都是有直接目的的，否则就无须考虑方法问题，因为没有直接目的的研究一开始就变得没有任何意义。对于易学研究，应该尽可能地做到"三明"：明确研究目的、明晓学术意义、明辨易象数理。这无疑是相当困难的，因为考验的是人的心智和信念。诚然，对于人类的各种研究从根本上说，很难明确得出一个共同的目的。即使是个体，也很难想到一个持久不变的根本目的。何况个体自身条件，还都会不同程度地具有客观的天生的局限性。人类世界客观存在的无目的性或多目的性，成为研究者难以扫除的心理障碍，也因此让人不得不陷于迷茫胡乱、无可奈何的状态。为了应对目的障碍而导致的意乱心迷和无所适从，一开始就应该有相对明确的目的性，尽快使之朝向真理坚守的位置，并保持一定的稳定性，这样才能安心地选择和运用行之有效的研究方法，不断地为达到理想目的而竭尽所能。而要找定并明确自己的研究目的（最好是远大的理想的根本目的，不要在乎能否实现），先进一步或退一步来找到自己所处的位置，再从实际出发迈向锁定的目的地，有利于明晓学术存在和研究的各种意义，以便使研究的直接目的得以明确，并有足够信心保证其走向正确。此外，对于易学思想本身的认识能否明辨也是至关重要的，即如何才能透过《周易》的文、辞、象、卦、爻等现象明辨其中的数理联系，用以体悟宇宙、自然、人生的奥妙，尽知周天世界简易、变易、不易的道理，而达乐天知命、与时偕行、吉无不利的境界。就如同在光明的道路上可以放心行走一样，在研究过程中也要努力做一个"明人"，才能做到心安理得，淡定从容，量力而行，循序渐进，知难而上，迎刃而解，水到渠成，一蹴而就——即通过自己执着的不懈追求获得易学研究的心法，悟之践之，言之行之，传之变之，使易学的传承与思维的创新水乳交融，使研究的成果与心灵的参透完美结合。可以说，要想依靠易学研究实现更有意义的理想目标，此"三明"务必了然于心，并付诸生活实践。

三、探讨易学研究方法之误

俗话说"条条大路通罗马""法无定法"。尽管如此，并非随便运用任何一种方法，都能很好地进行易学研究。相对而言，方法本身也应该是有正误之分的。那么，哪些是错误的不当的易学研究方法呢？或者说有哪些不当方法引致的不良后果呢？这是一个相当复杂的方法论批判问题，很难根据一个标准来作判断，所以学界向来避而不谈或很少作为一个专题加以研究。为了使这个问题也能得到进一步的探讨，使初学者或出偏者有所受益，在此笔者斗胆提出一些个人的粗浅看法。根据多年的观察发现，易学研究中较常见的思想方法失误体现在以下八个方面。

(一) 乱：**不学无术，混为一谈**

有汉以来，学《易》者多，乱者不少，当今尤甚。凡乱者，多因学识浅薄，而不辨易史源流，不明主宾本末，不知学术有别，不得易学要旨，故弄玄虚，颠倒是非，以讹传讹，害人害己。最常见的是，把许多神秘怪异之事、预言预测之术，跟易学混为一谈，有意无意地搅和等同，让《易经》失去本来面目，让后学者误入歧途。以下流邪术掩盖真相，非乱何为？

(二) 妄：**凭空猜测，企图解密**

古之易家，注重师承，治学严谨，妄者不多；今之易家，思想开放，急于求成，妄者不少。凡妄者，多因学识杂乱，而不顾历史传统，不重文本依据，不讲实事求是，不求精益求精，凭空杜撰，自以为是，过度怀疑，弄巧成拙。最常见的是，对于易学史上的许多无论如何也不可能揭开的谜题，企图根据一些最新发现或偶然发现，得出自以为是可定性的研究结论，以为自己破解了千古之谜。固然，对于已成权威的结论进行怀疑和久迷未解的难题展开探讨，应该是无可厚非的，也都是研究的主要问题。问题是，类似的研究尽管能够提供新的材料或改变思维方式或引出新的问题、观点等，但却是不可能得出正确答案的，自然也就无法作出定论。因为，事实本身早已隐而不宣，无法还原，只能失事求似，以史替真。对此尚且无知或明知故犯，岂非妄者？

(三) 假：**断章取义，曲解经传**

圣人作《易》，先经后传，辞虽古奥，文蕴淳真，其义不二。后人解《易》，曲解经传，望文生义，随语生解，其解不一。古本《易经》，辗转流传，难免错漏，虽真亦假；新本《易经》，转译而传，差强文意，以假乱真。凡假者，非乱即妄，多因急功近利，而不晓历史真相，不尊前辈时贤，不管版本音韵，不怕自相矛盾，目空一切，弄虚作假，标新立异，自称一家。最常见的是，运用错误的解释学方法解读，既不依传解经，又不得解读窍门，只好杂糅各种说解择一而从，或是仅凭臆解企图创新。殊不知，经传文辞都有本义正义，不容随便曲解！若非自古传递相承之说，难以尽窥其本真原义。口耳相传，古义流失，致使孔子以来的解《易》潮流，日益高涨，蔚为大观，实在是不得已而为之。既然本义唯一，而万千说解，迥异不一，则倘有真传，余皆成假。既难为真，何苦作假？

（四）狂：抛弃传统，消解历史

世易时移，其人其事，虽变不易，自有历史。自古及今，繁衍生息，由今知古，相推相承。凡狂者，乱之甚而妄之极也，多因乖张偏激，而不懂人情世故，不明时空变换，不顺历史规律，不能自我控制，目中无人，任性使气，全盘抛弃，自说自话。最常见的是，完全否定历代易家的成就，打倒一切，或是置若罔闻，另起炉灶，自以为是古今唯一洞彻天机者，敢于重新对所有易学史上悬而未决的问题下结论。此类多因受异学邪说影响所致。心有所属，怎能不狂？

（五）迷：盲人摸象，固执己见

真相消隐，不可得知；真相遮蔽，不可全知。窥斑见豹，并非真见；盲人摸象，亦非真知。当局者迷，旁观者清。凡迷者有二，一是有自知之明，虽陷于迷局，仍不断在寻找出路；二是虽已沉迷，尚浑然不知，以致一错再错。凡无知之迷者，只知其一不知其二，只知其然而不知其所以然也，多因时空局限，能力有限，而不能总揽全局，不肯多维思考，不知来龙去脉，不审彼此得失，孤陋寡闻，只信所见，注重体验，缺乏思辨，执迷不悟。最常见的是，局限在自己的学识里，停留在事物的表象上，或厚古薄今，或崇洋媚外，思想保守，思维定式，呆滞偏执，迂腐浅陋，认识片面，看法极端，缺乏变革的勇气和创新的精神。真不知历朝历代，易家虽多，不迷者几何？

(六)痴：东拉西扯，胡说八道

知者不言，言者不知。而况胡言以为知，无知而为言？凡痴者，迷乱之至也，多因兴趣过度，而不惧禁区误区，不拘学术规范，不畏世俗非难，不论是非得失，痴心妄想，似是而非，胡言乱语，滥竽充数。最常见的是，完全打破学科知识的界限，随意把易学跟其它学说混为一谈，不讲学理逻辑，不求学以致用，宛如痴人说梦，让人如坠雾里。研学至痴，偏差之至也！

(七)偏：厚古薄今，有中无外

偏者不正，偏者必失。动机不纯，心术不正，自私自利，最易出偏。凡偏者，不中之谓也，多因主观成见，倾向明显，而不愿面对真实，不容对方存在，不思彼此联系，不向和谐发展，不是睁着眼睛说瞎话，就是鼠目寸光没远见，死心眼，老学究，迷途不知返，得理不饶人，思前不顾后。最常见的是，以为事物界限泾渭分明，非此即彼，不可逾越，不能灵活运用变化的发展的观点来看待事物的变化，停滞在易学故纸堆中而不能自拔，或过于激进和超前对现状传统而不能容忍。为学之偏，矫枉过正也！

(八)空：漫无目的，游戏人生

空者虚妄，虚者不实。游离目标，注定落空。黔驴技穷，徒劳无功。凡空者，目标虚无缥缈也，多因研究目的不明确，而不信终极意义，不求根本目的，不守观点立场，不能有所成就，随波逐流，浅尝辄止，朝三暮四，空疏浅陋。最常见的是，看似认真作研究，却是用心不够，一味排遣文辞，热衷语言游戏，漫不经心，学无所成，欺名盗世，自欺欺人，老来如梦一场空。缘木求鱼，虽实亦空，真犹如竹篮子打水一般！

其实，很多不当方法的症状似是而非，并非完全如同以上可以分开而论，因此很难察觉，也很难消除。让人无可奈何的是，这些不当方法引致的不良后果，大多还是熔铸在易学的园地里，如化石般存在，可作经验教训，也会误导后学；既是珍贵的材料，也是可怕的绊脚石！当然，从某种意义上也使易学园地日益变得丰富而生动，惊险而有趣。这也是我们在借鉴以往研究方法的同时，必须充分意识到的。

四、探讨易学研究方法之最

如果再从另外一个角度思考，我们不难发现有一系列问题最难回答，却又最常被问及。人类思维的惯性，导致了"最"问题的出现，在需要回答的前提下，我们理所当然要作一些具有针对性和可行性的探讨。以下先试着简答几个"最"问题。

（一）最重要的方法：思考研究的目的

对目的的思考，涉及许多重大问题，包括信仰、前途、兴趣、功用等。思考得越成熟，目的就越明确，动力也就越强劲。而一旦目的确定了，就容易借鉴一些有效的方法，并逐渐摸索和发现一些独特的方法。在前行中，也才不会过于迷乱和懈怠。

（二）最主要的方法：考辨易史的源流

易学本身博大精深，又持续流传数千年，文化积淀极其深厚，表象呈现纷繁复杂。对于后来的研究者，要获得研究的问题和方法以及结论的证据，都要回到漫长的历史材料中。所以，只要能走进历史，把学说形成发展的源流搞清楚，自然有所发现，研究也就逐渐深入。

（三）最轻松的方法：精研经典的易著

易学的思想源于《易经》《易传》，而经典文本还保留至今。因此，我们可以直接回到甚至是超越孔子时代，直接与经典文本对话。当然，要是经典无法读懂，最好还是先精研几部历代最有代表性的著作，如孔颖达《周易正义》、李鼎祚《周易集解》、朱熹《周易本义》等，适当参考《左传》《国语》中所记载的古筮例，以及元、明、清以来各家的经说。

（四）最费力的方法：读遍古今的易著

治学之难，在于必须面对汗牛充栋的书籍材料。轻松的捷径是选择性地阅读，但结果肯定是挂一漏万，即使深入也不全面，难免有所疏漏；而要全面收集易学古籍资料，并广泛普遍阅读，不仅受到人力物力限制，而且不容易贯彻到底，可谓是最笨最费力的方法。但是，从做学问的角度讲，读书破万卷仍然是很必要的。所以，治学者如果条件允许，也应尽力博览群书。

（五）最难懂的方法：悟透文辞和符号

方法并不纯粹是知识性和技术性的，也并非老师言传身教即可掌握。易学本身古奥神秘，更使其研究方法若隐若现，非常人可轻易掌握。一般涉及历史知识和占筮技巧方面的，与其它学说的研究大同小异，只要按照要求完成阅读或操作即可。但《周易》古奥文辞蕴涵意象数理，卦爻符号源于独特思维，如果根器迟钝，就无法理解，甚至是误解。可以说是"只可意会，不可言传"的，是最难懂的。"听君一席话，胜读十年书"，若能得高人指点，也能茅塞顿开！

（六）最难学的方法：把握易学的方向

从历史时间的向度上看，任何学说都在朝着未来的某方向发展。这个方向可能具有终极意义，也可能是固有的朝向和归趋。由于时空的界限，未来的方向隐显莫测，没有人可以完全做到胸有成竹、了如指掌地预知正确的方向。所以，只能凭借各自的易学素养和心智能力，努力寻找自己感觉是正确的方向。无师可教，无书可读，全靠自学，又要做到不迷失，故为最难。

五、探讨易学研究方法之秘

秘者，秘诀，就是秘而不宣的方法，一般被认为是简便高明的绝招。由这个词，可以让我们联想到一个博大精深而又神秘莫测的古代中国。当然，也会因此让人提出这样的问题：古今易学流派众多，且各有师法家法，在传承中有关于研究方法的秘诀吗？如果没有的话，各家各派如何传教后学而保证易学真义精髓不失？如果有的话，各种可能存在过的秘诀主旨会是什么呢？类似的问题，可巨可细，可以只局限在大的学派流派之秘，若细化到历代易家之秘也可以。但不管怎样，问题是明摆着，要作出正确回答却委实不能。所以，为了有利于难题的深入探讨，只好勉为其难，简单作一些尝试性的理解。

（一）象数易学研究之秘

象因数显，数由天定。易学起于象数，深刻揭示卦爻符号与数理的对应联系。历代象数研究，主要致力于解释宏观和微观上更隐秘的联系，用以解释卦爻辞蕴涵的数理，以及把握事物发展的规律。今天的数码技术，才让人得以理解象与数的关系。数即象，由此似可窥其秘！

（二）义理易学研究之秘

从道推理，理衍生义。事物的发展规律，与道相合，蕴为数，推为理，表为辞，解为义，是一环紧扣一环的。义理学家深信于此。故常反其道而求之，欲寻求天理而治人心，而探求《易》之本义真义以为佐证。注重考证的追问，接近哲学家的理论思考。其秘也许在于求真务实！

（三）图书易学研究之秘

图解卦象，书蕴数理。图起陈抟，而逐渐泛滥，真假难辨。综观古今易图，只不过是更形象地说明义理而已。当然，图形与符号一样，更能完整表达意思，但却缺乏规定性而不明确，容易招致误解。宋代以前，图书不见于世，可能是秘而不宣。其实，其秘也许就在图与文的区别吧！就像时间，可以用手表、时钟、日历、数字、文字等不同形式来表示一样。

（四）儒家易学研究之秘

求证数理，安排人事。象数、义理、图书等流派，大部分都可归在儒家易学中。总体上看，更重视国计民生和人事变化，接近今天的管理学与政治经济学。其秘可能不在于穷究学理，而是主张"天人合一"，"奉天承运"，"循天理"，按《易经》揭示的规律办事！

（五）道家易学研究之秘

援道解易，学易养生。援引道家思想解释《周易》，始于王弼，可归属义理学派，重在领悟玄理，更接近西方哲学。而学习《易经》的道理，并用于养生修炼，是道家易学者的目的，一切学理尽在魏伯阳《周易参同契》。其秘可能在于把握阴阳变化之道，用于人体心肾气血调养。

（六）佛家易学研究之秘

万法唯心，心易相通。明代高僧智旭《周易禅解》是其代表作，试图证明佛易是相通的。主要是运用理学和心学的思想，通过《易传》理解《易经》，借助"万法唯心"的理念，让佛法与《易》之辞义、思维找到契合点。其秘也许就是敢于逾越人为观念的鸿沟，努力寻找文化思想的共同点，促使儒道佛"三教合一"从理论到现实都成为可能。

以上择要而论，点到为止，聊表心得，有乞识者鉴之。此外，还有许多易学研究流派和人物，可能都有一些"秘"法，限于学力，实在是难以尽窥。

六、探讨易学研究方法之变

关于如何改进研究方法的问题，往往是因人、因时、因地而异，不可一概相提并论。在此，主要是从宏观上提出一些相关的问题以供思考。

（一）为何而变？

改变方法是有原因的，不可能无缘无故。那么，为何人而变？人不同人。为何事而变?事非故事。为何法而变?法无定法。简单地说,一切都是变化的。明于此,则无不知变化之道也。

(二)如何而变?

思变也许容易些,但怎么改变就难了。这就会涉及几个问题:若不变如何?如果研究方法不改变,会怎么样?若善变几何?如果善于改变,又能变出几种来?若乱变奈何?如果方法乱变,又能怎么样呢?这些想法,往往是自我调整方法的重大阻力,若不果断对治,就会影响进步。

(三)应何而变?

面对改变,其实应该顺其自然,实事求是。既要懂得以不变应万变,相信真金不怕火炼;又要因所变而改变,深知真实不容掩盖;也要发现万变不离其宗,理解真谛不会远逝。不管如何千变万化,只有紧紧守住正道,才能把握好易学研究的方向。

谈到最后,突然惊奇地发现:以变化为思想核心的易学,本身就是一部研究一切的方法论。尽管如此,关于易学研究方法论,笔者认为还是需要再作更具体深入的探讨,分门别类,建构理论,充实例证,有的放矢,才能对后学者起到引导作用,也可使不同研究者有交流和借鉴的机会。本文仅对一些个人经常思考的问题发表意见,尽管思虑欠周,空疏简陋,也希望能起到抛砖引玉的作用。

(原载《第四届海峡两岸青年易学论文发表会论文集》,山东大学易学与中国古代哲学研究中心主办,2008年9月。后删个别句段和最后两节,改题为《易学研究方法漫议》,原载《周易研究》,2013年第1期,第90—95页)

关于孔子与《周易》学说的若干思考

孔子与《周易》学说的关系主要涉及三个密切相关的问题：孔子与《易经》、孔子与《易传》、孔子与易学。关于孔子与《周易》的关系问题，可谓是近千年来聚讼不已的话题，近百年来更有许多新的发现和论战，以至近年来仍有不少学者高度关注。实事求是地说，这个问题是早期中国易学研究过程中最重要的问题，也是最值得关注和重视的问题。尤其对于易学研究者而言，深入了解和积极探研这个问题的来龙去脉，对于正确认识和把握中国易学思想文化的本质与根源都是至关重要的。在此前众多学者的研究成果中，不乏学者在论著中总结该问题研究从古代到近现代（主要是20世纪80年代以前）的历史过程，其中尤以廖名春先生于2004年在《河北学刊》第2期发表的《钱穆孔子与〈周易〉关系的考辨》一文的论述颇为翔实清晰，所得出的结论也较为公允平实——认为"从马王堆帛书和郭店楚简的记载来看，否定孔子与《周易》经、传有关，显然是不能成立的"，可以说是从总体上为这一老生常谈的话题画上比较令人信服的句号。当然，这也不等于说这个问题已再无开展研究的必要性和紧迫性。从近几年来的易学研究成果上看，这个问题仍然备受关注。尤其令人欣慰的是，笔者还刚从山东大学易学与中国古代哲学研究中心网站"学术动态"上获悉："国际中国哲学会第十七次大会于2011年7月4日至8日在法国巴黎高等社会科学院（EHESS）举行，由法国高等社会科学院与国际中国哲学会（ISCP）共同举办。山东大学易学与中国古代哲学研究中心的刘大钧教授与张文智副教授应邀参加了此次大会。

刘大钧教授向大会提交的论文题目是《孔子与〈周易〉及易占》。结合出土材料，刘大钧教授就孔子与《周易》及占筮的关系进行了系统梳理，厘清了易学史上众说纷纭的孔子与《周易》的关系问题，受到与会学者的关注。"尽管笔者还未能拜读到刘大钧教授的《孔子与〈周易〉及易占》一文，但从新闻稿内容上无疑可知，该问题的研究又取得了重大进展，或许可以再画上一个更圆满的句号。在得知这一消息前，笔者恰巧正在思考该问题（以前在教学中也对该问题有所思考），拟撰文参加本届"早期易学的形成与嬗变国际学术研讨会"。正是如此机缘巧合，又有感于斯，故笔者不揣简陋，拟把自己的一些粗浅想法表述出来，以就正于大方之家，但愿亦能有所助益于该问题的研究。

一、回顾该问题研究的历史进展与基本情况

回顾历史，这一学术问题的研究历史大致可分成四个阶段：（一）汉唐时期关于"孔子晚而读《易》""孔子作《易传》""孔子为儒家学派易学祖师"等说法，基本上已形成共识。（二）北宋欧阳修《易童子问》开始提出怀疑，历经宋元时代的赵汝谈、叶梦得、王申子，到清代的崔述、姚际恒、崔适、康有为等学者，陆续抛出"《易传》部分是孔子作""《易传》非孔子作"等观点。（三）民国时期以来，从日本汉学家内藤虎次郎的《易疑》、本田成之的《作易年代考》，到国内著名学者顾颉刚、钱穆、钱玄同、冯友兰、郭沫若、李镜池、高亨等人的推波助澜，不仅深化了"《易传》非孔子作"的说法，而且还试图论证"孔子与《周易》无关"。其中，最为突出的就是钱穆先生的主张终生不改。其间，主张"孔子作《易传》"或"孔子与《周易》关系密切"之类说法的也不乏其人，如金景芳、范文澜等人。（四）1973 年湖南长沙马王堆汉墓出土帛书《周易》以来，

不少学者纷纷撰文重新考论该问题；尤其是 1992 年湖北荆门郭店楚简出土以后，对该问题的研究又进一步得到深化，大量的研究成果意在克服以往疑古过勇的弊端，重新认识"孔子作《易传》"的传统说法，并作出较为客观的说明。其间，也有学者（可以海外学者陈鼓应先生为代表）重新认定《易传》为道家系统著作，但立刻遭到学术界持续不断的强烈反对。从整个过程来看，一个有点带规律性的现象是：持"孔子作《易传》"论者，大多是易学研究领域的专家学者；而持"《易传》非孔子作"论者，大多是中国学术研究领域的学者，在易学研究方面成果不多或不够深入。本小节的综述，主要集中在阶段（四），相当于当代学者对该问题的研究情况。综而观之，当代学者主要围绕两个问题展开讨论：一是今本七种十篇之《易传》各篇的定本时间；一是今本《易传》的学派归属问题。相关的研究结论可谓纷繁复杂，难以尽赅，兹择要引述，或许能窥斑见豹，粗略反映该问题研究的进展情况。

第一，根据笔者查阅和掌握的材料，关于今本《易传》定本的时间问题研究，1978 年李镜池《周易探源》已着重探讨了该问题，并且认为《易传》诸篇都是秦以后的作品①。在此前后，都有不少代表性的看法。郭沫若《〈周易〉之制作时代》只相信《说卦》以下三篇应是秦以前的作品②。黄寿祺《从〈易传〉看孔子的教育思想》指出："我个人的看法，认为《易传》十篇全是孔子写的固然不可信，但认为《易传》十篇与孔子全无关系也是不对的。……我对于《易传》的时代，同意张立文同志'上自春秋，下至战国中叶，作者非一人'的看法（见《周易思想研究》第 206—207 页）。对《易传》和孔子的关系，我同意范文澜同志《中国通史简编》和郭沫若同志 1927 年所写的《周易时代的社会生活》的看法（郭老 1935 年所写《〈周易〉之制作时代》的说法，我所不取）。……我是非常同意范老'孔

---

① 李镜池：《周易探源》，中华书局，1978 年。
② 郭沫若：《中国古代社会研究（外二种）》，河北教育出版社，2004 年。

子讲说的纪录'和郭老'至少如像《论语》一样是出于孔门弟子的笔录'的说法的。特别是《系辞》《文言》中所引'子曰'的言论，更无疑是孔子弟子及其后学所记录的孔子言论，可以与《论语》之文同等看待，是可以肯定和孔子有关系的。"① 张岱年《论〈易大传〉的著作年代与哲学思想》一文认为"《易大传》的年代应在老子之后，庄子以前"。刘大钧《周易概论》基本同意张岱年的看法，以为《易大传》的基本部分是战国初期至战国中期写成的，且对诸篇先后有一些新的认识：《系辞》成篇于老子之后；《象》《说卦》《文言》《系辞》要早于庄子；《文言》肯定早于《系辞》，《象》早于《文言》；大《象》早于《象》；《说卦》肯定早于《系辞》，也应早于大《象》和《象》；《说卦》、大《象》及《象》的成篇，虽稍早于《系辞》，但一般不会早于战国的初期；《序卦》或许是秦时的作品，甚至成篇于西汉；《杂卦》尚不敢考定。② 刘大钧先生在此后十几年结合出土简帛易学文献加以研究之后，又有新的发现："我曾撰文认为，《系辞》《象》《象》《文言》等《易传》内容可能起源较古，但今本诸篇的文字应基本修正完备于汉武帝立五经博士时或稍后。起码今本《系辞》的完备定形，应在这个时间段内。"③

台湾学者屈万里认为《彖传》《象传》在《易传》中成书较早，属于战国时代作品，《系辞》《文言》《说卦》《序卦》和《杂卦》则属战国后期至汉初之作④。大陆学者高亨持类似见解："关于《易传》之作者与时代问题，我以为有两点可以论定：（一）《易传》七种，大都作于战国时代。（二）《易传》七种不出于一人之

---

① 黄寿祺：《从〈易传〉看孔子的教育思想（节选）》，载《齐鲁学刊》，1984年第6期。按：台湾学者徐复观《阴阳五行及其有关文献的研究》一文也认为，《易传》中所引的"子曰"，可信其是出于孔子。（详见徐复观：《中国人性论史》（先秦篇），上海三联书店，2001年。

② 刘大钧：《周易概论》，齐鲁书社，1986年，第13—27页。

③ 刘大钧：《20世纪易学的回顾与省思——兼论出土易学文献研究的重要意义》，载《第六届海峡两岸周易学术研讨会论文集》，2009年11月。

④ 屈万里：《先秦文史资料考辨》，台北联经出版社，1983年，第314页。

手。……《彖传》当是最早之一篇。……《系辞》亦当作于战国时代。《说卦》《序卦》《杂卦》三篇，疑亦作于战国时代，但未得确证。"① 朱伯崑也认为："总之，就对筮法体例的解释说，就范畴、概念、命题发展的历史看，《系辞》的上限当在《彖》文和《庄子·大宗师》之后，乃战国后期陆续形成的著述，其下限可断于战国末年。"②

正如吴怀祺先生在《〈周易〉研究八十年》中总结近八十年来学者们在此问题上的研究说："《易传》写成时间，各家说法更多，《十翼》中各部分写作先后的顺序及写作年代，同样众说纷纭，一般说，《易传》的基本部分是战国时期的作品。"③

近十多年来，仍有不少学者致力于该问题的考辨，并有一些新的看法。如李学勤《〈易传〉与子思子》认为"《易传》的形成确经历了一个相当漫长而且复杂的过程……应该说《易传》的基本内容和结构在子思的时代已经有了"④。廖名春据马王堆帛书《缪和》《二三子》引《谦·彖》，认为"《彖传》的形成至少当在战国末期以前"⑤。台湾学者何泽恒认为："总之今本《系辞》之定名与编缀为今本的形式，疑即在司马迁之后以迄宣帝期间，得名之由，正因附会于史公《世家》之文。"⑥ 金春峰认为"《大象》强调观象'恐惧修省'，这正好是《大象》早出，成于《左》《国》或春秋晚期孔子

---

① 高亨：《周易大传今注》，齐鲁书社，1979 年，第 5—7 页。
② 朱伯崑：《易学哲学史（修订本）》第一卷，台北蓝灯出版社，1991 年，第 59 页。
③ 吴怀祺：《〈周易〉研究八十年——从〈周易研究论文集〉第一辑谈起》，载《周易研究》，1989 年第 2 期。
④ 李学勤：《〈周易〉溯源》，巴蜀书社，2006 年，第 105 页。
⑤ 廖名春：《〈周易〉经传与易学史新论》，齐鲁书社，2001 年，第 278 页。
⑥ 何泽恒：《孔子与〈易传〉相关问题覆议》，载《周易研究》，2001 年第 1 期。按：事实上，《史记》中已有多处直引或化用《系辞》《文言》《彖传》中的语句（详见吴章燕：《〈史记〉引〈易〉说》，载《湖南科技学院学报》，2010 年第 11 期）、"在《新语》中，陆贾将《系辞》的一些文字驾轻就熟天衣无缝地穿插于行文中。这表明其为易学深矣。由之可知在汉以前《系辞》文字已广为流传。"（引见项永琴：《陆贾〈新语〉与易学》，载《周易研究》，2003 年第 4 期。）

时代的证据,因而早于《彖传》"①。高新民认为"《说卦》之成约于《周易古经》六十四卦同时,其作者应为西周至春秋之筮官"②、"《周易·象传》作者为曾子"③。又认为"《周易》之《象传》与《小象传》可能为同一作者所作,而《象传》《小象》则与《中庸》具有相似处,《中庸》之作者乃为子思,因而,《象传》与《小象》之作者亦当为子思"④。郑万耕指出"荀子见过《序卦》文""《序卦》的某些文义取自《说卦》,《序卦》的著作年代可能晚于《说卦》"⑤。

最新的研究成果,又有几种新的结论:(1)"颜氏之儒是颜回及其弟子所形成的学术群体。颜氏之儒作为传道之儒,继承和拓展了孔子天道性命的形上智慧,以自强不息、奋进不已作为人生信条,追求用行舍藏、乐天知命的人生境界,向往没有战争,没有纷争的大同社会。从颜氏之儒特征来看,它与《系辞》《大象》《象传》《文言》有着内在的联系,《系辞》《彖》《象》《文言》《序卦》有可能是颜氏之儒的作品。"⑥(2)"《彖传》的成书年代聚讼纷纭,目前大致有战国前期说、战国中期说和战国中后期说三种观点。新公布的上博藏楚简《凡物流行》有引自《彖传》《老子》《大学》《中庸》等的文字,我们认为,《彖传》当成书于《凡物流行》之前。即公元前3世纪以前,处于战国中期偏早。《彖传》很可能由活跃在楚地的子思后学整理成书。"⑦ (3) "《易传》除

---

① 金春峰:《恐惧修省与观象进德——〈周易·大象〉成书时代与思想特色》,载《周易研究》,2002年第3期。
② 高新民:《〈周易·说卦〉简论》,载《甘肃高师学报》,2004年第4期。
③ 高新民:《〈周易·象传〉与曾子》,载《青海师专学报(教育科学)》,2004年第6期。
④ 高新民:《〈周易·彖传〉与子思》,载《青海师专学报(教育科学)》,2008年第1期。
⑤ 郑万耕:《〈序卦〉晚于〈说卦〉的一个例证》,载《中国哲学史》,2006年第4期。
⑥ 颜炳罡、陈代波:《从颜氏之儒的思想特质看其与易学的关系》,载《周易研究》,2004年第3期。
⑦ 秦桦林:《从楚简〈凡物流形〉看〈彖传〉的成书年代》,载《周易研究》,2009年第5期。

《杂卦》而外,均成书于孟子、荀子之后,司马迁之前,其成书的先后顺序应该是:《系辞》《文言》《彖传》《象传》《序卦》《说卦》《杂卦》。作者除《说卦》为汉初方士儒,《杂卦》为汉武帝以后的汉儒所作外,其他基本上是战国末至秦、汉初的子夏后学所作。《易传》的出现体现了百家争鸣以来,儒家'以神道设教'构建儒家化形上学的努力。"①

第二,关于《易传》学派归属的问题研究。金景芳先生始终认为《周易》经传思想是内在联系的,密不可分的。他在1939年写作《易通》时即有《周易与孔子》一章,认为《易传》即便不是孔子手编,也是孔子门人所辑,视为孔子所作未为不可。1984年所作《关于〈周易〉的作者问题》分析了《易传》内容构成的四种情况:一部分是孔子以前就有的旧说,被孔子接受下来。一部分是后世好事者窜入,与孔子无关。还有一部分是孔门弟子在平日对孔子讲述所作之记录,应属孔子思想。除此三种情况,其余部分是大量的,当为孔子所作。1995年他又写了《周易的两个问题》一文,对有关《易传》非孔子所作的一系列说法系统地做了认真的分析辨正②。苏渊雷先生认为《易传》"设非孔子所自作,至少亦系弟子所录,当与《论语》等视,此皆孔子思想之所寄也"③。任继愈先生认为"旧说《系辞》是孔子所作,现在从阶级观点、时代特征来看,这个说法是有些根据的"④。刘大钧先生在清儒崔述的启发下,又根据侯外庐、郭沫若等人的研究成果进一步加以考论,认为"《易大传》之《彖》《象》《文言》为思孟学派所整理、润色,《系辞》中亦有思孟学的内容,当是比较清楚的事实"⑤。随着出土简帛文献研究的深入,更多学者倾向于"孔子作《易传》"的说法,如匡亚明《孔子评传》、李学勤《周易

---

① 刘延刚、潘昱洲、刘昌明:《〈易传〉的成书年代与作者新说》,《四川大学学报(哲学社会科学版)》,2011年第1期。
② 梁韦弦、康学伟:《金景芳的易学》,载《松辽学刊(人文社会科学版)》,2001年第1期。
③ 苏渊雷:《易通》,黄中出版社,1941年,第5页。
④ 任继愈:《周易和它的哲学思想》,载《光明日报》,1961年3月13日。
⑤ 刘大钧:《周易概论》,齐鲁书社,1986年,第27—37页。

经传溯源》、郭沂《郭店楚简与先秦学术思想》等论著,主要论文有:郭沂《孔子学易考论》,载《孔子研究》,1997年第2期;李衡眉《孔子作〈易传〉之明证、补证与新证》,载《孔子研究》,1999年第4期;梁涛《孔子学〈易〉考》,《中华文化论坛》,2000年第4期;程石泉《孔子与〈易经〉——马王堆帛书〈易〉之经传中新发现》,载《孔子研究》,2002年第5期,等等。

近十年来的研究者,也大多从不同角度得出结论,充分肯定孔子与《易传》的关系。如陶磊指出:"孔子老而好易,思想也随之发生了一些变化。子思受孔子晚年之教,他的思想中也有受易学影响的痕迹。郭店楚墓竹简中的儒家著作,学界一般认为是子思学派的著作,这批竹简中也有深受易学影响的痕迹。从这些事实来看,《史记》所载孔子与《易》关系的事迹是可信的。"① 程放认为"《周易》初为卜筮之书,但经过孔子'赞易',作'十翼'之后,《周易》不仅具有卜筮功能,而且成为明天道,尽人事,天人合一之奇书"②。蒙培元认为:"孔子是从《易经》到《易传》演进过程中关键性的人物,正是通过孔子对《易经》的'解读',才有《易传》的丰富而多彩的各种学说出现。"③ 张庆利指出:"我们有理由认为,《易传》的主体为孔子所作。而在阐释的过程中,他吸收了前人的成果,又经后人的补益,这是可能的,而且是存在的。但这并不妨碍其主体思想仍是孔子的,是早期儒家的。"④

而陈鼓应先生则持完全不同的意见,始终把《易传》归属道家系统⑤。由此,引发了对《易传》学派归属问题的激烈争论。从近二十

---

① 陶磊:《早期儒家与易学》,载《周易研究》,2004年第4期。
② 程放:《孔子与〈周易〉》,载《贵州工业大学学报(社会科学版)》,2005年第4期。
③ 蒙培元:《孔子与〈周易〉》,载《东方论坛》,2006年第2期。
④ 张庆利:《〈易传〉作者问题平议》,载《绥化学院学报》,2009年第6期。
⑤ 详见[美]陈鼓应:《〈易传·系辞〉所受老子思想的影响——兼论〈易传〉非儒家典籍乃道家系统之作》,1987年12月国际周易学术研讨会论文集《大易集成》,文化艺术出版社,1991年。陈鼓应:《〈易传〉与道家思想》,生活·读书·新知三联书店,1996年。陈鼓应:《老、庄及〈易传〉的重要哲学议题》,载《第六届海峡两岸周易学术研讨会论文集》,2009年11月。

年来的研究成果看,大部分学者仍坚持《易传》属于儒家,反对陈鼓应的说法。较有代表性的观点,如丁原明指出:"总之,《易传》哲学思想与道家哲学思想之间,既有其相通性又有其相异性。但是,它们的相通性是以其相异性为前提条件的;倘若离开这个前提条件的制约,而过于看重其相通的一面,就有可能得出《易传》为'道家系统的著作'的结论。这正是本文试图说明的一个问题。"① 秦文敏认为:"《易传》《老子》均'先明天道,后及人事',都是以天道推演人道的模式。但由于它们天道的对立,造成了二者人道的根本不同。《老子》立足于阴,《易传》立足于阳,二者在天道观上的区别,是分别以法道和则天为根本点的二者政治伦理思想差异的根源。这也是老学与儒学的根本分歧所在。"② 陈启智指出:"总之,无论从著作成书年代、主要学术概念、还是学派特质诸方面分析,《易传》为儒家所著典籍,殆无疑义。因此,陈先生所说《易传》与黄老、稷下道家相同之处,只能说明是《易传》对这两派道家的影响,而不是相反。"③ 李承贵指出:"从思想内容结构看,《易传》实际上是儒道易三种思想的融合,而儒道尤其是儒家的思想居主导地位。"④ 刘立夫指出:"《易传》和道家的形上学之所以能够相互贯通,是因为《易传》和道家的哲学处在同一个层次上以阐释其价值观念和政治理想,也就是说,'性与天道'是道家的形上学,也是儒家的形上学,不是那一家的'专利'。正因为这样,儒道二家才有可能在魏晋玄学和宋代理学中走向新的沟通和融合。"⑤ 魏仕庆指出:"通过以上对《易传·系辞》中圣人和君子这两个重要人格形象的考察,寻觅出圣人与君子的人格内涵,我们可以断定《易传·系辞》是儒家典籍,尽管它的内容

---

① 丁原明:《〈易传〉与道家哲学思想之比较》,载《周易研究》,1996 年第 1 期。
② 秦文敏:《〈易传〉与老学之异刍议》,载《湖湘论坛》,2001 年第 3 期。
③ 陈启智:《论〈易传〉的学派属性——与陈鼓应先生商榷》,载《周易研究》,2002 年第 1 期。
④ 李承贵:《〈易传〉中的人文智慧与自然关系及其它——以〈象辞〉为中心》,载《江西社会科学》,2002 年第 2 期。
⑤ 刘立夫:《〈易传〉与道家哲学的可通约性》,载《周易研究》,2004 年第 6 期。

可能掺入了其它学派的一些思想。"① 刘鹿鸣指出:"故《易传》心性论实以'圣智觉性'为核心,其要乃在以人道推行天道,尽性至命以达穷神知化,化裁推行由通礼乐治化,故云'成性存存,道义之门',此是《易传》义理根本之归宗,亦是儒学内圣外王之根柢也。"② 鲁哲通过对《易传》中《序卦传》《大象传》两篇文章思想倾向的分析,并与儒道两家思想进行比较后认为:"《易传》中虽然包含了一定的道家思想。但就其本质而言,仍为儒家的一部经典著作。"③ 此外,还有不少相关的研究论文,表明了不同意陈鼓应先生的观点,如萧汉明《关于〈易传〉的学派属性问题:兼评陈鼓应〈易传与道家思想〉》,载《哲学研究》,1995 年第 8 期;张丰乾《〈周易〉究竟属于哪一家:〈周易〉学派归属问题研究综述》,《中华文化论坛》,1997 年第 2 期;罗新慧《论儒家思想的发展与〈易传〉的关系》,载《河北学刊》,2000 年第 2 期;李锐《〈易传〉道家说质疑》,载《周易研究》,2007 年第 3 期,等等。

第三,关于孔子与《周易》的关系问题研究,近年来仍有续证旧说的,也有一些开新的说法。持"《易传》非孔子作"的论者还是有的,但是为数已少,台湾学者如孙剑秋、何泽恒、黄沛荣等人,仍倾向于支持钱穆的主张;大陆学者如游唤民将《易大传》各传作了对比研究,论证了《易大传》各传非出自一人之手,并指出"其中某些哲学范畴及《系辞传》、《说卦传》大谈卜筮,为《论语》所无,从而认定《易大传》为说《易》者积累之作,为一部综合性论集,非孔子所作;但其中包涵并发展了孔子的思想"④。而朱翔飞反则更坚定认为

---

① 魏仕庆:《〈易传·系辞〉中的圣人与君子——兼论〈易传·系辞〉的学派归属》,载《船山学刊》,2008 年第 4 期。
② 刘鹿鸣:《〈易传〉心性论抉隐》,载《周易研究》,2008 年第 5 期。
③ 鲁哲:《从〈序卦传〉、〈大象传〉看〈易传〉的学派属性》,载《科教文汇》,2009 年第 27 期。
④ 游唤民:《〈易大传〉非孔子所作》,载《湖南师范大学社会科学学报》,2001 年第 4 期。

"《易传》为晚年孔子所作,这应是今天学术界的共识"、"《易传》是《春秋》乃至整个孔学的理论基石"①。杨亚利竟然断言:"《易传》的著作权应归孔子,《易传》源于山东,有邹鲁文化背景。"② 香港学者邓立光以帛书《易传》比对《论语》中关涉《周易》的章节,从而确定这些章节是属于孔子晚年所说的话③。宋立林认为:马王堆帛书《缪和》《昭力》是孔子易说,其中的"子"并非后世之经师,更非黄老派学者,而是孔子,这可以从诸多方面得到论证。这两篇帛书因此成为研究孔子易学、《易》教思想的重要资料④。程善德同样也论证了帛书《二三子》篇中的"孔子曰"确是真孔子⑤。窦福志认定:"孔子不仅仅和《周易》的经有密切的关系,而且还是其传的主要作者之一;从《周易》成书于殷周之际到《易传》阴阳思想的完善上升为形而上的哲理,经历了一个漫长的历史时期。"⑥

高云龙指出:《易》是"六经之首"。孔子的学说正是从《周易》的天地人三才之道逐渐形成的。因此,可以说"六经"构成了孔子学说的完整系统,我们必须把"六经"作为一个整体来研究,才能从整体上去理解和把握孔子的学说体系,才有可能描绘出一个立体的孔子形象;在"六经"之中,各经都有其偏重之处,《周易》是其哲学总纲,《礼经》《乐经》《尚书》《春秋》是礼乐刑政的原则表述,《诗

---

① 朱翔飞:《孔子与〈易传〉——论儒家形而上学体系的建立》,载《周易研究》,2002年第1期。
② 杨亚利:《孔子作〈易传〉述论》,载《山东师范大学学报(人文社会科学版)》,2002年第6期。
③ 邓立光:《从帛书〈易传〉析述孔子晚年的学术思想》,载《周易研究》,2000年第3期。
④ 宋立林:《帛书〈缪和〉〈昭力〉中"子"为孔子考》,载《周易研究》,2005年第6期。
⑤ 程善德:《帛书二三子篇孔子曰考论》,载《大江周刊(论坛)》,2011年第2期。
⑥ 窦福志:《关于〈周易〉与孔子及其有无阴阳思想的探究》,载《山东省农业管理干部学院学报》,2009年第1期。

经》则是各个方面的综合体现①。但是,陈坚则认为孔子与《易经》之间的关系是一种宗教关系,而不是学术关系②。而韩志平、桂银才却是"根据孔子晚年研《易》的基本情况,阐明了孔子与《易经》的传承与实践关系,论证了《易传》的里程碑意义"③。

姚曼波经研究发现,孔子传《易》,直接出于作《春秋》的需要——孔子所作《春秋》,不是《春秋经》,而是《左传》蓝本。孔子传《易》之"窃义",与其作《春秋》的"窃义",异曲同工。孔子传《易》与作《春秋》,相互促成,共同形成了儒学的"天道-性命-道德"三位一统的道德本体学说体系。即"孔子传《易》与作《春秋》,是二而一的事,是相互促成者。作《春秋》,是孔子学《易》的原动因;而《易》的学习研究,使孔子作《春秋》及其建立道德为本的儒学理论找到了本体论的基础;作《春秋》的过程,又使孔子在传《易》时,进一步增强了他的道德本体论"④。

李锐根据郭店楚墓的年代,利用郭店楚墓竹简《唐虞之道》篇中出现的"性命"以及传世文献的材料,指出刘笑敢先生以"道德、性命、精神这三个复合词"判定《庄子》内篇早于外、杂篇之说存在问题,因而发现"以刘先生之说为根据的种种关于《易传》年代的结论均不可靠",并由此总结和建议:"我们应该好好地利用出土文献和传世文献,对过去的一些证据进行考核,特别是对论证方法背后的指导思想进行反思。同时也要根据出土文献的启发,好好总结古书篇章的形成等问题,以更通达的态度看待古书年代等问题。"⑤

---

① 高云龙:《论孔子与〈周易〉、〈六经〉的关系》,载《辽宁师范大学学报(社会科学版)》,2006年第2期。
② 陈坚:《"韦编三绝":孔子晚年的宗教诉求——孔子与〈易经〉关系新论》,载《周易研究》,2007年第1期。
③ 韩志平、桂银才:《孔子与〈易经〉》,载《武警学院学报》,2010年第1期。
④ 姚曼波:《孔子传〈易〉与作〈春秋〉的关系新论》,载《周易研究》,2006年第5期。
⑤ 李锐:《郭店简中的"性命"与〈易传〉的年代问题》,载《周易研究》,2008年第3期。

综合以上简述，不难发现：对孔子与《周易》关系的研究，在当代学术界仍然是焦点问题之一，其中有许多问题纠缠不清，悬而未决，而新的说法又交相迭出，使得问题研究越来越复杂，着实有专题再加以考辨的必要，学术界对此才有可能尽快取得完美的共识。

二、寻绎该问题研究中遗留的历史谜结

对于孔子与《周易》关系的考论，尽管在当代学界已基本形成共识，但反观这一问题研究的历史进程，我们不难发现其中仍有不少前代学者提出的疑点或依据，仍然得不到有效的反驳和解决。笔者姑且把这些疑点论据统称为历史谜结，并试图加以归纳和说明，以备大家的深入探讨。所谓的历史谜结，就是因为史阙有间或史料不足而引起的难解之谜，抑或就是将永远都难以说清的历史问题。兹将这些历史谜结择其要者提出来，并适当提出个人的看法以供参考。笔者所理解的历史谜结如下。

（一）"五十以学易"

迄今为止最早能够用来证明或推翻"孔子与《易经》有关系"的史料文献来自《论语·述而》："子曰加我数年五十以学易可以无大过。"此记载存在的谜结至少有五点。

第一，此语不知是孔子何时所言？有的认为是在四十七岁左右，有的认为是在七十岁左右。

第二，"加我数年"是何意思？到底是让我多研读几年，还是说多活几年以便能多研读几年呢？《史记》表述为"假我数年"。

第三，"五十"何义？是"卒"字或"吾"字之误吗？是连读还是可分开句读，若连读可理解为"五十岁"（按：因为原文无"岁"字，实不足以肯定就是"五十岁"之意），若分开读为"五、十"以解释"数年"之数（即可理解为加我五年、十年或是五年到十年等，

但整句读起来会显得很拗口,似不足取)。具体争议,且看梁涛《孔子行年考》① 一文的说法:

> 如清代龚元玠《十三经客难》云:"先儒句读未明。当'五'一读,'十'一读,言或五或十,以所加年言。"按照龚的说法,这段话就成了"假我数年五、十,以学《易》……"一种是改变文章的文字:最有代表性的是朱熹《四书集注》,他说:"刘聘君见元城刘忠定公,自言尝读他《论》'加'作'假','五十'作'卒',盖'加'、'假'声近而误读,'卒'与'五十'字相似而误分也。愚按此章之言,《史记》作'假我数年,若是我于《易》则彬彬矣','加'正作'假'而无'五十'字。盖是时孔子年已几七十矣,'五十'字误无疑也。"按这种说法,这段话是说"假我数年,卒以学《易》……"。还有一种方法是改变文章的理解:明代孙应鳌《四书近语》云:"非以五十之年学《易》,是以五十之理数学《易》也。"孙氏认为所谓的"五十以学《易》",是指大衍之数五十,而不是指五十岁。廖名春说:"《论语》此章是孔子晚年深入学《易》之后的追悔之言。其意思是说:再多给我几年时间,只要我从五十岁时就像现在这样学《易》,就可以不犯大的错误了。"(同上) 以上几种说法均显牵强,故不从。"五十以学《易》"当从郑玄、何晏之说,为孔子五十岁以前的言论。《论语》和《史记》的不同记载,应当和孔子修订《诗》、《书》、礼乐一样,是前后不同阶段的事情,不必强合于一处。

第四,此文中之"易"字何义?唐代陆德明首先按《古论》定为表示《易经》的"易",又提出有《鲁论》的本子是写作

---

① 梁涛:《孔子行年考》,http://ws.eku.cc/004wx/23432651929.htm,2002年12月5日。

"亦"①，使得后学者据此否定孔子与《易》有关系。1973年河北定州出土的竹简本《论语》明言："……以学，亦可以毋大过。"② 这说明所谓《鲁论》把"易"写作"亦"是事实。但是，也不能否定此"亦"仍有"易"（《易经》）的意思。因为，古音存在通假转借是常事；陆德明仍取"易"义，应该是择善而从的结果。最近又有学者专门就此问题深入研究，并得出考辨结论："亦"为"易"的俗写，确凿无疑，孔、《易》关系不容否定③。

第五，如何解释"无大过"？到底是学《易》可以无大过，还是学习也可以无大过呢？按常理，学习有助于改过自新或避免过错，应是知识分子的常识。如是，孔子再申述此理，不等于在说废话吗？当然，要就此说明孔子是在强调学习的重要性，也可在情理之中。如果是说学《易》可以无大过，似乎也可由此说明孔子没有学过《易经》，以致有大过。以上问题，汉代学者已经关注了。梁涛《孔子行年考》一文中曾加以论述④：

---

① 按：《论语·述而》有所谓"鲁读"的问题。唐陆德明《经典释文》卷第二十四《论语音义》云："学易：如字。《鲁》读'易'为'亦'，今从《古》。"《鲁》指《鲁论》，《古》指《古论》。这里是说《古论》"学易"之"易"字，《鲁论》读作"亦"字，陆德明认为《鲁论》之异文不可从，应从《古论》。但清代惠栋提出异议，他以《外黄令高彪碑》"恬虚守约，五十以学"为证，认为当以《鲁论》"亦"字为是。日本学者本田成之更进一步提出"《易》为孔子、子思、孟子所完全不知"。近人钱玄同、钱穆、李镜池、郭沫若、李平心等皆步其后尘，否认孔子与《周易》有关，在学术界影响很大。但也有人反对其说，张心澂、朱谦之、冯友兰认为当从《古论》作"易"。二者相互争论，莫衷一是。李学勤先生认为"易""亦"异文是由于同音通假而致，而"易""亦"二字在上古音中韵部并不相同，"易"在锡部，"亦"在铎部，因此不能相借。西汉以后，锡部、铎部之字才开始押韵，"易""亦"两字之音方相接近。所以"易""亦"的通假应是两汉之际以后的事，不可能发生在西汉。鉴于西汉已有作"易"的本子，那么"亦"必然晚出（参见李学勤《"五十以学〈易〉"问题考辨》，《〈周易〉经传溯源》，长春出版社，1992年，第50页）。本按语，引自梁涛《孔子行年考》。

② 河北省文物研究所定州汉墓竹简整理小组编《定州汉墓竹简论语》，文物出版社，1997年。

③ 朱宏胜、钱宗武：《"鲁读易为亦"考辨——以〈论语音义〉条例为中心》，《扬州大学学报》，2010年第5期。

④ 梁涛：《孔子行年考》，http://ws.eku.cc/004wx/23432651929.htm，2002年12月5日。

如东汉郑玄《论语注》云:"加我数年,年至五十以学此
《易》,其义理可无大过。孔子时年四十五、六,好《易》,玩读
不敢懈倦,汲汲然,自恐不能究竟其意,故云然也。"认为"五
十以学《易》"的"五十"是指五十岁,这样孔子讲这段话的
时间当在他五十岁之前。后来三国魏何晏《论语集解》亦说:
"《易》穷理尽性以至于命,年五十知而知天命,以知命之年读至
命之书,故可以无大过矣。"宋代邢昺《论语注疏》则说得更明
确:"加我数年,方至五十,谓四十七时也。"清人编定的几种年
谱,如江永《孔子年谱》、狄子奇《孔子编年》等都将本章列在
周敬王十五年,孔子四十七岁时。这种看法与文意相符,应该是
正确的。但有人对此提出疑义,认为此说与《史记·孔子世家》
的记载不符,且无法解释为什么孔子五十岁才学《易》,而主张
此章是孔子晚年的言论。

结合以上论述中的材料,再联系《淮南子》《史记》《汉书》《帛书易
传》《周易乾凿度》《论衡》等相关说法,我们不难得出几个结论:一
是《论语》的记载,的确是语焉不详,而且在汉代就已经很难说清楚
了。二是汉代学者确信此处所言关乎《易经》。《周易乾凿度》:"孔
子占《易》,得《旅》,息志停读,五十究《易》,作《十翼》。"以及
郑玄、王弼、何晏等人的说法都可较为直接地证明。此外,帛书
《要》篇"孔子繇易至于损益一卦……"、《淮南子·人间训》"孔子
读《易》,至《损》、《益》,未尝不愤然而叹曰……"、司马迁《史
记》"孔子晚而喜《易》"、班固《汉书》"孔子晚而好《易》,读之
韦编三绝"和"人更三圣"、王充《论衡·谢短》"孔子作《彖》、
《象》、《系辞》"等记载,可以有效地反驳"孔子与《周易》无关"
的看法,尤其可以推翻:由"加我数年,五十以学《易》,可以无大
过"来理解"孔子与《周易》毫无关系"(按:这是反过来理解,以
为孔子很后悔没有学过《易》,哪怕是能从五十岁开始学《易》也

好)的说法。三是孔子所言不是希望五十知天命后再学《易》,就是后悔没能更早学《易》。至于此言到底是五十岁前还是临终之前的叹悔,已经难以确证。

在此,笔者拟提出两种假想:一是孔子早年就接触过《易经》,但学得不深,也没有以此授诸门徒,大约四十七岁时,如《史记·孔子世家》所云:"桓子嬖臣曰仲梁怀,与阳虎有隙。阳虎欲逐怀,公山不狃止之。其秋,怀益骄,阳虎执怀。桓子怒,阳虎因囚桓子,与盟而醳之。阳虎由此益轻季氏。季氏亦僭于公室,陪臣执国政,是以鲁自大夫以下皆僭离于正道。故孔子不仕,退而修《诗》《书》《礼》《乐》,弟子弥众,至自远方,莫不受业焉。"此时,孔子自齐返鲁,亦如《史记·孔子世家》又于鲁哀公十二年所言:"鲁终不能用孔子,孔子亦不求仕。孔子之时,周室微而礼乐废,《诗》《书》缺。追迹三代之礼,序《书传》……"开始整理古籍,主要是编修《诗》《书》等,而尚未整理《易经》。于是,有人疑问孔子为何不修《易》,"子曰:加我数年,五十以学《易》,可以无大过"。意思是说:假如老天爷能让我多活几年,到了五十岁知天命之年再来学《易》,就可以因此而没有大的过错了。言外之意:学《易》需要一定的阅历,此时的我还比较年轻,不过也快到知天命之年了,再过几年就可以更好地学《易》了,但不知老天是否能让我多活几年啊!当时,孔子正陷于困顿和失意之中,有此希望似乎是合理的。梁涛《孔子行年考》一文对此也提出假想:

"五十以学《易》"是孔子五十岁以前的言论,但孔子并非五十岁以后才开始学《易》。从《左传》等书的记载来看,《周易》是在当时社会上比较流行的一种典籍,贵族常用其占卜,并引用其卦爻辞。"五十以学《易》"并不是说五十岁才开始学《易》,而是表示对《易》有了新的认识理解,决定要重新学《易》。《周易》传统上是一部占卜的书,其作用是预测吉凶,孔子以前大概对《周易》也作如是观。但在四十余岁整理文献时，通过研读，对《周易》有了新的认识，认为《周易》具有对人生指导的作用，于是发出感叹：再给我几年时间，从五十岁时好好学习《易》，这样便可以无大过了。与以往的不同之处在于，孔子此时已不是从占筮的角度来理解《周易》，而是把《周易》看作一部人生的教科书，是从哲理的角度看待《周易》。孔子自称："不占而已矣。"(《论语·子路》) 又说"我观其德义而"(帛书《要》)，正反映了这一点。

两相比较，笔者与梁涛有所不同，笔者以为孔子此语是带有希望之意，而不是叹悔。二是孔子晚年才真正认真研《易》，并发现《易》中许多人生的哲理，于是叹悔早年未能好好地学《易》，故"子曰：加我数年，五十以学《易》，可以无大过"，意思是说：老天要么让我多活数年，要么让我五十岁就开始学《易》，那么此生就可以无大过了。言外之意是：多活数年，让已精通《易》理的我更好地实现人生的价值，或者是让我从五十岁开始就学《易》，那么也就能避免此前的一些大的过错了。如此假想，仍然免不了牵强附会，实在是难以说明问题的真相。对此，有待再论。

(二)"孔子晚而喜易序彖系象说卦文言"

此记载也是一大历史谜结，至少涉及几个问题：第一，"序"字何义？第二，"晚"字何义？是"老"的意思吗？第三，"喜"字何义？与"好"字意思相同吗？第四，"序彖系说卦文言"一句如何断句？句前不知是否有脱字？第五，按照此说，如果孔子有作《易传》，也只是作了《易传》中的大部分而已，为什么后来会变成"孔子作《易传》"的明确说法呢？对此，不少学者都试图破解谜团。以下是当代学者郭沂先生的看法[①]：

---

① 郭沂：《从早期〈易传〉到孔子易说——重新检讨〈易传〉成书问题》，载《国际易学研究》第三辑，华夏出版社，1997年。

现存最早谈及孔子与《易传》关系的文献是《史记·孔子世家》，这也是孔子作《易传》说的最主要的根据。《史记》原文是："孔子晚而喜《易》，序《彖》、《系》、《象》、《说卦》、《文言》。"在这里，关键是如何理解"序"字。唐人张守节《史记正义》云："《序》，《易·序卦》也。"以此对《史记》标点，即为"孔子晚而喜《易》，《序》、《彖》、《系》、《象》、《说卦》、《文言》。"文句不通，自不可取。因而，这个"序"字只能作动词解。但是，作动词的"序"并没有"作"的意思。在《史记》中，"作"的意思一般用本字，如《孔子世家》又云："乃因史记作《春秋》。"如果司马迁认为孔子作《易传》的话，他就会用"作"字，而不用"序"字。这样，等于否定了孔子作《易传》的说法。

那么，到底应如何理解这个"序"字呢？有必要考察一下《史记》此语之外对"序"字的用法。《孔子世家》载："孔子之时，周室微而礼乐废，《诗》《书》缺。追迹三代之礼，序《书传》，上纪唐虞之际，下至秦缪，编次其事。"显然，这个"序"字也是动词。用在书名之前的动词"序"字可有两种解释，一是排列次序，二是序跋之序。我认为，这里的"序"字兼此二义。它含有第一种意义是显而易见的，因为下文已明确地说"编次其事"。它含有第二种意义亦于史有征。现存多种早期文献曾经记载孔子作《书序》之事。如《史记·三代世表》："孔子因史文次《春秋》，纪元年，正时日月，盖其详哉。至于序《尚书》则略，无年月，或颇有，然多阙，不可录。"此"序"字亦兼二义。《汉书·艺文志》："故《书》之所起远矣。至孔子纂焉，上断于尧，下讫于秦，凡百篇，而为之《序》，言其作意。"此"序"字只有序跋之序一义。尽管后人怀疑今本《尚书小序》非孔子所作，但我认为，今本《小序》的真伪是一回事，从以上可靠文献看，孔子曾作《书序》却是历史事实，这是另一回事。

其实，孔子"序《彖》、《系》、《象》、《说卦》、《文言》"之"序"亦应作如是观。也就是说，孔子在研读和整理编次《周易》时，曾为《彖》等五种作序文。这些序文也象其《书序》一样，"言其作意"。

难道《彖》《系》《象》《说卦》《文言》在孔子之前就存在吗？正是如此。不过，今本《易传》中的《彖》《系辞》《象》《说卦》《文言》已不完全是孔子所序之旧。

郭沂的说法未必符实，但他于此发现今本《易传》在孔子之前就有"旧说"存在，还是有道理的，有助于我们重新理解《易传》的成书过程。以下是高云龙先生的看法①：

如果对《史记·孔子世家》所说的"孔子晚而喜《易》，序彖系象说卦文言"重新断句，作"序《彖》、系《象》、说《卦》、文言"，则一切问题皆能迎刃而解。张心澄已经论证颇为详明。其中"序"不可能是名词《序卦传》，也不是创作之意（因为与"述而不作"相矛盾），而是整理编次的意思。据统计，《史记》"序"字共出现75次，有40次都是序列之意。所谓"序彖"就是整理卦名和卦辞。再说，如果把它理解为名词，那么，该句就没有了动词，这是不合语法的。其中"系"也不可能是名词《系词传》，简称为《系》不合常规，在这里该字是重新排列、连缀之意，所谓"系象"就是排列连缀卦象成为《序卦传》的卦序。其中"说卦"不是指名词《说卦传》，而是对《易》卦进行解说，这在下文再谈。其中《文言》同样也不是指名词的《文言传》，而是指修饰卦爻辞。作为一部正史的《史记》，名词不应该随便用简称，如果《系辞传》可以简称为《系》，那么《说

---

① 高云龙：《论孔子与〈周易〉、〈六经〉的关系》，《辽宁师范大学学报（社会科学版）》，2006年第2期。

卦》《文言》就也应该简称为《说》《文》，何以在同一句话中竟然如此不统一？司马迁再惜墨如金也不至于惜到这种程度而使文句不通吧？如果把"序"后所说的看作《易传》，不仅文理不通，而且不合"述而不作"之意。孔子既整理编订了卦名和卦辞，重新排列连缀了卦序，修饰了卦爻辞，那么也就可以肯定地说孔子是《易经》的整理者。

我们今天看到的《帛书周易》之中，已经有了与通行本《周易》的《系辞传》非常相近的大段文字，并且有了孔子与弟子子贡（赣）的问答，应该说这就是经过孔子讲授过的《周易》。然而，非常明显，《帛书周易》的卦序与通行本差异如此之大、卦爻辞却与通行本大同小异，是谁做了这项工作？如果不是孔子还会是谁？如果是孔子，那么正好可以证明《史记》的说法的可靠性以及张心澄断句的正确性。

高云龙显然是沿袭了张心澄（澂）《伪书通考》的看法①，对"序"义的理解与郭沂小同大异，但对"序象系象说卦文言"一句的理解却迥然不同。笔者以为，如此断句，看似巧妙，但不合情理。古汉语表达尽管没有标点容易造成句读歧义，但仍具有相当的内在自洽性，这种自洽性就体现在时人都可以作出正确的理解。在后来的相关史料中，如《汉书》《论衡》《经典释文》《周易正义》等都未对此提出异议，因此重新断句似不足取。我们再来看看另外两种看法：

日本学者泷川资言《史记会注考证》把"序"解释为次序、次第，意思为《易》整理了次序。当代学者郭沂则将"序"看作名词用如动词，为"作序"之义。这些解释均不确。从文义看，张守节之训难通。下文有"读《易》"、"于《易》"，上句

---

① 按：金德建先生亦是如此断句。详见金德建：《司马迁所见书考》，上海人民出版社，1963 年。

应"喜《易》"而读,《彖》、《系》、《象》、《说卦》、《文言》均为名词,前应有动词,或"喜"、或"读"、或"为",如"序",仍解为名词,则此句不通。泷川资言一方面同意孔子作《易传》说,一方面又说整理次第,也显然不准确。郭沂博士之说既无传世文献依据,亦于出土文献无征,也是一种推测之词。①

《史记》有孔子"序"《易传》五篇的记载,但是太史公所谓的"序"究竟是什么意思呢?对这一关键问题,传统易学家和现代学者的解说都不能够令人完全满意。如果以原始材料为基础,从澄清孔子的易学思想本真和梳理《易传》各篇内容入手,可以另辟蹊径说明孔子"序"《传》的准确含义。因为今本《易传》的内容在总体上可以分为三类:在孔子之前已经广泛流传的《周易》解说、孔子的思想、战国时期儒家学者的思想,所以就历史事实而言,所谓"序"字含有三重含义:整理;讲述;肇绪。只有在"序"字的这三重含义上,孔子"序《彖》、《系》、《象》、《说卦》、《文言》"才是符合历史事实的可信记载。②

看来,对"序"字的理解仍未形成共识。对此,笔者也有一些想法。我们不能完全排除"序"为《序卦传》的说法,即张守节之训不能简单否定,以为是名词整句就不通了。笔者认为张守节不至于连基本的语法常识也不懂。那他为何要以名词《序卦传》为训呢?笔者认为有两个原因:其一,《序卦传》是《十翼》的组成部分,后文除了《杂卦传》以外都提及了,有理由认为此即指《序卦传》;其二,此记载可理解成"孔子晚而喜《易》、《序》、《彖》、《系》、《象》、《说卦》、《文言》",其中《易》指原本《易经》,《序》、《彖》、《文言》等指孔子读《易》时的参考资料,也可理解为今本《易传》的基础

---

① 张庆利:《〈易传〉作者问题平议》,《绥化学院学报》,2009年第6期。
② 张朋:《孔子"序"〈易传〉五篇考辨》,《中州学刊》,2011年第1期。

或前身。这里,有个问题不容忽视:为何没有出现《杂卦传》呢?不知是否可以因此推测《杂卦传》在孔子之前尚不存在?恐怕就连司马迁也说不清楚。清代学者皮锡瑞《经学通论》之《经学昌明时代》以此推论"则以《序卦》、《杂卦》为孔子作者非矣"。有论者以为,《说卦传》原本包含《序卦传》和《杂卦传》,是到了晋代韩康伯才分出来。果真如此的话,此"序"也就有理由认定不是指名词的《序卦传》了。如果"序"只能用作动词,那又该如何理解呢?可以肯定"序"非"作"义,很可能是"整理编次"且有所"序说"之义,与《史记》中的"序书传""序尚书"之义同。众所周知,孔子之于六经,是述而不作的,意思是对原有的史料加以编删整理。那么,编删整理过程中有所损益应该是合理的,旧籍整理完成后再以序说的形式说明编删的体例及其相关情况应该也是必须的。如是,则"序"字的表达是最恰当不过了。但是,关键性的问题也就随之出现了:我们能否因此证明孔子所序的对象——"《彖》、《系》、《象》、《说卦》、《文言》",便是今本《易传》的早期雏形?如果不能,"序"要用作动词,着实难以解释清楚,除非把"序"理解成"按顺序依次完成",否则不足以说明《易传》诸篇是孔子"喜《易》"之后才出现的,也就不能明确"孔子作《易传》"之说了。相反,如果能得到证明,我们将能更加清楚地发现今本《易传》的成书过程:《易经》面世流传后,相关的解卦、卦辞、爻辞、卦序和叙述《易》书来源、历史、功用等说法也初具雏形并递相传授,到了孔子时期尚复存在但却比较零乱散杂;孔子"喜《易》"、"读《易》"时,不可或缺的就是这些前代传承下来的参考材料(姑且称之为《旧传》);之后,孔子做了两件事,一是全面系统地整理编次这些《旧传》,一是把自己"韦编三绝"之后的研《易》心得也融入《旧传》(即形成相传为孔子所作的《易传》);孔子过世后,孔门后学中的传《易》者在口耳相传过程中,又对孔子《易传》有所编删,以至最终形成今本《易传》。如此而论,从逻辑上讲无疑更接近历史真实,尤其是能更好地理解

《史记》记载的那句话。但是，无论如何已然存在于历史进程中的那些《旧传》，为什么先秦典籍中没有提及？就连《史记》《汉书》等记载历史的典籍也没有提及？莫非这些属于常识，无须提及？可见，没有可供证明的传统史料或出土文献作依据，不管所作的推测如何合情合理，恐怕谁也无法解开这一历史谜结了！

（三）"孔子晚而好易"

这是班固《汉书》的说法，与《史记》"孔子晚而喜易"略有不同（按：《史记》有两处提及——《孔子世家》"孔子晚而喜易"与《田敬仲完世家》"太史公曰：盖孔子晚而喜易"）。在前文已提及，此记载涉及两个问题：第一，"晚"字如何理解？一般都理解成"晚年"或"老年"时期。恰巧出土的帛书《要》篇有"夫子老而好易"、"夫子何以老而好之乎"两处可证，按理说其义就更清楚了。但是，正是如此，使得孔子与《易》的关系变得更加扑朔迷离！孔子活到七十多岁，他的晚年就相当于他七十岁左右的时期；如果说他是晚年才喜好《易经》，至少可以证明他喜好《易经》必在六十岁以后，而不可能是六十岁之前。那么，《论语》的"五十以学《易》"就很难解释了①。如果要充分考虑孔子可能有"五十以学《易》""五十究作《十翼》"等事实，"晚"字就不宜作"晚年"解，只能作"迟""不早"解。在古代，三十岁之前属于青少年时期，五十岁之前属于中年和壮年时期，五十岁以后都可称为老年时期，应该是合理的。这样说来，孔子在中青年时期不"好《易》"，而到五十岁之后的老年时期才好《易》，相对而言是"晚"了，也可看作是"老"

---

① 按：郭沂认为孔子学《易》大约是在五十六七岁到六十岁之间（详见郭沂：《孔子学〈易〉考论》，载《孔子研究》，1997年第2期）。宋立林在前人基础上，也对《论语·述而》"五十以学易"章的章义进行了梳理，从而确证了孔子在五十岁至六十岁之间开始"好易"，并对其晚年思想产生了深刻影响（详见宋立林：《〈论语·学而〉"五十以学易"章考论》，载《现代语文》，2009年第10期）。但林冬月在综合已有史料及研究的基础上，却论证孔子学《易》必在68岁"自卫返鲁"之后（详见林冬月：《孔子学〈易〉必在六十八岁"自卫返鲁"之后——兼与郭沂先生商榷》，载《太平洋学报》，2009年第5期）。

了、"迟"了。为了更好地解决和说明问题,我们不妨设想:孔子五十岁左右开始研学《易经》,作《易传》,但时断时续,直到六十八岁周游结束后返回鲁国,才高度重视《易经》,并集中精力完成了七种十篇的《易传》。第二,"喜"与"好"意思相同吗?可能有所不同吧。不知班固为何改成"喜"字?这无疑也是历史谜结之一。

(四)"而为之传"

班固《汉书·艺文志》曰:"孔氏为之《彖》、《象》、《系辞》、《文言》、《序卦》之属十篇。"《汉书·儒林传》又曰孔子"盖晚而好《易》,读之韦编三绝,而为之传"。唐代陆德明《经典释文·序录》的"注解传述人"中说此"传即十翼也"。这里也涉及几点历史谜结:第一,为什么《史记》不言孔子"为之传",而《汉书》却能言之。第二,《汉书》说"为之传",但并未明确说清孔子作几传和如何作传。第三,《汉书》只言"十篇",未明言此"十篇"即"十翼",直至唐代陆德明、孔颖达等人才明言。第四,《汉书》所言"十篇",为何不言及《说卦》《杂卦》,且不说清《彖》《象》《系辞》是否都分成上下两篇。这些问题,也是引发后世学者争议的焦点所在,恐怕也是难以解开的谜结。

(五)"正《易传》"

《史记·太史公自序》曰:"太史公曰:'先人有言:"自周公卒五百岁而有孔子,孔子卒后至于今五百岁,有能绍明世,正《易传》,继《春秋》,本《诗》、《书》、《礼》、《乐》之际?"意在斯乎!意在斯乎!小子何敢让焉!'"在我看来,这里也涉及几点历史谜结:第一,"正《易传》"是"作《易传》"吗?"正"字是否有"修正"之义?而"修正"之功又被理解成"作",以至逐渐演化成"孔子作《易传》"之说?第二,"正《易传》"是否意味着孔子之前或之后有《易传》传本?如是,是仅有一种,还是可能有多种?第三,自周公卒后五百岁,能正《易传》者有孔子;而自孔子卒后五百岁,又是由谁来"正"孔子《易传》呢?第四,从最早对《易经》作解释的传,到今本《易传》的定篇,究竟经历了什么样复杂的过程?倘若期间有过增删整理，是否都是儒门中人所为？

（六）还原历史真相

透过历史，我们不难发现难以解开的谜结还有许多。假设孔子与《周易》有关系，如何还原真相，理清一系列问题？总括如下。

第一，孔子何时接触到《易经》？这里有许多谜结：在当时，《易经》是束之高阁非一般人所能读，还是已经有所普及呢？分而论之，如果一般人不可读不可学，少年的孔子能接触到吗？是否要到孔子成年以后，甚至是有了一定地位之后才有可能获得书籍？即便有阅读和研学的权利了，那时的孔子是否有兴趣或有时间来研读？如果那时已可普及，已"十五志于学"的孔子就很有可能在青少年时期学了《易经》（但很可能不太深入），也有可能是到了中青年以后甚至是到了晚年才学了《易经》。从目前可查阅到的材料看，没有材料可以表明孔子在五十岁之前接触过或学习过或研究过或谈论过《易经》的；即使有片言只语记载涉及"孔子老而好《易》"之事，也都还难以证明是完全真实的。

第二，孔子所看到的《易经》，究竟是什么样的？是否如今本《易经》一样，有卦爻符号，还有与之相对应的完整的卦爻辞？是否存在一些关于《易经》的参考资料（如关于《易经》的历史、功用、占筮方法、解读条例、卦序排列，等等）？如有，这些材料是否还可大致分为多种（一些是官方权威的说法，如源自文王、周公等圣人的解说；一些是历代研用《易经》的士人的说法；还可能有一些是来自民间传闻的说法）？如果没有参考材料，孔子如何研读《易经》？如果有的话，孔子又是如何来看待这些材料？这些材料又是如何在孔子之后逐渐散失的？这些问题无疑都是无法考证的，但是必须注意到一个重要的问题：倘若孔子要研《易》，即使没有师承，也必须有参考资料，否则不合常理。今本《易传》中那么多关于《易经》形成历史的叙说，不可能是后人随便杜撰的，必定存在于一个相对合理的流传系统中。倘若认定孔子作《易传》，也必须承认这些关乎历史的东西肯定是来源于传统的说法，而非孔子的猜想，那么于情于理都必须充分考虑到孔子《易传》之前有一个雏形的《旧传》（即郭沂所称的"早期《易传》"）；至于这《旧传》是书籍体的还是传说体的，是单种还是多种并存的，我们都是无从得知的。即便，我们今日细读今本《易传》，不时能感觉到有些词句或意思可能源自孔子之前，但却难以做到合理切割。这里面，可能有些还是原汁原味的早期语句，有些是孔子的语录，有些是孔子转述的语句，恐怕就是请孔子回来，也难以分得清楚了！

第三，倘若孔子学《易》，是自学，还是有拜师学习？是独从某师，还是转益多师？孔子虽被誉为"至圣先师"，恐不能无师自通。但以往的史料，却少有言及他的师承情况，真是怪哉！孔子求学的经历不明，教学的经历也不清，不知有谁还能搞清他学问的渊源始末？

第四，《汉书》传说孔子晚年读《易》勤奋，不知他读《易》的方法是什么样的？注重训诂吗？注重文本吗？还是只注重义理的发挥？他究竟是源于何种启发或启示，使得他能从"道"的高度、"德"的要义、"时"的效用、"象"的数理等角度，深入浅出地解释《易经》，发现人生的智慧？难道仅仅是由于人生的挫折引起的吗？是否有受到高人的指点呢？如老子、商瞿。

第五，孔子与占筮的问题也应引起重视。史料中有孔子占筮的事例，如《论衡》、帛书《要》等。孔子是何时开始玩占卜的呢？又是如何懂得由占筮而入义理之道的呢？

第六，关于孔子与老子的关系问题，也值得重视。史料中多次记载，应该不诬①。这一事实，是否可以用来说明《易传》中有道家思想的缘由？孔、老同《易经》和早期的《易传》是一脉相承的关系吗？

---

① 按：李强《汉画像石〈孔子见老子图〉考述》指出："汉画像石《孔子见老子图》屡屡发现于包括山东、江苏、河南、陕西和四川在内的黄河中下游与长江中下游地区。其为证实发生于春秋末期的'孔子问礼于老子'这一中国文化史上重要事件的确实存在，从历史文物方面提供了有力的证据。"（载《华夏考古》，2009年第2期。）

第七，孟子、荀子为何不谈《易》？尽管有论者以为《孟子》也包含易学思想，但《孟子》不言《易》是事实；有论者以为荀子是《易传》传承中的关键性人物，《荀子》中有明引暗引《易传》的辞句，但《荀子》不讲《易》，也基本上属于事实。按理说，孟、荀都是儒家的主要代表人物，为何对如此重要的《易经》《易传》如此不够重视呢？

第八，汉代文献中多处引《易》文字为何不见于今本《易传》或有所差异？帛书《易传》与今本《易传》为何有那么多的差异？日后要是还有类似于帛书《易传》的文献出土，又将说明什么问题呢？

相关的问题，我们还可以提出很多。限于篇幅，只能留待日后更专门的研究了。总之，正是有如此之多历史谜结未了，我们就无法对孔子与《周易》关系的诸多问题给出结论。

三、提出笔者思考的若干问题和粗浅看法

在比较全面认识以往对该问题研究成果的基础上，本文拟再针对一些问题，发表一些个人的粗浅看法，以就正于学界方家。

（一）如何看待和深入研究《传》前易学的各种问题？

长沙马王堆出土的《帛书易传》中《要》篇明确记载："夫子老而好《易》，居则在席，行则在囊"、"《易》，我后其祝卜矣！我观其德义耳也。……后世之士疑丘者，或以《易》乎？吾求其德而已。吾与史巫同涂而殊归者也。"① 这里让人看到史巫之说与晚年孔子解《易》思想的不同，也因此让不少学者推想到《传》前易学。如罗炽先生认为：

> 如果说，《易经》之卦爻辞出自当时的史官或神职人员之手，

---

① 陈松长、廖名春：《帛书〈二三子〉、〈易之义〉、〈要〉释文》，《道家文化研究》第三辑，上海古籍出版社，1993 年，第 434—435 页。

那么《易传》则明显地出自孔子后学包括民间学者之手，其中保存和延续了西周以来以德释《易》的丰富资料。《易传》并非是易学之始，《论语》所载孔子学《易》"韦编三绝"，为学生讲《易》之《恒》，即是易学；《老子》的"负阴抱阳"论亦是易学；庄子的"易以道阴阳"亦是易学。在《易传》的形成过程中和形成以前之《易》说，均可以称为"传前易学"，而《传》前易学直可以说是将《周易》从巫史文化的层面升华到德文化层面的重要津梁。《传》前易学是百家易学而并非是儒家一家的易学。尽管现存文献有限，但胡自逢先生《先秦诸子易说通考》的钩沉，足可以证明这一结论。更何况，孔子殁后，"儒分为八"，背周孔之道而行者大有人在。故《易传》实非一家之言。①

顺便提及，吴前衡的遗作《〈传〉前易学》②，可谓是研究《传》前易学的力作之一。对于《传》前易学研究，其重要性自不待言，但是问题也是很多的。在没有文献可证的前提下，相关的研究容易出现捕风捉影、妄下结论等弊端。笔者以为，对于早期中国易学研究，的确应该下大力气，但切不可急于求成。《传》前易学按理是存在的，但其形成与嬗变的历史，及其与孔子、老子等诸子的关系，由于缺乏史料记载，要得到确证的结论恐怕是非常艰难的。

（二）如何探讨孔子与早期易学的关系问题？

综合以往的研究成果来看，要否定《易传》非孔子作品是有不少论据的，但要彻底否定孔子与《周易》学说的关系却是难以做到的。尽管传统文献和出土文献都没有充足的证据说明孔子作《易传》，但确实也能证明孔子与《周易》学说是关系密切的。于情于理，我们都有必要深入研究孔子与早期易学的关系问题。在《易经》面世之后，

---

① 罗炽：《〈传〉前易学发展阶段论》，载第六届海峡两岸周易学术研讨会论文集，2009年11月。

② 吴前衡：《〈传〉前易学》，湖北人民出版社，2008年。

孔子研学《易经》之前,《易经》学说是如何传承和流传的呢？人们是如何解释和运用《易经》的呢？由于史阙有间，难以获取史料来叙述当时的情实。但这不应该妨碍我们对历史真相的推测！我们完全可以根据一些蛛丝马迹，根据经典传世的基本规律，尽可能比较合理地推想一些故实。然后，借助于合乎逻辑或情理的推想，反过来重新审视孔子与《周易》的关系，重新理解《易传》是如何成书的，或许能够得到更多的启发，也有助于否定以往一些不切合实际的考论或提法，使问题的研究结论更趋向于历史真相。

（三）如何界定今本《易传》的学派归属问题？

前已述之，对该问题已有不少的研究成果。在笔者看来，不管《易传》从文本的角度分析出来的结果是否可证明其学派归属，究竟是道家系统，还是儒家系统，都不足以证明《易传》是或不是儒家典籍。《易传》属于儒家典籍，这应该是不证自明的，因为这早已不是传说而已，而是有着漫长而固定的历史记载和说法所决定的，是不容许后人随便找些未必可信的证据就可颠覆的。更应该引起我们注意的是，后世对儒家与道家思想的分别难免流于主观。一般情况下，我们习惯把道家的思想起源定在老子，把儒家的思想起源定在孔子，而对老子和孔子之前的整个知识系统置若罔闻、弃之不顾。事实上，如果老子和孔子的思想有共同的来源，其致思的方式和审美的归趋尽管不同，但有很多学术术语和话题仍会是雷同的。再说，春秋战国时期的儒道分野，其实并不严格，其学说相互交融也是很自然的事，《易传》在流传过程中沾染道家的思想，也是不足为怪的。

（四）如何正确看待孔子与《周易》学说的关系问题？

对此，我们既要重视汉唐时期一些重要史料中的权威说法，充分肯定孔子与《周易》学说有着千丝万缕的密切联系，也不能回避北宋以来历代著名学者所发现的诸多怀疑"《易传》非孔子所作"的各种依据，更不能仅仅依靠马王堆汉墓出土的帛书《周易》来证明"孔子作《易传》"是历史事实。在笔者看来，如果说《史记》《汉书》所言孔子"晚而喜《易》"是事实,但这只能证明孔子与《周易》学说有密切的关系,而不能充分证明"孔子作《易传》"。如果说孔子晚年读《易》"韦编三绝"是事实,但这只能证明孔子晚年高度重视并深入研究《周易》,甚至还可证明他有"为经作传"的可能性,但绝对无法证明今本《易传》即是孔子所作。当然,由此我们也不能忽视今本《易传》源于孔子的可能性,甚至是具有相当的可信度。如果可以假设孔子"为经作传"是事实,那么我们对《易传》文本的形成也应该有更好的认识。

首先,我们应该认识到孔子不可能是凭空作传,其中必有继承和借鉴,也有个人参悟的创获。要"为经作传"的前提是深入阅读并有创获,而要读懂《易经》文本的前提必须是有所参考借鉴,要么是求学过程中有师承传授,要么是拥有一些前辈时贤留下的解《易》之作,否则,即使是圣人之才也是不得其门而入的。那么,我们就必须追问:谁是孔子学《易》的启蒙老师?哪些是孔子沿袭前人或时人的材料和观点?哪些才是孔子研读之后的理解和创获?对此,笔者推测,《易传》中标有"子曰"的内容,可能是纯属于孔子的研究心得;而未标明"子曰"的文句,很可能是源于孔子之前的各种解《易》作品(也有部分是源自孔子之后的,可看作是流传过程中被经师窜入的或版本变更时误入的)。

其次,我们还应该认识到孔子对《易经》的解释,是有一定框架结构的,但又可能相对零散,分量也可能比今本《易传》的内容更多。所谓的"作《易传》",与秦汉以来学者的著书立说方式是不同的。在当时,可能都是以语录的形式出现的,然后在流传过程中再逐渐成篇的。既然当时没有严格的著书体式,也没有规范的学术范式,著作权问题也就难以区分。我们可以理解《易传》文句未必都来自孔子,但也应该可以认定孔子有"为经作传"的故实。因此,今天我们说"孔子作《易传》",关键就在于认定孔子有作《易传》一事,而不可能全盘肯定今本《易传》都是孔子所作。《史记》《汉书》无法明言，或许也是出于这样的考虑，以免后人误解。

再次，我们可以肯定孔子《易传》在流传过程中，不断出现散失、增删等情况，以致定编为今本的《易传》与原本出现较大的差异。这样一来，今本《易传》固然无法认定是孔子所作，但今本《易传》源于孔子《易传》的事实就不能随便打折扣。由此，可以得出两个不同的结论：一是如汉唐学者的说法，比较笼统地认为"孔子作《易传》"，充分肯定今本《易传》的主体部分是孔子的学术创获；一是如后世疑古派学者的说法，发现许多今本《易传》较迟定篇成书的证据，从而认定"《易传》非孔子所作"。这两种结论，说法看似相反，其实是基本一致的。因为，有一个事实是不容抹杀的：今本《易传》中包含许多孔子的思想。这就可以充分证明：孔子与《周易》学说的关系是密切的，今本《易传》主体内容的著作权可以归属于孔子。同时，可以修正汉唐学者的看法，使人们对今本《易传》的形成有更正确的认识：孔子作《易传》是事实；孔子《易传》是建立在早期易学常识或研究成果基础上的，并非纯属孔子个人的言论；今本《易传》源于孔子《易传》；《史记》所言"正《易传》"[①]，即可看作今本《易传》修订成篇的过程；"正《易传》"使得孔子《易传》打上汉代学者的思想烙印，形成与原本孔子《易传》有所差异的今本《易传》，因此我们不能说今本《易传》是孔子所作，只能说今本《易传》并非一时一人之作，而且其中各篇的成书时间存在先后问题，有必要再加以考证。

（五）如何重新认定孔子在中国易学史上的成就与地位？

孔子与《周易》的关系，还涉及孔子易学的传承问题。孔子到底

[①] 《史记·太史公自序》有"正《易传》，继《春秋》"之说，刘大钧先生据此结合汉代出现多种《易传》文摘不见于今本《易传》的情实，认为"可证当时有许多释《易》传本，并不统一，武帝立五经博士后，《易》成为官学，人们可以由此而求取功名，为了统一取舍标准，于是这些不同的传本都被统一成了一个完备的官方定本，此恐即司马迁'正《易传》'说法之由来也。"（详见刘大钧：《20世纪易学的回顾与省思——兼论出土易学文献研究的重要意义》，载《第六届海峡两岸周易学术研讨会论文集》，2009年11月。）

是承前启后，还是属于完全具有开创性的后世易学祖师呢？这又牵涉到许多问题，其中的关键问题就是如何认识孔子一生。我们知道，根据史料，孔子一生思想和经历大致可分成三阶段，即五十四岁以前、周游列国时期、六十八岁以后。而各阶段的生活故实，都没有清楚的记载。其中，孔子易学的传承问题就是一个谜。按《史记·仲尼弟子列传》："商瞿，鲁人，字子木。少孔子二十九岁。"《孔子家语·七十二弟子解》："商瞿，鲁人，字子木。少孔子二十九岁。特好《易》，孔子传之志焉。"商瞿是孔子易学的传人。但商瞿之后至汉代的易学传承谱系，《史记》和《汉书》的记载有所不同，这也让人又不免生疑。倘若能够确定秦汉以后的易学主流都源自孔子，那么孔子在中国易学史上的成就与地位就非同一般。否则，恐怕就该大打折扣。因此，认真研究孔子与《周易》的关系问题，无疑是中国易学史研究中至关重要的问题。

（六）学界对该问题研究如何才能形成共识？

鉴于该问题的研究成果已经十分繁杂，各种结论有所异同，似是而非，笔者认为：学界应该尽快对该问题的所有成果作专项的研究，整理出研究成果的目录索引，把代表性的成果汇编成册，对各种观点涉及的重要问题加以归纳总结，实事求是地厘清该问题研究的主要症结所在，在一定程度上形成学界的某种共识。其中，对于历史谜结问题，应该特别重视。凡是至今仍不可完全得到证明或揭示的问题，应该本着"疑以传疑，信以传信"的原则，阐明问题的真相，作为悬而未决的问题留待以后继续研究。凡是能够得到确证的问题，可以形成书面意见，共同发布最为令人信服的结论。如此，则问题的真相昭然若揭，研究的结论判然若史，后学者才可明此易学本源，不至于再不知所措矣！否则，不仅易学研究者本身难以回答该问题，后学者更将是无所适从。这样下去，只会导致问题更加复杂化，甚至是不断出现重复论证、错误论证、无效论证等现象。

四、结　　论

孔子与《周易》之关系问题，长期聚讼不已，让人难以适从。究其原因：一是历史谜案重重；二是研究力度有限。有感于斯，本文颇费心力，试图对该问题的所有研究成果及其来龙去脉尽可能作全面考察，故作综述以论之；对该问题的争论焦点及其存在症结尽可能作系统梳理，故举历史谜结以问之；对该问题的事实真相及其相关问题尽可能作深入思考，故就存在问题以探之。但遗憾的是，本文尚有诸多未竟的工作，如对相关材料全面搜集、系统整理、深入研读、严密考辨等，只能留待日后逐步解决了。因此，本文只能大致探明孔子与《周易》学说的关系是非常密切的，并发现其中值得深入研究和思考的问题确实不少，而尚难给出更为明晰的结论。

（原载刘大钧主编：《大易集思》，"早期易学的形成与嬗变"国际学术研讨会论文集，上海科学技术文献出版社 2013 年版，第 223—248 页）

下编

易学与美学研究

《周易》"中和之美"：中华审美文化的基因

《周易》（包括《易经》和《易传》）冠居"群经"之首，深刻影响了中华审美文化的形成与发展。《周易》中正和谐的审美观念是如何形成的？趋于定型的《周易》思维与观念又是如何持续不断地影响中华审美文化的发展进程？至今为止，学术界对这些问题鲜有提及，仍缺乏深入研究。上海市哲学社会科学规划优秀课题"中和之美：《周易》与中华审美文化史论"（批准号为2014BWY008）通过研究指出，与《周易》密切相关的"中和之美"是华夏民族一直以来孜孜以求的最高审美境界。

一、"中和之美"的形成与华夏文明发展相关

中和之美的思想是如何诞生的？事实上，中和之美思想的诞生经历了漫长的发展过程，凝聚了远古先民在农业和手工业以及天文、历法等方面的智慧，也是华夏民族自我文化的认同和理论建构，既有一定的合理性，又非常具有华夏民族的特色。

中和之美审美观念的形成与中华五千年的文明史演进几乎是同步的。从文本的起点看，《周易》本经中已蕴涵非常完整系统的中和思想。从逻辑的起点看，易学思维在开始发生时就已蕴涵中和思想的基因，比如观物取象、立中测影等活动。再追溯，其可能还与陶器的制作、石器的打磨等联系在一起。中华民族是最早发现和掌握制陶技

的民族之一，制陶的材料、方法以及陶器上的图纹绘饰都具有促使中和思维萌生的可能。例如，陶器制作首先需要调和水与土的比例，在器物造型上也需要掌握适中原则，在烧制过程中更是要把握火候。可见，在陶器制作中已然处处体现出中和之美的思维。也许正是在这种惯性思维的指引下，易学思维经过萌生与发展，终于在《周易》经典中凝固成具有理论指导意义的思想，而后深刻影响了中华审美文化发展的几千年进程。从另一个角度看，独具中国特色的中和之美观念在"盘古开天地""女娲补天"等神话传说中已露出端倪，在许多早期出土的器具文物中都有不同程度的鲜明体现，至迟在西周时期已基本定型。经初步研究发现，儒家五经都与中和之美密切相关，且相互为用：《易经》奠定中正和谐的审美基石，《尚书》确定中正和谐的审美方向，《诗经》厘定中正和谐的审美基调，《礼经》制定中正和谐的审美标准，《春秋经》勘定中正和谐的审美理念。一言以蔽之，五经之义都追求中和之美。

毋庸置疑，先秦时期是中华审美文化萌芽和起步的重要时期，也是中和之美形成的重要阶段。中和之美审美观念经过远古时期先民的无数经历与总结，升华并凝聚在迄今所能发现的最早的经典文本《周易》之中。透过片言只语的卦爻辞以及多种多样的解《易》条例，我们可以感受到《周易》经传对中和之美的追求，可以看到其中谦谦君子的审美形象，看到对中正和谐思想一以贯之的坚守。

可以说，中正和谐、趋吉避凶的思想是中国易学文化的核心和精髓，也是推动中华文明不断补偏救弊、推陈出新、兼容并包、生生不息的根本原因。这首先体现在春秋战国时期，《周易》不仅对诸子百家思想有深刻影响，也对百工技艺的审美思维理念有一定影响。《周易》深刻影响了孔子的天道观，形成了儒家的"中庸之道"，并使之影响近两千五百年来的中国思想与文化；《周易》也影响了老子和庄子的审美观，使道家"致中和"的思想更加明确；《周易》与《考工记》都极其强调中和思想，也都非常注重象征思维和立中思想，对先秦时期的社会生活均有较大的影响。

综上所述,中和之美思维的诞生与形成跟华夏文明的发展是息息相关的,甚至可以说是华夏文明具有某种鲜明特色的主要原因。进而言之,中和之美不仅是中国古典美学的思想精髓,而且是中华审美文化的本源和核心。在某种意义上,可以说中华审美文化基因与"中""和"范畴的形成与确定有密切联系。

二、中和之美经历传承与变异

两汉是经学繁兴的时代,是易学发展的重要阶段,也是中国美学承上启下的过渡性阶段。通过回顾易学在两汉传承与发展的情况,我们发现《周易》经传对两汉易学与美学的影响至为深刻,尤其是汉代易学家的革新精神与创新成果影响了汉代审美文化的变化和发展,体现了对《周易》中正和谐审美观的坚持与创新。中和之美最早明显体现在《春秋繁露》中,但是通过借助文本梳理其与《周易》经传的关系,不难发现董仲舒的天人关系思想也源于《周易》,可见,《周易》对董仲舒中和之美观念的影响尤为深刻。《白虎通义》融合今、古文经学的观点,试图运用阴阳五行理论和汉代象数易学的思维方法,以中和之美作为最高审美价值观来规范经学研读者乃至社会各阶层人民的审美思维与方式,这充分体现了《周易》经传确实对它产生了极其深刻的影响。

在六朝时期,《周易》作为"三玄"之一,不仅深刻影响魏晋玄学的发展,而且对易学的创新发展、园林美学、书法美学、文论、诗论、画论等都有显著的影响。北周时期,卫元嵩的易学著作《元包》在形式、文辞、思想、占筮方法上与《周易》的雷同,充分说明尽管当时国家长期割裂,易学思想仍具有强大的影响力。《周易》对六朝审美艺术的影响至深至广,比如对南朝园林美学的影响就很显著,王羲之书法、书论中的中和之美也是相当明显的，与"唯务折衷"的《文心雕龙》更是关系极其密切。由于佛教的传入，儒佛道三教初步呈现鼎立态势，因此，中和思想开始呈现出新的变化。

隋唐时期，中和之美审美观明显变异。从唐代开始，融"中和"和"中道"于一体的新的中和之美开始影响诗歌理论。诗僧皎然的诗家中道观独具特色，使中国的诗学理论达到新的高度，也使中和之美的审美观念有了新的超越。士人美学发端于先秦时期，与儒家中和思想密切相关。到了唐末五代时期，天下大乱，三教纷争，而詹敦仁作为一个地方士人，能够综合儒佛道三家之所长，中和而成独具特色的清禅思想——"亦儒亦道亦佛"，堪称"清禅旧隐古名儒"，可看作一种颇有特色的中和之美思想。汉唐时期是中华审美文化融合发展的关键阶段，能以《周易》为指导，始终牢牢把握中和之美的核心理念，实现了新的飞跃。

三、中和之美在演进中创新

在宋代，开启了近千年来中华审美文化的崭新序幕，更加重视源于《周易》的中和思想。《周易》对宋代以来的理学美学思想影响是明显的。以理学为代表的新儒学在易学主导下，吸收了禅宗和道家思想的精髓，中和创新成一种更有利于超凡成圣的学说体系。宋明时期，理学在思想文化上占主导地位，对美学理论和艺术实践均产生深远的影响。宋代理学以儒家学说兼容佛道两家的思想，成为中国古代最为完备的理论体系，影响深远。宋明时期，理学家的思想直接或间接涉及了"中和"，理学家们的中和思想也存在着相互影响与继承的关系，无论是同时代的司马光与邵雍、三苏、陆九渊和朱熹，还是不同时代的程颐与朱熹、朱熹与王阳明，都植根于易学与儒学的思想土壤，都力主中和的思想。

明代王阳明的心学正是在易学思维和思想的启发下形成的，其"良知即易"的思想继承和弘扬了源于《周易》的中和思想，使"千古一心而归中和"得到更为真切的落实。通过研究发现，阳明心学旨在传承超凡成圣的儒学美学智慧，"良知即易"是阳明心学美学的思想精髓。阳明心学对近五百年的中国文化的影响深刻，但其思想根源追根到底还是在《周易》之中，在于"中和"二字。

《封神演义》与《周易》的关系更为密切，不仅演绎了《周易》创作时代的许多故事，也充分体现了一种中和三教，归趋正道的思想。《封神演义》之所以具有传统文化特色，关键的一点就是以易道文化主导一切，包括建构宗教神学体系，虽然唯道独尊，却体现出一团和气的宗教并存现象，体现出作者根深蒂固的源于《周易》学说的"中和之美"审美观。

四、中和之美具有重要价值与意义

深入探讨中和之美，对中国易学、美学以及思想文化的研究都具有重要的学术价值。本课题力在证明源于《周易》的中和之美思维与观念，既是对远古华夏先民在生产劳动中智慧的总结和升华，又持续不断且广泛、深刻地影响近几千年来中华审美文化的演变发展，既是一以贯之的，又是与时俱进的。明于此，我们才能从纷繁复杂的历史现象中看清时代发展的主旋律，才能牢牢把握住中华审美文化的核心精粹，才能不断以此为标准来拨乱反正、补偏救弊，使各方面的发展都能不断调整到有利于和谐与平衡的道路上。把易学与美学相结合，既能从美学的角度来理解中和的意义与意境，又能从易学的角度来理解美的圆融与亨通，使易学始终面对的"趋吉避凶"之目标终于可以运用美学加以合理解释，也使难以定义与解释的美学可以在易学的玄思和象征的话语体系里得到全面阐释。易学与美学的有机结合也将使东西方的学术更好地融合与对话。

  从应用价值角度看,如果把我们所揭示的中和之美在思维的方法和模式上加以普及推广,让更多民众明白中和之理,体悟中和之美,不仅有利于为人处世、居家养生,而且有利于社会的和谐稳定,这无疑是利国利民的。

(原载《社会科学报》第1717期,2020年7月30日第5版)

融通之境的寻求

——当代易学与美学研究史抉要

易学对中华审美文化产生了极其深远的影响,深刻且持续地影响着中华民族的审美思维。尽管《周易》本为卜筮之书,但它与中国审美文化和艺术实践研究却有着千丝万缕的联系。关于易学与美学的研究,前贤时俊已有涉论,但目前尚存在诸多值得探讨的问题:如何看待已有的《周易》美学研究成果?如何梳理易学对历代审美文化的影响?易学与美学是否可以融通?易学与美学作为一个学科研究方向能否成立?易学与美学研究的内容、方法与体系如何确立?因此,为了推进对这些问题的研究,我们有必要对学术界已有的成果加以搜罗、甄别和反思。

一、美学史视域下的易学与美学研究

1979 年,宗白华在《文艺论丛》第 6 辑上发表《中国美学史中重要问题的初步探索》[①] 一文,拉开了中国美学史研究的序幕,其中提到《易经》的《贲》卦和《离》卦包含古人的审美观念。随后,北京大学哲学系美学教研室集体编选的《中国美学史资料选编》[②] 出版,其中节选了《说卦传》《系辞传》的部分内容,认为《周易》不

---

① 宗白华:《宗白华全集》第三卷,安徽教育出版社,1994 年。
② 北京大学哲学系美学教研室编:《中国美学史资料选编》,中华书局,1980 年。

仅直接影响了哲学思想的发展，也深刻影响了美学思想的发展。

叶朗《中国美学史大纲》① 第三章以《〈易传〉的美学》为题，详细分析了《易传》在中国美学史上的地位。叶朗认为《易传》突出"象"的范畴，并且提出"立象以尽意"和"观物取象"两个命题，构成了中国古代美学思想发展的重要环节，其阴阳刚柔、通变成文、知几其神、修辞立诚等辩证法思想也影响了中国古典美学的发展。

李泽厚在《华夏美学》② 第二章"孔门仁学"的第五节中提到《易传》继承和发展了荀子的思想。它保存和扩展了荀子那种向外开拓的物质性实践活动的刚健本色，同时摒弃了"制天命而用之""天人相分"的命题而回到"天人合一"的心理情感的轨道上。这一回归的特点在于：《易传》系统地赋予"天"以人类情感的性质。它所强调的"人与天地参"，不再是荀子那种征服自然的抗争形态，而采取了顺应自然的同构形态。《易传》的"天"是外在自然，却类比、拟人地具有道德的品德和情感的内容。这种品格和情感只是色调，而非真正的人格意志；它实质上是审美的、艺术的，而不是宗教神学的或科学认识的。这感性世界的肯定性价值，不由上帝或人格神所赋予，而是通过人的自觉意识和努力来达到的。《周易》这种认为自然与人事只有在运动变化中存在的看法，即"生成"的基本观点，也正是中国美学高度重视运动、力量、韵律的世界观基础。

李泽厚、刘纲纪主编的《中国美学史》第一卷③第八章专题讨论了《周易》的美学思想。书中认为：首先，《周易》对中国美学的影响不在于它所提出的个别直接具有美学意义的概念、范畴，而在它的整个思想体系。而这个思想体系从根本上说是天与人相通、相一致，肯定人与自然的统一性，也就是《周易》所说的"神道设教"。其次，

---

① 叶朗：《中国美学史大纲》，上海人民出版社，1985年。
② 李泽厚：《华夏美学》，天津社会科学院出版社，2002年。
③ 李泽厚、刘纲纪：《中国美学史》第一卷，中国社会科学出版社，1984年。

《周易》认为平衡统一是事物得以顺利发展的根本条件,这为中国美学所追求的"和"的理想提供了哲学的阐明。最后,《周易》认为世界是在阴阳两种相反的力量的互相作用下不断运动、变化、生成、更新的。这又为中国美学追求气势、力量、运动、韵律的美提供了哲学的阐明。此外认为《周易》还提出了"文""象""意""阳刚""阴柔""神"等具有美学意义的范畴。

陈望衡《中国古典美学史》① 的第七章以"阴与阳""刚与柔""变与通""神与几""中与和""象与意"六组范畴为讨论对象,揭示《周易》与中国美学的联系。朱志荣《中国美学简史》② 一书认为,《易传》包含着丰富的美学思想,特别是在天人合一、生命意识、意象思想和诗性思维诸方面,对后世产生了深远的影响。祁志祥《中国美学全史·先秦至六朝美学》第二卷③就《周易》的美学思想做了一些梳理,选取"仰观俯察""立象尽意""相杂为文,极饰返素""唯变所适,刚健美利""同声相应,同气相求""仁者见仁,智者见智""反身修德,美在其中"等八个命题进行了阐发。

王振复《中国美学的文脉历程》《中国美学史教程》《中国美学史新著》④ 均有专题讨论《易传》的审美精神与蕴含。作者认为,《易传》美学精神与审美意识的基本内核是"象"。这种"象"意识是原始审美意识的前期文化心理。其另一重要表现就是生命意识,作者以《贲》卦为例揭示了"天文"与"人文"之美的生命美学精神。此外,《易传》的美学精神还有一点重要内容,即儒道文化意识包括审美意识与美学精神之初起的融合。

敏泽《中国美学思想史》⑤ 提到,"中行"是周文化处理"人道"

---

① 陈望衡:《中国古典美学史》,湖南教育出版社,1998年。
② 朱志荣:《中国美学简史》,北京大学出版社,2007年。
③ 祁志祥:《中国美学全史》第二卷,上海人民出版社,2018年。
④ 王振复:《中国美学的文脉历程》,四川人民出版社,2002年;王振复:《中国美学史教程》,复旦大学出版社,2004年;王振复:《中国美学史新著》,北京大学出版社,2009年。
⑤ 敏泽:《中国美学思想史》,中国社会科学出版社,2014年。

的准则，对我国文化思想乃至美学思想产生了长期而重大的影响。廖群《中国审美文化史·先秦卷》①"周代礼乐的人文风貌"第五节"'立象以尽意'：《周易》智慧的诗意化"认为，《周易》蕴含着符号、形象、象征、诗意等艺术美的形式，鲜明体现了周人的哲学、世界观、人生观、智慧、审美趣尚等意识；并从"弥纶天地，无所不包""阴阳：二元对立的模式""刚柔兼济之美""立象以尽意""《周易》的诗歌意味"五个方面简述了《周易》的审美文化思想。张法主编的《中国美学史》②以"《易传》美学思想"为题，讨论了"生生之美"和"君子人格美"，认为《易传》不但为儒家的道德论确立了一种形而上学根基，而且开启了中国文化的生命美学精神。

在《中国美学通史·先秦卷》③中，孙焘以"易象与意象"为题，专论《易经》的哲学与美学意义。书中认为《易经》的卦、爻象跟图案、文字一样，也是一种古人呈露意义的"文"。易象是一个庞大的、周流通变的体系，呈现了中国古人心目中的世界面貌。中国古代意义世界的理想秩序具有的艺术化形态最早即来自《易经》的卦象体系。《易经》阴阳对待的动态之美，是古人欣赏的一种美。就易象的意义来说，它依托于整体的、有机的象数系统。但《易》所蕴含的整体系统不是一种静态的、超时间的完满结构，而是寄寓于在自组织过程中的动态平衡。这种动态平衡的表现则是吉凶涵义的永恒转化和错落驳杂、非完美的形式美。在这样的观念中，《易经》追求的是"群龙无首"之美。随后，该书又以"《易传》的美学思想"作为专章分析并提出：在美学上，《易传》主要有两方面的积极贡献，其一是对"立象以尽意"的积极阐释；其二是提出了"无思、无为""寂然不动，感而遂通"等观物取象的原则，打破了人们对于易象的功利化理解，充实了先秦美学的审美心胸论。这些也显示了儒道两家美学

---

① 廖群：《中国审美文化史·先秦卷》，上海古籍出版社，2013年。
② 《中国美学史》编写组：《中国美学史》，高等教育出版社，2015年。
③ 孙焘：《中国美学通史·先秦卷》，江苏人民出版社，2014年。

思想的会通。

王向峰《中国古代美学史论》①是目前能见到的美学史研究中最重视《周易》美学思想研究的论著。该书第一编即是"《周易》的美学思想",分别从"《周易》的立象与尽意""《周易》审美文化模式的创造""《周易》的意象论""《周易》乾坤卦象的美德启示"四个角度探讨了《周易》的美学思想。

高建平《中华美学精神》②第三章"生生之乐"认为,虽然《周易》中并没有直接阐释美学的内容,但由于原始巫术对世界的观察及思维方式与艺术十分接近,因此易学包含了许多与艺术相通的成分。比如《易经》的卦辞、爻辞充满了隐喻、象征,具有浓烈的艺术意味。《易传》中的"生生""阴阳""刚柔""立象尽意""交感"等范畴,后来都成为重要的美学命题。因此,《周易》不仅是中国文化之源,也是中国美学之根和中国文艺理论之源。此外,从易学本体来看,作为占筮之学,其六十四卦、三百八十四爻的符号系统有阴阳协调之美、结构对称之美、圆道循环之美;作为社会之学,其卦辞、爻辞中存在着刚柔相济之美、自强不息之美、动静有常之美;作为自然之学,其象数中存在着星辰流转之美、奇偶合图之美、五行生克之美。

从以上的梳理来看,诸家的美学史研究确实都注意到了《周易》的美学思想,但大多聚焦于《易传》的美学思想,对《易经》的美学思想关注不足。平心而论,从逻辑性、学理性来说,《易传》所蕴含的美学思想确实比《易经》更易理解和接受,后来影响中国艺术实践的观念也确实多溯源于《易传》。但我们不能否认,《易经》所蕴含的美学思想以及审美传统,是中国美学的根本与文化基因所在,需要重新审视。

---

① 王向峰:《中国古代美学史论》,辽宁人民出版社,2015年。
② 高建平:《中华美学精神》,中国社会科学出版社,2018年。

二、易学与美学的研究专著仍然偏少

王振复《周易的美学智慧》① 是国内第一部研究《周易》美学思想的著作,作者运用文化人类学中关于巫学的理念研究《周易》美学,从巫学智慧走向美学智慧,令人耳目一新。其后修订的《大易之美:周易的美学智慧》②,再次从文化人类学角度阐述了神秘玄妙的易学世界,揭示了《周易》美学智慧的巫文化根源、时间哲学、生命意识、"和兑"境界、人格模式与太极理想。后书为前书的修订,思路具有一致性。前书不少篇幅从文化学视角论证易学与美学的转化,在理论建构上提供了思考方向,后书则侧重美学智慧的阐释。在最近的一篇名为《〈周易〉美学,何以可能?》③ 的文章中,王振复又侧重从"作为文化哲学的美学""美学与易学的关系研究是可能的"两大方面进一步论证了《周易》美学成立的内在机制。

刘纲纪《〈周易〉美学》④ 也是较早系统谈论《周易》美学的著作。刘纲纪从《周易》文本考释出发论述美的观念,将《周易》的生命美学与西方美学比较,区分阳刚之美与阴柔之美,并对"文"与"象数"作了分析。其后,刘纲纪、范明华合著《易学与美学》⑤,从美学原理与艺术实践两个大的方面阐述了《周易》对中国美学的影响,着重对《周易》卦象所蕴含的形式美作了分析,并与中国传统的工艺、建筑、绘画、书法、文学、音乐与舞蹈等艺术形式相勾连,揭示《周易》的美学思想。这本书是在前著《〈周易〉美学》的基础上

---

① 王振复:《周易的美学智慧》,湖南出版社,1991年。
② 王振复:《大易之美:周易的美学智慧》,北京大学出版社,2006年。
③ 王振复:《〈周易〉美学,何以可能?》,载《社会科学报》,2021年1月5日。
④ 刘纲纪:《〈周易〉美学》,湖南教育出版社,1992年;刘纲纪:《〈周易〉美学》,武汉大学出版社,2006年。
⑤ 刘纲纪、范明华:《易学与美学》,沈阳出版社,1997年。

对易学美学原理做出了分析与论证，于易学美学理论而言具有重要意义，但对《易经》的美学思想及其理论的涵摄相对较少。

王明居《叩寂寞而求音——〈周易〉符号美学》①从符号学的角度揭示了《周易》的符号美学思想。其在剖析《周易》卦爻符号的基础上，对《周易》符号美学的隐形系统、隐形范畴、意象论、逻辑判断、二律背反、生命意识、太极论、阴阳刚柔论、方圆论、中和论予以深究，最后与西方的理论进行比较，由此追寻《周易》符号美学的价值与内涵。张锡坤等著的《〈周易〉经传美学通论》②认为，《周易》由《经》到《传》的发展当视作一个解释性创作的历程，讨论《周易》的美学观念必须对经传进行整合性的处置和理解，走出"经传分离"的误区。该书还指出：现代意义上对《周易》美学思想的研究，始于20世纪二三十年代，但大部分研究者把功夫下在《易传》上，对《易经》多语焉不详，以至于《易经》的美学意蕴一直没有获得准确的定位。

陈良运《〈周易〉与中国文学》③虽不是专门的《周易》美学研究专著，但给人很大启发。该书第三章着重探讨了《周易》的审美意识，认为《周易》的审美意识以"立象以尽意"为主要表述手段，发端乎《易经》，发挥乎《易传》，阐述了从"天文"（自然美）到"人文"（政化、事迹、文辞美）的演化过程中所形成的具有一定规范的美学思想。这种规范就是：天地自然界凡有利于人者，皆是美之本原，"美"与"利"有密切的关系；由此而派生的种种审美观，以阳刚之美为主轴；再推及"人文"，以"化成天下"为最高实现。

台湾学者李焕明《〈易经〉的生命哲学》④和《比较易学论衡》⑤二书均涉及《易经》的美学思想。前著论述"《易经》的美学思想体

---

① 王明居：《叩寂寞而求音——〈周易〉符号美学》，安徽大学出版社，1999年。
② 张锡坤、姜勇、窦可阳：《〈周易〉经传美学通论》，生活·读书·新知三联书店，2011年。
③ 陈良运：《〈周易〉与中国文学》，百花洲文艺出版社，1999年。
④ 李焕明：《〈易经〉的生命哲学》，台北文津出版社，1992年。
⑤ 李焕明：《比较易学论衡》，台北文史哲出版社，1995年。

系"和"《易经》的美学思想概念"两个方面。作者认为,《易经》美学思想的根源是《易经》形上学,《易经》是中国哲学的源头,也是中国美学的源头。《易经》美学的哲学基础则是"生生"生命机体和谐哲学。后书以"《易经》中美的世界"为题,认为《易经》中的美学思想见诸乾坤两卦,由宇宙之至美、永恒美推至人生的美、纯美,进而开拓美的世界,建立《易经》生生美学的完善体系,把宇宙人生塑造成为纯美的太和境界。此两书具有延续性,均是以生命哲学为着力点,实际上其研究重点仍是《易传》的美学思想,并未区分《易经》与《易传》,而且西方理论色彩较为浓厚。严格意义上说,两书并无多少新意,于理论建构意义有限。

台湾学者曾春海《〈易经〉的哲学原理》①亦专章讨论易学的审美观及其对中国绘画的影响。作者从"图象结构的形式美及其托象寄意""易学审美观对绘画的影响""受易学影响下的绘画作品"三个方面来探讨相关问题。他认为,易图及其卦爻象本身具有的整体性、秩序性和规范性形式结构呈现了整体美、秩序美和规律美,而且图象的统摄功能揭示了宇宙万象中普遍的内在结构、相互联系的关怀、运行的规律,进而由阴阳交感及其运化相合的"太极"构成和谐有序的有机整体,影响着中国绘画美学。这是因为审美活动基于交感论及托象寄意论,审美意识由此产生,以兴发具有美感欣赏的意象世界。那些受此影响的绘画作品呈现"阳刚之美""阴柔之美""以刚决柔之美"和"柔中带刚"四种美感品味。该书所言颇有道理,尤其是立足绘画艺术,既有理论的刚性,又有鉴赏的柔性。于理论构建和方法层面均能给人启发。

李定《符号学视野下的易学》的重要贡献在于发现了"易"思维的演化规律,并提出了以"方"解"易"的研究思路,"将《易》视为中国古典文化原始密码"②。书中重点论述了和谐的卦爻之美,认

---

① 曾春海:《〈易经〉的哲学原理》,台北文津出版社,2003年。
② 李定:《符号学视野下的易学》,华南理工大学出版社,2017年,第167页。

为刚柔是易之美学思想的基础,又谈到了象数的审美意蕴:"象数符号具有系统构造的哲学优越性,象数符号直观体验的本质让它通向妙悟的境界,因此又具有无穷的审美意蕴。"① 最后作者回答了什么是美:"美是和谐,是主体和客体、人与自然、情感与理智、灵与肉、内容与形式的和谐统一,是主体实践自由地符合着客观规律。人类从混沌状态中分化出来,首先是原始的天人合一的境界。"② 他还认为:"美学和易学最接近,易学要解决的是天人合一,美学要解决的是人与自然的和谐,在一定意义上,他们是同一个问题。回到人类的早期去考察,它们则是没有分化、不可分割的同一个问题。"③ 这可谓看到了问题的实质,因此我们说"易"思维就是一种审美思维。

综上,这些研究专著均采取了跨学科的研究方法,或借助文化人类学方法,或结合中西比较进行理论的阐发,或运用符号学理论,于方法论层面颇能启人耳目,理论观点亦不乏新意。

三、易学与美学的研究论文日益增多

(一)《周易》经传美学思想研究

1979年,宗白华《中国美学史中重要问题的初步探索》一文可以说是对《周易》美学思想,尤其是《易经》诸卦美学思想的最早发掘。张善文《"自然成文"说的美学意蕴》④ 一文认为"自然成文"说最早要追溯到《周易》,其与艺术强调"自然"颇多契合之处,但与西方的"自然主义"不可混为一谈,可以说是"自然美"与"艺术美"的统一。宗白华是著名美学专家,张善文是著名易学专家,可

---

① 李定:《符号学视野下的易学》,华南理工大学出版社,2017年,第167页。
② 同上书,第149页。
③ 同上。
④ 张善文:《"自然成文"说的美学意蕴》,载《文艺研究》,1985年第3期。

见早在二十世纪七十年代末，易学研究与美学研究互相关注和交融的学术现象就已出现。

袁振保《〈周易〉美学思想的历史影响》①一文认为，《周易》的美学思想主要在《易传》中，特别是在《系辞》《彖》《象》《文言》中。中国古代诗文理论中的"文原"说、"文气"说、"文道"说、"意象"说、"神韵"说、"性灵"说，风格的"阴阳刚柔"说，画论中的"形神"说、"气韵"说，音乐理论中的"乐音发生"说，都与之有关。其《〈周易〉与中国美学》②一文亦强调《周易》是中国美学的思想渊源，《周易》的美学精神渗透在《周易》的哲学思想之中，把事物的发展、事业的通泰、生命的自由作为美的基本定性，以阴阳二气的相交、相合、调和以及其错综、变化作为美产生的基本根源，把阳刚之美、事业之美放在美的首位，把智、德、业、位、文作为君子人格、伦理之美的追求。他还认为《周易》的美学精神是中国的艺术精神，但对中国艺术的影响并不都是积极的，立论较为公允、客观。

殷绍基《略谈〈周易〉的美学价值》③一文概述了《周易》"仰观俯察"对后世文艺的影响、阴阳哲学对文艺作品的艺术风格区分与对立审美范畴的影响，并以《咸》《坤》《泰》三卦为例，探索《易经》的美学思想。石夷《〈周易〉美学思想的历史地位》④认为，考察《周易》美学思想的历史地位时要将《经》《传》的美学思想分清楚；而且我们研究《周易》的美学贡献，也不能仅仅看其提出了哪些命题，而是看比前人多讲了些什么，解决了哪些前人没有解决的问

---

① 袁振保：《〈周易〉美学思想的历史影响》，载《杭州师院学报（社会科学版）》，1985年第3期。
② 袁振保：《〈周易〉与中国美学》，载《西北师大学报（社会科学版）》，1991年第5期。
③ 殷绍基：《略谈〈周易〉的美学价值》，载《湘潭大学学报（语言文学）》，1985年第S2期。
④ 石夷：《〈周易〉美学思想的历史地位》，载《复旦学报（社会科学版）》，1986年第2期。

题。《周易》的美学成就主要在于《易传》的美学思想。王向峰《〈周易〉美学的始发意义》①提出,《易》象是具象的抽象,抽象的具象,可见之象不能直见其义,象之中含义无穷;从物到象转化的观念和方法,为把握艺术的审美规律提供了一个基本模式:取物为象,物到象的转化,中间环节是人,人把主体的吉凶利害意识灌注于其间,于是产生了象中之义,而易象类万物之情,从自然与人事中揭示了美的形态。这些《周易》美学的始发意义,都在于思想的引发。

王振复《〈周易〉重"生"美学思想及其历史影响》② 一文提出:《周易》特别是《易传》部分,强烈地躁动着一种重"生"的美学精神,可以说,没有哪一部中华先秦古籍像《周易》这样对人"生"倾注了如此巨大而虔诚的热情,蕴涵着独特而深邃的美学思考。"生"的美学思想有三个层次:肯定与歌颂人"生"的原初与伟大品格,以人"生"观念领悟"天文"(自然美)与"人文"(人工美)的原初生成与本质,以生命美学观界说"天人合一"的"美"的最高境界,从而完成了从形而下的人"生"向形而上的宇宙、人生本体美学思想的转换。其历史影响一方面是对"形、神、气"审美范畴的横移与外溢;另一方面则在于一定程度上阻塞了民族忧患与悲剧意识的发展,如在文艺中的突出表现,便是以大团圆去掩盖人生现实的苦难与毁灭。

陈望衡《〈周易〉与中国美学精神(二题)》③ 一文认为"中""和"是《周易》两个非常重要的概念,是中国传统的中和为美的审美理想的理论源泉;"变""通"是《周易》观察事物的方法论,对中国传统审美视角的形成起了很大作用,刘勰关于文学发展规律的

---

① 王向峰:《〈周易〉美学的始发意义》,载《辽宁大学学报(哲学社会科学版)》,1989年第1期。
② 王振复:《〈周易〉重"生"美学思想及其历史影响》,载《学术月刊》,1989年第3期。
③ 陈望衡:《〈周易〉与中国美学精神(二题)》,载《浙江大学学报(社会科学版)》,1993年第1期。

"通变"论即源于此。王煜《〈周易·贲卦〉对中国美学的沾溉》①一文算是较早就《周易》中的具体一卦著成的美学论文,作者主要揭示了《贲卦》与视觉美学的联系。毛宣国《〈周易〉与中国古典美学》②一文以《周易》"阴阳""象""生""险""丽""简"等范畴为例讨论了《周易》与中国古典美学的关系。李南蓉《〈周易〉的文艺美学价值》③一文将和谐美视为《周易》美学的核心,其表现为阳刚与阴柔的对立统一,具象与抽象的对立统一,感性与理性的对立统一;产生和谐的根本原因在于变易性、流动性、辩证性,即以变易为动力,经历辩证的途径所揭示的生命美,乃是《周易》和谐论的精髓。蒋凡、张小平《〈周易〉对古典美学和文论批评的影响》④一文从古典美学与文论批评的角度,对《周易》"阴阳之道""观物取象""通变入神""中和之美""观生观民""情见乎辞""言意之辨""言语枢机""称名取类""贲饰尚素"十个方面做了微观剖析,具有点引之效。

刁生虎《〈周易〉:中国传统美学思维的源头》⑤一文强调《周易》是中国传统美学的源头,其所奠定的天人合一、阴阳和谐、隐喻

---

① 王煜:《〈周易·贲卦〉对中国美学的沾溉》,载《浙江学刊》,1992年第2期。与此相类似的论文有:刘立策:《〈周易〉"白贲"美学思想研究》,四川师范大学硕士论文,2002年;刘珺:《〈周易〉与中国画审美之渊源》,天津大学硕士论文,2005年;徐飚:《〈周易〉"贲"卦美学思想探析》,载《浙江工艺美术》,2000年第Z1期;黄黎星、罗爱玲:《风行水上 焕然成章——〈周易〉涣卦"风行水上"说的美学意蕴》,载《河南科技大学学报(社会科学版)》,2007年第3期;于凤丽:《〈周易〉时空观念对中国绘画美学思想的影响》,载《西北工业大学学报(社会科学版)》,2008年第2期;王跃奎:《〈周易〉的"中和"美学观对山水画理论与创作的影响》,载《艺术评论》,2012年第5期。

② 毛宣国:《〈周易〉与中国古典美学》,载《湖北民族学院学报(社会科学版)》,1993年第4期。

③ 李南蓉:《〈周易〉的文艺美学价值》,载《复旦学报(社会科学版)》,1995年第5期。

④ 蒋凡、张小平:《〈周易〉对古典美学和文论批评的影响》,载《内蒙古师大学报(哲学社会科学版)》,1994年第1期。

⑤ 刁生虎:《〈周易〉:中国传统美学思维的源头》,载《周易研究》,2006年第3期。

象征、直觉体悟等思维方式开启了美学的东方传统，成为中国传统美学思维的源头活水。陈炎《〈易经〉：作为儒、道美学思想萌芽的卜筮观念》① 一文对《易经》阴阳爻的产生可能取象于男女生殖器的说法予以重新的理解和考释，并由此进一步阐释了先秦儒、道两家分别选择"阳刚之美"与"阴柔之美"的成因。从先秦哲学美学发展史的角度看，该文立论富有新意，也能自圆其说。但若就《易经》阴阳爻产生的起因而言，文中有个别值得商榷之处。

谢金良关于易学与美学研究的论文，主要有《也谈〈易经〉阴阳爻与儒道美学》《关于〈周易〉与美学的若干思考》《略论〈周易〉对两汉经学美学的影响》《试论〈周易〉对董仲舒审美观念的影响》《〈周易〉对阳明心学美学思想的影响》《〈周易〉"中和之美"：中华审美文化的基因》② 等。这些论文既探索了易学与美学融通的可能性，提出"一阴一阳之谓美"的新观点，又侧重研究《周易》对儒道美学、经学美学、董仲舒思想、阳明心学等的深刻影响。

孙喜艳的博士论文《〈周易〉美学的生命精神》③ 从《周易》中"生"的内涵、特点与价值，《周易》生命精神的内在生成，生命符号的审美创造，生命精神的审美表现四个方面探讨了《周易》的生命精神。其目的是对《周易》的生命精神及其蕴含的价值作一全面系统的阐释，于中国美学研究大有裨益。陈碧《〈周易〉象数美学思想研

---

① 陈炎：《〈易经〉：作为儒、道美学思想萌芽的卜筮观念》，载《复旦学报（社会科学版）》，2004年第6期。

② 谢金良：《也谈〈易经〉阴阳爻与儒道美学》，载张善文、黄高宪编：《中国易学》，福建教育出版社，2010年，第523—534页；谢金良：《关于〈周易〉与美学的若干思考》，载《文学教育》，2014年第5期上；谢金良：《略论〈周易〉对两汉经学美学的影响》，载《广西大学学报（哲学社会科学版）》，2016年第1期；谢金良：《试论〈周易〉对董仲舒审美观念的影响》，载《2019年中国·衡水董仲舒与儒家思想国际学术研讨会论文集》，后改题为《〈周易〉对董仲舒思想观念的影响——以《春秋繁露》为研究对象的考论》发表于《衡水学院学报》，2021年第2期；谢金良：《〈周易〉对阳明心学美学思想的影响》，载2018年复旦大学《传承与构建——中国古典美学高端论坛论文集》，后发表于《复旦学报（社会科学版）》，2022年第3期；《〈周易〉"中和之美"：中华审美文化的基因》，载《社会科学报》，2020年7月30日。

③ 孙喜艳：《〈周易〉美学的生命精神》，苏州大学博士论文，2010年。

究》和徐海涛《〈周易〉象数美学研究》①是目前仅有专门研究《周易》象数美学思想的博士论文。陈文认为，《周易》"象数"是构成中国文化的"原型"之一，中国文化和美学尚象、重象，其哲学起点当是《周易》的卦象符号，并从"易象与审美""易数与审美""象数与中国艺术""象数与诗意栖居""《周易》象数美学的当代价值"等方面加以研究。徐文对《周易》象数美学思想研究确有开拓之功。该文较为系统地论述了《周易》象数本身的概念、思想及《周易》象数与中国的文学艺术美（主要从音乐、书法、绘画、文学四个角度展开论述）和中国人的诗意居住美之间的复杂的关系，分析了《周易》象数思想的美学化或者形象化的思维特征，认为这种美学化或者形象化的思维特征也是中国哲学区分于西方哲学数理逻辑思维最主要的标志，它形成了中国文化独有的思维模式和审美文化传统，对后世影响深远。

探究先秦易学观念及其审美意识的内在生成机制和特性是研究相关易学哲学、易学美学的基础和前提。樊高峰的博士论文《先秦易学观念及其审美意识发生论》②重点讨论了《周易》卦爻辞、《易传》以及《左传》《国语》部分筮例中蕴含的易学观念及其审美意识的内在生成机制和特性，选题具有创新性和挑战性。文章主要从四个方面展开论述，最后一章梳理、研究了一些先秦易学观念中具有代表性的审美意识：首先，讨论了先秦易学观念中的生生之美。它主要是在生命崇拜的关联域中形成的，作者主要结合生命崇拜讨论了《周易》中"天""地"神交而化生万物的生生之美，与四正卦对应的四时及其始终观念中的生命之美，阴阳转化而化生万物中的"大和"之美；其次，探讨了先秦易学观念中具有哲学美学意蕴的"中""正"之道及其审美意识；最后，讨论了先秦易学实践（即《左传》《国语》筮

---

① 陈碧：《〈周易〉象数美学思想研究》，武汉大学博士论文，2005年；徐海涛：《〈周易〉象数美学研究》，武汉大学博士论文，2016年。
② 樊高峰：《先秦易学观念及其审美意识发生论》，复旦大学博士论文，2020年。

例）中的政治之美，这些政治之美是政治和占筮信仰共同催生的，主要包括："《易》不可以占险"与德之美、政治想象（理想）与政治之美。

此外，张玉能《周易美学》、崔波与梁惠《〈周易〉美学思想刍议》、崔波《论〈周易〉的美学观念》、朱岚与王维平《"象"：〈周易〉美学思想的建构原则》《阴阳——〈周易〉美学思想之总纲》《道通天地有形外思入风云变态中——论〈周易〉美学的基本精神》、朱岚《〈周易〉美学的生命本体论》、陈望衡《〈周易〉的"文"观与美学》、姚文放《中国戏剧美学与〈周易〉》、李欣人《〈周易〉与接受美学》、陈虹《试论〈周易〉的美学思想》、姜勇《〈周易〉经传美学研究三题》、李天道《〈周易〉与中国美学"常""变"生化观》、汪毓楠《身体维度中的"畅"之美——〈周易〉美学思想举隅》、王花《试论〈周易〉美学的思想体系》、张艳艳《观：作为中国古典美学审美范畴的意义存在》、朱志荣《论〈周易〉的意象观》、阎耀棕《〈周易〉中"观"所隐含的美学思维》[①] 等文章从不同的角度对《周易》的美学思想进行延伸，深化了《周易》美学的研究，为后续研究提供了有益的参照。还有一些对刘纲纪《〈周易〉美学》评价的文

---

① 张玉能：《周易美学》，载《文艺研究》，1993年第5期；崔波、梁惠：《〈周易〉美学思想刍议》，载《周易研究》，2002年第1期；崔波：《论〈周易〉的美学观念》，载《安阳师范学院学报》，2002年第6期；朱岚、王维平：《"象"：〈周易〉美学思想的建构原则》，载《华中师范大学学报（哲学社会科学版）》，1992年第2期；王维平、朱岚：《阴阳——〈周易〉美学思想之总纲》，载《周易研究》，1992年第2期；王维平、朱岚：《道通天地有形外 思入风云变态中——论〈周易〉美学的基本精神》，载《周易研究》，1994年第3期；朱岚：《〈周易〉美学的生命本体论》，载《华中师范大学学报（哲学社会科学版）》，1995年第2期；陈望衡：《〈周易〉的"文"观与美学》，载《辽宁大学学报（哲学社会科学版）》，2003年第4期；姚文放：《中国戏剧美学与〈周易〉》，载《艺术百家》，1994年第4期；李欣人：《〈周易〉与接受美学》，载《周易研究》，2005年第3期；陈虹：《试论〈周易〉的美学思想》，载《安徽大学学报（哲学社会科学版）》，2008年第2期；姜勇：《〈周易〉经传美学研究三题》，载《华夏文化论坛》，2008年；李天道：《〈周易〉与中国美学"常""变"生化观》，载《西南民族大学学报（人文社科版）》，2008年第12期；汪毓楠：《身体维度中的"畅"之美》，吉林大学硕士论文，2009年；王花：《试论〈周易〉美学的思想体系》，山西大学硕士论文，2011年；张艳艳：《观：作为中国古典美学审美范畴的意义存在》，载《兰州学刊》，2004年第6期；朱志荣：《论〈周易〉的意象观》，载《学术月刊》，2019年第2期；阎耀棕：《〈周易〉中"观"所隐含的美学思维》，载《有凤初鸣年刊》，2009年第4期。

章，如邹元江先后写了 4 篇文章进行评述，即《生命哲学与生命美学——评刘纲纪的〈周易美学〉》《心物交感——文艺本体论——刘纲纪〈周易美学〉述评》《卦象：哲学性与艺术性的符号——刘纲纪〈周易美学〉述评》《生命美学与中国美学的伟大精神———评〈周易美学〉》。另外，《周易》与设计美学、生态美学的研究也有零星论文，如姚丹《先秦设计美学思想研究》、张宜《对〈周易〉的生态美学思想解读》、曾繁仁《试论〈周易〉"生生为易"之生态审美智慧》、李静《易学思想与生态美学建构》、李天道《〈周易〉"与天地合其德"之生态美学解读》① 等，这些研究拓宽了《周易》美学的研究领域，为我们提供了方法论的启示。

（二）《周易》名家美学思想研究

对历代研究《周易》的著名学者的易学美学思想展开研究，是易学与美学研究的一个重要领域。笔者目力所及最早的成果应该是皮朝纲《王弼美学思想蠡测》② 一文。作者认为，在中国美学思想史上，王弼是最早将美归于情感范畴的。如王弼在《周易略例·卦略》中说："观之为义，以所见为美者也。"作者以王弼著作中的某些观点为切入点，探讨其对文艺美学的影响。这种做法无疑是导夫先路，今天的研究似乎也没有脱离这样的范式。随后，王明居《宗白华先生的〈周易〉美学研究》③、王木青《论王勃的〈周易〉美学思想》④、刘

---

① 姚丹：《先秦设计美学思想研究》，武汉大学博士论文，2016 年；张宜：《对〈周易〉的生态美学思想解读》，载《辽宁大学学报（哲学社会科学版）》，2003 年第 3 期；曾繁仁：《试论〈周易〉"生生为易"之生态审美智慧》，载《文学评论》，2008 年第 6 期；李静：《易学思想与生态美学建构》，辽宁大学博士论文，2011 年；李天道：《〈周易〉"与天地合其德"之生态美学解读》，载《中华文化论坛》，2020 年第 1 期；李天道、魏春艳：《〈周易〉生态美学之"天人合一"论》，载《成都师范学院学报》，2020 年第 2 期；李天道、蔺若：《〈周易〉"重生"精神的生态美学解读》，载《绵阳师范学院学报》，2019 年第 12 期。

② 皮朝纲：《王弼美学思想蠡测》，载《西南师范大学学报（人文社会科学版）》，1982 年第 3 期。

③ 王明居：《宗白华先生的〈周易〉美学研究》，载《安徽师大学报（哲学社会科学版）》，1997 年第 1 期。

④ 王木青：《论王勃的〈周易〉美学思想》，载《周易研究》，1998 年第 4 期。

顺《孔颖达〈周易正义〉之"象"论及其美学蕴涵》①、吴鹏《王弼〈周易注〉的通感说与其美学蕴藉》②、张乾元《石涛画论的易学美学思想研究》③、卢蒙《王弼易学美学思想研究》④、林国兵《试论孔颖达的易学理论与美学智慧》⑤、曾春海《宗白华意境美学中的〈周易〉元素》⑥ 等一系列文章均可作如是观，对研究《周易》与美学亦有益处，值得借鉴。

（三）易学与美学的图式研究

在我们看来，宋代出现的图书之学既是对象数派和义理派易学的补充，也是为易学与审美寻找合乎数理的文化图式。先后天八卦方位图、六十四卦方圆图、卦变图、阴阳鱼太极图等似乎反映出：古往今来的学者都在试图寻找一种近乎完美的和谐与平衡之图式。这个问题，在近几年的民间易学研究中取得了重大突破的，主要体现在两方面：一是由戴长坤、谢金良、杨子杰在 2018 年首届复旦易学名师论坛上共同推出的《新时代太和八卦图》和《新时代太和象数图》；二是游惠松在《诚徽——易数宇宙法则》⑦ 一书中推出的游子卦序图和八阶幻方图等。这些图式都倾向于在数理探究的基础上画出真正和谐与平衡的易图，在某种意义上为易学与美学的研究提供了理想的文化图式，有助于人们深入数理层面理解和谐与平衡的理念。

---

① 刘顺：《孔颖达〈周易正义〉之"象"论及其美学蕴涵》，载《湖北大学学报（哲学社会科学版）》，2011 年第 6 期。
② 吴鹏：《王弼〈周易注〉的通感说与其美学蕴藉》，载《中国美学》，2016 年第 1 期。
③ 张乾元：《石涛画论的易学美学思想研究》，载《艺术百家》，2016 年第 6 期。
④ 卢蒙：《王弼易学美学思想研究》，山东大学硕士论文，2013 年。
⑤ 林国兵：《试论孔颖达的易学理论与美学智慧》，安徽师范大学硕士论文，2004 年。
⑥ 曾春海：《宗白华意境美学中的〈周易〉元素》，载《哲学与文化》，2019 年第 9 期。
⑦ 游惠松：《诚徽——易数宇宙法则》，中国文化出版社，2019 年。后改编成《诚徽数理》，中国文化出版社，2021 年。

四、易学与美学研究中的问题与展望

（一）现有研究的问题

1.《易经》的美学思想研究不足。长期以来，由于《易经》文本的特殊性，加之《易传》思想确实较为合乎西方美学理论的逻辑，《易经》的美学思想缺乏相应的研究成果，偶有提及的也是文学、哲学与史学方面的论著。《易经》卦爻辞与诗歌的关系，一直是讨论较多的话题，某种程度上也算是《易经》的文学审美研究。陈良运《〈易经〉卦爻辞的诗性阐释——中国古代诗歌之起源》[①]一文意在说明《易经》与古代诗歌艺术手法和文体形式具有一致性。孙立涛《〈易〉卦爻辞与〈诗〉之传承概观》[②]认为，除意广涵深的哲理外，《易》卦爻辞也具有很高的文学价值。姜勇《〈易经〉卦爻辞的诗性品格》[③]强调《易经》卦爻辞的歌诗成分是人类早期"诗性智慧"的表达。王振复、王蕊《前诗：〈易经〉卦爻辞的文学因素》[④]一文则有不同的理解：在文化本质上，《易经》卦爻辞是用于占筮的筮辞，不是中国诗歌的成熟文本，是由一定古汉语文字及其古朴音韵所建构的"准审美"的诗歌雏形，是包容于中国原始巫筮文化"硬壳"之中的先民审美意识的初步觉醒。黄玉顺《〈易经〉古歌考释》[⑤]一书较为翔实地考察了这一现象，虽然有些观

---

① 陈良运：《〈易经〉卦爻辞的诗性阐释——中国古代诗歌之起源》，载《人文杂志》，1997年第3期。
② 孙立涛：《〈易〉卦爻辞与〈诗〉之传承概观》，载《管子学刊》，2014年第1期。
③ 姜勇：《〈易经〉卦爻辞的诗性品格》，载《华夏文化论坛》第五辑，吉林大学出版社，2010年。
④ 王振复、王蕊：《前诗：〈易经〉卦爻辞的文学因素》，载《辽宁大学学报（哲学社会科学版）》，2003年第3期。
⑤ 黄玉顺：《〈易经〉古歌考释》，上海古籍出版社，2014年。

点确有商榷余地,但其所做的探索值得肯定。

以上所言虽然算是《易经》美学思想研究的一个维度,但仍有较大的提升空间。我们需要在这些研究成果的基础上进一步去思考,对《易经》文本的美学思想进行发掘,比如吉凶悔吝的观念、对"时""位"的重视、"中和"的崇尚等。

2.《易传》的美学思想多集中于范畴和概念研究。范畴和命题的研究,是中国现代学术体系受到西方学术影响的结果。当然,我们不能说这种研究方式不好,但它确实存在一些问题。佛教最初传入中国的时候,我们对佛经的理解也是采用这种"格义"的方法,这对佛教在中国的发展是有很大帮助的。今天,我们建立现代学术体系时,既需要这样的"格义",也需要理解中国传统文化的固有本性。

张晶《中国古代美学命题研究的意义何在》[①]一文认为,中国美学研究虽已成绩斐然,但构建具有中国自身特质话语体系的新时代哲学社会科学的使命,呼唤我们取得新的突破。从范畴研究到命题研究,是中国美学研究发展中一个重要的范式转换。《易传》的美学思想研究亦是如此,现有的成果已经较为可观,但从长远来说,我们需要做出反思,开拓新的领域,推进这一研究。

3.《周易》美学研究的专著不多,理论研究体系不成熟。就笔者目力所及而言,《周易》美学研究的专著寥寥无几,且并没有形成成熟的研究体系,这一点似乎与中国美学的特性有莫大的关系。这些专著大多借助其他理论,确实可以自成一家。但是对《周易》美学本身研究似乎并不能让人满意。在我们看来,一种成熟的研究范式应该有自己的经典理论著作、基本研究内容、可行的研究方法、成型的学术共同体。

(二)未来研究的展望

1. 易学与美学的学理逻辑研究。易学与美学的关系虽然难以否

---

① 张晶:《中国古代美学命题研究的意义何在》,载《社会科学辑刊》,2020年第1期。

认,但是其学理逻辑亦不甚明了。这应该是我们接下来需要攻克的方向。唯有如此,易学与美学的大厦才能牢固树立起来。面对纷繁复杂的学科理论和方法论,如何取舍,如何为我所用,值得我们深思。易学源于中国,美学来自西方,二者之间的学理融合是极具挑战性的工作,稍有不慎便会坠入理论迷雾之中,不知所云。我们既要尝试易学与美学的学理融合,又要知道易学与美学之间的距离。这样才能抽丝剥茧,不至于茫然。

2. 历代易学与美学的专题研究。中国美学并不像西方美学理论那样就某问题展开系统性的讨论。也正因如此,中国美学的特性容易被遮蔽。我们的美学有着自己独特的形式与内容,有历史的连贯性,需要在历时性视域下去观照。历代研究易学的著作浩如烟海,其中许多著作带有特定时代的审美观念。对于历代易学与美学进行专题研究,正好可以弥补这一研究缺陷,同时丰富易学与美学的研究内容。

3. 易学与美学的跨学科交叉研究。日前,国务院学位委员会与教育部印发了通知,决定设置"交叉学科"门类。这一决定的意义正是对当下学术研究发展的积极回应与变革。《诗经·小雅》言"他山之石,可以攻玉"。易学与美学研究本身就属于跨学科交叉研究。近年来又涌现出《周易》与生态美学、《周易》与设计美学、《周易》与电影美学等的研究方向。这些研究无疑提供了较为广泛的研究视角,于易学与美学研究大有裨益。

五、余论:寻求易学与美学的融通之境

融通之境是中国理论的文化自觉,是建构理论话语的中国智慧。现代学术体系的建立,是我们寻求融通之境的可能;前辈时贤研究的揆诸,呼唤着融通之境的到来。反观近几十年来的易学与美学研究,我们不难发现,局面正如陈寅恪先生所言,"一方面尽量输入外来之

学说，一方面不忘本来民族之地位"。从"三千年未有之变局"到"百年未有之大变局"，时代的发展深深影响着学术传统的分合。我们寻求的融通之境，正是寻求当下的审美。

从中国哲学到中国美学，历来学术界争议不断，甚至有"合法性"问题的论争，其焦点无非是现代体系化的理论论述是否适用于我国本土的学术研究。我们并不排斥这种研究，它至少为我们提供了一个研究的参照系。中国固有之学问，历来是面向人的，教人如何修己成人，回答时代问题。知识分子则是这一传统的参与者与建设者，今天亦是如此，读书人应当有这一文化自觉。尤西林曾言："美学阐释也是一种意义阐释，易言之，对意义的阐释是一种移情审美，它体现出阐释者对超出一己事物的普遍同情力。"[①] 融通之境的寻求，必定建立于对本国固有文化传统的"了解之同情"，必定是意义的审美阐释。朱光潜先生说"慢慢走，欣赏啊"，迈向融通之境，当有如此心态！

（本文与博士生黄瑞合作，原载《周易研究》，2021年第2期，第53—63页）

[①] 尤西林：《阐释并守护世界意义的人》，华东师范大学出版社，2017年，第99—100页。

关于《周易》与美学的若干思考

近十年来，笔者开始进入文艺学（中国古典美学）的研究领域，也连续多年给本科生讲授通识教育核心课程"《周易》与中华审美文化"，因此在易学与美学的关系上有所思考和体会。令人困惑的是，如何把易学和美学有机地联系在一起，才能更好地解决这原本属于不同的学科在比较和整合中存在的问题？笔者在设想，如果我们既能用美学的思维来阐释易学，又能用易学的思想来阐释美学，或许能对两个学科都有启发和指导作用。当然，要正确理解易学与美学之间的关系问题，重要的不是论述彼此历史上的联系，也不是对两种学科思想作机械的比较和联系，而是应该更客观地从大哲学、大理论的高度把握两者之间共通不悖的事实。在此，笔者只是希望能够通过对两个不同学科之间的互观，来发现一些被人忽视和遗忘的东西，也借此阐述一下研究易学与美学关系问题的理论意义和现实意义。

一、"美"字的易学解释

（一）"美"字源于八经卦中的兑卦

在中国研究美学，首先难免要问及的便是"美"字的意义，这也就涉及对所"审"之"美"字的理解。时至今日，人们对"美"字基本上已形成普遍的看法，正如百度百科对"美"词条的解释："美měi，会意。金文字形，从羊，从大，古人以羊为主要副食品，肥壮的羊吃起来味很美。本义:味美。另外羊是象形字,象征人佩戴羊角、牛角,古人认为这样很美。"这种说法的雏形至少可以远溯到东汉许慎的《说文解字》:"美,甘也。从羊大。羊在六畜主给膳也。美与善同意。"直到清代《康熙字典》也仍沿用《说文》的理解。古人的说法,有两点是明确的:一是羊大则美,另一是美与善同义。值得注意的是,"美"与"善"在古代中国,不仅都是对审美境界极致状态的形容,而且都与"羊"字相关。可见,要理解"美"和"善",离不开对"羊"字的全面和深入理解。这也是现当代以来,我国许多美学家都从"羊"的角度来理解"美"的原因。于是,从羊这种动物的基本现象,如"肥大""味甘""温顺""可爱"等,来加以解释的思路比比皆是。毋庸置疑,从文字学的角度,根据汉字的形体及其造字的法则,把"美"的意义跟"羊"有机联系在一起,是能够帮助人们更好地认识的。但是,认真追问起来,还是感觉如此解释不够透彻。所以,笔者认为应该进一步从符号学的角度加以解释,这也是符合文字发展历史和规律的。

我们知道,在汉字基本定型之前,《易经》的八卦符号已经出现。由于史阙有间,我们已经很难证明汉字的出现是奠定在《易经》卦爻符号系统之上的,只能根据一些蛛丝马迹来推证汉字与《易经》文化可能存在着密切联系。因循这样的思路,笔者发现"美"和"善"的取象意义,可能都是源于《易经》八经卦中的兑卦。查考《易传》①,《序卦传》有"兑者说也",《说卦传》中依次有"兑以说之""说言乎兑……兑,正秋也,万物之所说也,故曰说言乎兑""说万物者莫说乎泽""兑,说也""兑为羊""兑为口""兑三索而得女,故谓之少女""兑为泽,为少女,为巫,为口舌,为毁折,为附决,其于地也为刚卤,为妾,为羊"。别卦《兑》的卦辞是"兑:亨,利贞",其《象传》的解释是"兑,说也。刚中而柔外,说以利贞,是

---

① 黄寿祺、张善文:《周易译注》,上海古籍出版社,1989年。本文引用《易经》《易传》的文句,主要参考此书,后文不再注明。

以顺乎天而应乎人。说以先民，民忘其劳；说以犯难，民忘其死：说之大，民劝矣哉！"其《象传》的解释是"丽泽，兑；君子以朋友讲习"。不难发现，在《易传》中，"兑"的取义为"说"（通"悦"），即"欣悦""喜悦"之义。此义与《兑》卦辞"亨，利贞"的意思基本上也是相通的，这说明《易传》的说法仍然没有离开《易经》。

《易经》滥觞于"观物取象"，其象征思维离不开对自然万物的观察，然后再用虚拟的符号加以形象概括，并从中归纳出具有根本性质的意义。简言之，先取象，后取义，然后又可以"触类"取象，也可以"合意"再取象。正如东晋王弼《周易略例·明象》指出："触类可为其象，合意可为其征"，《易经》的象征思维和类比思维，可以使同一个符号跟无数个相类相合的事物联系在一起，组成一个无限发展的意象群。在这个意象群里，彼此之间要么有相类之象，要么有相合之义，相互联系，相互贯通，真正达到"言有尽而意无穷"。不妨以《兑》卦为例加以分析。八经卦中的《兑》卦，卦象是☱，在《易传》中其主要象征为泽——沼泽、湖泊（上面一个阴爻象征平静的浅水，下面两个阳爻象征坚硬的土层）。根据对自然的观察，凡是沼泽和湖泊之地，都是风光独特之所，让人容易引起美感而"欣悦"（从另一个角度看，泽被万物，滋润营养，万物因而得"悦"）；还可象征为少女——年轻的女孩，丰润貌美，惹人"喜悦"（从卦象看，☱跟梳着两条辫子的小姑娘相类）；还可象征为羊——温顺的动物，形声和美，也是惹人"喜悦"（从卦象上看，☱跟羊的形象相似，上面一个阴爻如同两个羊角，整个卦象与"羊"字也大体相同）。综合以上分析，笔者认为"美"和"善"两字中的"羊"，不止是指代"羊"这种动物，而更可能是与兑卦整个象征系统相互联系、相互贯通的；"羊"只不过是对兑卦象☱更进一步的具象化和形象化而已，或者说"羊"就是兑卦象的典型代表之一。

（二）一阴一阳之谓美

看到这个小标题，熟悉《周易》的人自然会联想到《系辞上传》

第五章中首句"一阴一阳之谓道"。对这句的理解,向来是仁者见仁,智者见智。在此,笔者只想从比较的角度尽可能简单地理解这句话。"阴""阳""道"三字,实际上是三个符号,"阴"和"阳"各自象征两类不同的东西,看似截然不同,事实上又都同属于一个整体——"道";而"道"是一个可以指代万事万物的符号名称,大到整个宇宙,小到最小粒子,远到宇宙本源,近到当下世界,无论是物质性还是精神性的"东西",都可以"道"代称。既然如此,那么能够给人审美愉悦("欣悦")的"美",尽管无法准确定义,但完全可以肯定"美"无论是本质还是形式,都是一种"东西"。这种"东西",一定也是"道";或者更直接地说,"东西"与"道"是异名同实的,都是一个符号名称而已。因此,理解了"一阴一阳之谓道"的含义,也就可以理解"一阴一阳之谓美"了。

(三)美在易道之中

在西方美学史上,很早就有"柏拉图之问",也就是关于美的本质的探讨。千差万别的现象,之所以是美的,就缘于共同拥有了"美"。那么,美是什么呢?美的本质是什么呢?这个问题,促使西方哲学家、美学家不断地探讨和回答,始终也找不到一个真正令人完全信服的答案。也许正如柏拉图的感叹一样,"美是难的!"因为美并不是只存在于某种事物之中,而是存在各种事物之中。从共时的角度看,各种事物都是既有区别又有联系的;从历时的角度看,各种事物又都是随着时间的变化而变化的。如此而言,各种事物中的美也是千变万化的,不可能用一个定义或概念加以完整概括。换言之,美的事物是道,美的事物的总和也是道,美与道一样,都是无所不在,无所不包的。所以,我们只能感悟到美的存在,而无法给美下定义;而对美的感悟,其实也就是对道的感悟,具体言之就是对本体之道和变化之道的感悟。理解了这些,我们就可以从易学的角度,更好地理解美,发现美是在易道之中,无须准确定义,只要懂得"一阴一阳之谓道",也就懂得了"美"的含义。

二、"易"字的美学解释

(一)"易"字在《周易》经传中意义复杂

研究《易经》,都会研究书题"易"的含义。自古以来,对"易"的含义有过许多不同的解释,众说纷纭,莫衷一是。严格地说,由于作《易》者,没有明言其"易"所取何义,所以作为书题"易"的含义就是一个无法完全解开的谜了。而面对纷纭众说,如果我们能够加以认真思辨,那么对其理解也就能更加准确。尽管历代的各种著作中,都有一些对该问题的看法,但是我们还是必须有所区别对待的。首先,我们应该先从《易经》和《易传》入手。根据对通行本《周易》的查考,《易经》中有"易"字的语句很少,《易经》卦辞中都没有,仅见于两处爻辞:"丧羊于易,无悔"(《大壮》六五爻)、"丧牛于易,凶"(《旅》上九爻)——此两处"易"字,古人多认为是通"埸",指"田畔"。后一"易"字,王弼《周易注》训为"难易"之易。而在《易传》中,《彖传》《序卦传》和《杂卦传》皆无"易"字。《文言传》有"易曰"(即指《易经》)。《大象传》"雷风,恒;君子以立不易方"(《恒》卦)。《小象传》"威如之吉,易而无备也"(《大有》六五爻)、"丧羊于易,位不当也"(《大壮》六五爻)、"丧牛于易,终莫之闻也"(《旅》上九爻)。《说卦传》"昔者圣人之作易也""昔者圣人之作易也……兼三才而两之,故易六画而成卦;分阴分阳,迭用柔刚,故易六位而成章""数往者顺,知来者逆,是故易逆数也"。不难发现,这几处"易"字,已有多义。

相比之下,《系辞传》中显而易见,《系辞上传》"乾以易知,坤以简能;易则易知,简则易从;易知则有亲,易从则有功;有亲则可久,有功则可大;可久则贤人之德,可大则贤人之业。易简而天下之理得矣;天下之理得,而成位乎其中矣"(一章)、"是故君子所居而安者,易之序也"(二章)、"是故卦有小大,辞有险易;辞也者,各指其所之"(三章)、"易与天地准,故能弥纶天地之道……故神无方而易无体"(四章)、"生生之谓易"(五章)、"夫易广矣大矣……易简之善配至德"(六章)、"易其至矣乎……夫易圣人所以崇德而广业也……天地设位,而易行乎其中矣"(七章)、"作易者""易曰"(八章)、"是故四营而成易,十有八变而成卦"(九章)、"易有圣人之道四焉……易无思也,无为也,寂然不动,感而遂通天下之故……夫易,圣人之所以极深而研几也"(十章)、"夫易何为者也?夫易开物成务,冒天下之道,如斯而已者也……是故蓍之德圆而神,卦之德方以知,六爻之义易以贡……是故易有太极,是生两仪,两仪生四象,四象生八卦,八卦定吉凶,吉凶生大业……易有四象,所以示也"(十一章)、"乾坤,其易之蕴邪?乾坤成列,而易立乎其中矣;乾坤毁,则无以见易;易不可见,则乾坤或几乎息矣"(十二章)。《系辞下传》"夫乾,确然示人易也;夫坤,隤然示人简矣"(一章)、"交易而退,各得其所……易穷则变,变则通,通则久……后世圣人易之以宫室……易之以棺椁……易之以书契"(二章)、"是故易者,象也;象也者,像也"(三章)、"君子安其身而后动,易其心而后语,定其交而后求:君子修此三者,故全也"(五章)、"乾坤,其易之门邪……夫易,彰往而察来,而微显阐幽"(六章)、"易之兴也,其于中古乎?作易者,其有忧患乎……《损》,先难而后易"(七章)、"易之为书也,不可远。为道也屡迁,变动不居,周流六虚,上下无常,刚柔相易,不可为典要,唯变所适"(八章)、"易之为书也,原始要终以为质也"(九章)、"易之为书也,广大悉备"(十章)、"易之兴也,其当殷之末世,周之盛德邪?当文王与纣之事邪?是故其辞危。危者使平,易者使倾;其道甚大,百物不废。惧以终始,其要无咎,此之谓易之道也"(十一章)、"夫乾,天下之至健也,德行恒易以知险;夫坤,天下之至顺也,德行恒简以知阻……凡易之情,近而不相得则凶"(十二章)。对《系辞传》中五十几处"易"义进行解析，不难发现其中的"易"义已经相当复杂，至少可以理解成以下几个方面：一是平易、易简；二是指《易经》及其卦象；三是平易吉祥的卦爻文辞；四是阴阳不断转化而变易；五是指《易经》的卦形符号；六是指《易经》的道理；七是指太极之道体；八是改变、改易、替换；九是平和、平静；十是容易、轻易。

（二）"易"为变化之美

综观《周易》经传中"易"字的多义性，我们既可因此感叹汉字释义的艰难，也可因此感叹汉字取义的变化之美。面对成千上万的汉字，我们只需从《易经》的思维出发，以"易"字作为典型代表，就可以妙悟汉字独特的语义系统。任何一个汉字，如"易"字，都是一个具有某种规定性的符号而已。其本义的规定，不是凭空施设，而是源于对自然物象的准拟，然后加以定义。如"易"，或取象于"蜥蜴"，或取象于"日月"，或取象于"阴阳"，或取象于"日出"，都体现了"变化"的意义。于是，凡是与"易"所取之象相关，或与其"变化"之义相关，都可以"易"称之。这也是"易"作为汉字符号具有多种意思的原因。顺便指出，在当今互联网时代，因英文"E"指称网络，与"E"同音的"易"也被广泛用于与网络相关的词语，如"网易""易购""易车"等（奇妙的是，这些新词里，依然可以融汇许多"易"的古义）。当然，我们还是必须进一步加以追问，在汉字语言系统里（或者说在所有语言文字系统里），为什么同一个字（单词）可以指示许多意义？其合法性依据是什么呢？这个问题，如果仅从易学思维来理解，可以分析得很透彻，但对大多数惯用西学思维的人就会觉得很"玄"。所以，在此笔者想再尝试运用西方美学的思维来加以阐释。

美的本质问题，至少可以追溯到"柏拉图之问"，事实上也就是对事物本质的追求。柏拉图的思路大致可以简单理解为："事物各不同都被称为美，后面一定有一个东西决定它们为美。这就是美的本质。"根据这一思路，我们可转换成另一表述："事物各不同都被称为易，后面一定有一个东西决定它们为易。这就是易的本义。"本义与本质,都是指根本性的东西,实际上也就是各种事物的共相。共相,就是相关处、联系点。而联系点,有远近之别。在同一时空中的事物尽管显现为千差万别的现象,但都根植于同一时空的本体世界(即道体),最远也最为根本的可追溯到宇宙的起点,最近也最为宏观的可追溯到两种事物共同的起点。以最远而论,万物本是同一体质(即本质相同、同道),因此可证万物本来是相同相通的,当然也就可以同名同义;以最近而论,事物之间的关系有亲有疏(如同一姓氏的同时代人,有的是同祖父,有的是三百年前同祖宗,有的是三千年前同祖宗,前所谓"联系点"即如"祖宗"),因此可证万物的演化是相通但又是相异的,那么也就会出现同名异义(有如同姓异名一样)。可见,所谓的"本质",既可指一成不变的本体,也可指随时变异的各个联系点。那么,以不变观之,"美"的本质跟"易"的本质都一样,同是(属于)绝对不变的道体,简言之:美的本质是道(实体)。以变观之,"美"跟"易"(可推至所有字符)的本质都一样是无所不包,不一而足的,其意义跟具体的指称相联系相等同。简言之:美的本质是变(虚体)。由此联想到维特根斯坦的"用法即意义"、"美是一种家族相似"之论,我们可以发现"易"和"美"一样,都是没有固定本质,也没有固定外延的。至此,也可以更透彻地理解海德格尔"美存在,但不可言说"的观点。

绕了一圈之后,再回到《周易》经传中,我们会惊奇地发现:其中"易"之意义复杂多变,说明《易传》作者并没有把"易"之意义定死了,而是赋以变化之美,唯一如同下定义的表达"生生之谓易",也是运用变化的思想来加以体现。生生不息,既是现象,也是规律;既是理论,也是方法;既很简易,又很复杂;既是本质,也是差异;既是原因,也是结果;既是可知,也是不可知;既是主观,也是客观,真是妙不可言!说不可说之道,就是如此而言!明于此,我们就不必再千方百计去考证"易"作为书题的含义了,因为"易"作为书题的含义因其命题者"隐而不宣"而彻底隐蔽了,但又因为

"易"的意象群在史料中和生活中广泛存在而且意义"显露无疑",尤其是《周易》经传的完整传世,使得后人可在易学思维的指引下更加全面深刻地理解"易"的符号与意义。套用海德格尔的话,"易存在,但不可言说"。

(三)"易"字源于先民的审美取向

当我们在时间长河中逆溯时,就可以对事物的本源问题有更客观的理解。人类如同星球一样,都是有一个开端的。地球出现数十亿年后,人类才诞生。人类诞生之后,愚昧无知地生活了非常漫长的时间。由于居住地环境和气候等的差异,生活在地球上不同区域的人类,也都各自打上了所处自然的烙印,体现出许多明显的不同。在人类循序渐进的演化过程中,不同区域的人类在改造自然和征服自然的进程中得以生存和延续,因此而形成的生活习性和审美取向也就存在差异性。换言之,不同种族或民族在繁衍过程中,都会不同程度地形成自己的文化思想和审美追求。自然特性和文化个性的差异,导致不同主体对客体的理解方式和思路不同,最为直接的就在于指事符号及其系统的差异。人类文化的形成看似复杂,其实都是自然而然的结果。意识到这一点,我们就可以清楚地认识到,具有独特性的中国易学文化也必然存在一个自然而然的演化过程,这一过程首先取决于发源地的自然生态,其次又奠基于聚居地的文化生态,而后在自然生态和文化生态的共同作用和影响下,具有独特性的审美文化倾向逐渐清晰、完整、扩大,乃至演变成具有核心理论体系的思维与思想。

在一个尚且无法用语言符号来表达思想的时代,可以推想那是多么原始和落后!翻开中国的典籍,我们至少可以知道在传说伏羲氏"观物取象"创制八卦符号之前,华夏的先民是无法描述眼前世界景象的,也是无法表达并纪录内心所想的,但是作为一种自然界的动物应该已经具有一定的生存本能。有生存本能,是否就意味着具有审美本能呢?人类是有生命的,生命的维持需要阳光、水分、空气、食物等等,而这些并非都能自动进入人体,必须经过人体的选择、获取和吸收等过程；这一过程看似人的天性和本能，实际上已经包含着某种审美取向，完全可以理解为审美本能。因此，笔者认为人类的审美本能，大致应与人类的诞生同步，否则人类的生存就得不到应有的保证。随着漫长的审美经验的积累，审美本能在审美实践中逐渐由自然转向人为（各种条件和因素，使人类变得更加聪明了），从量变到质变，促使人类开始进入文明发展的阶段。这种转变是不可思议的！当然也还是自然而然的！

自然的审美本能，与人为的审美本能，显著的差别无疑就在于人类智力的成熟，开始具有一定的审美思想与方法了。那么，审美本能也就脱胎换骨，演变成人类独异于低等动物的审美功能了。有了审美功能，人类就可以更主动地趋吉避凶，更好地生存和生活。对于人类而言，不论处于何种社会阶段，根本的问题就是如何趋吉避凶。如果我们可以把趋吉避凶的本真想法及其行为，笼统地理解为人类的审美活动，那么也就可以从审美文化的视角来理解近几千年人类文明的进程。

基于以上的想法，笔者认为从根本上说《易经》的趋吉避凶思想乃是一种具有模式化的审美思维。任何一个汉字，包括"易"字，都是审美文化所造就的，一定是源于先民的审美取向。因此，研究《易经》，完全离不开研究造就《易经》的早期华夏先民的审美文化，也同样离不开整个文明历史进程中的中华审美文化。进而言之，《易经》乃是远古华夏先民审美文化经验的结晶，其作者乃至后续的传承者和研究者以及运用者都可视为这一辉煌灿烂审美文化的主体。从审美入手，关注文化，联系主体，《易经》所独具的趋吉避凶的审美功能，无疑就具有了巨大的人文价值和深远的现实意义。

三、易学与美学的融通

美学作为哲学的分支学科，诞生于十八世纪的德国。在之后的两百多年里，许多哲学家、美学家不断对美学的内容性质与研究对象展开探讨，但也没有取得一致的看法。根据德文 Aesthetica 的原意，中译应该是感受之学，在中国称之"美学"是转译日语造成的[①]。从研究的过程与结果来看，美学与哲学、文化、心理、艺术等都有密切联系，尤与艺术学如同一类。从目前的情况看，美学看似独立，却与不同学科都有联系，已经可以涵盖所有学科领域，真是剪不断理还乱。因此，我们很难解释清楚美学是一门什么样的学科。

解释不清，意味着用于解释的理论和方法存在问题。长期以来，中西方的学者都惯于运用西学的逻辑思维来认识和理解世界，不但没能把根本问题解决，反而衍生了许多假问题。倘若我们能够运用易学思维来反观美学，也许就能解释得更清楚更透彻。那么，什么是易学思维呢？面对这个带有西学思维的问题，首先我们必须认识到这是无法运用语言加以准确表述的，只能通过尽可能全面的分析加以理解。笼统地说，易学思维是一种符号思维、形象思维、意象思维、象征思维、类比思维、感性思维、直觉思维、整体思维、太极思维等的合称，源于《易经》思想，涵盖道、理、象、数、占，贯通天、地、人，力求效法自然变化法则。以下姑且用太极思维指代易学思维，并作简单论述。

整个宇宙世界是一个太极整体（即道体），任何事物无论巨细都是一个太极整体（物物一太极）；任何一个太极整体，都必须包含阴和阳两个方面（两种东西）；任何一个太极整体都是无法运用语言（符号）准确描述的，只能运用语言（符号）加以准拟（象征）。当人类懂得运用语言（符号）准拟事物（太极整体）之后，时空观念才逐渐得以形成，世界才得以定位。于是，人类开始拥有描述历史的时间观念。依据长期观察和记录而形成的时间学（天文历法之学），人们开始主观地认识客观世界。在认识过程中，人们发现任何事物都

---

① 张法：《美学导论》（第2版），中国人民大学出版社，2004年，第13—14页。

有开端,有始终,有历史。依据历史时间观,人们通过追溯发现:万事万物都有一个共同的本源(道、无极、太极、时间起点,太极本无极),伴随时间的展开,本源中的存在物自然而然地按照时间顺序(理)发生演化(造化、变化、独化、自化、物理和化学变化),如同前一世界生出后一世界直至现在世界(生生之谓易),如同一阴一阳的不断转化(一阴一阳之谓道);每一次演化的现象结果(气、象),都是自然程序密码(数)的体现;时间之流,是绵延不绝的,前后贯通的,时空混合的,一时一世界,所有的世界同属一个整体,是没有间隔距离的,是不可思议的,是妙不可言。因此,面对具有同一性的世界,只要掌握其中任何一个事物(太极整体)的信息,借助独特的天人合一思维模式(心物合一、物我两忘、与时偕行)就能彰往察来(占)——"易无思也,无为也,寂然不动,感而遂通天下之故"。

当我们运用太极思维来看美学时,就能很好化解美学的逻辑矛盾。美学研究至少有三大难题:一是美的本质问题。前已述之,美如同道一般,不是一个实体却又寓于一个实体之中,是一个虚体却又寓于一个具体感性的实体之中。换言之,美是亦真亦幻,无法定义。如果因此完全取消"美的本质问题",美学就立刻失去哲学之根,与根本问题绝缘,显然不可取;反之,长期面对一个没有准确答案的问题,美学家变得不知所措。这无疑是美学研究的心病!二是美与艺术的关系问题。以黑格尔为代表的西方哲学家,有很多人都认同美学是"美的艺术哲学",几乎是把美与艺术等同起来。而事实上,艺术是美的重要组成部分,是最为典型的代表,并非美的全部。三是美与美感的关系问题。为了避免在"美的本质问题"上纠缠不清,西方现代哲学家开始以美感说美,更加注重主体(人)的审美心理、审美经验,甚至把一切审美现象都归结为必须跟人相关,侧重研究人与客观世界的审美关系。这样,研究人(审美主体)与世界(审美客体)之间的关系,就成了现当代美学研究的出发点。不难发现,为了解决美学研究对象的问题,西方美学已经逐渐在向中国传统学术思维靠拢了。

至此，我们再进一步运用太极思维来处理，解决问题的思路就更加清晰了。以太极整体而论，所有审美现象都"同一太极"，彼此联系，不可分割，都是美学研究的对象。以太极整体中的情况看，"一阴一阳之谓道"，任一"美"的整体都包含两方面的关系（阴和阳），美学要研究的就不能只是"阴"，也不能只是"阳"，而必须是"阴和阳之间的关系"。同理，"美"不只是"阴"，也不只是"阳"，必须是"有阴有阳"，是虚实相生的一种意象或意境。明于此，我们就可以使中西方美学理论对接融通：所谓"美"就是阴阳相依的太极，是意象或意境式的东西，只可意会，不可言传；所谓"审美"（艺术鉴赏）就是知道、悟道（感知太极之道），阴阳合德，物我交融，人天合一，神与物游，主体与客体瞬间的有机统一；所谓"作美"（艺术创作）就是合道、体道（模拟太极之道），阴阳相须，有无相生，文质彬彬，情景交融，虚实相半，真幻相即，形神兼备，色相俱空，物我两冥，生动逼真，形成一种具有"艺术真实"的作品。

反之，我们也可以运用美学思维观易学。美学不论是指哲学美学、艺术哲学，还是指研究审美心理、审美经验、审美文化、审美历史、审美现象、审美规律、审美活动、审美范畴、审美原理等的学科，都体现出没有边界、不受局限的性质。在这一点上，学科领域"无边界"的美学与易学一样，都是无所不有，无所不包的。按照西方逻辑学的观点，一个学科沦为"无边界"的说法是危险的，会导致许多逻辑矛盾。这无疑也是把理性思维与感性思维截然分开之后，在认识和解释现实世界过程中必然出现的矛盾问题。美学研究在西方的横空出世，提醒人们治学不能仅仅关注工具理性和道德伦理，还必须深入研究人的感性思维（审美心理、主观判断力）。而西方美学研究的穷途末路，昭示人们单纯从理性思维来研究感性的心理问题是行不通的，必须运用理性与感性思维相结合的思路才能更好地解决人类面临的问题。这一历史经验与教训，同样可以深刻地启示我们当下的易学研究，务必要运用太极思维来看待易学本身，才不会无知地把本身有价值的东西抛弃掉，把本身圆融一体的学问用理性思维肢解到支离破碎。此外，必须着重指出的是，美学走向研究人与世界的关系，研究主客体之间的关系，与重在研究阴阳关系的易学可谓是殊途同归，不谋而合；但相比之下，以卦爻符号为主体的易学原理体系，毫无疑问在解释可知与不可知的世界时更为根本和透彻。

总之，易学与美学是有机统一的。以易学观美学，美学处处是易学；以美学观易学，易学样样是美学。倘若我们能打破学科的界限，从大哲学、大理论的角度出发，实事求是地理解历史和现实，那么就有可能找到更好地解释宇宙世界和人类现象的思想理论，使原有的知识、经验、文化、学术等融会贯通，让后来者更易于理解和运用。因此，以"审美"之心来研究易学，与以"变易"之道来研究美学，都同等重要，也同样具有无比重要的价值和意义。

（原载《文学教育》"每月一家"专栏，2014年第5期，第4—8页）

四圣一心　必中必正

——对易学文化与中华文明的若干思考

前不久为了参加上海周易研究会举办的关于《周易本义》研究的青年学术研讨会，又翻阅了南宋朱熹《周易本义》，见其书卷末上《周易五赞》之二《述旨》中有"必中必正，乃亨乃吉""恭惟三古，四圣一心"诸句①，让我更加坚信易学与中华审美文化是有着极为密切的联系，而中正和谐、趋吉避凶的思想正是中国易学文化的核心和精髓。恰逢"《周易》与中华文明"学术研讨会的召开，我又得以更进一步从宏观上思考易学文化与华夏文明的关系，借此先提出一些问题和个人不成熟的想法，以便得到学界的教正和完善。

一、易学思维的滥觞与中华文明的源起是否同步？

易学思维是如何萌生的呢？这不仅是一个涉及易学文化历史的问题，而且涉及中华文明起源的问题。这无疑也是一个难以解决的问题。从目前来看，尽管一些研究者根据考古发现，顺着蛛丝马迹，推

---

① （宋）朱熹撰，苏勇校注：《周易本义》，北京大学出版社，1992年，第179页。按：1986年天津市古籍书店根据清代明善堂刻本影印的《周易本义》（本于怡府藏版《易经本义》），与苏勇校注本有所差异，未见卷末有《周易五赞》，其八幅易图和卦变图以及《筮仪》等都是放在卷首。苏勇校注本，是力求恢复朱熹原著的本来面目，由此本文也认为《五赞》乃是朱熹所作。

测出一些新的说法。但比较靠谱的说法，应该还是《易传》之《系辞下传》中的说法："古者包牺氏之王天下也，仰则观象于天，俯则观法于地，观鸟兽之文，与地之宜。近取诸身，远取诸物，于是始作八卦。以通神明之德，以类万物之情。"根据这段记载，一般认为《易经》乃滥觞于观物取象。尽管记载十分简略，但大体情况还是清楚的。时间是远古时期，创制发明者是包牺氏（即伏羲氏），创制的过程是非常复杂的："三观"（观天象、观地法、观天地间的动植物）、"两取"（取之于身，取之于物）。换句话说，伏羲氏创制八卦时，是经过对万事万物进行全面、深入、细致的观察之后才总结、概括出来的，不是随便草创的。更通俗一点的说法，创制八卦符号，乃是伏羲氏的一大"科研"成果，是其认真观察、思考和总结的成果。这项成果的直接功效是"以通神明之德，以类万物之情"。有了可以表情达意的符号系统，就可以与神明，与他人进行思想沟通和交流了。就此而言，如果阴阳八卦符号的产生，是早期"科研"的成果，那么我们就不能简单地否认其具有一定的科学性。正如《系辞上传》所言"易与天地准，故能弥纶天地之道"，也就是说经过伏羲氏仰观俯察的精心研究而创画出来的阴阳、卦爻符号是可与天地间万事万物相准拟的，有如象棋中的棋子一般可对应相应的车马炮等，所以才能运用这套卦爻构建出庞杂的体系来阐释宇宙间人事物运动变化的规律和道理。从这个意义上说，传说中的伏羲画卦之说无疑为中华文明的诞生和发展奠定了极其重要的基础。

但是，能否把伏羲画卦当作中华文明的开端？从理论上应该是可以成立的，这至少是一个重要的逻辑起点。伏羲画卦事件至今有多少年，是很难确定的，一般认为大约是在距今六千到八千年之间。但从出土的情况来看，早于八千年的出土文物中，主要是玉器和陶器等，已体现出一定的文明程度。尤其是2019年8月初浙江义乌发现的桥头遗址，其中有些陶器之精美完全可与唐宋的陶器相媲美，尤其是那个陶罐上有个貌似六爻的符号，更是让某些易学研究者惊叹不已，差点就此认为易学卦爻符号早在此时就已诞生了。但从现实角度看，我们的考古材料还不足以证明夏朝的存在，遑论夏之前传说中的远古文明。因此，笔者认为虽然我们已能比较清晰地感觉到中华文明的久远，可能与易学文化的滥觞同步甚至更早，但还是必须等待更多的考古发现，或是等待已有的考古材料研究得出更令人信服的结论之时，再尽可能实事求是地把中华文明的历史向前推进。但是，不可忽视的是，如果早期易学文化的研究不能取得突破性的进展，那么也就难以深入研究中华文明是如何在漫长的演变中既有某种坚守又不断在交流融合中脱胎换骨的。换句话说，如果不能很好理解中华民族审美的基因和核心，也就难以理解为何在近万年来的人类文明进程中唯独中华文明几千年持续不断，至今仍熠熠生辉。

朱熹说"四圣一心"，即认为文王、周公、孔子等三圣演《易》、作《易》、传《易》之心，是本于伏羲创易之初心的，是一脉相承的。而孔子之心，深刻影响后来的孟子、荀子、董子、程子、朱子、阳明子……。这无疑也说明数千年的中华文明，尽管纷纷扰扰，异彩纷呈，此起彼伏，但总体上还是一以贯之的。那么，这是一种什么样的心呢？是什么样的审美心理呢？笔者以为，正如朱熹所说"必中必正，乃亨乃吉"。自始至终，都在追求一种中正和谐之美，都希望通过卜筮预测或穷理尽性求得亨通和吉利的结果。而董仲舒在《春秋繁露·循天之道第七十七》就已明确论述了"中和之美"观念："天有两和，以成二中，岁立其中，用之无穷……起之，不至于和之所不能生；养长之，不至于和之所不能成。成于和，生必和也；始于中，止必中也。中者，天地之所终始也；而和者，天地之所生成也。夫德莫大于和，而道莫正于中。中者，天地之美达理也，圣人之所保守也。《诗》云：'不刚不柔，布政优优。'此非中和之谓与！是故能以中和理天下者，其德大盛；能以中和养其身者，其寿极命。"[①] 在笔者看来

---

① 曾振宇、傅永聚：《春秋繁露新注》，商务印书馆，2010年，第333—334页。

董仲舒的中和之美思想，上承三代圣人之心法（可证在大本大义上与孔子之道契合，而孔子又与伏羲、文王、周公之道契合），下启汉唐以来诸儒乃至道佛中人对理想审美境界的追求，是最具中国特色的审美观念与风格特色。

朱熹说"《易》本为卜筮之书"，现代也有不少学者认为中华文化脱胎于巫学或巫术，其实都跟早期易学的萌芽与发展是有一定联系的。古人也认为，《易》本于象数，发为义理。而所谓早期的象数，跟巫术应该是最为亲近的。为什么会出现巫术？为什么巫术这种现象进入文明时代以后仍保持旺盛生命力，甚至可以说是屡禁不绝？为什么有了《周易》学说之后仍有许多衍生的巫术现象？巫术与易学交相辉映的现象背后究竟隐藏了哪些不为人知的秘密？这些问题如果找不到令人满意的答案，对于所谓愚昧与文明的问题恐怕就难以说清，也就难以确定易学文化与中华文明的进程是否同步了。鉴于该问题的复杂性，留待以后有机会再探讨，此不赘述。

二、易学与中华文明的相关研究能否局限在狭小的时空中？

前已述明，研究中华文明史必须与易学文化紧密联系在一起，因为不仅相传伏羲观物取象制作八卦之事成为中国传统艺术、文化思维的起源，更关键的是伏羲早已被一致公认为中华民族的始祖。跟伏羲相比，许多人顶礼膜拜的老子、孔子只能算是小巫，伏羲才是真正的大巫，才是周代那些圣人们心中真正的圣人。传说中的炎帝（一般都认为是神农）、黄帝、尧、舜、禹……也都是被千古传颂的圣人（王者），都是人中之龙，都是神一般的人物。如果我们可以相信传世古史文献记载的话，上下五千年的中华文明中至少有两千五百年缺少文字记载的历史，而充斥着神话魔幻般的存在，让人难以说清中华文明是如何一步一步演化到商周时期的。可以这么说，在周代以前，中华大地上乃至世界各地的历史都是模糊不清的。既是如此，我们后来人如何才能探清文明的源头流变呢？

众所周知，在文献不足征的年代里，一提起远古，不是像《千字文》"天地玄黄，宇宙洪荒"混沌而过，就是像说书的唱戏的讲"自从盘古开天地，三皇五帝到如今"，一下子至少忽略了数千年。朝代虽是从夏商周说起，而更多的是从春秋战国开始，文化源头也更多地从周公、孔子、老子开始说起。似乎都不太兼顾那漫长的文明前史了。近代以来，随着出土文物的不断呈现，尤其是近五十年来，在神州大地上挖出了不少远古时期的文物，促使人们开始关注人类早期的各种文化活动。于是，探秘解疑之声不断，或肯定或质疑传世文献的相关记载，但因中华文明出土文物遍地开花，有如满天星斗，一时之间很难把各个区域的考古线索有机地联系起来，以致奇谈怪论也开始纷繁沓至，让人无所适从。在这个过程中，也不乏与易学文化密切相关的，比如数字卦的问题、《连山》《归藏》是否存在的问题、六爻与三爻卦的早晚问题等，都是一些重要的亟须解决的难题。没有文字的时代，也是有历史的。但因没有具体的记载，大多成为过往烟云，幸存的是被地表淹没的器物，偶尔被后人发现，作为寻找史前的蛛丝马迹。任一发现，都弥足珍贵！但都无法再全景式地再现当时的情况。从元谋人、蓝田人、北京人、半坡、红山、大汶口、河姆渡、良渚等遗址，史学家不断在勾勒一个从旧石器到新石器、母系到父系、原始到文明的史前世界，用后来的文字补写早期的历史。

人类到底是如何起源的？华夏祖先从何而来？应该有起点，但是找不到。首先，很难界定人类的开始。从目前来看，人类有种族和民族之分，都有不同的起点，很难证明有共同的祖先。其次，很难说明从非人类到人类之间的进化过程。比如，说人类是由类人猿演变的，那么究竟是渐变还是突变呢？是个变还是群变呢？一想到这些，进化论就难以解释了。找不到起点，历史如何演变呢？这一直是笔糊涂账。对此，所有的史书都是语焉不详，也只能作罢。大家都在捕风捉影，谎言从此开始，历史就已真假难辨！我们都相信人类是有来头的，不是凭空降临地球的，但越想追根究底，就越引发无数问题的争论。试想，不争论行吗？谁能说服全人类?! 没有真起点，就找假的替代。这是人类的无奈之举，也是各国各民族各史家惯（管）用的伎俩。假的其实也是真的，只是不是起点之真，只是迄今真正所能发现的最早起点。这多半有考古的遗迹，或文献记载，或神话传说等作为佐证。但认真地分析，真的又能说明什么？恐怕也只能是遮人耳目罢了。不妨以早期审美文化作为研究对象来加以思考，没有文字的年代，人类是否开始懂得审美？是有意识的，还是无意识的？审美意识与审美观念、思想、思维如何区别？为什么要审美？用什么样的心理来审美？是作为动物的本能，还是人类进化的惯性所致？从史前的考古遗存看，有些器物明显已不是运用的功能而已，有一定的审美倾向，很朴素，但已露出端倪。考古遗存毕竟还很少，很分散，即使是综合起来也说明不了问题。如先民的审美意识是如何由潜变显，并逐步走向系统的？审美意识的变化，跟器物形态的变化有什么联系？导致审美意识发生变化的根本原因、间接原因、直接原因是什么？为什么最终会形成一个具有华夏类型的风格特色？诸如此类的问题，尽管也有不少的相关成果，但也没有形成定论。由此可见，我们的研究还在起步阶段，路还很长。而关于文明与易学审美文化的问题，笔者觉得还有许多问题值得思考。

第一，文明时代的前后，谁来见证？我们是有着上下五千年文明历史的国度，可以推到公元前三千年左右，甚至还可以推得更早。关键是如何界定文明的开始？是伏羲画卦，还是钻燧取火、仓颉造字、容成氏制定历法？或是文献足征的最早年代？真是一头雾水！

第二，文明时代的到来，是历史的必然，还是偶然？文明的智慧，从何而来？中华文明的智慧，从何而起？是先民长期的劳作和实践，还是外星人、老天爷、神话人的赐予？是仰观俯察而觉悟，还是历尽艰辛而收获，或是勤学苦练而造就？人类靠什么走出森林，开始同自然进行持久的斗争？

第三，文明时代的开端，是太平景象，还是乱中趋稳？对人类而言，是进入文明好，还是愚蛮好？从审美的理想看，早期人类到底在向往什么样的美好生活呢？想吃什么？穿什么？住什么？用什么？难道审美意识与奢侈享受的观念，不是一丘之貉吗？

对于以上问题，要给出答案其实并不难，但要得出令人一致信服的答案实在太难了！因此，笔者以为我们人类对起源问题的研究，在时间上不能局限在几千年里，应该允许更漫长的文明时间概念，而在空间上也不能仅仅局限于地球，而应该放眼星空，面向浩瀚的宇宙，开始把问题跟地外可能存在的文明联系在一起。尽管地外文明尚不足以有可信度，但是与地球较近的星体肯定会对地球的生态造成影响吧。天人关系问题的探究，必须在时空上无限敞开，才有可能理解到更为真实的源头。否则，仅仅局限在狭小的时空里，就容易在唯心与唯物、有神与无神之间纠缠不休、徘徊不前！从远古先民开始就非常重视祭祀天地鬼神，并使这种传统持续不断地保存到现在，即使在科技昌明的现当代，民间各地仍有愈演愈烈的趋向，如果我们仅仅以愚昧落后或者当作某种或特殊或普遍的民俗看待，似乎也能说得过去。但是，倘若我们把这种长期见怪不怪的神州现象，与地外文明联系在一起，不仅可以解决许多疑难问题，甚至还有可能与科学走到一起。当科学与宗教神学能够携手与共时，我们面对的可能就不再是单纯在地球上的历史发展问题，而是星际的问题。因此，笔者想表达的意思是，既然自然科学早已关注星空问题，我们人文社会科学的研究也有必要放眼星空，把视野放大，让许多问题都放在以宇宙为对象的时空中进行讨论。否则，万一忽略了最有可能的可能，所有的研究都有可能得出错误的结论，而把不断呈现的真相一而再再而三地掩蔽了。

三、文王、周公的学说思想对近三千年来的中华文明有何影响？

　　由于史缺有间，西周以前的文明历史进程，要想在短时间里梳理清楚恐怕是极为困难的。1996年以李学勤教授为首席专家的一大批学者，致力于夏商周断代工程的研究，号称是一个多学科交叉联合攻关的系统工程，虽然出了一些成果，但终究是没有取得多少确切的定论。这仅仅是一个断代的问题，都搞得焦头烂额！没有时间历法，没有朝代年号，没有详细的文献记载，如果没有足够齐全的出土文物，恐怕永远都无法把三千年以前的历史说清楚！笔者觉得这应该是一个基本的常识。我们不能反对有许多兴趣者、爱好者、研究者在求知欲的驱使下很想打破砂锅问到底，不断尝试运用已有的文献和文物以及新出土的东西来揣测性地描述一个个远古的时代或某一件事情或事物的原委；我们也不能否认有一些新的发现是可能符合历史事实的，但是我们最担心的就是那些试图探索未知的人最后都企图把自己的研究结论当作是对许多历史真相的揭秘。在面对起源的问题上，我们既要持之以恒积极认真地探研，又要有足够的细心和耐心，否则一旦造就出太多似是而非的说法或结论来，早期历史来源和演变过程等问题将会变得越来越复杂，甚至可能陷入某种混乱。因此，笔者认为凡是有关三千年以前的事，都不要急于下结论，尤其是跟易学文化相关的研究最好是清晰地呈现研究材料的发现和解析过程与方法，而不要急于贴标签和下定论。我们要给后来的研究者留下尽可能多可信的发掘材料，而不是千奇百怪的结论。

　　而对于近三千年的中华文明史，笔者觉得最有必要的研究就是文王、周公的思想学说。但这也是一个天大的难题，主要就是缺少文献记载和文物支撑。与伏羲相似的是，周文王姬昌不仅也是现代许多中国人的始祖，《史记》中也有"拘而演《周易》"的说法，《易传》

中提到"作《易》者其有忧患乎"很可能也是暗指文王。在易学史上，大多有这样的看法：从伏羲到文王之间，有过两本《易经》，一曰《连山》（相传神农列山氏所创，主要用于夏代），二曰《归藏》（相传黄帝轩辕氏所创，主要用于商代），而文王经过推演再创作而成的是《周易》；也因此，常有伏羲易与文王易之分，从宋代开始演变为先天八卦图与后天八卦图之别。关于周文王被殷纣王拘禁在河南安阳羑里之事允当是史实，这件事与易学文化的发展关系密切，也与中华文明近三千年的演变息息相关。在此笔者想先侧重思考以下几个问题。

（一）如何理解《周易》既是一部忧患之书，又是一部卜筮之书？

人是在与自然生态同生共长的，这决定了每一个人生都会遇到困难而产生许多忧患。史前和史初的生活，处处充满忧患和危险。担心被其它动物吞咬，被突发天灾掩埋，被异处人类伤害，被各种细菌病毒残害。于是，建立群体组织成为必须之事。不同地域的组织日益繁多，从族群到部落聚居，人口不断增多，体系越来越庞杂。依靠于组织，有着固定的家园，生活自然更为安乐——依山傍水，择地而居，日出而作，日落而息。开始是安全的，但后来危险就降临了。就因为文明导致的侵略，因为利己实用的审美思维导致了掠夺！组织间的兼并，由近及远，由小到大，乃至群邦、国家的出现。文明的进程，不免染上了血腥！有了征服的历史，有了"政府"的理事，就开始了不平等的非文明进程！在文明与非文明同时的进程中，人类的审美意识开始烙上各种鲜明的印迹，是阶级的烙印，也是祈求生存的呼声。从远古发展到商末周初，组织间的兼并和文明的征服愈发明显，周文王与殷纣王的故事也就是在这种残酷的背景下发生的。当姬昌被囚禁在羑里时，年过八旬的耄耋老人一直在思考的是什么问题呢？是人类的忧患，还是家国的忧患？是不是希望通过写作一部著作来解决自己和家国在发展中遇到的种种问题？解决问题的思路是什么呢？推天道以明人事，还是借助蓍草龟卜等手段预知吉凶？从《周易》的卦爻辞来看，文王虽然是建立在伏羲创制的卦爻系统之上，但并非简单的继承，而是重新加以推演，并推出一个全新的卦序和卦辞系统，并借助这个系统观象系辞和假象寓意。不难想象，文王被囚禁时，是无书随带也可以说是无书可看的，那么他如何推演和撰写《周易》呢？只能凭记忆、经验和对问题的玄思，是否还有可能受到上天或地外文明的启示呢？七年的囚禁，只留下一段神奇的传说和一部奇特的典籍，有太多的奥秘是很难揭开的。但是，在笔者看来，文王试图借助一部可以懂道理、知天意的书籍来解决各种忧患，为人们寻找更为简便实用的理论思想指导，可能就是他在牢中所致力完成的一项艰巨任务。靠一部书来打天下、得天下的审美思维，在中国古老的传说中比比皆是，我们不能忽视古人思维中早已触摸到的某种神奇感应。也只有从这种易学与审美思维出发，才能更好理解《周易》的诞生及其具有的巨大价值。

（二）如何理解文王《周易》思想对伏羲的继承，对孔子及其后世儒学的影响？

有几点是比较明确的，在古代文献记载中，有如东汉班固所云"易道深矣，人更三圣，世历三古"，伏羲、文王、孔子三人都被称作是圣人，都对中国易学文化的发展至关重要，也都是推动中华文明发展的关键人物，都是在忧患中度过的。《易传》说"惧以终始，其要无咎"乃是易道，可谓是深契三圣创易、演易、传易之心。难怪有人说：一言以蔽之，《易》无咎。深处忧患之世，如何才能无咎，才能趋吉避凶呢？伏羲的做法，是通过观物取象，初步理解和掌握事物发展的规律，从而发明卦爻等符号来使人与人、人与物、人与天之间的联系得到进一步的沟通，无异于打开了人类智慧的眼睛，使先民有了走出蒙昧无知的可能。从传说中的观物取象，到之后神农氏的观象制器，史初的文明程度不断在进步，到了黄帝时期许多发明喷涌而出，先民的生产力得到极大的提高，于是部落之间的征战更为频繁和激烈。从阪泉之战到牧野之战，一两千年里发生的大小战争数不胜数。人类面临的各种忧患，并没有因为伏羲卦爻文化的发明而减少，反而有愈演愈烈之势。文化观念和思想理论,有如一把双刃剑,既有促进又有阻碍,并非尽善尽美。传说中的文王虽然精通伏羲的先天易学(按《封神演义》的说法),但他在面对暴君暴政、天下大乱之时难免也会发觉已有的传统思想理论是不够用的,必须再进一步完善。如何完善呢?从《周易》来看,有三点是很明显的:一是确立天的至尊至高地位,即凡事尊天而行的基本规则;二是确立阳尊阴卑的基本秩序,即开创崇阳抑阴的审美传统;三是揭示阴阳交感才能化生和物极必反的基本规律。天下之所以大乱,在于秩序混乱,在于人缺乏基本的敬畏,在于人的无知与愚昧,而《周易》的出现既从哲学上,又从制度上和方法上较好地解决了以往过于多元混杂的局面,无疑更加增强了中华文明的软实力和凝聚力。但是,几百年之后天下还是大乱了,问题就出在"礼乐征伐由诸侯出"而不是出自周天子。这一点孔子是看在眼里,痛在心里。因此,他孜孜以求的就是要恢复周礼,行礼乐教化。但是,在逐步多元分化的春秋末期,侯王已缺少敬畏和主心骨,由文王、周公构建的审美价值观在他们后代子孙头脑中已分崩离析了,孔子试图恢复古礼来行仁爱之政的想法也变得非常的荒唐可笑,以致他周游列国十四年终究是惶惶然如丧家之犬。六十八岁"自卫返鲁"后,经历许多坎坷忧患的孔子,重新研读《周易》时似乎真是读懂了作易者的深意,才有了读《易》"韦编三绝"的故事,也才有了相传由他创作的《易传》(《十翼》)。孔子读《易》最大的感悟是什么呢?正如《杂卦传》末句所云"君子道长,小人道忧也",《论语》末篇末尾所言"不知命无以为君子",他不仅发现了知天命的重要性,而且懂得成为君子的必要性。相传周公制礼作乐,又作了爻辞,而周公一直都是孔子理想的偶像。文王、周公的《周易》卦爻辞中已有不少对君子的赞美,《易传》和《论语》中更是频频出现君子的字眼。简单而言,孔子感悟到《周易》既是一部忧患之书,也是成为君子和圣人之学。而超凡成圣的途径,不仅要效法天地之才德,做到"必中必正",即持守中道和正道,而且要践行到生活上,做到穷理尽性以至于命。以孔子为代表的儒家思想，在以《易经》和《易传》为代表的六经典籍及其思想基础上，不断演绎，不断深刻影响着中华文明的进程。自古以来，易类书籍最多最杂，跟儒家把《周易》冠为群经之首和历朝历代又特别尊崇儒家是分不开的。历代大儒，都以孔子的思想为依归，而孔子的思想来源于文王、周公，文王又是继承伏羲易学文化的，所以"四圣一心"前提下让我们看到的应该是千百圣贤共一心。难怪明代王阳明会不时发出感叹，如其《重修山阴县学记》（乙酉）："夫圣人之学，心学也。学以求尽其心而已。"①《谨斋说》（乙亥）："君子之学，心学也。心，性也；性，天也。圣人之心纯乎天理，故无事于学。"②《与道通周冲书》所言"《易》者，吾心之阴阳动静也，动静不失其时，《易》在我矣。自强不息，所以致其功也"（《补录》）③，吾心之阴阳即《易》，那么知阴阳即知易，知易即知阴阳。良知即是易，即是阴阳，即是善恶，即是是非，即是正邪。《周易》的思想，就是追求阴阳的中正和谐，追求对立之间的和谐、平衡与统一。因此，"致良知"即是"致易"，即是"致中和"，即是"具中和之体以作乐"、致"知得过不及处"之"中和"之"良知"。恰如阳明子《答或人》所指出："中和二字，皆道之体用。"④再回顾朱熹《周易五赞》之五《警学》既充分肯定"洁净精微，是之谓易"，又开宗明义指出"读易之法，先正其心"⑤，可见宋明理学和心学仍念念不忘先圣如何明辨是非、利害、正邪、得失之心，不忘追求那种阴阳合德、乾主坤从的中和之美，即"阴阳相求，乃得其正"（《稽类》）⑥。从这个角度看，"文王系象，周公系爻"（《原象》）⑦的《周易》的确是"乃本卦义""垂象炳明，千载是临"

---

① 吴光等人编校：《王阳明全集》，上海古籍出版社，1992年，第256页。
② 同上书，第263页。
③ 同上书，第1205页。
④ 同上书，第141页。
⑤ （宋）朱熹撰，苏勇校注：《周易本义》，北京大学出版社，1992年，第181页。
⑥ 同上书，第180页。
⑦ 同上书，第178页。

(《述旨》)① 的,通俗地说就是有一个基本的思想内核,有一个"因卜筮教人之本义"(宋代董楷《周易传义附录》),即"因吉凶以示训诫"的教化之本义②,是启发民智审美和祛魅的。而秦汉以来的学者往往便文取义,未能玩心全经之深意,故有"惟是学者,不本其初。文辞象数,或肆或拘"(《述旨》)③ "而遽执传之一端以为定说。于是一卦一爻仅为一事,而易之为用,反有所局,而无以通乎天下之故"(朱熹《古周易跋》)④ 之叹。

(三)如何理解文王、周公的易学文化贡献对于近三千年中华文明演变的意义?

《史记》虽有"文王拘而演周易"的说法,但对于"演"字之义并未说明。如果可以把"演"理解为"推演",即对六十四卦的推演排列,最终得到一个有别于《连山》《归藏》的卦序,即今通行本《周易》的卦序是起于乾坤终于既济和未济的,那么如此推演卦序的价值意义可谓是非常巨大的。不难发现,八八六十四卦,如果要排列一个固定的顺序,无疑是有数以千种排法的。为什么可以艮卦为首而出现《连山》,以坤卦为首而出现《归藏》,还有以乾卦为首而出现《周易》?这其中恐怕是有深义的。有人认为,在先天八卦方位图中,艮卦位居西北;在后天八卦方位图中,乾卦居西北;在十二消息卦图中,坤卦居西北。这三卦都可位居西北,故能为尊为首。从空间的角度看神州地理,西北乃陕甘宁之地,是传说中伏羲、女娲的故乡,也是文王、周公的故乡,所以西北被视为尊位。西北大多是黄土地,不仅土地裸露,其色偏黄,人种亦黄,且常穴居土洞之中,可以说人与黄土地最为密切。也许在他们原始的审美意识中,天地之间人是最尊贵的(传说女娲造人,便是先抟黄泥土而成人),而在西北之人眼里

---

① (宋)朱熹撰,苏勇校注:《周易本义》,北京大学出版社,1992年,第179页。
② 同上书,第3页、2页。
③ 同上书,第179页。
④ 同上书,第2页。

黄土又是最尊贵的，由此形成了极为原始的以自我为中心的审美思维，虽居神州西北却自以为是居宇宙天下之中心，而把人、土、黄、中、五数等联系在一起，形成深刻影响中华文明的思想理论，如人居天地之中而最尊贵、金木水火土五行之中土最尊贵、青红黄黑白五色之中黄色最尊贵、宫商角徵羽五音之中宫调最常用、东南西北中五方之中居中最尊贵……乃至古文《尚书·大禹谟》所谓"人心惟危，道心惟微；惟精惟一，允执厥中"，被称作是儒学的"十六字心传"，可见持中守正的思想不仅是根深蒂固的地缘思想，也逐渐演变成一个伟大民族持续发展过程中不断坚守的一种审美信念，而这种思想信念又深深地烙印在易学文化的图书典籍里。对于文王推演《周易》一事，我们还必须追问：为什么曾经往圣编排的以《艮》卦和《坤》卦为首的卦序及其《易经》不行了，需要文王再费尽心机重新推演？这难道不是中华文明转型中的一个关键点吗？从今本《周易》卦序的排列来看，不是一般的卦义排列而已，而是跟卦象、卦变、卦义、卦理、卦数等数理逻辑紧密联系在一起的。六十四个卦象，分成上经三十卦，下经三十四卦，从表面上看是上下卦象之数有失平衡，而从根本上看上经三十卦只须十八个卦象，下经三十四卦也只须十八个卦象，在错综复杂的卦序排列中内蕴了卦象数理的某种和谐与平衡，完全符合《系辞上传》所谓"一阴一阳之谓道"的说法。种种迹象表明，相传文王所推演的卦序，是必须有相当高深的数学思维或者数理逻辑思维支持的，否则排列出来的卦序不可能那么具有规律性和哲理性。但是，我们不难发现文王及其《周易》呈现给后人的印象主要是那些片言只语的文辞，而非高深的数学推理思维；到了《易传》的解读，侧重的也是文辞意义哲理而非高深莫测的象数。通俗地说，基于数理思维而推演写作成的《周易》，在束之高阁几百年之后主要用于道德教化，而非科学教育，导致数千年的文明古国没能产生类似西方的自然科学。如何解释这种奇怪的现象呢？历史是不能假设的，也是无法想象的。但是，我们也不能过于低估文王、周公的智慧。他们重文礼而轻数理，重道德教化而轻学术研究，或许也是一种选择的结果。纵观近三千年的中国历史，我们虽然也看到彼此争斗不断，朝代更迭不断，但也看到了文王、周公赓续的道统持续不断，体现了一种极强的文化亲和力，甚至成为一种不断引领人类补偏救弊、救亡图存的思想理论。这个理论是缺乏"科学"依据的，但无疑却有着强大的易学理论和历史实践在支撑着。因此，笔者意识到由文王、周公乃至孔子所开启的易学与道德审美紧密联系的根本转向，心心相印，如符若契，形成了具有中国特色的以儒家和《周易》学说思想为指导的伦理道德教化体系，追求的乃是一种人与人、人与天地万物之间和谐共生共荣的关系，是一种国泰民安、风调雨顺、安居乐业、欣欣向荣式的平稳发展模式，而不是凌驾于万物之上的文明征服模式。由此可见，易学思维追求的是一种长久的亲和，而《周易》学说更注重的是中正和谐之道，追求的是中和之美的最高境界。

四、余　论

"《周易》与中华文明"是一个极其重大的研究课题，涉及许许多多重要而烦琐的问题和难题，允非一篇小文所能谈论清楚的。笔者从事易学与美学方面教学和科研的一点心得体会，难免挂一漏万，不成体系，但都是一些真实的想法。最后，笔者想运用易学思想再来理解一些关于文明的问题。在笔者看来，易学不仅是忧患之学、时间之学、圣人之学、君子之学、关系之学、变化之学，而且是审美之学、快乐之学、成功之学、预测之学，真是"易道广大，无所不包"，与中华文明进程休戚相关。因此，我们如果从易学与美学的角度来看文明的进程，就会有与众不同的发现：第一，在文明的征程中，社会的变化隐显莫测。好像是有规律的，是循环的，是可以理解的，是可以把握的，但都是玄妙的，几乎找不到一条不变的定律，只能靠时间来解答。《易传·系辞下传》云"其为道也屡迁,变动不居,周流六虚,上下无常,刚柔相易,不可为典要,惟变所适",正是充分认识到时空变换的规律性。这种变化无常的易学思想,无疑可以指导我们更加客观真实地看待数千年中华文明演化的历史进程,让我们更加懂得与时偕行的道理。第二,通过历史回顾,我们可以从远古的洪荒原始中一步步走来,目睹圣贤的伟大,感慨造化的神奇,经夏、商、周而窥古文明制度之繁盛,历春秋、战国、秦汉而晓诸子百家之争鸣,但那部足以彪炳千秋的最古典的审美文化史和文明史却久久地被淹没在地表之下,让人终生忘怀!也正是因为如此,许多人忘记了《周易》学说乃是中华文化、文明的本根,忘记了"百姓日用而不知"的易学思想价值,甚至似乎也忽视了那奠定华夏文明的早期两千年历史。第三,文明之初没有文字记载的历史能否研究,只能靠时来运转。该出土什么,该发现什么,该证明什么,似乎都不是人的主观意志所能把握的。失事求似毕竟不真,依物反顾难免出错!有来料就研究,有结论就肯定,对于那段迷糊的历史,我们还能如何是好呢?就看谁说得动听,谁能让我们信服。我们是要相信历史的,但不能盲从编造的历史!必须要有自己的思考,思考后再出发,再考虑进退,否则一旦轻易掉进别人思想的深渊,就再也出不来了!《易》曰:"苟非其人,道不虚行!"诚哉斯言!这也是本文所作的一番思辨之后,最想告诉大家的想法——只在某个历史时代存在的我们所能想的和所能做的其实是相当有限的!本文虽然不是意在还原文明的前史,但确是以还原真相、回到本真的思维来思考易学文化与华夏文明的密切联系,从而希望能够起到祛魅求实的效果。笔者一直认为,中正和谐、趋吉避凶的思想乃是中国易学文化的核心和精髓,也是推动中华文明能够不断补偏救弊、推陈出新、兼容并包、生生不息的根本原因。

备注:本文初稿刚刚草创之时,即读到新浪网页最新报道:

"参考消息网12月1日报道英媒称,人们早就认识到有四种'基本力量'支配着大自然,而科学家们如今可能已经发现了自然界的第五种力量。""报道称,多年来,有许多未经证实的观点声称自然界存在第五种基本力量,但寻找暗物质的长期努力却没有结果。为了填补粒子物理标准模型所无法解释的空白,科学家付出了更多努力来寻找新的力量……但现在,匈牙利科学院核研究所的科学家们相信,他们可能已经找到了证明此前未知的自然界第五种基本力量存在的更有力证据。"[1] 但愿此篇报道,对于理解本文的观点是有莫大帮助的,故特补记于此。

(原载"《周易》与中华文明——首届上海易学高级论坛",2019年12月。收入《〈周易〉与中华文明——首届上海易学高级论坛论文集》,上海人民出版社2023年版)

---

[1] https://news.sina.com.cn/w/2019-12-01/doc-iihnzhfz2827451.shtml.

也谈《易经》阴阳爻与儒、道美学

近读陈炎先生《〈易经〉：作为儒、道美学思想萌芽的卜筮观念》一文①，深受启发。该文对《易经》阴阳爻的产生可能取象于男女生殖器的说法予以重新的理解和考释，并由此观点进一步阐释了先秦儒、道两家分别选择"阳刚之美"与"阴柔之美"的成因。从先秦哲学美学发展史的角度看，该文立论富有新意，也能自圆其说。但若从《易经》阴阳爻产生的起因来看，笔者以为其中还是有个别值得商榷之处的。本文即以陈先生的文章作为引子，谈谈《易经》阴阳爻与儒、道美学思想相关的几个重要问题。

一、与《易经》思想相关的几个问题

由于史阙有间，先秦时期经典著作的研究中悬而未决的问题特别多。这其中有许多问题，是要等待新的出土文献材料才能有效解决的，如关于《易经》阴阳爻产生的原因、过程等一系列问题，尽管自古以来就有不少说法，但都不足以把问题彻底解决。在《易经》研究中，值得再认真探讨的问题相当多。以下只能选择几个与美学相关的问题来加以讨论。

（一）《易经》与《易传》

陈炎先生指出："要探讨中国美学的理论源头，就不能将《易经》

---

① 陈炎：《〈易经〉：作为儒、道美学思想萌芽的卜筮观念》，载《复旦学报（社会科学版）》，2004年第6期。

与《易传》混在一起，更不能用《易传》的思想来代替《易经》，而应回到《易经》文本的历史起点。在这里，《易传》只是便于我们理解《易经》的工具罢了。"① 这一观点是很有见地的。自上海博物馆藏战国楚竹书《周易》面世以后，我们可以了解到的《易经》版本就有四种：通行本（亦称今本）、湖南马王堆帛书本、安徽阜阳汉简（残本）、上博楚简（残本）。除了今本《易经》是经传参合本外，帛书本只有包含少量《易传》文字篇章，其它两本均未发现《易传》文字。这一现象更进一步说明，《易传》只是对今本《易经》的一种理解而已，不能替代《易经》。但是，我们不能忽视两个事实：一是《易传》的成书，源于对今本《易经》的解读和诠释，在某种意义上《易传》的思想是今本《易经》的延续和推演；二是《易传》作为现存最早最完整解读今本《易经》的著作，无疑也是后人启读《易经》文本的最重要的参考工具书，可见解读《易经》文本时不能完全抛开《易传》。由此而言，如果《易传》乃孔子或其传人所作的说法可信，那么就可将今本《易经》作为先秦儒家美学的理论源头之一。

（二）《易经》与《老子》

根据已有的研究成果可知，《易经》成书的年代比《易传》《老子》早了数百年乃至上千年，《老子》又比《易传》成书稍早（可能是几十年）。《易传》与《易经》的关系非常密切，这是可以肯定的。但《老子》与《易经》有何关系呢？对此，有人认为"通过对马王堆汉墓帛书《老子》与帛书《周易》的研究，进一步证明了《周易》思想是老子哲学思想的重要来源之一，而《老子》思想又影响了易传"②。这种说法确实有一定的道理。《易经》中阴阳、卦爻符号的完美组合，充分体现了阴与阳两种对应体之间复杂的关系。《老子》虽然没有任何诠释《易经》的文字，但其中所阐发的阴阳思想，与今本

---

① 陈炎：《〈易经〉：作为儒、道美学思想萌芽的卜筮观念》，载《复旦学报（社会科学版）》，2004年第6期，第94页。

② 张显成：《简帛文献学通论》，中华书局，2004年，第334页。

《易经》蕴涵的思想确实有许多相通之处,尤其与相传盛行于商代的《易经》(称《归藏》,亦称《坤乾》)的主导思想有极其相似之处。今本《易经》的卦序是以《乾》卦为首,其主导思想是"扶阳抑阴""以阴和阳",《易传》的思想大体本于此;《归藏》本的卦序是以《坤》卦为首,其主导思想可能是"扶阴抑阳""以阳和阴",故《老子》"崇阴抑阳""负阴抱阳""刚柔相济"等思想与此极其相似。当然,由于尚无可靠的史料可以证明,我们只能推测《老子》的成书思想也受到《易经》的某些影响。《老子》是先秦道家美学最直接的理论源头,如果其与《归藏》本《易经》关系密切的假设可以成立,那么道家美学思想的源头也可追溯到早期的《易经》文本。

(三)《易经》与审美

众所皆知,今本《易经》是由阴爻"– –"和阳爻"——"组合排列的六十四个卦形符号,以及与之相对应的卦名和卦爻辞共同组成的一部经典;其中的卦爻辞(卜辞),有如片言只语,难以完全解释清楚;其最初的功用之一是卜筮之书。一部卜筮之书,能寓含早期先民的审美观念吗?能对中国美学产生重要的影响吗?回答应该是肯定的。但是,有如陈炎先生所提到的那样,海内外诸多名家都对此保持沉默或欲言又止,或从《易传》角度切入而谈,因此缺少单纯以《易经》文本为对象的美学研究成果。面对这一缺憾,陈炎先生认为:"我们要想了解《易经》对中国美学的真正作用,就应该避免以往学者或是从《易经》文本入手,对那些与审美有关无关的只言片语,进行微言大义的阐发,或是放弃简单而质朴的《易经》文本,转而向《易传》求援的研究方式,而真正从方法论的角度来探讨其潜在而深刻的影响。换言之,我们既然承认《易经》是一本卜筮之书,而非美学之作,我们就不必硬要从中寻找到什么美学范畴。"[①] 这一观点尽管对《易经》美学的研究方法有所启发,但却回避了问题的中心,甚至

---

① 陈炎:《〈易经〉:作为儒、道美学思想萌芽的卜筮观念》,载《复旦学报(社会科学版)》,2004年第6期,第95页。

还对《易经》产生了误解。笔者以为,这其中的"误解"有三个方面:一是回避《易经》显在的文本内容,而间接靠方法论的引导来摸索潜在的影响。前人未能全面阐述出《易经》美学观,可能是因为研究者囿于时代的局限,或学识的局限,或篇幅的局限,我们不能因此而放弃对《易经》文本美学观的继续探索。如果仅摸索其潜在的影响,无疑就等同于宣告《易经》显在的内容无法从审美角度加以正面阐释,这是不合情理的。二是以为普遍承认《易经》是卜筮之书。把《易经》当作卜筮之书,主要是近现代部分学者的看法。但也有不同的看法,如《易传·系辞》就认为"《易》之为书也,不可远。为道也屡迁,变动不居,周流六虚,上下无常,刚柔相易,不可为典要,唯变所适""原始要终以为质也""广大悉备",并指出"《易》有圣人之道四焉:以言者尚其辞,以动者尚其变,以制器者尚其象,以卜筮者尚其占"①,没有把《易》仅当作卜筮之书。比较明确承认《易经》是卜筮之书,可能是始于朱熹《答黎季忱》所云"盖《易》本卜筮之书"一句,但朱熹"却并没有因此而否定其中所寓含的'义理'"②,而后世却有学者因此而把《易经》仅当作卜筮之书。笔者以为,《易经》可用于卜筮应该是真实可信的,但《易经》成书目的是否仅是"卜筮之书",目前还不能下定论。退一步说,即使《易经》就仅是"卜筮之书",也不能否定其中仍有值得研究的美学观念和范畴。三是宣判《易经》"非美学之作"。这未免有失偏执。按照这种观点,同样可以宣判我国古代的经典大部分都是"非美学之作"。换言之,如果必须把"美学之作"理解为"美学著作",那么我国古代的"美学之作"可谓是寥若晨星,自然也就没有什么儒家和道家美学了。既然可以允许有儒家美学之称,难道就不能允许有《易经》美学、卜筮美学等名称吗?

---

① 黄寿祺、张善文:《周易译注》,上海古籍出版社,1989年,第596页、598页、602页、553页。

② 张善文:《象数与义理》,辽宁教育出版社,1993年,第269页。

通过以上几个问题的分析，本文初步形成了一个基本观点：研究先秦儒家和道家美学的思想来源，可以追溯到早期《易经》的文本及其阴阳爻符号的原创思想，但对《易经》文本的研究仍然是不可以回避的。

二、关于阴阳爻与阴阳思想的产生

《易经》的历史起点是什么呢？换言之，《易经》成书的第一个关键步骤是什么呢？按《易传·系辞下》"近取诸身，远取诸物，于是始作八卦"① 的说法，并结合二十世纪考古发现的"数字卦"来理解，可以有多种可能：一是观物取象之后，阴阳概念与阴阳爻符号同时产生；二是先产生阴阳概念，之后用数字符号来表示阴阳，如数字"一"表示阳，数字"八"表示阴，再逐渐转化成直观的阴阳爻符号；三是先有阴阳爻，后来才产生数字卦和阴阳思想；四是先有数字符号，后来才转化成阴阳爻，再后来才出现阴阳思想。这多种可能成为目前易学界争论的一个焦点。这里面实际上涉及了许多问题：阴阳爻与阴阳思想的产生孰先孰后？两者产生时间的间隔是长还是短？在"于是始作八卦"之时，先民们是否已具有数字的概念和符号？远古先民究竟是因为有阴阳爻符号而发明数字符号，还是因数字符号而转化成阴阳爻符号？最初的八卦符号，是用阴阳爻符号表示的，还是由数字表示的，或者说是两种表现形式同时存在？在阴阳思想刚产生之初，先民们的主导思想是以阴为主，还是以阳为主，或是阴阳平等？从阴阳、八卦符号的创立，到六十四卦符号的形成，乃至卦爻辞的出现，究竟经历了一个怎样的过程？……以下主要围绕论题侧重探讨几个问题。

（一）阴阳爻与数字卦

《易经》的历史起点，到底是阴阳爻符号，还是数字一至十代

---

① 黄寿祺、张善文：《周易译注》，上海古籍出版社，1989年，第572页。

卦爻符号而产生呢？2004年12月初在山东大学易学与中国古代哲学研究中心举办的"出土文献学术研讨会"上，与会学者对《易经》阴阳爻与数字卦的关系问题展开激烈争辩。有些学者认为大量关于数字卦的出土文献表明，在阴爻"－－"和阳爻"——"还没出现之前，是以数字来表示的；有些学者则持相反的观点，认为阴阳爻是早就出现，数字卦只是后来用以记录占筮结果的一种形式而已。本次争辩仍然没有结论，但从会场情况看支持后者的学者明显较多。当然，这个极其重要的问题，还是不能按少数服从多数的原则来评判，而是必须根据客观的历史事实来解决。从目前的情况看，已有的古籍文献和出土材料都不足以解决这个问题。当然，已有材料虽不足以证明出真实可靠的结论，但证明个别说法是伪说还是足够的。假设是先产生阴阳爻符号的说法成立，那么远古先民又是如何创制出阴阳爻符号呢？这个问题自古以来就有多种说法，但总的看来都没有超越《易传》的表述思路。在纷纭众说中，陈炎先生"觉得那种认为'——'、'－－'二爻分别代表男女生殖器的观点最能令人信服"①，并对这源自二十世纪初期的观点重新加以理解和考释。笔者以为，此说固然有一定道理，但也只是从形而下的角度对《易传》"近取诸身，远取诸物"作更为具体的解释而已，虽然注意到了远古先民对生殖器的崇拜和信仰，却忽视了先民仰观天文、俯察地理、中通人事等了解自然的智慧和能力。阴爻和阳爻既然具有了表示天地之中阴物和阳物的符号功能，自然也可以象征阴阳属性非常明显的男女生殖器。那么，能否就此而认为阴阳爻符号是仅仅从男女生殖器的具象直接抽象出来吗？如果能仅仅如此观物取象的话，为什么由男根抽象出来的符号是"——"，而由女阴抽象出来的会是"－－"，而不是更为形象的圆形或扁圆形等符号呢？先民创制阴阳爻，难道就不可能综合其它阴阳物象，或经由其它更复杂的路径吗？更进一步思考，阴阳爻符号的确

---

① 陈炎：《〈易经〉：作为儒、道美学思想萌芽的卜筮观念》，载《复旦学报（社会科学版）》，2004年第6期，第95页。

立，可能一步到位吗？难道就不可能存在一个弄拙成巧而由复杂逐渐趋向简单的过程？面对一系列难题，我们只能在合理的前提下作适度的推测，如果过于臆断而下结论，就会掩盖事实的真相，甚至因此推导出更为荒谬的结论来。

（二）阴阳爻与形而下

《易传·系辞上》说："形而上者谓之道，形而下者谓之器。"①这是我国古代经典中，对"形而上"与"形而下"的最早论述。近代学者在翻译西方哲学中的"形而上学"，就直接取可"谓之道"的"形而上"来与之对译。所以，我们今天讲"形而上"，大体还是指那些与思想、精神相关的东西；讲"形而下"，大体是指具体、形象的有形状可直接观察的东西。对我国先秦经典中哲学美学思想的研究，以往学者比较偏向于"形而上"的理解，而忽视了一些"形而下"的分析。从《易传》的精神看，"道"与"器"虽然不同，却都是与"形"密切联系的，一在形之上，一在形之下。从中可以发现，所谓的"形而上"与"形而下"并非可以割裂，而是互相交融的。有鉴于此，笔者认为理解先秦经典，不能单纯从"形而上"或"形而下"出发，而是应该互相诠释才是合理的。比如，对《易传·系辞》"乾，阳物也。坤，阴物也"、"夫乾，其静也专，其动也直，是以大生焉。夫坤，其静也翕，其动也辟，是以广生焉"②。陈炎先生沿袭一些学者的观点，认为这些分明是对男女生殖器两种状态的描述。这明显是一种单纯"形而下"的理解。这样的角度有利于理解传文的意思，但并不能达到完全理解的程度。因为，《系辞》的表述已经上升到"形而上"的高度，所描述的"阳物""阴物"并非特指生殖器，而是泛指"阳性之物"与"阴性之物"；所描述的"专""直""翕""辟"等状态是抽象的，也是泛指的。如果不结合"形而上"的角度，我们就难以理解《系辞》所言的"是以大生焉"和"是以广生焉"，更难以

---

① 黄寿祺、张善文：《周易译注》，上海古籍出版社，1989年，第563页。
② 同上书，第541页。

理解紧接所言的"广大配天地,变通配四时,阴阳之义配日月,易简之义配至德"①。再如,对通行本《老子》"道生一""道生之""玄之又玄,众妙之门"等,陈炎先生也支持一些学者的观点,以为"道"和"众妙之门"就是指女阴。这明显又是单纯"形而下"的理解。这种理解看似有一定道理,实际上也脱离了"形而上"的层面。按笔者的理解,《老子》之"道",已经从已知的女阴具象,上升到未知的抽象的宇宙本原,否则老子也无须拐弯抹角地阐述"道可道,非常道",也无须把"众妙之门"说得"玄之又玄",只需简单说明此"道"乃母体生殖之器道就可以了。凡此种种与生殖器有类似或关联的文字表述,都应该从"形而下"与"形而上"相结合的角度来理解,才不会误解经典的本义和用意。

（三）阴阳爻与"近取诸身"

《易传·系辞下》说:"古者包牺氏之王天下也,仰则观象于天,俯则观法于地,观鸟兽之文,与地之宜,近取诸身,远取诸物,于是始作八卦,以通神明之德,以类万物之情。"② 这是迄今为止对《易经》阴阳、八卦符号成因和过程最早最权威的说法。司马迁《史记》也延续此说。也许是此说过于简要和模糊,以致历代的疑古派学者纷纷提出质疑。质疑是必要的,但也不能完全抹杀此种说法,因为此说毕竟是出自先秦时期,而且所言也有一定道理。姑且先不考虑其它种说法,那么关键的问题就是该如何来理解这段文字材料。从材料上看,与阴阳爻问题关系最为密切的是"近取诸身,远取诸物"。这句话按陈炎先生的理解是"既是说近取诸人类自身的男女之器,远取诸动物的牡牝之器"③。按正常的理解应该是"近取之于身,远取之于物",即"诸"按古汉语惯例是"之于"的合音,而不能训释为"各

---

① 黄寿祺、张善文:《周易译注》,上海古籍出版社,1989年,第541页。
② 同上书,第572页。
③ 陈炎:《〈易经〉:作为儒、道美学思想萌芽的卜筮观念》,载《复旦学报（社会科学版）》,2004年第6期,第96页。

种""诸种"。证据就在于联在此句之后的《易传》中有十几处用了"取诸",如"以佃以渔,盖取诸《离》""以待暴客,盖取诸《豫》",而这些"取诸"都只能译为"取之于"。那么,何谓"身"?何谓"物"呢?从语境和语义上分析,"身"应指"人的身体",而非"所有动物的身体",也非单纯的"男女之性器";"物"应指"人身以外的物体",而非特指"动物的牡牝之器"。确切地说,此处的"身"和"物",虽然是指"人身"和"人以外所有物体",但又与"天""地"有别,与"鸟兽之文""与地之宜"不同。因为,在"近取"和"远取"之前已用了三"观"(先仰观天象,再俯观地法,后观察"鸟兽之文与地之宜"),这三"观"的对象也就不能再涵盖在"身""物"之中了。总起来看,应该是说包牺氏"观"了天地万物之象后,又"取"了近"身"和远"物"之象,于是开始创作八卦的。按这样的理解,阴阳爻的产生,除了受三"观"的启示外,还经历了"近取诸身"和"远取诸物"的过程。可见,"生殖崇拜说以为是由男根和女阴而取象形成的'——'和'— —',但这只是对《易传·系辞》中'近取诸身'的理解,而另外几项(如仰观、俯察、远取),则此说完全不考虑"①。那么,仅从三"观"或"近取"或"远取"的角度,来说明阴阳爻的产生来源,都是不够全面的。

(四)阴阳爻与阴阳思想

《易经》的成书,是否标志着阴阳爻和阴阳思想都已经产生呢?按照常理的推测,应该可以这么认为:阴阳爻符号的产生,就一定是已经萌生了阴阳思想。但是现存的文献材料却无法提供证据。梁启超先生曾对《易经》《书经》《诗经》《仪礼》中的"阴阳"二字做过统计研究,发现《诗经》中言"阴"者八处,言"阳"者十四处,言"阴阳"者一处;《书经》中言"阴"言"阳"者各三处;《易经》中仅《中孚》卦九二爻辞有一"阴"字(此通"荫",不指阴

---

① 刘正:《周易发生学》,中国环境科学出版社,1993年,第121页。

阳);《仪礼》中全无"阴""阳"二字。由此他认为这些典籍中"所谓阴阳者,不过自然界中一种粗浅微末之现象,绝不含何等深邃之意义"①。毋庸置疑,《易经》卦爻辞中是找不到对"阴阳"二字的直接表述的。但是,能够就此而证明《易经》中没有涵蕴阴阳概念吗?刘正先生在《周易发生学》中对这个问题进行了较为深入的考索,他认为"从发生学上讲,阴阳爻概念在夏商筮法中并不等于哲学意义上的阴阳概念。前者是两极的概念,而后者则是本体论意义上的阴阳学说。但上述二者在作《周易》者思想中形成了统一"②,"阴阳概念是从古地理学术语发展而来,在《周易》哲学中形成具有阴阳交感性质的抽象化的属性观念,它成为作《周易》的方法论之一"③。刘正先生的观点,肯定了周代《易经》中已有了阴阳概念,但又认为这种具有哲学范畴的概念与周代之前的夏、商时期仅体现爻画文明的阴阳爻概念是不同的,只有前者才实现了阴阳爻与阴阳概念的统一,后者只是表示两极的概念。如此而言,是先有阴阳爻符号,后有阴阳思想,而至《周易》(今本《易经》)成书时符号与思想已经基本统一。

　　笔者以为,刘先生的观点确实比梁启超加深了认识,可是仍然没有把问题解决清楚。对此,我们至少还可以从三个方面来加以思考:一是《易传》"于是始作八卦"一章的启示。设想果真有伏羲观物取象而作八卦的事实,那么他所观察的结果应该是:天地万物都是阴阳两极并存的现象,且阴阳两极之间发生了复杂的关系。否则,他就不可能作卦爻符号来"类万物之情"。这就意味着始作八卦的伏羲具有了素朴的阴阳思想观念。而这种观念由于当时文字不成熟的原因,所以没有直接用"阴""阳"二字来表述。换言之,从阴阳思想观念的形成,到起用"阴阳"二字来表示其义,经历了漫长的演变过程。这一设想如果合理,那么应该是先有阴阳思想后有卦爻符号。二是今本

---

① 闵家胤主编:《阳刚与阴柔的变奏》,中国社会科学出版社,1995年,第15—16页。
② 刘正:《周易发生学》,中国环境科学出版社,1993年,第353页。
③ 同上书,第367页。

《易经》历久而成书的启示。可以说,《易经》的成书经历了从阴阳爻的产生到八卦、六十四卦创立并撰成卦爻辞的漫长过程。这一过程的由简趋繁和历时数代,应该是可信的。可以设想,在这个过程中的发展和变异,很大程度上体现了《易经》作者或运用者对阴阳两者之间关系的不断认识和总结。而这种认识就集中体现在先民们对阴阳爻符号组合、排列、推导、定义、系辞等环节,以及灵活运用于日常的占卜行为中。主观认识与占卜实践恰好形成了互动互补的态势,有力推动了各种阴阳思想观念和《易经》文本的出现。于此,作为一种观念雏形的阴阳爻符号,伴随着各种《易经》文本的出现而过渡成具有哲学意义的思想基础。不同时代的《易经》文本,或许正体现了先民们对阴阳关系在理解和运用上的不同。如此而言,周代以前的《易经》(如夏代《连山》、商代《归藏》)也应该具有了哲学意义的阴阳思想观念。三是出土材料中"数字卦"的启示。所谓数字卦,就是用数字符号来表示卦爻符号。在已发现的数字卦中,有一个共同的现象是:以奇数表示阳爻,如"一""七"可与"—"对应;以偶数表示阴爻,如"六""八"可与"— —"对应。这一现象所反映的规律,表明在数字卦盛行的年代,先民们似乎已具有较为清晰的阴阳概念。由此而言,即使是先有数字卦而后有阴阳爻符号,也能说明阴阳思想是在产生阴阳爻之前就萌生了。综上所述,笔者认为阴阳爻与阴阳思想的关系问题,还有待更进一步的研究。

由上可见:由于史料的缺失,对阴阳爻创作原因和过程所遗留的问题,目前还是无法解决的;而单纯从"数字卦"或"形而下"或"近取诸身"或"阴阳思想"的角度,来理解阴阳爻的产生过程,并不足以揭开问题的真相。基于此,笔者认为陈炎先生所言"将男女生殖器视为《易经》'—'、'— —'二爻的原始意象,不仅有着文献资料上的依据,而且有着出土文物的佐证"[①],并非真正解决了实际问

---

① 陈炎:《〈易经〉:作为儒、道美学思想萌芽的卜筮观念》,载《复旦学报(社会科学版)》,2004年第6期,第97页。

题,而是仅仅蹈袭前人观点加以旁证而已。从这一观点出发来研究先秦美学,虽然能找到一些《易经》美学的蛛丝马迹,但终究无法发现《易经》美学的内在思想及其演变规律。

三、儒道美学对阴阳思想的继承与发挥

今本《易经》中找不到对"阴阳"的文字表述,但《老子》和《易传》以及稍后出现的《左传》《国语》《庄子》等先秦典籍中,却频繁地使用"阴阳"二字来解说事理,而且共同趋向"阴阳和谐"的主张。《老子》和《易传》中蕴涵的阴阳思想,构成了两种不同思维路向和价值取向的学说。从美学史的角度看,《老子》与《易传》在阴阳思想认识方面的差异,很大程度上决定了道家与儒家在审美观念和审美价值上的不同。但是,《老子》与《易传》的阴阳思想,究竟是其作者各自凭空发明的,还是对以前某种学说的继承与发挥呢?这个问题牵涉到中国美学史的起点问题。

(一)《易经》与原始社会的审美观念

设想《易经》文本的源点是从伏羲时代开始的,至夏代才产生《易经》文本《连山》,那么《易经》的孕育阶段正好经历了漫长的氏族社会。在这漫长的过程中,母系氏族和父系氏族社会时期的不同审美观念,无疑会对《易经》文本的形成产生影响。在氏族社会中,男女之间的分工和地位是不同的。以女性占主导地位的,就叫母系氏族,当时是"只知其母,不知其父";以男性占主导的,就叫父系氏族,当时已按男性的血统来形成亲戚关系。可能还有一种类型,就是男性和女性在社会中的地位是比较平等的,形成一种伙伴关系。由于史前时期没有文字记载,所以今天对这个问题只能结合相关记载和出土文物来加以推测。从目前研究成果来看,氏族社会已经是人类文明社会的前夜,在许多方面都有了审美的需求和观念。

《易传·系辞下》"包牺氏没，神农氏作"，表明伏羲是早于神农，且两者所处的时代比较接近。如果真的可以假设，"神农氏作"的时间大约在公元前5000年①，那么可以推测伏羲是生活在距今7 000至8 000年。换言之，《易经》卦爻符号萌生于公元前5000至6000年的时代里。不妨以这个时间点作为中心，来简要考察一下此前和此后至夏代的中国境内人类的审美活动。根据考古的发掘和证明，距今约250万年前云南元谋地区就有人类遗迹，开始了以打制石器为工具的旧石器时代；距今约5万年的宁夏灵武水洞沟文化遗址，首次发现1枚磨制骨锥和用鸵鸟蛋壳磨成的穿孔饰物；在距今约1.8万年的北京周口店龙骨山顶洞人遗址，发现1枚磨制穿孔的骨针和许多染色的装饰品；在距今约1.05万年的河北阳原盆地头马坊遗址，发现了通体磨光的小件饰品和磨光的骨锥、角锥；在距今约8 000年的河南舞阳贾湖裴李岗文化遗址，发现灰坑142个，房基20座，残陶窑8座，墓葬139座，各种遗物千余件，发现形体与安阳商代甲骨文近似的甲骨契刻符号，还发现我国迄今年代最早的骨笛；在距今7 000至8 000年的内蒙古敖汉旗兴隆洼原始聚落遗址出土了中国最早的玉玦、甘肃秦安大地湾遗址发现部分钵形器绘有紫红色宽带纹、辽宁阜新查海遗址发现有玉器和龙纹陶片等。(通过这些考古遗存，我们有理由推测在伏羲时代之前，先民们已经有一定的审美追求和审美观念。) 在距今5 000至7 000年的浙江嘉兴马家浜文化遗址发现使用玉璜、玉玦等装饰品和3块残布片，浙江余姚河姆渡文化遗址发现各种有色陶器、精美的20余种象牙制品和骨质雕刻艺术品、玉石装饰品，江苏高邮龙虬庄遗址发现大量具有装饰效果的文化遗物（在1片磨光泥质黑陶盆的口沿残片上，发现有1组类似文字的刻划符号），陕西西安半坡遗址发现有刻在陶器上的22种不同的刻划符号，陕西临潼姜寨遗址发现丰富的文化遗物（除了鱼、蛙和人面纹等彩陶花纹的艺术珍品，还

---

① 金宇飞：《炎黄传说的考古学证明》，载《复旦学报（社会科学版）》，2003年第3期，第103页。

出土有若干贝饰，在部分陶器上发现有 38 种 120 多个刻划符号。此外，首次发现鱼鸟纹彩陶葫芦瓶，出土 1 套方石砚和砚盖，还有磨棒、陶杯及数块黑色颜料等美工用品)，南京北阴阳营遗址发现丰富的红陶和玉、石、玛瑙等装饰品，河南濮阳西水坡遗址发现呈一字形南北向排列的 4 组"蚌图"，湖北黄梅白湖乡遗址发现有用河卵石摆塑的一条巨龙和可能与天文星座有关的图案，辽宁岫岩北沟遗址发现压制精美的细石器，湖北宜昌杨家湾遗址发现 170 余种刻划在陶器上的符号（殷墟甲骨文中的许多符号与之十分接近，可能是迄今为止中国发现的最早象形文字），辽宁喀左东山嘴红山文化遗址发现裸体孕妇等陶塑人像和双龙首玉璜等精美玉器，辽宁牛河梁遗址发现称为"早期维纳斯"的裸体女性陶塑像、与真人大小相似的女神彩塑头像以及磨制玉饰等，内蒙古巴林左旗富河沟门遗址发现纹饰多"之"字形篦点纹的手制陶器和用于占卜的卜骨。在距今 4 200 至 5 500 年的浙江良渚文化遗址发现大量精致的装饰品和象征王权的玉钺、玉戚及人工堆筑的高台大墓等，甘肃临洮马家窑遗址发现大量彩陶（上面多有用墨笔书写的"+""-"等符号，共有 130 余种）、中国最早的青铜刀和青铜器碎块。在距今 4 000 至 4 500 年的山东龙山文化丁公山遗址发现 1 件刻字陶片（计 5 行 11 字，排列规则，刻写也有一定章法，已脱离刻符和文字画阶段）、城子崖遗址首次发现新石器时代卜骨。[①] 根据以上大量的出土发现，我们完全有理由推断：远古先民在开始制作《易经》卦象符号之前，就开始了有意识的审美活动；之后审美活动越来越普遍，审美意识也日益鲜明，并逐渐形成了独特的审美观念和文化。那么，《易经》作为伏羲氏以来最重要的经典文献之一，在形成之中自然也会留下先民各个时期审美观念的深刻烙印。从这个意义上说，《易经》文本应该可以视为中国美学史上的一个具有标志性的起点。

---

① 沈坚：《世界文明史年表》，上海古籍出版社，2000 年，第 1—69 页。

（二）今本《易经》文本的审美观念

先秦典籍中，除了《易传》在大力阐发《易经》的阴阳思想之外，《庄子·天下》也提出"《易》以道阴阳"的说法。如此看来，《易经》文本中虽然没有"阴阳"的直接表述，也是不能否定其隐含有阴阳思想。我们知道，阴阳思想实际上正是构成中国古典美学思想的中心和基础。如果不能排斥《易经》的卦符和卦爻辞含藏着对阴阳思想关系的阐释，那么就应该把《易经》当作中国古典美学的重要组成部分；因为它比其它经典文本来得古老和重要，所以理应看作是一个文本意义上的起点。但是，以卜辞连缀成篇的《易经》有什么审美观念呢？这个问题值得深入挖掘。笔者以为，从宏观上理解，今本《易经》的审美观可以从三个方面来理解：一是卜辞中的"吉""凶"观念。卜辞中"吉"与"美"基本上是一致的，凡是爻位"中正"大多是"吉"，而"中正"发展到后来就成了重要的美学范畴；相反，"不中不正"就是"凶"和"丑"了。二是六十四卦的卦序排列。今本《易经》先"乾"后"坤"而终于"未济"的卦序，既反映了宇宙观和审美观，也体现了先民对天地人生之美永不停歇的追求。三是卦符中阴阳爻组合关系与卦爻辞形成某种对应关系。如以六阳爻重叠来表示"乾"，即把天看作是充满阳气的象征；以六阴爻重叠来表示"坤"，即把地看作是充塞阴气的象征……这些象征鲜明透露了作《易》者对阴阳关系以及相应象征物的审美认识，其中自然也包含有一定的审美观念。限于篇幅，暂不详论。总之，只要我们能够因循《易经》固有的义例，灵活变通美学研究的思路与方法，还是能从《易经》中找到不少独特的审美观。

（三）《老子》与《易传》思想的来源

《老子》与《易传》的思想的异同集中体现在对阴阳思想的理解上。"同"的方面，如"一阴一阳之谓道"与"万物负阴而抱阳"、"阴阳合德而刚柔有体"与"刚柔相济"，都大致共同体现了"阴阳和而不同"的思想。"异"的方面，主要是各自偏于"阳刚"或"阴柔"引致的，表现在求仁与求道、尚中与尚无、务实与务虚等方面的不同。两者不同是很显然的，问题是这种思想上的同异是如何引起的呢？进而言之，《老子》与《易传》各自对阴阳关系的独特理解，究竟是各自作者的发明，还是对以往某种学说思想的继承和发挥？在这个问题上，《易传》肯定是在《易经》文本上的阐扬，但是《老子》思想又是源于哪里呢？难道真是老子的独创？这个问题也是需要再认真研究的。如果《老子》不是源于对以前某种学说思想的继承和发挥，而是具有原创性质的思想，且是一时一人之书，那么说"老子美学是中国美学史的起点"①还是有一定道理的。否则，我们还是有必要对《老子》进行思想溯源。我们知道，在《老子》成书前，先民们至少已经拥有了长达千年的文明史——积累了大量文字记载的史料和学说；相传《老子》的作者是守史官，那么就更有理由推测其学说与其所典藏的史料文献有关。究竟与哪一类学说典籍有关呢？这又是一个无法证实的问题。但从这个意义上说，至少可以说明《老子》也是对前代某种学说的继承与发挥。郭店楚简《老子》的出土又引发了一个新问题：《老子》成书之后是否经历了一个不断增删和完善的过程？如果确实不是一时一人之书，那么其中肯定也包含了战国时期某些学者的思想。当然，这并不能否决在战国之前《老子》的雏形本已经出现，但却更能说明通行本《老子》成书时间要比《易经》晚得多。既是如此，那么在《易经》成书很长时间以后才面世的《老子》，就不能被视为"中国美学史的起点"。话说回来，倘若我们果真能够找到《老子》源于早期某种《易经》文本的确凿证据，那么也就有充足的理由证明《易经》成书时就具有了哲学美学意义上的思想，也就可以把《易经》美学当作中国美学史在思想意义上的起点，而不仅仅是文本意义上的起点。

综上所论，可以推想：源于阴阳爻和阴阳观念的《易经》文本，

---

① 叶朗：《中国美学史大纲》，上海人民出版社，1985年，第19页。

不仅吸取了史前数千年华夏先民在认识自然和劳动生活中形成的审美观念，而且影响了后来《老子》和《易传》等思想的形成。先秦儒家和道家的美学思想，正是沿着对阴阳思想截然不同的理解而充分展开的，而这个起因在某种意义上应追溯到各种可能出现过的形成于不同阶段的《易经》文本。在其它《易经》文本相继失传的情况下，把存世的今本《易经》当作中国古典美学在文本意义上的起点，应该是符合历史事实的。在这一点上，陈炎先生的文章对本文的研究思路确实具有一定的启发意义。

（原载张善文、黄高宪主编：《中国易学》，福建教育出版社 2010 年版，第 523—534 页。另载益建民主编《开拓者的足迹——卿希泰先生八十寿辰纪念文集》，巴蜀书社 2010 年版，第 884—892 页）

论《易经》对孔子天道观的影响

一个人的审美观，是跟其哲学观联系在一起的。可以说，哲学观决定审美观。或者说，任何人的审美观，都是一种哲学的审美观。因此，为能更好地探讨孔子的审美观，我们拟先从哲学观的角度，研究《易经》与孔子天道观之间的密切联系。

天意从来高难问，可"天"字常常为人所问，为人所道。"天"究竟是什么呢？天是宗教信仰中的造物主、真主、天公、玉帝、上帝，还是科学家眼中客观存在的大自然？这是古往今来人类一直迷惑不解的难题。在《易经》中，乾为天，是三个或六个阳爻组合的卦象，是纯阳无阴的意思，是至刚至大至纯至精的体现，是至高无上的象征，是刚健中正的代名词，兼有自然意义和人格神意义。

尽管孔子罕言性与天道，但在《论语》① 中还是有不少言论，可以让我们探知他的天道观。孔子的天道观，主要体现在几个方面。

其一，对天的敬畏和尊崇。如："获罪于天，无所祷也。"（《论语·八佾》）、"噫！天丧予！天丧予！"（《论语·先进》）、"天生德于予，桓魋其如予何？"（《论语·述而》）、"天厌之！"（《论语·雍也》）

其二，对天的赞美和效法。如：《论语·泰伯》"子曰：大哉！尧之为君也。巍巍乎！唯天为大，唯尧则之。荡荡乎！民无能名焉。巍巍乎！其有成功也。焕乎！其有文章"、《论语·阳货》"天何言哉？四时行焉，百物生焉。天何言哉？"又如《论语·卫灵公》："子曰：

---

① 本文引用的《论语》句段，主要参考杨伯峻：《论语译注》，中华书局，1980年。

无为而治者其舜也与！夫何为哉，恭己正南面而已矣。"

其三，对天命的理解和顺服。如："君子有三畏：畏天命，畏大人，畏圣人之言。"（《论语·季氏》）、"道之将行也与，命也；道之将废也与，命也。"（《论语·宪问》）、"不知命，无以为君子也。"（《论语·尧曰》）、"不怨天，不尤人，下学而上达；知我者，其天乎！"（《论语·宪问》）、"吾十有五而志于学，三十而立，四十而不惑，五十而知天命，六十而耳顺，七十而从心所欲不逾矩。"（《论语·为政》）

其四，对仁道的肯定和追求。如《论语·卫灵公》："人能弘道，非道弘人""志士仁人，无求生以害仁，有杀身以成仁。"《论语·里仁》："朝闻道，夕死可矣。"《论语·微子》："不降其志，不辱其身。"《论语·泰伯》："临大节而不可夺也。"《论语·子罕》："三军可夺帅也，匹夫不可夺志也。"

其五，对鬼神敬畏并保持距离。如《论语·雍也》："敬鬼神而远之。"《论语·述而》："子不语怪、力、乱、神。"《论语·先进》："未知生，焉知死。"

不难发现，在《论语》的思想中，孔子对"天"并未给出明确的定义，同样把"自然之天"和"人格之天"都统称为"天"；但对"天"运行的"道"（规律）特别重视，尤其是注重从人的角度来理解"道"，表现出对认识天道的追求，并把为人须行仁道当作做人的最高准则。可见其坚守的仁道追求，是源于对天道的认识和理解。而其天道观，无疑也是对《易经》思想精髓的继承和发展。以下通过对《易经》中"天"的理解，来探讨《易经》对孔子天道观的影响。

一、《易经》中的"天"及其天道观

要论证《易经》对孔子天道观的影响，首先要对《易经》中的

"天"有所理解。《易经》卦爻辞①中直接提及"天"字的不多,仅有八则爻辞提及,而且是片言只语,没有任何详细的阐述。具体详列如下:

"飞龙在天,利见大人。"(《乾》九五爻辞)

"公用享于天子,小人弗克。"(《大有》九三爻辞)

"自天祐之,吉无不利。"(《大有》上九爻辞)

"何天之衢,亨。"(《大畜》上九爻辞)

"不明晦,初登于天,后入于地。"(《明夷》上六爻辞)

"见舆曳,其牛掣,其人天且劓。无初有终。"(《睽》六三爻辞)

"以杞包瓜,含章,有陨自天。"(《姤》九五爻辞)

"翰音登于天,贞凶。"(《中孚》上九爻辞)

稍作一下分析:《易经》卦爻辞中的八则有"天"字的爻辞,除了《明夷》上六爻辞和《睽》六三爻辞是对应于阴爻外,其余六则都与阳爻对应;而这六则对应阳爻的爻辞,除了一则是九三爻辞外,有两则是九五爻辞,有三则属于上九爻辞。我们知道,在《易经》由来已久的解释义例中,乾为阳为天,故与之相对的多为阳爻或阳位之爻(即六爻中的初、三、五爻);在六爻卦中,五和六爻居上象征天位(初、二两爻居下象征地位,三、四两爻居中象征人位),故与之相对应的多在上两爻,且大多是九五和上九。由此发现,爻辞中的"天"字取象和用义,似乎都遵循这一传统规定的义例,而这义例其实是跟《易经》对"天"意义的规定性基本一致的。可见,"天"的阳刚性质在《易经》中是有所规定和体现的。

再把前面八则爻辞中的"天"义归类:《睽》中的"天",与

---

① 本文引用的《周易》文本(包括《易经》卦爻辞和《易传》文句),主要根据黄寿祺、张善文:《周易译注》新修订本,上海古籍出版社,2018年。

《说卦传》"乾为天,为首"的取义相关,是指一种对人的头部的刑罚;《大有》中的"天子"(即帝王)、"自天祐之",是具有人格意义的"天",与天神、上帝的意义接近;其余五种则可理解成是自然意义上的"天",是人们可直观的头顶之苍天。在《易经》中所提及的这八处"天"中,我们约略可以知道《易经》作者对"天"的直观感和神秘感,还是相当朴素的,没有赋予太多主观的色彩。从此也可说明:仅仅从字面意义上看,《易经》中对"天"的理解仍然是感性的、直觉的,符合史初时期先民对客观对象的模糊认识。但是,如果深入到卦爻辞的系统里,我们会发现《易经》的作者对"天"的理解已经完成从感性到理性的飞跃,并通过象征和类比思维,以及六十四卦内在的排列系统,若隐若现地形成自己独特的天道观。这至少可以从两方面加以说明。先看《乾》卦爻辞:

乾:元,亨,利,贞。
初九,潜龙勿用。
九二,见龙在田,利见大人。
九三,君子终日乾乾,夕惕若,厉,无咎。
九四,或跃在渊,无咎。
九五,飞龙在天,利见大人。
上九,亢龙有悔。
用九,见群龙无首,吉。

唐代孔颖达《周易正义》云:"此乾卦本以象天,天乃积诸阳气而成。"① 在《易经》中,"乾"的最主要取象为"天",而《乾》卦爻辞又是借助飞龙上天的历程,形象地解释每一对应爻的意义,因此该卦最能体现《易经》对"天"的理解和规定。先看卦辞"乾:元,

---

① 刘玉建:《〈周易正义〉导读》,齐鲁书社,2005年,第97页。

亨，利，贞"，按《周易正义》云："《子夏传》云：'元，始也。亨，通也。利，和也。贞，正也。'言此卦之德，有纯阳之性，自然能以阳气始生万物而得元始亨通，能使物性和谐，各有其利，又能使物坚固贞正得终。此卦自然令物有此四种使得其所，故谓之四德。"① 也就是说，按正统的说法，"元亨利贞"四德乃是"天"的四种德性，而这四德即是充满阳刚正气之"天"，在循环往复的四时（即春、夏、秋、冬四季）变化中，所体现的大自然的变化规律。可见，《易经》作者通过直觉和直观"天"在时间中的发展变化，深刻体悟到"天"的四种无与伦比的德性，并加以赞美。这种"天德"观，无疑已经从感性观察上升到理性认识，并对"天"的基本性质予以准确形象的规定。我们还可发现，这里的"天"不是静止不变的，而是跟时间变化紧密联系在一起；而时间变化不是毫无规律的，是带有一定周期性并且是为常人经验所能深切感知——即事物遵循"春生、夏长、秋收、冬藏"的基本规律；把时间规律定位在一年四季的循环往复，更进一步证明《易经》作者对"天"的认识已经上升到认识规律和掌握规律的层面，认为"天"在某种意义上还是可以被人感知和效法的，即对"时间之天"有了基本认识。这无疑是我国史初时期天文学研究的巨大进步，也是时间学研究的巨大飞跃，更是《易经》作者对这一些学术成就的巧妙运用，使得《易经》的"天"观在直觉直观和感性经验的条件下，仍不违背对客观自然规律的正确理解。于此，我们认为《易经》对"天"的认识，不是模糊的而是清晰的，不是初浅的而是有所深入的，是一种初具理论形态的客观认识。

再看爻辞，共有七则。都是以龙为拟象，生动地描绘龙由潜而现，历惕、跃而飞天，直至过亢有悔的过程。仅九五爻辞一个"天"字，便造就了一个天上天下的意境；共有"龙""君子""天"三个主要意象，都寓有与阳刚健强一般的性质，使自强不息的意义自然而

---

① 刘玉建：《〈周易正义〉导读》，齐鲁书社，2005年，第97—98页。

论《易经》对孔子天道观的影响

然地涵蕴其中,且呼之欲出。另外,我们在爻辞中看到的"龙""大人"及"君子"等意象,看似有别,实则相通,它们的相同点就在于都是"刚健""美德"的化身。可见,作者通过借助象征的思维和方法,巧妙地把天道和人事有机结合在一起,既展现了天道中事物的规律性变化,又联系到人事如何效法天道,做到与时偕行。由"天"(道)而生人"德",推天道以明人事,把天和人联系在一起,并强调人必须顺应天时而行事,体现了《易经》所具有的以道德为基础的天人合一观。在这种观念下,神秘的"天"不再是那么难以理解,也不是那么的令人恐惧,只要人们以敬畏之心顺从,以忧患之心对待,效法天德,保持正气,把握时机,顺应变化,人也能跟天一样获得完美的德性,甚至达到天人合一的境界。因此,从某种意义上说,此卦中的"天"几乎没有人格神的意味,而是跟时间紧密联系的自然之天。对这样的自然之天,人们可以感知,可以把握,可以根据它的变化规律来采取与之相和谐的行动,而不再是恐惧和无所适从。毫无疑问,通过《乾》卦,《易经》就建立了以人为中心、以天为规律的天人关系,由天而知人用人,由人而知天事天,达成一种良性的互动关系,使人的主体性得以回归,使天道和人道都拥有了"德性"的共同纽带,开启了后世以客观精神对待客观事物的先河。

另一方面,我们还可通过《易经》六十四卦的排列顺序,更进一步揭示其作者对"天"的理解。如果说《乾》卦以六个阳爻的形象喻"天",说明"天"是至纯至精至刚至大的;又以"元亨利贞"四德为卦辞立论,说明"天"是最为元始的,是亨通、和谐、贞固的原动力,是周而复始的变化规律;再以潜龙飞天的过程阐释爻义,说明"天"与"人"是可以相和谐相统一的;那么以《乾》卦作为六十四卦之首,又有何意味呢?首卦为《乾》,说明"天"是至大至尊的,又是万物的本源。因为,紧接着第二卦是《坤》卦,坤为地,"先天后地"喻示着地由天而生,"天尊地卑"(《系辞上传》);而紧接着《屯》卦,象征事物的开始,喻示着天地交感而化生万物。从《易经》

上经三十卦的排列顺序看,确如《序卦传》所揭示的一样,如此编排是有规律可循的,是有用意的,而不是简单的拼凑。根据前人的研究发现:在这个卦序里,大致体现了如《系辞上传》所言的"一阴一阳之谓道"的编排原则,遵循着"非覆即变"的规律(即从首卦开始依次往后,每相邻两卦为一组,每组的卦象彼此之间不是正对卦,就是反对卦的关系);上经三十卦以《乾》《坤》开头,以《坎》《离》结尾,意在说明天道的变化,下经三十四卦以《咸》《恒》开头,以《既济》《未济》结束,意在说明人伦的道理。如此阴阳结合、天地相配、天人相关、错综复杂而又富有规律性变化的卦序,揭示了如天道一般"终而复始"的"物极必反"的事物变化发展观,构成了"和谐之道"的易学思维逻辑模式,体现了作者对天道、地道、人道相互关联、相互作用的独特思想观念。于此,我们不得不惊叹:《易经》的"天"观,业已形成了一套具有自洽性、合理性的"天人合一"的理论系统。至此,难道还不能说《易经》的天道观是感性和理性的有机统一,是具有逻辑性和理论性的哲学观念吗?笔者认为有一点是必须肯定的,就是这种天道观影响了近三千年来中国人的思维,尤其是对先秦诸子的思想观念有直接影响,而受影响最深的又非孔子莫属。这除了《易传》可作直接证据外,《论语》的天道观也可看出是对《易经》的继承和发展。

二、孔子对《易经》天道观的继承

《论语·公冶长》中子贡说:"夫子之文章,可得而闻也;夫子之言性与天道,不可得而闻也。"子贡是孔子门下关系最为密切的弟子之一,应该是比较熟悉和了解他老师日常生活的,因此难免有人据此怀疑孔子对"天"有过深思。为什么子贡会认为不可得"夫子之言性与天道"呢?对此,前人早有答案。如在民国时期翁中和先生看来,主要原因有二：其一是在孔子看来对于"性与天道"这样的问题用语言是难以讲清楚的，关键在体悟和践行，恐言不及意，所以少言；其二则是"盖由圣人所见，以为中人以下之才，倘告以性道之故，必且骇怪而却走矣；岂不失言乎？"① 在《阳货》中，子贡甚至直截了当地追问孔子，但孔子仍然拒谈，并称"天何言哉？四时行焉，百物生焉。天何言哉？"可以看出孔子所知天命来源于对四时行、百物生的观察和总结，而其中的主宰就是天道（命）。孔子认为天命本身是不可言的，故"子罕言利，与命，与仁"（《论语·子罕》），但却又时时强调知天命的重要性，"不知命，无以为君子"（《论语·尧曰》），这里的天命，已经和道德品行结合到了一起。再如《论语·子罕》："子绝四：毋意，毋必，毋固，毋我。"在孔子看来，不知天命，便不免要胡乱猜测，独断、固执以致自以为是，这些都是必须杜绝的。所以，我们可以认为孔子对"天"是有看法的，只是很少谈论，没有形成一个鲜明的系统的理论体系而已。但是，只要深入研究和总结孔子的一生，还是能够发现他已形成源于《易经》文化思维的独特天道观。

孔子继承了《易经》的天道观，对这一传统观念怀着敬畏与追求的态度，并对这一思想进行了完善。孔子的天道观主要体现为"尊天"和"知天命"，这些在《论语》中有着鲜明的体现，如前文引述的"唯天为大，唯尧则之"（《论语·泰伯》）、"道之将行也与，命也；道之将废也与，命也"（《论语·宪问》）、"畏天命"（《论语·季氏》）、"不知命，无以为君子也"（《论语·尧曰》）、"子曰：'天何言哉？四时行焉，百物生焉。天何言哉？'"（《论语·阳货》）但是，孔子在对天命敬畏的同时，并非只懂得顺从和虔诚，而是更注重自省："吾十有五而志于学，三十而立，四十而不惑，五十而知天命，六十而耳顺，七十而从心所欲不逾矩"（《论语·为政》）。孔子

---

① 翁中和：《人天书》，中华民国三十年（1941年）其家人自印本，第3页。

在"尊天"的同时,深刻认识到天之所以成其天,在于它不仅有生生之德(《系辞下传》:"天地之大德曰生。"),而且是居功不言(即《论语·阳货》:"天何言哉?"),因此强调为人应效法"天",以"天"为榜样,默而行之,生生不息,使道德修行尽可能像天一样完善。孔子在效法自然之天的同时,致力于追寻人生的真谛,力求能更好地解决人生终极意义的问题。因此,在对天人关系的思考中,受《易经》思维影响的孔子形成了自己独特的天人之学,并努力加以践行。这首先充分体现在他对"天命"的深刻理解:一是以为"死生有命,富贵在天"(《论语·颜渊》),一是罕言"性与天道"(《论语·公冶长》)。既把天命当作神圣的人生使命,又试图通过德性的修养和不懈的追求,来改变看似不可改变的命运。其次也充分体现在他对"仁道"的执着追求:一是以为仁者"爱人"(《论语·颜渊》),要人像天一样平等待物,一视同仁;二是要人坚守"无终食之间违仁"、"无求生以害仁"(《论语·里仁》),像天体光明正大、时刻无间地运行一般实践仁道,一以贯之。可见,孔子既深悟"天人相合"之道,又深谙"知命行仁"之理。明于此,我们就可以很好地理解孔子"志于道,据于德,依于仁,游于艺"(《论语·述而》)的人生经历。孔子所谓的"道",既包括"天道",又包括"人道",是天人合一之"道",是同于《易经》的"和谐之道"。但就其本源而言,首先是指"天道"。至于"游于艺",则主要是讲"人道"即人文修养与礼乐教化方面的事。而君子修德是贯通"天道"与"人道"的重要桥梁。孔子通过对《易经》的解读,建立了最早的"天人合一"之学,这就是"道、德、仁、艺"之说,也就是子贡所说的"文章"与"性与天道"之学。孔子及其弟子将《易经》中的天道观进一步深化,在尊重天道的同时,将效法自然之天的思想演绎到更注重君子修德以求天人合一的境界。而这与没有明文阐述天道观的《易经》,无疑是一致的。换句话说,孔子对天道的理解,正是对《易经》的进一步阐明,使之更加显露无遗。

上文论证孔子对《易经》天道观的继承,主要依据的典籍文本是《易传》和《论语》。《易传》是无须多论了,即使"孔子作《易传》"的说法得不到证实,其中有许多孔子的言论,也可不证自明。但是,以《论语》来论证《易经》对孔子天道观的影响,是否合情合理呢?换言之,《易经》是否对《论语》产生直接影响呢?问题的关键就在于《易经》究竟是否只是影响了晚年的孔子。这个问题,笔者在相关文章中①已展开深入探讨,发现问题悬而未决。如果孔子晚年之前未接触过《易经》,那么在《论语》中他的许多思想就无法确证是受到《易经》的影响。也许有人会提出疑问,假如孔子没有研习过《易经》,而又具有与《易经》基本一致的思想,是否可认定这些思想是属于孔子独创的?也就是说,是否有一种可能,就是孔子经过漫长的人生经历之后发现和总结出自己的思想,而到晚年才发现与《易经》有许多契合之处,因而高度重视对《易经》的研读和深究?笔者认为这种可能性是不能排除的。但即使事实如此,也仍然无法推证晚年之前的孔子没有受到《易经》的影响,因为文化思维的影响并不是只有通过文化教育和文本研读一条路,而是多种渠道并行的,就好比现在的许多人虽然没有读过《易经》,但仍然具有某些跟《易经》相同的思想一样。理解这一点,其实并不难,只要理解两个"传统"就可以了:一是人类基因的传统,即血统,人不是机器生产的,而是由前一代人生产的,来源于父母的血统,而父母们又来源于他们父母的血统,如此代代相生,世世相传,许多前人的思维观念也潜藏在基因和染色体中遗传了,孔子作为周人自然也会遗传他祖宗的文化基因;二是思想文化的传统,即道统,人不是孤立生存的,而是必须生活在一个复杂的社会关系中,任何社会都会形成自己的文化氛围和思维模式,而这些必定也是对前代的传承,可以肯定在以《易经》作为指导

---

① 谢金良:《关于孔子与〈周易〉学说的若干思考》,"早期易学的形成与嬗变"国际学术研讨会论文集《大易集思》(刘大钧主编),上海科学技术文献出版社,2013年,第223—248页。

思想立国的周朝，其臣民的思维模式一般是不会与之相差甚远的（当时社会相对封闭，一种思想往往能左右人们很长时间，不是像今日全球化时代思想那么多元混杂。而从《易经》的影响看，据《左传》记载可知西周时期社会上对《易经》是相当重视的，在进行重大活动之前都要进行占卜，那么生活在那个时代并且关注文化教育的孔子怎么可能没有受到《易经》的影响呢？），由此可推证孔子应当是生活在《易经》学说文化的思维模式影响下的社会环境。仅此两个"传统"，我们便有理由推证：只要孔子和《论语》等具有与《易经》一致的天道观，一定是受到之前《易经》的影响，这是由当时的特殊现实所决定的（《易经》是国家层面的圣经宝典；孔子是周人，且是周文化的极力鼓吹者；孔子生活在思想较为单纯的春秋时代）。

话说回来，《论语·述而》篇中有"五十以学易可以无大过矣"可以佐证（笔者在相关文章中已提及，虽然出土的《鲁论》把"易"作"亦"，但通行本得以流传千古，我想应是属于比较可信的），还有多处涉及与《易经》文本相关的内容，也可以作为证明。也许正是因为如此，无论是宋代的大儒朱熹，还是现当代的大多数学者，都认为《论语》受到《易经》的直接影响，如台湾学者徐复观指出："然《论语》分明引有《易》恒卦九三的'不恒其德，或承之羞'的爻辞，而孔子有分明说过'吾十有五而志于学'的话；此处若作'五十以学，亦可以无大过矣'是说五十岁才开始学呢？还是到了五十岁还在学呢？"① 任俊华先生结合朱熹的看法，果断认为："孔子虽是晚年喜《易》，但既已'韦编三绝'，说明孔子于《易》已经烂熟胸中。"② 所以，今人即使不能很好地运用充足的史料加以考证，但是也同样有理由相信《易经》确实对《论语》产生影响。

还有一个问题也比较麻烦，就是《论语》中有些带有"子曰"的，基本上可以明确是孔子的言论思想，而有些没有注明，还有些是

---

① 徐复观：《中国人性论史》，华东师范大学出版社，2005年，第124页。
② 任俊华：《易学与儒学》，中国书店出版社，2001年，第72页。

他弟子的言论或别人的言论。笼统地说,这些都可算是《论语》中诸子(以孔子及其弟子为主)的思想。为了避免张冠李戴,混淆是非,我们只好以《论语》作为研究对象,泛论《易经》对孔子及其相关诸子的影响(后文凡谈到《论语》,都依此例,不再重复说明)。

三、《论语》对《易经》天道观的阐扬

在我看来,孔子一生的思想,大致可以分为两个时期:五十岁之前,主要思想是仁与礼,上下求索,身体力行,思索于人伦之道;"五十而知天命"之后,周游列国,融会贯通,穷究于天人之间,体悟于中庸之道。以"仁"为本,说明孔子的人道思想日趋成熟;而对"道"的追求,得益于人生经历与《易经》的启示,豁然开朗,思想日趋完善,境界顿然升华,下学而上达,是谓"知天命""从心所欲不逾矩"。那么,如何更好地理解孔子天道观与《易经》思想的一致性呢?除了前文的论述以外,我们还可从以下几个方面进一步加以阐明。

第一,《论语》中孔子对"天"的理解,仍与《易经》基本一致,即相当于自然界里的天。究而言之,人们在对外界进行思考之时自然会感知到其本身的存在,对"天"的感知也是一样,且通过风、雨、雷、电之类的外在表象,和四时事物的发展变化,去感觉到这样一个自然意义上的天的存在,这种感知是不会因为时代的改变而改变的。所以,孔子巧妙地隐藏了人格意义的天,更注重其中的自然意义和主宰意义。

第二,与《易经》不同的是,《论语》中的"天"已演变成感性与理性相结合的"天道",使人的主体性更充分体现出来。不难发现,子贡喟叹不可得而闻"夫子之言性与天道"中用的是"天道",而非"天"。在先秦诸子百家典籍中,"道"字已被广泛使用,且体现出较

为多元的意义。在《论语》中,谈及"道"亦有多处。而在孔子看来,"人能弘道,非道弘人"(《论语·卫灵公》)。可见,孔子对《易经》的发展是在"天道"而非"天"处体现出来的,而其显著特点就是将"人"体现出来。孔子似乎已经意识到,天人在根源上是血脉相连的,故叹"天生德于予"(《论语·述而》)。这便将天命与人密切联系在一起,并相信可以通过人的命运和德行来体现天道。他还意识到,有德之人可以遥契天道,以至坚信:"文王既没,文不在兹乎?天之将丧斯文也,后死者不得与于斯文也;天之未丧斯文也,匡人其如予何?"(《论语·子罕》)因此,他认为"乐天知命故不忧"(《系辞上传》)、"忧道不忧贫"(《论语·卫灵公》),既"畏天命",又得其乐,如"子曰:'贤哉回也!一箪食,一瓢饮,在陋巷,人不堪其忧,回也不改其乐。贤哉回也!'"(《论语·雍也》)从《易经》的"天"到《论语》的"天道",孔子悟出了下学上达之道,向上为人类信仰找到了令人尊崇和敬畏的天,向下又为人类的幸福快乐生活指明一条仁爱无忧的康庄大道。

第三,《论语》中孔子"畏天命",源于他对天的尊崇和敬畏,而对天的崇敬信仰正是源于以《易经》为代表的巫史文化传统。1973年长沙马王堆汉墓出土的帛书《易传》之《要》篇中,明确记载孔子的一句话:"吾求亓德而已,吾与史巫同涂而殊归者也。"看来孔子虽然"不语怪、力、乱、神"(《论语·述而》),且"敬鬼神而远之"(《论语·雍也》),但还是承认鬼神的存在。这与"丘之祷久矣"(《论语·述而》)的观念是一致的,说明都是受到巫史文化的影响。尽管孔子依然沿袭传统的鬼神观念,但他跟以往古人的"迷信"和被动接受是很不一样的。《论语》中的孔子,对于巫术占筮是有所反对的,在他看来,"务民之义"才是重要的,才是真正的"知":"务民之义,敬鬼神而远之,可谓知矣。"(《论语·雍也》)。对于鬼神,孔子是有自己看法的:"祭如在,祭神如神在。子曰:'吾不与祭,如不祭。'"(《论语·八佾》),"未能事人,焉能事鬼"、

"未知生,焉知死。"(《论语·先进》)。可见,孔子不再迷信天,也不再寄托于鬼神,因此不再沉迷于《易经》时代的占筮预测,而是在重新理解天人关系的基础上更加关注现实社会中的人事,因而更加倾向于把《易经》中的思想智慧当作人生的指导。孔子说:"南人有言曰:'人而无恒,不可以作巫医。'善夫!""不恒其德,或承之羞。"又说:"不占而已矣。"(《论语·子路》)。孔子"善占"而"不占",态度是极其明确的:对天道和鬼神尊崇而不迷信,更加注重对天道的效法而非预测,把生活中保有持恒之德看作比占卜命运更为重要。由此发现,之所以是"同涂殊归",就在于他能从鬼神的神秘性中解脱出来,更多地关注人的现实生存本身,实现了由外而内的超越,即从天道返于人道,"而又积极地去追求生命的意义和死亡的意义,勇于承担自己应承担的一切,包括救民于水火,博施济众,修己安人,杀身成仁"。其实,无论是《易经》,还是《论语》中孔子带有"畏天命"思想的天道观,都更为关注人的角度、命运、际遇、品行等,可以看出孔子和《易经》都是根植于入世这一角度的。在春秋时期之前,《易经》是作为卜筮之书而面世的,对它的使用和解读更多的是将个人生死祸福等寄之以天命。西周时期,学在官府,像《易经》这样的史书典籍主要由王官世代掌守。春秋中期以后,才有所改变——如鲁昭公二年韩宣子到鲁国考察时才有幸见到《易象》和《鲁春秋》。到了孔子生活的春秋末期,周室更趋衰微,王官失守而文献四散,以致官学流入民间,"百家"之学开始萌芽。对于《易经》蕴含哲理的阐发开始出现,孔子即是先行者。《易经》原本作为卜筮之书,注重的主要是人事的吉凶休咎,而孔子对《易经》的阐发,注重的是追求天人相合和阴阳和谐的生活智慧。以孔子为代表的儒学因此也和《易经》有了密切的联系。

第四,孔子通过发现天人同道同德的原理,进一步完善早期的仁学思想和方法。而这应该是与他周游列国而饱经沧桑之后深研《易经》有密切联系。我们知道,孔子认真研读《易经》主要是在六十八岁"自卫返鲁"之后。而在深研《易经》之前,他那以"仁""礼"为中心和以"推己及人"为方法的思想系统并不完善。然而,当孔子的思想引入天道之后,就明显不同。天地和合,化生万物,而人居其一;于是,凡是人都有骨肉之情,彼此之间都有情感纽带牵连,人应该自然地、本能地去爱他人、爱物。既然人和物都本源自天,则人性和物性中皆有天性,天、人、物本是浑然一体,于是人心中的"仁"也有了明确的归依,即人心应该发挥"天之仁"。可见,此"仁"乃天人一贯,人物同体,远胜于之前颇为勉强的"推己及人"。不妨以传说中孔子研究《易经》时对《损》《益》二卦的重视①,来看他思想的巨大转变。在《说苑·敬慎》中有如下记载:

> 孔子读《易》,至于《损》《益》二卷,则喟然而叹。子夏避席而问曰:"夫子何为叹?"孔子曰:"夫自损者益,自益者缺,吾是以叹也。"子夏曰:"然则学者不可以益乎?"孔子曰:"否,天之道,成者未尝得久也。夫学者以虚受之,故曰得。苟不知持满,则天下之善言而不得入其耳矣。昔尧履天子之位,犹允恭以持之,虚静以待下,故百载以逾盛,迄今而益章。昆吾自臧而满意,穷高而不衰,故当时而亏败,迄今而逾恶。是非损益之征与?吾故曰:'谦也者,致恭以存其位者也。'夫丰明而动,故能大;苟大,则亏矣。吾戒之,故曰:'天下之善言不得入其耳矣。'日中则昃,月盈则食,天地盈虚,与时消息。是以圣人不敢当盛,升舆而遇三人则下,二人则轼,调其盈虚,故能长久也。"子夏曰:"善!请终身诵之。"②

---

① 关于孔子研读《损》《益》二卦之事,传世典籍《淮南子·人间训》《说苑·敬慎》《孔子家语·六本》和出土帛书《要》篇中均有所记载,可见晚年孔子深研《易经》是确有其事的。这几处文献材料,有论者以为是同源的,并以《说苑·敬慎》篇内容最接近传本《易传》。笔者亦倾向于此看法。

② (汉)刘向撰、向宗鲁校点:《说苑校证》卷十,中华书局,1987年,第241—242页。

这段话所体现的损益观,与《易传》是大体一致的:"损益盈虚,与时偕行"(《象传·损》)、"凡益之道,与时偕行"(《象传·益》)。与《尚书·大禹谟》"满招损,谦受益,时乃天道"的思想更是如出一辙!"时乃天道",故"与时偕行"就是"与天道偕行",也就是与"时间之道偕行"。由此可见孔子的天道观形成与晚年通过潜心研究《易经》才从天道的损益盈虚中找到了"与时消息""调其盈虚"的做人法则,即"人道顺应天道",从而完善其思想体系。这个法则就是基于时间变化的自然规律:阴阳交互,物极必反,如春生夏长,虽是生长的季节,但必定是走向衰老的开始;秋收冬藏,虽是万物衰老的时节,却又孕育着新生和希望。于是,生长,衰老,再生长,再衰老,如此循环往复,在阴阳交替中得到无限的繁衍,在相反相成中达到生生不息的效应。"宇宙规律在无限损益循环中,波浪起伏,兴衰交替。"① 掌握这个时间变化法则也就可以窥见宇宙运行的奥秘——"一阴一阳之谓道"(《系辞上传》)、"致中和,天地位焉,万物育焉"(《中庸》)。这或许就是为什么晚年的孔子对《易》如此痴迷,竟然达到"居则在席,行则在囊"(帛书《易传》之《要》篇,"囊"亦被考释为"橐")和"韦编三绝"(《史记·孔子世家》)的地步。孔子从《易经》的《损》《益》之道中归纳出了"顺于天地"的天道法则,那就是要顺天而行,替天行道。这个追求和顺于道德、平衡于阴阳的《易》道,不仅易知易行,而且毫无神秘色彩,但却如实反映了阴阳之间对立统一的普遍规律,无疑可以作为人们生活和行动的准则。

综上所述,可见《论语》中的孔子与《易经》中的天道观是一脉相承、密切联系的,集中体现在对天的尊崇与敬畏以及对于鬼神的信仰;但不同的是,孔子已经发现并极其注重人道,关注人的主体性地位。从《易经》的"天"到《论语》的"天道",孔子开出一条下

---

① 谢宝笙:《〈易经〉与孔子的蝉蜕龙变》,华夏出版社,1995年,第47—48页。

学而上达的道路，向上为人道找到一个道德的依据，向下又为人的积极进取提供一条可行的大道。孔子的儒学思想也因此得以形成并有所完善，并体现出巨大的价值。笔者深信，只有深入理解孔子的天道观及其来源，才能更好地理解孔子的哲学美学思想，才能正确理解和运用孔子的易学、儒学思想与智慧，才能更好地弘扬以《易经》为本源的中华传统文化。本文立足于前辈时贤的研究成果①，抒发一己之浅见，难免有许多不足之处，恳请得到方家的教正！

（原载《安阳师范学院学报》，2020年第3期，第26—33页）

---

① 本人在复旦大学曾开设通识选修课《先秦诸子美学思想与文化》，有些选修学生的期末作业对本文的写作在材料和观点上有些许帮助，主要是2009年和2013年上半年的选课学生：陆澄《孔子的天道观——〈易经〉对孔子思想的影响》、张璟《从"天"到"天道"——〈易经〉对〈论语〉的影响》、高熊超《从天道观到孔子重视人道的转变——谈〈易经〉对〈论语〉的影响》、吴昊鹤《〈周易〉对孔子及其思想的影响——〈易经〉对〈论语〉的影响》，等等。在此一并指出并致谢！

略论《周易》对两汉经学美学的影响

《周易》(包括《易经》和《易传》)在先秦时期都经历了诞生和流传发展的阶段,并以强有力的传衍方式进入汉代。在秦汉之际,易学传承线路逐渐由少及多,使西汉的易学研究呈现出多元化的倾向。值得关注的是,汉武帝时期的"罢黜百家,独尊儒术",不仅使儒家思想占据主导地位,而且使《易经》《易传》在西汉中后期得以并尊,开始冠居儒家群经之首。从大量史实中,我们可以发现《周易》学说对两汉的影响从未停止过,而且影响的力度是越来越大。问题在于,如何才能更好地说明《周易》对两汉审美文化有深刻影响呢?这无疑是一个亟须深入研讨的重大问题。限于已有研究成果的不足,本文拟简要地阐述《周易》对两汉经学美学的影响。

一、《周易》对两汉易学美学的影响

毋庸置疑,汉代是以儒家经学为主导的时代。尽管汉初崇尚黄老之学,实行休养生息政策,但民间的儒家学说及其思想传承仍然得到不少知识分子的重视,这为西汉中期以后儒家经学得以成为官学奠定了基础。因此,在中国古典美学研究中,学界普遍认为汉代审美文化乃是以经学美学为特色,可与之前的诸子美学,与之后的玄学美学等相提并论。一般来说,《周易》作为儒家"六经"之一,乃是汉代经学的重要组成部分。但若细究之,《周易》学说(即易学)与经学的关系,还是不能等同的。在易学的领域中,仍然有一部分可以游离于正统的经学之外,如《易纬》、与术数学相关的易学占测学等。但也不容忽视的是,易学与经学关系密切。纵观汉代的学术思想与文化,其经学文化成就应该说是最高的。而汉代经学文化,尤以易学为主,其学说是最为复杂的。

一是易学流派众多,名家辈出。以西汉为例,自汉初田何传《易》以来,经王同、丁宽等人的大力推广,陆续出现了许多易学名家,并形成四大流派:以王同、齐服生、周王孙、丁宽、韩婴、杨何、蔡公七家为代表的"训诂举大谊";以孟喜、京房、五鹿充宗、段嘉四家为代表的"阴阳候灾变";以孟喜、施雠、梁丘贺、京房四家为代表的"章句守师说";以费直、高相两家为代表的"《十翼》解经意"。在这些流派中,费直易学无章句,主要以《易传》解说经意,一般认为属于古文经学;而其他三派,自立于学官以后,成为显学,自杨何成为第一个《易经》博士之后,田王孙、施雠、段嘉等人也相继成为博士。在西汉易学传承中,我们可以看到一个较为普遍的现象:许多易学名家转益多师,择善而从,如被誉为"《易》祖师"的丁宽将军,既师从田何,又学于同门师兄洛阳人周王孙;再如梁丘贺,既曾学于杨何的弟子京房,又与施雠、孟喜等一同师事田王孙,而其子梁丘临、其徒张禹又都同传施雠之学。这一现象似乎可证:在经学初启的西汉,墨守师法、家法并非不可逾越、一成不变。也正因此,易学流派的多元化和复杂化,加快了易学文化的广泛传播,那么《周易》对当时审美文化的影响自然也就更为广泛和深入了。

以东汉为例,在西汉易学的基础上,形成了新的四个流派:以马融、刘表、宋衷、王肃、董遇等人为代表的"为《费氏易》作章句";以郑玄(后参治《费氏易》)、荀爽(从陈实受樊英句)的兼治《京氏易》为代表;以虞翻为代表的《孟氏易》(杂用《参同契》纳甲之术);以陆绩专治《京氏易》为代表。① 总体看来,有如孔颖达《周易正义·序》中所论:"传《易》者,西都则有丁、孟、京、田;东都则有荀、刘、马、郑,大体更相祖述,非有绝伦;惟魏世王辅嗣之注,独冠古今,所以江左诸儒并传其学,河北学者罕能及之。"孔氏这一见解道出两个事实:一是汉代象数易学虽然流派众多,名家辈出,但大体上是更相祖述,罕有登峰造极之代表;二是王弼易学一出,尽黜以象数学为主的汉易,有力地说明义理略胜象数易学一筹。从汉易的浸微,到被王弼易学取代而突然衰亡,虽然不能因此彻底否定象数易学的成就,但也不能不引起我们对汉代象数易学的深刻反思。按理说,易学本于象数,发为义理;象数更为本真,也更为切于民用。以今日观之,象数也与科学思想原理更为切近。为什么魏晋以降人们更青睐玄妙的甚至是带有说教意味的义理,而摒弃象数易学呢?原因定有不少。如果从审美文化心理的角度来分析,或许更能把握住问题的关键。笔者以为,象数易学主要源于巫术之学,与宗教神学如出一辙,虽然在理论上也有不少新的突破,但在关键问题上仍然解释不清,以致在学术致思方式上逐渐远离"道"而在方法上逐渐流于"术"。关键的问题,就在于人与天的关系,以及人的命运问题。在先秦时期,华夏先民早已进入对天人关系的深刻思考,在审美观念上也形成了以《周易》为代表的"以天为健美"的核心思想,但是对天的本质问题并没有在诸子百家争鸣中形成较为一致的看法,甚至是形成两种截然不同的认识,或为神秘的人格化的天,或为具有客观自然界意味的天。而在象数易学家们看来,人事是可以预测的,说明天意存在而且可以借助一定的方法得以预知,于是他们纷纷寻找并创制一套又一套预测的方法,并与《周易》学说密切联系,在某种意义上也可谓是对《周易》学说理论的创新。这种做法无疑会对当时人们的人生观和审美观产生深刻影响,以致上到帝王将相,下至普通百姓,大

---

① 关于汉代易学流派的说法,参见黄寿祺、张善文:《周易译注》,上海古籍出版社,1989年,第24页。

多数都相信宿命论，相信天意，相信天人感应。这与经学谶纬化的学术氛围交织融合，以致人们在审美观上既受到有神论的影响，又更多地屈服于虚幻的神秘的鬼神世界。久而久之，人们不仅把现实世界神秘化，把儒家学说也神秘化了，尤其是把《周易》学说彻底地神秘化，以致在东汉时期《京氏易》颇为流行，且成为最主要的易学思想。

二是易学理论层出不穷，相互为用。综观汉代易学研究，有三个特点颇为明显：其一是许多易学家都善于从象数演算的角度，发现《周易》研究的新视角，并试图建构新的理论体系来诠释《周易》，诸如卦气说、纳甲说、八宫说、互体说、五行说、爻辰说、飞伏说、阴阳升降说、十二辟卦说等，并且都能运用到《易》卦占筮方法中。其二是一些易学家试图对《周易》学说有进一步的发展，如焦赣的《易林》不仅把六十四卦推衍为4 096卦，还以诗歌的形式模仿卦爻辞的写作模式配以占卜的繇辞；扬雄模拟《周易》创制了《太玄经》，使易学象数思维更上一层楼；京房创制的六爻预测法，颠覆了传统的机械的占筮模式，运用纳甲、爻辰等新的易学理论，并与当时颇为流行的阴阳五行理论相结合，创制了更加灵活多变且切合实用的占卦和解卦方法；其三是西汉后期开始章句之学繁兴，过于文本细读，以致把片言只语而又简单明了的《周易》演化成颇为烦琐的章句，甚至连《费氏易》也逐渐沦为章句之学。平心而论，汉代易学研究是很有特色，也很有创新性成就的，但是却一样伴随汉室衰微而逐渐被王弼易学所替代。孔颖达以为此因汉代易学家"大体更相祖述"是很有道理的，他们似乎都迷恋于对命运预测的兴趣，而深陷于象数问题的窠臼难以自拔，忘乎《周易》之所以能弥纶天地的一阴一阳之道，能保合太和、开物成务的三才之道，基本上忽视了《周易》可以"穷理尽性以至于命"的哲学、美学之大道。换个角度看，汉代易学家另辟蹊径，虽不完全远离于道，但在当时来看走的并非是光明的大道，而是蛊惑人心的小道，而从今天看来尽管其学说蕴含着某种科学成分的萌芽，但囿于落后时代科学技术的局限，而只能视为一条难以成功到达目的地的远道。若以远道而论，尽管他们都做出了巨大的努力和成就，但也得不到应有的回报，甚至是得不到客观公正的评价，反而因为负面的作用而影响了后人对其学说的信任和传承。在笔者看来，汉代易学家尽管具有一定科学研究的方法，如借助卦爻推演卦气说、十二辟卦说等进一步把握时间变化的节律，借助六十四卦与天干地支学说等进一步确立空间具体的方位，借助阴阳五行说深入探究事物的客观属性，并创制出一套行之有效的预测学理论体系，但是在哲学认识上并未跳脱出巫学、神学的束缚，因此在审美思维上仍然无法正确把握符合人性健康发展的价值取向，导致普通民众的审美观趋于混乱不堪。虚妄的审美观进一步导致邪说横行，神学的思维导致宗教异端思想的出现，而当天下大乱、民不聊生、人心思安之时，人们无法从这些神秘的学术中获得救世良方和心灵慰藉，自然产生极大的反感。换言之，汉代经学家过于烦琐的治学方式以及过于注重现实利弊的审美思维，不但使整个民族逐渐丧失了立人之道，而且使许多民众失去了审美理想。于是，随着道教产生、玄学兴起、佛学东传等事件发生，更为究竟的审美价值观让人们顿然觉察了原有本土"国学"的致命缺陷——愈说愈繁，难以会心把握，也难以彻底解决个人乃至国家的命运前途，自然也就很快被后人扬弃了。

话说回来，汉代易学家也是颇有审美创新精神的。这种创新精神从何而来，是如何激发出来的呢？据《史记》《汉书》的记载，汉易的源头可追溯到孔子。刚开始很长一段时间都属于单线传承：孔子传商瞿，商瞿传子弘，子弘传子庸，子庸传周子家竖，竖传给淳于人光子乘羽，羽传给齐人田子庄何，何传给东武人王子中同，同传给菑川人杨何。杨何传给司马谈，之后的传承线路就不甚明晰了。可以说，源于孔子的正统的儒家易学，至此立于学官，设立了博士，但却未能产生出更为有代表性的后代传人。换言之，"训诂举大谊"学派，注重经义注疏的传统和风尚，至此逐渐削弱，直到东汉马融"设帐授徒",重新弘扬儒家易学,才使注疏之学得以复兴。这也是汉易未能出现义理学兴盛的主要体现。

那么,汉易又是如何走向象数易学的呢?我们知道,田何是汉初第一位易学大师,他广传易学,《汉书·儒林传》记载他共有四位高足,其中得其真传的便是被称为"《易》祖师"的丁宽将军。丁宽说《易》大体属于"训诂举大谊",但从现存《玉函山房辑佚书》之《周易丁氏传》来看,"多训诂,但亦有说象数"①。丁宽到洛阳,又从同门周王孙受古义。这"古义"是什么呢?史无明文,几成疑案。对此,当代学者王亭之以为"理应是占筮家易"②,试图说明丁宽既从本师学了解注《周易》经传大义之学,又从同门学了运用《周易》占筮预测之学。这样的推测确实可以更好地说明丁宽能够成为汉《易》祖师的理由,而同门王同虽然弟子最多,且有杨何置为博士,却仍然出现后继无人的结局。后来,丁宽传给田王孙,田传给施雠、孟喜、梁丘贺,至汉宣帝时代这三家成为当时易学的主要代表。不难发现,这三家都本源于儒家易学,但却又明显地转向了"阴阳候灾变"和"章句守师说",催生并促进了象数易学的发展。可见,至此儒家易学变异了。为何变异呢?主要是兼采异学入《易》。首先是孟喜,从隐士得传候阴阳灾变之书,由是说卦气,言十二月卦以及六日七分之说;其次是曾从孟喜问《易》的焦赣,也从隐士那里得到真传;再次是焦赣传《易》给京房(君明),至此象数易学体系趋于完备。值得我们注意的是,孟喜与焦赣之学都与隐士有关,这又说明了什么呢?我以为,这至少可以说明孟、焦两家易学都属于传承之学,而非开新之学;同时也可说明,先秦易学的流传,可能并非孔子易学一线传承,而是多家并举,或隐或现;还可以说明《周易》对后世的影响是多元的,广泛的,并非仅仅局限于官学。隐士,大多与道家思想相关。倘若联系唐宋时期的易学发展史,许多重要的易学思想发

---

① 王亭之:《周易象数例解》,复旦大学出版社,2013年,第73页。
② 同上书,第74页。

明、《易》图面世，也常与隐士介入相关。如果这些无名的隐士，确属道家门派的人士，那么汉易的兴起虽不能完全说是道家易学的复兴，也应看作是儒家与道家易学融合创新的结果。如果这些隐士不属道家，而是诸如阴阳家、杂家、术家之流，那也可以说明汉易乃是儒家易学与民间各种思想的融合创新。

  但是，还是有些问题值得我们进一步思考。施雠、孟喜、梁丘贺三家说《易》，已经不以注经为主旨，尤其是孟喜、焦赣开始大量援引阴阳家的理论，抛开《周易》经传的义理，直接运用由卦爻符号衍生出来的《易》例，并专注于使用象数预测灾变之学。如此说来，象数易学究竟是颠覆了儒家易学，还是改弦更张，转向了发扬儒家本有的但不明传的象数易学呢？问题是，如何才能考证儒家易学已具有象数易学的思维，并且一直在暗中传授。如果没有这种可能性，那么他们所为便是明目张胆的颠覆，而这又与崇圣尊经的时代背景很不一致。我们知道，《周易》能立于学官成为显学，离不开汉武帝以来官方对孔子及其儒学的重视；也正是《周易》得到时人特别的重视，才使得易学研究蓬勃发展。因此，我们难以想象，如果象数易学家完全背离或颠覆了儒学，却能依然立于学官，受到尊崇。倘若历史真相可以还原，我们似乎更应该相信象数易学家并没有远离或违背大本大经，而是在各种陆续再现的思想理论成果的交汇下，开始超越流行的义理注疏之学，回复到以往更为本真的象数易学的研讨（这种研讨看来并非是前无古人的创新发明，很明显是在有所传承的基础上的创新与发展）。在这样的学术背景下，新思想、新视野、新方法使得易学家不再满足于对《周易》经传的字、辞、音、义的疏证，而是试图进一步深入到《周易》思想的本源，通过文本细读详解字词蕴含的义理而成烦琐的章句之学，借助对卦象符号本身隐含的某些规律的揭示重新解说象、数、义、理、占之间的密切联系。如此细密和纵深的治学功夫，正是汉代易学的特色。由细密而趋于烦琐，由纵深而走向虚妄，由烦琐而虚妄日益走向衰微。而在向纵深探讨的象数易学理论体系建构中，我们既可看到孔颖达所说的"大体更相祖述"，又可看到一种有别于单纯注解经义或以《十翼》解经意的思路创新、理论创新乃至占筮方法的创新。一系列的创新可以说就是一场波澜壮阔的学术革新，在这场充满变革的创新过程中，我们看到了两汉易学史上的"百花齐放，百家争鸣"，看到了推陈出新的审美思维与方法，看到了经学家对源于《周易》的"中正和谐"审美思想的坚持与发扬，看到了那个时代开始形成一套以阴阳、五行、卦爻、干支等构成的较为完善的理论体系，并从历史到现实对人们关注到的许多现象和问题作出合乎象数和义理的解释。由此确立的审美思维和观念，独具一格，自足自洽，源远流长。从中我们可以清晰地看到《周易》对两汉易学美学的深刻影响，看到两汉审美文化对本土传统文化的坚持与创新，甚至还可看到一个独具华夏民族特色的审美理论体系已经基本成形。可见，《周易》得以冠居儒家群经之首，并非是汉代学者盲目尊崇的结果，而是他们在深思熟虑之后取得的共识，足以代表汉代在哲学和美学上的文化自信与理论创新。

二、《周易》与两汉中和审美思想的形成

《周易》的产生经历了一个漫长的过程。从传说的伏羲画卦，到文王拘而演《周易》，应该不下两千年的历史。这期间与易学相关的故事有多少，不得而知。但我们可以想象和推测，从阴阳、卦爻符号的产生到卦爻辞的完整出现，一定凝聚了不少先民圣贤的思想智慧，这其中无疑也蕴涵着华夏先民的审美思维与观念。根据现存《周易》本经卦爻辞的解读，我们不难领会其中已经形成一套以"中正和谐"为标准的审美观。这种观念毫无疑问也被用于解释《易经》思想的《易传》所揭示和继承。春秋战国时期，诸子蜂起，处士横议，百家立说，在纷繁复杂的各家思想中，我们仍然可见大多数贤哲对《周

易》"中正和谐"思想的认可和坚持。但是,从总体上看并未形成对"中正和谐"审美思想的明显共识,而从局部上看儒家思想已然形成与"中正和谐"相一致的中庸思想,并在《论语》《易传》《礼记》等典籍中有所体现。

《周易》的流传是持续不绝,多元并举的。在西周时期,《周易》作为上层统治阶级的宝典,束之高阁,往往只是作为卜筮的参考书,可能仅限于卜筮官员的递相传授,很少传到民间。春秋时期以来,《周易》逐渐融入社会,走向民间,许多思想智慧也逐渐成为百姓日用而不知其所以然的道理。在易学传承线路中,西汉中期以前,见于史料记载的主要就是儒家易学,而且是单线传承为主。即使在汉文帝时已立《易经》博士,但在黄老学风主导的时代背景下,《周易》的影响并不显著。也许秦汉之际,易学传承除了儒家之外还有民间易学的存在,但影响也是微乎其微的。

因此,在谈论《周易》对两汉经学美学的影响时,不能忽略董仲舒的作用。公元前140年,汉武帝即位。即位之后,选取了公羊学大师董仲舒、公孙弘为首列,并听从董仲舒的谏议,崇尚儒学。董仲舒认为:"诸不在六艺之科、孔子之术者,皆绝其道,勿使并进。邪僻之说灭息,然后统纪可一而法度明,民知所从矣。"(《汉书·董仲舒传》)正是他的极力主张,才使儒术独尊成为可能,也是《周易》独尊于群经的关键。董仲舒是当时著名的公羊学大师,他的代表作《春秋繁露》特别强调"天人合一""天人感应",在书中的《人副天数》《阴阳义》等篇中,基本上是按照天人同构的思想来理解天人关系的。这些思想更多的来自对《春秋公羊传》的解读和对阴阳五行思想的发挥,但也与《易传》"天垂象,见吉凶"的思想基本一致。除此之外,《春秋繁露》中的审美思想也与《周易》基本一致:"中者,天下之所始终也;而和者,天地之所生成也。夫德莫大于和,而道莫正于中。中者,天地之美达理也,圣人之所保守也"(《春秋繁露·循天之道》)、"中者,天之用也;和者,天之功也,举天地之道而美于和"

(《春秋繁露·如天之为》)。不难发现,这种审美思想不仅与儒家的中庸思想一致,也与《周易》中正和谐的思想如出一辙。诚如王振复先生所论:"董仲舒的本意并非在审美,但他在谈论'天人合一'、'天人感应'时,在树立'天'这一权威的同时,有可能以'天'为哲学之魂,使审美从神秘的'天'的阴影下,从经学的严网中旁枝逸出。"① 董仲舒从儒家经学思想出发,对"美"的问题进行了较为具体明确的阐发,指出了中和之美的合理性,无疑对经学时代的审美思想有深刻的影响。

在汉代经学史上,同样不能忽略的代表性成果还有《白虎通义》(亦称《白虎通德论》《白虎通》)。东汉建初四年(公元79年),章帝效法西汉宣帝石渠阁故事,召集诸儒于北宫白虎观,"讲议五经同异",连月乃罢,并令班固撰集成书,名《白虎通义》,凡四卷,四十四篇。《崇文总目》载《白虎通德论》十卷。该著作从性质上看乃是一次全国性大型经学研讨会的资料汇编,是以今文经学为基础,意图弥合今、古文经学的异同,实现经学思想的初步统一。从内容上看,网罗古今,事无巨细,从历史文化到现实生活中的细微问题,都试图运用当时的经学思想加以阐释,全方位地体现了当时政治思想与意识形态领域的审美思维与观念。该著作还力图解决谶纬神学与传统经学的关系问题,书中大量引用谶纬学说,与董仲舒"天人感应"的思想相互发明,促使东汉经学与谶纬神学的进一步融合。在审美观念上,完全秉承儒家的"中和"思想,认为天地之美是"中和"的"天德"的体现;而帝王乃受命于天,因能履行"中和"之道,而成为美的化身。由此凸显"敬天忠君"的必要性。在《礼乐》篇中,儒家的审美观有明显的体现:"礼乐者,何谓也?礼之为言履也,可履践而行乐者;乐者,君子乐得其道,小人乐得其欲"、"乐以象天,礼以法地。……子曰:'乐在宗庙之中,君臣上下同听之,则莫不和敬;在

---

① 王振复:《中国美学史教程》,复旦大学出版社,2004年,第111页。

族长乡里之中,长幼同听之,则莫不和顺;在闺门之内,父子兄弟同听之,则莫不和亲。……故乐者天地之命、中和之纪、人情之所不能免焉。'"其中,特别崇尚《孝经》运用礼乐文化来"安上治民""移风易俗"的审美实践观。此外,承袭董仲舒"受命于天"的神学意识,提出"王者改作乐必得天应而后作"乃是"重改制也"(《三正》)的神学审美观点;又把"王者"歌功颂德之"乐"作为神圣不可侵犯的东西,提出"乐者所以象德表功而殊名也"(《礼乐》)的观点。再如,运用阴阳五行理论学说解释"五声""八音":"声五音八何?声为本,出于五行;音为末,象八风,故《乐记》曰:'声成文谓之音,知音而乐之谓之乐也'",赋予乐器以神学或道德伦理教化的特性,从而把美和艺术伦理化、神学化了。从某种意义上说,《白虎通义》由汉章帝亲临裁决,最后由班固撰写成书,思想上继承董仲舒的天人之学,又融合汉代今文经学和古文经学的主要成果,大体上可以代表汉代经学美学的核心思想。

而更值得我们注意的是,"在《白虎通义》中,《周易》和易学的影响表现得较为突出。《白虎通义》在阐述儒家经典的重要作用时,肯定了《周易》的非凡特殊价值和特殊地位"(如其论《五经》时,既言"《易》智",又说"洁净精微,《易》教也",充分肯定《周易》在认识和教化方面的作用)、"与此相应,为了实现社会的和谐稳定,《白虎通义》继承以《易传》为代表的中和理论,强调中和是人的自然之性,要求人们互相和睦,彼此亲爱,举止适中和顺,自觉遵守纲纪,服从宗法等级制度。在这里,它要求统治者力行中和之道"①。于此,我们可以发现,《白虎通义》不仅高度肯定《周易》的思想价值,而且试图把中和之道规定为时人行动的指南,也就是使之成为人们的审美观和价值观。鉴于张涛的论文已经把《白虎通义》与易学的关系作了较为全面的分析论述,以下主要从审美的角度结合文

---

① 张涛:《〈白虎通义〉与易学》,《周易研究》,2004年第6期。

本思想再作简要的阐发。

《周易》首《乾》次《坤》，乾刚坤柔，乾主坤从，乾为阳为天，坤为阴为地，体现了天尊地卑、阳尊阴卑的思想，在审美上明显体现出"崇阳抑阴"而又追求"阴阳和谐"的思想。天是至高无上，地是厚德无疆的，天覆地载，阴阳交感，万物化生。这一思想在《白虎通义》中也得到体现："天者何也？天之为言镇也，居高理下，为人镇也。地者，元气之所生，万物之祖也。地者，易也，万物怀任，交易变化。"(《天地》) 由此再联系《乾》卦(《彖》曰"大哉乾元！万物资始，乃统天"、《象》曰"天行健")、《坤》卦(《彖》曰"至哉坤元，万物资生，乃顺承天"、《象》曰"地势坤")，可见其与《易传》以天地为大美的审美观是基本一致的。《乾》《坤》是《周易》的门户，是易学思想的核心，因此《白虎通义》对宇宙天地的基本认识完全契合《周易》的思想精神。正是建立在对天、地有明确认识的基础上，《白虎通义》对宇宙的秩序及其人事物的变化原因作出某种合理的解释，从而体现出一定的审美价值观：

"皇者何谓也？亦号也。皇，君也，美也，大也。天人之意，美大之称也，时质，故总称之也。"(《号》)

"王者必一质一文者何？所以承天地，顺阴阳。阳之道极，则阴道受，阴之道极，则阳道受，明二阴二阳不能相继也。""帝王始起，先质后文者，顺天地之道、本末之义、先后之序也。事莫不先有质性，乃后有文章也。"(《三正》)

"黄者，中和之色，自然之性，万世不易。黄帝始作制度，得其中和，万世长存，故称黄帝也。""殷者，中也。明当为中和之道也。闻也，见也，谓当道著见中和之为也。"(《号》)

"人所以十月而生者何？人，天子之也，任天地之数五，故十月而备，乃成人也。"(《姓名》)

"故人生而应八卦之体，得五气以为常。"(《性情》)

"此谓八音也。法《易》八卦也,万物之数也;八音,万物之声也。"(《社稷》)

"君臣、父子、夫妇,六人也,所以称三纲何?一阴一阳谓之道。阳得阴而成,阴得阳而序,刚柔相配,故六人为三纲。"(《三纲六纪》)

"文王所以演《易》何?商王受不率仁义之道,失为人法矣,己之调和阴阳尚微,故演《易》,使我得卒至于太平。日月之光明则如《易》矣。"(《五经》)

限于篇幅和时间,此处所引只能窥斑见豹,所论也只能浅尝辄止。天地定位之后,人在其中,一切都变得有所依托。何为大?何为美?判然分明。人以及人际关系,包括八音,都是依循天地之数,是符合一阴一阳之道的。而一阴一阳之道,其实就是中和之道。治理国家,其要就在于调和阴阳,方得太平。那么,也就很好理解"人道所以有嫁娶何?以为情性之大,莫若男女。男女之交,人伦之始,莫若夫妇"。为了说明这个道理,还援引了《易》曰:"天地氤氲,万物化淳。男女构精,万物化生。"进一步阐明"人承天地施阴阳,故设嫁娶之礼者,重人伦,广继嗣"。(《嫁娶》)又如在解释"男三十而娶,女二十而嫁何?"认为"阳数奇,阴数偶","阳道舒,阴道促",男与女岁数"合为五十,应大衍之数"。显然也是借助《周易》的思想来解释一些实际问题。

《易》道广大,无所不包。《白虎通义》内容包罗万象,融合今、古文经学与谶纬迷信于一体,企图统一经学,建立神学经学,并用阴阳五行理论来普遍地具体地解释世界的一切事物,在政治、思想、伦理等各个方面,都为人们规定了行为规范,成为当时一种典型的审美思维模式。综上所述,我们可以发现源于《周易》的"中正和谐"审美思想,在这本论著中已经得到明显的体现,并开始继续影响后人对这一核心审美观的理解与把握。因此,《白虎通义》在美学研究方面无疑应该具有很高的学术价值。

汉代是经学繁兴的时代,是易学发展的重要阶段,也是中国美学承上启下的过渡性阶段。除了易学以外,其它诸经的学说都不同程度地受到人们的重视,由此形成的各种具体的经学美学都值得我们去理解和把握。《周易》对两汉经学美学的影响,是非常广泛而深刻,并非仅局限于易学美学。限于时间和学识的不足,本文仅选取了一些典型的个案,简要表述个人浅陋的看法,以便能够抛砖引玉,引起大家对相关问题的重视和研究。

(原载《广西大学学报(哲学社会科学版)》,2016年第1期,第29—34页)

试论《周易》对西汉董仲舒审美观念的影响
——以《春秋繁露》为研究对象的考论

在距今两千多年的中国古代思想家中，董仲舒的籍贯以及生平经历等都算得上是比较翔实的。也许是"罢黜百家，独尊儒术"对近两千年的中国影响至为深刻，以至许多人提起汉武帝时很容易就联想到董仲舒、司马迁等著名人物。董仲舒堪称一代通儒，不愧是中国儒学文化史上的一座高峰！当然，直至现当代，学界对董仲舒的思想仍然是臧否不一。但从近几年的学术研究来看，董仲舒思想学说的研究已经越来越受到学界的重视和青睐。倘若我们能更加实事求是地对待董仲舒的思想学说，那么也就能从中汲取更多有益的思想成分。本文拟以《春秋繁露》的文本内容作为主要依据，初步研究《周易》（包括《易经》和《易传》）对董仲舒主要审美观念的影响。

一、董仲舒与《周易》经传及其学说的关系

根据相关史料记载，董仲舒从小就特别喜欢阅读，手不释卷。由于家中拥有大量藏书，使他更有可能博览诸子百家之书，贯通阴阳、儒、道、法之学。时至今日，或许我们已经很难知道董仲舒具体读过哪些著作和史料了。但有一点可以肯定的是，他特别喜欢儒家方面的经典，尤其对《公羊春秋》有精深的研究。在《春秋繁露》的八十三篇文章中，明显引用的经典都是儒家的，主要有《春秋》《诗经》

《尚书》《论语》《大戴礼记》《易经》《公羊传》《孝经》《孟子》等。有充分的证据表明,董仲舒是接触过《易经》的,主要体现在以下三个方面。一是在总括六经要义和特点时,认为"《诗》《书》序其志,《礼》《乐》纯其美,《易》《春秋》明其知。六学皆大,而各有所长。《诗》道志,故长于质;《礼》制节,故长于文;《乐》咏德,故长于风;《书》著功,故长于事;《易》本天地,故长于数"(《玉杯第二》)①。二是在说明六经功能特点时,认为"所闻《诗》无达诂,《易》无达占,《春秋》无达辞"(《精华第五》)②。三是引用《易经》卦爻辞文句来说明道理,如"鲁桓忘其忧而祸逮其身;齐桓忧其忧而立功名。推而散之,凡人有忧而不知忧者凶,有忧而深忧者吉。《易》曰:'复自道,何其咎。'此之谓也。匹夫之反道以除咎尚难,人主之反道以除咎甚易。《诗》云:'德輶如毛。'言其易也"(《玉英第四》)③。此处乃是直接引用《易经》中《小畜卦》初九爻辞"复自道,何其咎,吉"来阐明除咎获吉的义理;又如"天之道,终而复始。……以出入相损益,以多少相溉济也"(《阴阳终始第四十八》)④。此处的损、益、溉济(《新注》以为是"既济")都是《易经》六十四卦中的卦名;再如"《易》曰:'履霜坚冰',盖言逊也"(《基义第五十三》)⑤。此处乃是直接引用《坤》卦初六爻辞"履霜,坚冰至"来说明事物顺势发展的道理。仅仅从以上几方面的列举分析,就可以发现董仲舒不仅熟悉《易经》文本辞句,而且在义理阐释和理解上颇为精到,此外单从"《易》无达占"一句便可看出他对占卜预测之术也是颇有研究的。

---

① 曾振宇、傅永聚:《春秋繁露新注》,商务印书馆,2010年,第25页。按:关于《春秋繁露》的文本和注本,比较重要的是清代苏舆《春秋繁露义证》和董天工《春秋繁露笺注》,以及张世亮、钟肇鹏、周桂钿等人的译注本。《春秋繁露新注》乃是在前几种基础上的最新研究成果,有兼采众长的特点,故本文以此本为引用依据。
② 曾振宇、傅永聚:《春秋繁露新注》,商务印书馆,2010年,第64页。
③ 同上书,第48—49页。
④ 同上书,第246页。
⑤ 同上书,第261页。

在《春秋繁露》中，我们甚至还可以发现董仲舒有引用《易传》的迹象。主要体现在：一是"其在《易》曰：'鼎折足，覆公餗。'夫鼎折足者，任非其人也。覆公餗者，国家倾也。是故任非其人，而国家不倾者，自古至今未尝闻也"（《精华第五》）①。此处明显是引用《易经》第五十卦《鼎》九四爻辞"鼎折足，覆公餗，其形渥，凶"中前两句。但值得注意的是，在《鼎》卦爻辞中并没有凸显"不自量力"、"任非其人"的意思，而是在《易传》之《系辞下传》第五章才出现："子曰：'德薄而位尊，知小而谋大，力小而任重，鲜不及矣！'《易》曰：'鼎折足，覆公餗，其形渥，凶'，言不胜其任也。"由此可证，此处是明引《易经》爻辞，暗引《易传》思想的。二是有个别语句与《易传》相同，如"仁，天心，故次以天心。爱人之大者，莫大于思患而豫防之……"（《俞序第十七》）②，恰与《既济》之《象传》"既济，君子以思患而豫防之"有相同的句子；又如"存不忘亡，安不忘危"（《五行顺逆》第六十）③ 恰与《易传》之《系辞下传》第五章"是故君子安而不忘危，存而不忘亡，治而不忘乱。是以身安而国家可保也"有相同的成语。三是与《易传》思想基本相同或相通的，但又没有明引或暗用《易传》相关文句的。最典型的是，《春秋繁露》中有大量天尊地卑的思想，如"天高其位而下其施，藏其形而见其光。高其位，所以为尊也"（《离合根第十八》）④、"地卑其位而上其气"（《天地之行第七十八》）⑤；有显明的阳尊阴卑思想，如"丈夫虽贱皆为阳，妇人虽贵皆为阴。阴之中亦相为阴，阳之中亦相为阳。诸在上者皆为其下阳，诸在下者皆为其上阴……先经而后权，贵阳而贱阴也"（《阳尊阴卑第四十三》）⑥。这与《周易》所

---

① 曾振宇、傅永聚：《春秋繁露新注》，商务印书馆，2010年，第66页。
② 同上书，第113页。
③ 同上书，第284页。
④ 同上书，第116页。
⑤ 同上书，第346页。
⑥ 同上书，第231—233页。

充分体现的"崇阳抑阴""乾君坤臣""乾易坤简""乾主坤从"等思想并无本质上的区别,尽管董仲舒的说法更为细致,也更为极端,但总体上主张贵阳贱阴、以天以阳为重的思路是基本一致的。此外,"阴阳之道不同,至于盛而皆止于中,其所始起,皆必于中。中者,天地之太极也,日月之所至而却也,长短之隆,不得过中,天地之制也。"(《循天之道第七十七》)① 与《系辞上传》"是故易有太极,是生两仪"(第十一章),在对"太极""阴阳"概念的认识上也是有明显相通之处的。《庄子》认为"《易》以道阴阳",而《春秋繁露》中亦有不少篇幅论述阴阳,而且几无任何与易理相抵牾之处,也可很好证明两者在思维、思想上是相通不悖的。

在阅读《春秋繁露》时,笔者总觉得其中阐明的道理大多是与《周易》(包括《易经》和《易传》)相通的,甚至会感觉其中有些篇章是对易学原理的细化和运用。当然,我们始终不能否定的是,董仲舒是《春秋》公羊学博士,他在《春秋繁露》中大多是对《春秋》经义的引申和发挥,表面上与《周易》似乎都没什么直接的关系。《春秋繁露》的思想主要与《春秋》微言大义相通,为什么又会让笔者感觉也是与《周易》思维、义理相通呢?试论之。根据《史记》《汉书》等史料记载,传说孔子在六十八岁"自卫返鲁"之后,主要就做两件事:一是读《易》乃至"韦编三绝",并为《易经》作《传》(即《易传》,有《文言传》《彖传上》《彖传下》《象传上》《象传下》《系辞传上》《系辞传下》《说卦传》《序卦传》《杂卦传》共七种十篇,亦称《十翼》)②;二是根据鲁国史官所记载的《鲁春秋》改写成《春秋》(共十二公,二百四十二年的鲁国历史)以褒贬历史人物的是非善恶。刚编完《春秋》不久,孔子就去世了。如果历

---

① 曾振宇、傅永聚:《春秋繁露新注》,商务印书馆,2010年,第336页。
② 关于孔子与《周易》的关系问题,笔者曾有过较为深入的研究,详见拙文《关于孔子与〈周易〉学说的若干思考》,"早期易学的形成与嬗变"国际学术研讨会论文集《大易集思》(刘大钧主编),上海科学技术文献出版社,2013年,第223—248页。基于此,本文与此相关的观点,就不再重新论证和赘述了。

史记载基本属实的话,可以说孔子生命最后的五年里是在边研究《易经》边编订《春秋》的时光中度过的。那么,能否据此认为孔子在作《易传》和编《春秋》过程中存在"以史(即《春秋》)证易"和"以易评史(以《易经》思想作为褒贬人物的准绳)"呢?笔者认为这是极有可能的,理由有三:一是孔子自认为"吾道一以贯之",足以说明他在早期编撰《诗》《书》《礼》《乐》,与后期作《易传》、编《春秋》时的指导思想是基本一致的;二是孔子对道的理解和认识,既是在哲思中领悟,也是对历史和现实的感悟,然后再融会贯通成人生准则的,不可能凭空就先天形成的;三是孔子所体现的代表性思想既是"仁义之道",也是"中庸之道",而这些与《周易》《春秋》都是关系密切的。因此,按常理来推测,我们有理由相信孔子最后成熟的思想是在《易经》哲理与《春秋》史料互相印证的基础上交融而成的,而从考镜源流的角度看《易经》的思想无疑更为根本和久远,也更有指导性意义,极有可能成为孔子拟定《春秋》编撰义例的审美标准和褒贬人物的标尺。对此,后文将进一步加以分析和论述。

三、董仲舒的天人关系思想源于《周易》

在《春秋繁露》中,我们可以非常清楚地发现董仲舒的思想始终是建立在尊"天"卑"地"的基础上,而且还以阴阳、五行为框架,将天道与人事有机地统一在一起,并由此来建构自己的天人理论体系。在这个理论体系中:

1. "天"是最高的主宰,是万物之祖。"父者,子之天也;天者,父之天也。无天而生,未之有也。天者,万物之祖,万物非天不生。独阴不生,独阳不生,阴阳与天地参然后生。"(《顺命第七十》)[①] 这与

[①] 曾振宇、傅永聚:《春秋繁露新注》,商务印书馆,2010年,第308页。

《周易》的思想完全一致。不妨略举几处以证之：如《说卦传》"乾，天也，故称乎父"（第十章）、"乾，为天，为圆，为君，为父"（第十一章），与"父之天也"的意思并无差别；《序卦传》"有天地然后万物生焉"、"有天地然后有万物，有万物然后有男女，有男女然后有夫妇，有夫妇然后有父子，有父子然后有君臣，有君臣然后有上下，有上下然后礼义有所错"，与董仲舒"阴阳与天地参然后生"的意思也是基本一样的。《乾卦》之《彖传》"大哉乾元，万物资始，乃统天"，也完全可以推出"天者，万物之祖"的意思来。

2. "天"是最尊贵的。"天者，百神之大君也"（《郊语第六十五》）①、"天者，百神之君也，王者之所最尊也。以最尊天之故，故易始岁更纪……先贵之义，尊天之道也"（《郊义第六十六》）②。"天地之所为，阴阳之所起也。……曰：大旱者，阳灭阴也。阳灭阴者，尊厌卑也"（《精华第五》）③。《系辞上传》开篇指出："天尊地卑，乾坤定矣。"很明显，两者尊天的思想是完全一致的。《周易》六十四卦中以乾为首卦，无疑是中国有史以来真正彻底尊天的明显体现。

3. "天"是有数的。"天"是由天地人阴阳五行等十种因素构成的，"凡十端而毕，天之数也"（《官制象天第二十四》）④。"天之大数，毕于十旬。旬天地之间，十而毕举；旬生长之功，十而毕成。十者，天数之所止也。古之圣人因天数之所止以为数，纪十如更始"（《阳尊阴卑第四十三》）⑤。"天、地、阴、阳、木、火、土、金、水九，与人而十者，天之数毕也。故数者至十而止，书者以十为终，皆取之此"（《天地阴阳第八十一》）⑥。《系辞上传》"大衍之数五十，其用四十有九……天数五，地数五，五位相得而各有合。天数二十有

---

① 曾振宇、傅永聚：《春秋繁露新注》，商务印书馆，2010年，第298页。
② 同上书，第301页。
③ 同上书，第60页。
④ 同上书，第153页。
⑤ 同上书，第230页。
⑥ 同上书，第354页。

五,地数三十,凡天地之数五十有五"(第九章)、"天一、地二,天三、地四,天五、地六,天七、地八,天九、地十"(第十一章),其实也是认为"天"是有数,是有一定规律可循的。

4."天"数是天道运行变化的体现。在由十端组合而成的阴阳与四时、五行的运动体系中,"天地之气,合而为一,分为阴阳,制为四时,列为五行……比相生而间相胜也"(《五行相生第五十八》)①。即认为天是通过五行相生相胜的次序,在春生、夏长、秋收、冬藏的四时运动变化之中显示其功能和轨迹,这便是所谓的天道,即"天之道,春暖以生,夏暑以养,秋清以杀,冬寒以藏……故曰:'王者配天,谓其道。'天有四时,王有四政,四政若四时,通类也,天人所同有也"(《四时之副第五十五》)②。在董仲舒看来,五行的次序,又可与人间的伦常政治以及社会制度相配合,四时有庆赏罚刑四政,木火土金水五行有仁义礼智信五种德行。"天道施,地道化,人道义"(《天道施第八十二》)③。《易传》之中也有多处明言"天道"与"人道",如《系辞下传》"易之为书也,广大悉备:有天道焉,有人道焉,有地道焉"(第十章)、《说卦传》"昔者圣人之作易也,将以顺性命之理。是以立天之道曰阴与阳,立地之道曰柔与刚,立人之道曰仁与义"(第二章)、《谦卦》之《彖传》"天道下济而光明,地道卑而上行。天道亏盈而益谦,地道变盈而流谦,鬼神害盈而福谦,人道恶盈而好谦。谦尊而光,卑而不可踰,君子之终也"。《易传》虽然没有详细论及"天道",但其所提出的"天道"概念与《春秋繁露》所体现的天道观也是基本一致的,甚至可以把《春秋繁露》所论看作是对易学思想的有益补充。

5. 在天人关系上,认为人生于天,受命于天,人副天数,人道通于天道,人君必须法天之行。"人生于天,而取化于天……上下法此,

---

① 曾振宇、傅永聚:《春秋繁露新注》,商务印书馆,2010年,第272页。
② 同上书,第263页。
③ 同上书,第358页。

以取天之道"(《王道通三第四十四》)①,故人之喜怒哀乐与天之四时运行相感应;"人受命于天,有善善恶恶之性,可养而不可改"(《玉杯第三》)②;"天地之符,阴阳之副,常设于身,身犹天也,数与之相参,故命与之相连也"(《人副天数第五十六》)③。因天人同类,故人副天数而巧合:"天有日月,人有耳目;天有星辰,人有毛发;天有四时,人有四肢;天有五行,人有五脏;一年有三百六十六日,人有三百六十六个骨节……。在董仲舒看来,人类生命源出于天,所以人类的生理结构在本质上、形式上与天的结构是同一的。天是大宇宙,人是小宇宙,人类生命体是天的缩影。"④ 因为天人同构,天人相通,圣人法天而立道,故董仲舒认为为人主者必须法天之行。"《春秋》之法:以人随君,以君随天……故屈民而伸君,屈君而伸天,《春秋》之大义也。"(《玉杯第三》)⑤ "是故《春秋》之道,以元之深正天之端,以天之端正王之政,以王之政正诸侯之即位,以诸侯之即位正竟内之治。五者俱正,而化大行"(《三端第十五》)⑥。而人主法天之行,即"为人君者,其法取象于天,故贵爵而臣国,所以为仁也;深居隐处,不见其体,所以为神也;任贤使能,观听四方,所以为明也;量能授官,贤愚有差,所以相承也"(《天地之行第七十八》)⑦。法天之行,也就是"故为人主者,以无为为道,以不私为宝,立无为之位而乘备具之官",实行无为之治道,做到"是不自动","目不自言","心不自虑"而"群臣效当",故"莫见其为之,而功成矣"(《离合根第十八》)⑧。这与黄老"无为而治"的思想一致,与《系辞传》"无思无为""何思何虑"的思想也是可以

---

① 曾振宇、傅永聚:《春秋繁露新注》,商务印书馆,2010年,第237页。
② 同上书,第22页。
③ 同上书,第266页。
④ 同上书,第265页。
⑤ 同上书,第20页。
⑥ 同上书,第108页。
⑦ 同上书,第345页。
⑧ 同上书,第116页。

相通的;而"法天之行"的思想,《大象传》中诸如"天行健,君子以自强不息""地势坤,君子以厚德载物"等,都是极其强调为人必须效法天地万物之自然运行规律的,因此两者的思维仍是相通的。

6. 天意难明且不可违道,必须考察天人之分。因为"天意难见也,其道难理,是故明阴阳、入出、实虚之处,所以观天之志;辨五行之本末、顺逆、小大、广狭,所以观天道也……此之谓能配天。天者其道长万物,而王者长人。人主之大,天地之参也,好恶之分,阴阳之理也;喜怒之发,寒暑之比也;官职之事,五行之义也"(《天地阴阳第八十一》)①。"故人虽生天气及奉天气者,不得与天元,本天元命,而共违其所为也"(《重政第十三》)②。必须"察天人之分,观道命之异……人道者,人之所由,乐而不乱,复而不厌者。万物载名而生,圣人因其象而命之。然而可易者,皆有义从也……形而不易者,德也;乐而不乱,复而不厌者,道也"(《天道施第八十三》)③。《乾卦》之《文言传》曰:"夫大人者,与天地合其德,与日月合其明,与四时合其序,与鬼神合其吉凶。先天而天弗违,后天而奉天时。天且弗违,而况于人乎?况于鬼神乎?"这也是顺天而行的思想,尽管两者表述上差异较大,但大体上还是思想一致的。如何才能有效地考察天人之分呢?在笔者看来,董仲舒已经充分意识到依靠易学思维"明阴阳""辨五行"从而尽量做到"与四时偕行"的重要性,同时也深知通过类似《春秋》的历史观察人道变化的必要性,"是故《春秋》推天施而顺人理"(《竹林第三》)④。"《春秋》论十二世之事,人道浃而王道备",而明"《春秋》修本末之义,达变故之应,通生死之志,遂人道之极者也","以矫枉世而直之"(《玉杯第二》)⑤。

---

① 曾振宇、傅永聚:《春秋繁露新注》,商务印书馆,2010年,第356—357页。
② 同上书,第102页。
③ 同上书,第360页。
④ 同上书,第41页。
⑤ 同上书,第21、26、31页。

把天道、地道、王道、人道在历史与哲学中贯通，并试图通过政治实践加以实现，无疑是儒家的社会理想，也是董仲舒坚决贯彻的治国理政之道。

关于董仲舒天人关系思想理论的研究成果，古往今来多如牛毛，无须过多赘证。综而观之，不外乎所谓"天人合一""天人感应"之说。这些具有传统特色的思想，其实也可看作董仲舒所代表的一种审美观念。如此而言，根据前面的对举分析，可以发现董仲舒对天人关系的理解也有可能来源于《周易》学说。我们尚未有足够的依据，但至少已经可以证明《春秋繁露》与《周易》经传及其义理之间是有一定关系的，而并非完全风马牛不相及。明于此，我们便有理由进一步论述董仲舒中和之美观念的形成也是有受到《周易》思想影响的。

三、《周易》对董仲舒中和之美观念的影响

美学作为一门学科是诞生在近代的西方，然而审美文化的发生和审美观念的形成无论东西方都是在远古时期就已有之。在我国先秦诸子百家著作中，虽然没有专门谈论美的著作和篇章，但对美的认识已经相当深入。在阅读《春秋繁露》时，我们不仅可以经常看到董仲舒谈到"美"，而且发现他的整个思想体系也是与其美学思想有机统一的，并以"中和之美"的崭新观念出现，奠定了"中和之美"审美观念对后世持续影响的坚实基础。

美是怎么来的？怎么样才能成其为美呢？在董仲舒看来，美是与天地万物紧密联系在一起的，是在天地运行中不断体现出来的和谐之处。"天地之行美也。是以天高其位而下其施，藏其形而见其光，序列星而近至精，考阴阳而降霜露"（《天地之行第七十八》）[①]。"循天

[①] 曾振宇、傅永聚：《春秋繁露新注》，商务印书馆，2010年，第345页。

之道以养其身，谓之道也……南方之中用合阳，而养始美于上。其动于下者，不得东方之和不能生，中春是也；其养于上者，不得西方之和不能成，中秋是也。然则天地之美恶在？两和之处，二中之所来归，而遂其为也。"（《循天之道第七十七》）① "天所独代之成者，君子独代之，是冬夏之所宜也。春秋杂物其和，而冬夏代服其宜，则当得天地之美，四时有矣。"（《循天之道第七十七》）② "是天地之间，若虚而实，人常渐是澹澹之中，而以治乱之气与之流通相殽也。故人气调和，而天地之化美。"（《天地阴阳第八十一》）③ 而"为仁者自然为美"（《竹林第三》）④，故"统此而举之，仁往而义来，德泽广大，衍溢于四海，阴阳和调，万物靡不得其理矣。说《春秋》者凡用是矣，此其法也。"（《十指第十二》）⑤ 不难发现，在"相殽"中不断"调和"而"化美"，是董仲舒对美之生成的深刻认识。

在美的生成问题上，董仲舒不仅意识到"和"之可贵，而且从审美的角度明显提出"中和之美"的思想观念，使源于先秦儒家的"中和"思想在文本表述上上升到审美的维度。董仲舒在《春秋繁露·循天之道第七十七》明确论述了"中和之美"观念："天有两和，以成二中，岁立其中，用之无穷……起之，不至于和之所不能生；养长之，不至于和之所不能成。成于和，生必和也；始于中，止必中也。中者，天地之所终始也；而和者，天地之所生成也。夫德莫大于和，而道莫正于中。中者，天地之美达理也，圣人之所保守也。《诗》云：'不刚不柔，布政优优。'此非中和之谓与！是故能以中和理天下者，其德大盛；能以中和养其身者，其寿极命。"⑥ 东汉许慎《说文解字》"中，和也"，应该也是受到董仲舒中和思想的影响吧。关于"中和之

---

① 曾振宇、傅永聚：《春秋繁露新注》，商务印书馆，2010年，第333页。
② 同上书，第342页。
③ 同上书，第356页。
④ 同上书，第36页。
⑤ 同上书，第101页。
⑥ 同上书，第333—334页。

美",《循天之道第七十七》中有比较详细深入的论述,最精彩的一段如下:

> 天地之经,至东方之中,而所生大养,至西方之中,而所养大成,一岁四起,业而必于中。中之所为,而必就于和,故曰和其要也。和者,天之正也,阴阳之平也,其气最良,物之所生也。诚择其和者,以为大得天地之奉也。天地之道,虽有不和者,必归之于和,而所以为功;虽有不中者,必止于中,而所为不失。是故阳之行,始于北方之中,而止于南方之中;阴之行,始于南方之中,而止于北方之中。阴阳之道不同,至于盛而皆止于中,其所始起,皆必于中。中者,天地之太极也,日月之所至而却也,长短之隆,不得过中,天地之制也。兼和与不和,中与不中,而时用之,尽以为功。是故时无不时者,天地之道也。顺天之道,节者天之制也,阳者天之宽也,阴者天之急也,中者天之用也,和者天之功也。举天地之道,而美于和,是故物生皆贵气而迎养之……公孙之养气曰:"里藏泰实则气不通……故君子怒则反中,而自说以和;喜则反中,而收之以正;忧则反中,而舒之以意;惧则反中,而实之以精。"夫中和之不可不反如此。①

在董仲舒看来,事物的发展莫不是在"反中""归和"的持续调整变化之中;"中"乃美之所起,"和"乃美之所成,"中"与"和"互相为用,互相成功,因此"中和之美"是最为关键的。我们知道,"中和之美"与《礼记》《中庸》《论语》等儒家经典所阐明的"中庸之道"是一脉相承的,这在当代已有许多相关的学术成果可以证明;而与《周易》"中正和谐"思想实际上也是相互融通的。对此,笔者

---

① 曾振宇、傅永聚:《春秋繁露新注》,商务印书馆,2010年,第336—337页。

已有相关的研究成果，不再赘述。① 在没有对《春秋繁露》文本内容做更为细致分析和梳理，以及相关史料较为缺失的情况下，我们确实难以论证《周易》对董仲舒"中和之美"观念之形成的直接影响，但是根据前文的研究结论，我们还是可以相信《周易》学说对董仲舒"中和之美"的审美观念有一定间接的影响，可以看作是对《周易》美学思想的进一步完善和发挥。

在阅读《春秋繁露》时，笔者看到董仲舒对"中"还有一个深刻而独特的认识："是故古之人物而书文，心止于一中者，谓之忠；持二中者，谓之患；患，人之中不一者也，不一者，故患之所由生也，是故君子贱二而贵一。"（《天道无二第五十一》）② 笔者以为，此处与《周易》崇尚的"君子之道"是完全一致的。而"君子之道"的核心精髓，乃是崇尚"中正和谐"之道③。如果依据逻辑推理而姑且不考虑文献、文本记载或表述等因素，笔者以为至少在《周易》中已形成"中和之美"的审美观念了。正因为如此，《周易》思想学说无疑是中华历代审美文化发展和演变的大本大源。

四、结　　语

匆匆行文至此，觉得意犹未尽，亦感觉所提出的观点尚有待来日更细致深入的研究和论证。为了增加本文观点的说服力，不妨借用选修笔者课程的学生相关作业的结语来为本文作结：

---

①　详见谢金良：《略论〈周易〉对两汉经学美学的影响》，载《广西大学学报（哲学社会科学版）》，2016年第1期；谢金良、樊蒿峰：《中华文化审美基因初探——在中和之美研究基础上对"中"范畴的理解》，载《中国古代美学范畴的现代价值国际会议论文集》，华东师范大学中文系主办，2019年6月2日，第230—243页（按：已发表于《辽宁师范大学学报（社会科学版）》，2021年第3期）。
②　曾振宇、傅永聚：《春秋繁露新注》，商务印书馆，2010年，第255页。
③　详见谢金良：《〈易经〉中"君子"的出处及其审美特征》，2019年7月20日发表于"文学理论话语体系建设：2019"浦东论坛。

董仲舒耗尽毕生心血构造的这一套繁复巨丽，精密宏大的宇宙哲学体系，展现出来的是生机勃勃的大一统帝国对于整个外在世界认知和征服的雄大气魄，以及一种前所未有的人类信心。但从文化和审美的角度来批评这套哲学，更加关键的一点在于，董仲舒的哲学中无处不贯彻着"中正和谐"的传统思想。从阴阳五行调谐中和以形成宇宙的物质结构、天人合一的玄妙因果感应、顺应本性的清净养生之术、三纲五常的伦理政治，都是以"道"为核心，并以"中和"的方式将各个层次统摄在"道"的根本之下，由此将各个层次，各个方面，各个维度的元素都以一种和谐自然的状态统摄融合在一起。因此概略言之，董仲舒的哲学既是西汉巨丽宇宙哲学发展的集大成之作，也是自先秦以来"中正和谐"思想的又一次光辉，建立在这之上的伦理政治、阴阳五行中正和谐，圆融调和，运行不息的思想在后续数千年时间里延绵不绝，并深入民族心理核心层次的思维方式和其宇宙认知的先验图景之中，今日犹然。①

（原载《衡水学院学报》，2021年第2期，第38—43页。发表时正标题改为《〈周易〉对董仲舒思想观念的影响》）

---

① 叶坤翌：《董仲舒天人哲学体系中的"和"——西汉中正和谐的审美文化研究》，复旦大学中文系2018年秋季课程《中国古典美学》期末作业。（按：该篇作业侧重从"中正和谐"的角度来理解董仲舒的审美观，篇幅较长，写得比较到位，有助于印证本文观点，故特意选择该文结论来加以佐证。）

综论《周易》对宋代审美文化的影响

——主要以理学为视角

陈寅恪先生曾说过:"华夏民族之文化,历数千载之演进,造极于赵宋之世。"①(《邓广铭〈宋史职官志考证〉序》)宋代,可以说是中国文化发展的高峰时期,亦是经学发展的第二个辉煌时期,皮锡瑞《经学历史》称之为"变古时期"。唐君毅《原教篇》中也曾指出:"宋学之初起,乃是以经学开其先。在经学之中,则先是春秋与易之见重,然后及于诗书之经学,再及于《易传》《中庸》《大学》,及《孟子》《论语》等汉唐人所谓五经之传记;终乃归至于重此传记之书,过于重五经。"②由于政治和人才政策的变化、技术革新、社会思潮等多种因素综合影响,宋代文化异常繁荣,成为中国古代历史上文化艺术蓬勃发展的时期。"重文轻武"的人才政策,开启了历史上的文治盛世,出现人才繁盛的社会现象;造纸业和印刷技术的发展,加快书籍的印刷和流通,大大推动了知识文化的普及;书院普及、私人讲学盛行,使得儒学思想更加植根于民众之中。钱穆先生亦曾指出:"然一时代之学术,则必其有一时代之共同潮流与其共同精神,此皆出于时代之需要,而莫能外。"③ 美学自然也不例外。自宋代开始,中华审美文化开启了近千年来的崭新序幕,更加重视源于《周易》的"中和"思想。以理学为代表的新儒学,在易学思维和思想的

---

① 陈寅恪:《金明馆丛稿二编》,生活·读书·新知三联书店,2015年,第277页。
② 唐君毅:《中国哲学原论·原教篇》,中国社会科学出版社,2006年,第7页。
③ 钱穆:《两汉经学今古文平议》,商务印书馆,2015年,自序,第4页。

主导下,吸收了禅宗和道家思想的精髓,"中和"成为一种更有利于"超凡成圣"的思想理论体系。因此,通过简要梳理《周易》在宋代的传承与发展情况,进而探究其与美学之间的联系,有利于我们更全面、更深刻地认识、理解宋代审美文化的发展与变化。

一、《周易》与宋代美学的基本情况

《周易》作为唯一一部被儒道两家共同尊奉的经典,在"五经"中被冠以"群经之首",是中国传统文化的源头活水。在中国传统文化中亦具有无与伦比的地位。易学在宋代经学著作中是最为繁荣的一种,中国基本古籍库收录的两宋学人的易学著作达65种,远远超过同期的其他经学著作。应该说《易》学在宋代是备受关注的。

(一)宋代美学的文化特征

在中国美学史上有一件很有意思的事情,就是后人喜欢将宋代与历史上那些在美学领域有突出一面的朝代相联系,如"汉宋""唐宋""宋元""宋明"等。这一方面可能是因为宋代在历史上处于一个承前启后的历史阶段,另一方面则是宋代文化也是处在同样一个历史时期,进而呈现这样的风貌。

这一时期的美学有着自身鲜明的特点。在审美理想上,与唐代的开放型的审美追求有着明显的不同,更多的是倾向于追求意境和韵味,而且是一种平淡的意味,当然这不是说所有的艺术追求都是如此,而是一种整体上的呈现。如黄庭坚主张"凡书画当观韵";范温更把"韵"与作品的美直接联系起来,"凡事既尽其美,必有其韵,韵苟不胜,亦亡其美"。凡是最美的,必定有韵,所以他又说:"韵者,美之极。"[①] 梅尧臣在《读邵不疑学士诗》中说:"作诗无古今,

---

① 参阅朱立元主编:《美学大辞典》(修订本),上海辞书出版社,2014年,第132页。

惟造平淡难。"① 把平淡作为倾力追求的艺术境界。苏轼对平淡天然的审美理论作了进一步阐发，并深入揭示出"平淡"的美学意蕴。他说："所贵乎枯淡者，谓其外枯而中膏，似淡而实美。渊明、子厚之流是也。若中边皆枯淡，亦何足道！"② 平淡已经是一种较为自觉的追求。

禅宗对宋代文人日常生活的渗透与对宋代美学和艺术的影响，无论就其深度和广度来说都大大超过了唐代。赵宋王朝统治者对释道两教的政策是并重的，而苏辙正处于这样的一个时代。北宋诸子对待释道的态度不尽相同，但都不可避免地吸收释道思想，尽管他们不承认，尤其是奉儒家为正统的理学家（以三程为代表），他们不承认自己的思想吸收了释道成分，更是将释道斥为"异端"。而苏辙却是公然肯定佛老思想，并有意识地进行会通。苏辙兼济释道思想的一个特色在于其提倡"佛老同源"③说，企图贯通佛老，如其在《颍滨遗老传》中所言："老子书与佛法大类，而世不知，亦欲为之注。"④ 这也是三苏蜀学的一个特色。

（三）《周易》对宋代主要美学思想的影响

如我们所知道的，宋代虽然呈现"三教合一"的文化特色，但仍是以儒家为主导。三苏蜀学也好，程朱理学也罢，抑或王安石的新学，都同属于儒家文化圈，只是各自有所侧重，呈现出不同的审美样式。有一个现象值得注意，这些不同的学派均注释过《周易》，如三苏的《苏氏易传》（又名《东坡易传》）、三程的《周易程氏传》、朱熹的《周易本义》等。可以说《周易》与宋代文化是紧密联系的，自然其审美文化也是与《周易》密不可分。

---

① 梅尧臣著，朱东润校注：《梅尧臣集编年校注》，上海古籍出版社，1980年，第845页。
② 王振复主编：《中国美学重要文本提要》（上），四川人民出版社，2003年，第416页。
③ 语出苏辙：《和迟田舍杂诗九首（并引）》之七："老佛同一源，出山便异流。" 苏辙撰，陈宏天、高秀芳点校：《苏辙集》（第3册），中华书局，1990年，第927页。
④ 苏辙撰，陈宏天、高秀芳点校：《苏辙集》（第3册），中华书局，1990年，第1017页。

易学发展到宋代,可谓蔚为大观,也呈现出纷繁复杂的局面。由于时代特点不同,个人所处地位不一,历史所赋予的使命也不一样,因此思想倾向各异,治《易》方法有别。从思想倾向来看,一种是着重实践,好述人事,往往趋于义理;另一种着眼自然,喜谈天道,多趋象数。从治《易》的方法来看,也是以象数派和义理派为主,图书派在宋代也得以形成和发展。宋代义理派起源于胡瑗,以程颐《易传》为代表作。胡瑗主张"以义理说《易》",而《周易口义》是由学生倪天隐述其师胡瑗之说而成书的,此书注重性命道德之理的探讨,开有宋一代"以义理说易之宗"(《四库全书总目·周易口义》卷二),是程颐易学思想的重要来源之一。

程颐一生很重视对《周易》的研究。他所著的《易传》,专言义理,不及象数。以"理"解《易》是程颐研究《易》学的突出特点。在程颐看来,《周易》作为一部"卜筮之书",之所以能占筮,也无非是一个"理"字在起作用,曰:"卜筮之能应,祭祀之能享,亦只是一个理。蓍龟虽无情,然所以为卦,而卦有吉凶,莫非有此理。以其有是理也,故以是问焉,其应也如响。若以私心及错卦象而问之,便不应,盖没此理。今日之理与前日已定之理,只是一个理,故应也。至如祭祀之享亦同。鬼神之理在彼,我以此理问之,故享也。不容有二三,只是一个理也。"①

朱熹一生也很重视《周易》的研究,著有《周易本义》和《易学启蒙》。朱熹治易不专注一家,他说:"诸儒之言象数者例皆穿凿,言义理者又太汗漫,故其书为难读。"②(《朱子文集》卷六十,《答刘君房》)又说:"近世学者类喜谈《易》,而不察乎此,其专于文义者,既支离散漫而无所根著;其涉于象数者,又皆牵合傅会。"③(《朱子文

---

① 程颢、程颐著,王孝鱼点校:《二程集》,中华书局,1981年,第51—52页。
② 朱熹撰,朱杰人、严佐之、刘永翔主编:《朱子全书》(第23册),上海古籍出版社;安徽教育出版社,2002年,第2886页。
③ 朱熹撰,朱杰人、严佐之、刘永翔主编:《朱子全书》(第24册),上海古籍出版社;安徽教育出版社,2002年,第3668页。

集》卷七十六,《易学启蒙序》)

《周易》可以说是三苏的家学传承。《四库全书总目提要》记载:"苏籀《栾城遗言》记,苏洵作《易传》未成而卒,属二子述其志,轼书先成,辙乃送所解于轼,今《蒙》卦犹是辙解,则此书实苏氏父子兄弟合力为之,题曰:轼撰,要其成耳。"在苏洵的教导下,苏轼在二十一岁应进士试时便以易学为主要内容写作了《御试重巽申命论》,而苏辙也在二十三岁应试制举时完成《易论》的论文。当苏轼签判凤翔,苏辙留京侍父时,苏辙便专心研读《周易》。苏轼想象当时的情景,以为"遥知读《易》东窗下,车马敲门定不应"①,并以"《易》可忘忧家有师"②加以勉励。

宋代美学的其他领域,也深受《周易》的影响。"观物取象"是艺术呈现的重要把握方式。历史上有很多艺术家都非常重视"取象",认为这一方式触及了艺术的起源、艺术的创造和艺术的审美观照等重要问题。如郭熙在《林泉高致》中提到的"身即山川而取之"的命题,就是强调画家艺术创作的对象是自然山水,而这个过程则是"取象",也是审美创造的过程。苏轼提及的"成竹在胸"与"身与竹化"亦是如此。取象的审美创造过程,本质上是一种自然和谐的。在书法领域也是,最基本的临帖就是,这里不再征引。

综上来看,《周易》对宋代美学的影响是多方面的,也是极其深入的。

二、《周易》中和思想对宋代的深刻影响

"中和"思想由来已久。"中和之美"不仅是中国古典美学的思想精髓,而且是中华审美文化的本源和核心;在某种意义上,可以说

---

① 王文诰辑注,孔凡礼点校:《苏轼诗集》(第1册),中华书局,1982年,第155页。
② 同上书,第157页。

中华审美文化基因与"中""和"范畴的形成和确定有着密切联系①。

(一) 宋代对"中和"的思辨

宋人对"中和"的理解有两个来源：一是《中庸》，一是《周易》。而《中庸》为四书之一，《周易》乃五经之首，这又将其统摄在儒家经典之中。宋代是文化的融合时期，一直有《易》《庸》互训的主张。如魏了翁在祠记中记载："一日，有讲授于学官者曰：'伊洛之学以《中庸》为宗，以诚敬为教者也。'仆闻之，瞿然曰：'呼，自有乾坤即具此理，而为伊洛云乎哉！'《乾》九三言龙德而正。《中庸》言之，信庸行之，谨闲邪存其诚。而《坤》六三言敬以直内。然则曰《中庸》曰诚敬，是乃天地自然之则，古今至贯之理，帝王所以扶世立极，圣贤所以明德新民，未有不由之者。"② 三程也曾明确指出："或问：'《系辞》自天道言，《中庸》自人事言，似不同。'曰：'同。《系辞》虽始从天地阴阳鬼神言之，然卒曰："默而成之，不言而信，存乎德行。"《中庸》亦曰："鬼神之为德，其盛矣乎！视之而不见，听之而不闻，体物而不可遗，使天下之人齐明盛服以承祭祀。洋洋乎如在其上，如在其左右。《诗》曰：'神之格思，不可度思，矧可射思。'夫微之显，诚不可揜，如此夫！"是岂不同？'"③ 可见，在当时人们认为《周易》与《中庸》之间的密切关系是难以割舍的。

一直以来，"中"成为学者们研究的重点。伊川曾说："中字最难识，须是默识心通。"④ 王夫之亦云："'喜怒哀乐之未发谓之中'；是儒者第一难透底关。"⑤ 这些言论足以说明，古代学者对"中"范畴的重视。从字源的考察来看，其一为建旗立中说，其二为射箭中的

---

① 谢金良、樊青峰：《中华文化审美基因初探——在中和之美研究基础上对"中"范畴的理解》，《辽宁师范大学学报（社会科学版）》，2021年第3期。
② 周敦颐撰；梁绍辉、徐荪铭等校点：《周敦颐集》，岳麓书社，2007年，第283页。
③ 程颢、程颐著，王孝鱼点校：《二程集》，中华书局，1981年，第141页。
④ 同上书，第214页。
⑤ 王夫之：《船山全书》（第6册），岳麓书社，1991年，第469页。

说,其三为神杆说。从字源学对"中"的考察来看,似乎更容易来理解它的原始意思以及其引申义。在对"中"的解释及意义的阐释过程中,"中"最初与旗帜、射箭、盟约有关,表示方位的"中"有"中央""中间""中心"之意;表示"中的"之"中"有准确无误、中正不倚之意,"中,同长也",圆心到圆周距离等长,故圆点即为中心,不会偏倚,朱熹解释"中"为"不偏不倚",不无根据。后来,由"中"的本义引申出合宜、恰到好处、不偏不倚之意,不偏于左也不偏于右,不偏于智亦不偏于愚,言动语默无过无不及,文质彬彬,恰到好处。①

最早的"和"字出现于金文中,大约产生于战国时代。一般我们将"咊""盉""龢"三种字形视为"和"的古体字,其中"龢"为其繁体字。"咊"从口从禾,与言语、饮食有关。"盉"从禾皿,为一种酒器,根据王国维的考证,"盉"是一种调和酒水的器皿,用于节制饮酒。杨树达在《论语疏证》中对此三者也做了一番解释,"咊"表饮食之调和,"盉"为调酒之器具,亦表调味,均有"调和"之意,是饮食生活的需要。"龢"言乐之调,表示的是演奏音乐之时不同乐器之间的和谐共鸣,用于和众声,产生于音乐欣赏的需要。我们知道,"和"的本义为协调,应该是与音乐有着很大的关系,从音乐的角度,我们似乎更容易理解其整体性的和谐,每一种乐器都按照其固有的音色、音调随主旋律而发出优美动听的音乐。"声一无听",单调的声音必是乏味的,诸种不同的乐器在某种原则下达到整体和谐,这也只有每一构成部分都适度,都合乎本身之"中",整体的和谐才可达成。故,"中"是达到"和"的要求和尺度,每一事物"中",皆尽其性,则整体才能"和"。②

---

① 参阅郭丹:《〈中庸〉"中和"思想与儒家教化》,山东师范大学硕士论文,2016年。
② 参阅张晓雯:《中和:朱熹美学、诗学范畴研究》,四川师范大学硕士论文,2017年。

《周易》的"中和",对后世中国文化的影响是十分明显的。从文本的角度看,"中"的概念起源于《易经》,是在《易传》中阐发为"中和"的,而且在《周易》中表现为由"中"走向"和"。最典型的例子,如在六十四卦中,每卦六爻,每卦的中爻,一般爻辞趋吉。此外,中爻是统摄整个卦义中的两爻,保证了整个卦义既得之于中爻又不偏于某一中爻。从这个意义上说,这也是一种"和"。还有就是六十四卦的卦象,有错综的规律,这些都蕴含了阴阳平衡的"中和"思想。如宋代周敦颐的《太极图说》曰:

　　无极而太极。太极动而生阳,动极而静;静而生阴,静极复动。一动一静,互为其根;分阴分阳,两仪立焉。阳变阴合,而生水、火、木、金、土。五气顺布,四时行焉。五行,一阴阳也。阴阳,一太极也。太极,本无极也。五行之生也,各一其性。无极之真,二五之精,妙合而凝。乾道成男,坤道成女,二气交感,化生万物。万物生生,而变化无穷焉。①

　　当然,这里周敦颐并没有直接提出"中和"的思想。在周敦颐看来,太极是作为宇宙最开始的未分化的原始实体而存在的,而且本质上宇宙的构成是阴和阳的相互作用与相互交合,运动过程是动静两个对立面的交替转化。周敦颐不仅看到事物两方的对立,还看到对立两方的相互转化,在言语之间的确深含中和的意蕴。除此之外,周敦颐曾进一步解释过"中和":

　　曰:"性者,刚柔善恶,中而已矣。"不达,曰刚善:为义,为直,为断,为严毅,为干固;恶:为猛,为隘,为强梁。柔善:为慈,为顺,为巽;恶:为懦弱,为无断,为邪佞。惟中也者,

---

① 周敦颐撰,梁绍辉、徐苏铭等校点:《周敦颐集》,岳麓书社,2007年,第5—6页。

和也,中节也,天下之达道也,圣人之事也。故圣人立教,俾人自易其恶、自至其中而止矣。①

所谓的"人性"即是刚、柔、善、恶相配而形成的,搭配不同自然也形成了不同的人性。他认为只有达到中和,才能成为"达道",而这也是圣人的表现。然而现实中并非人人都能做到"中和",因此需要圣人设立教化的规则,从而教人自己去剔除人性中的恶,达到中和的境界。

《中庸》的"中和",先是分言"中"与"和",进而推进。所谓"喜怒哀乐之未发,谓之中;发而皆中节,谓之和。中也者,天下之大本也;和也者,天下之达道也。致中和,天地位焉,万物育焉"②。将"中"作为"天下之大本"。换言之,就是将其确立为形上的根据,是一种本根的存在,而天地之间的秩序、万物的生长孕育均源于此。这样一来,《中庸》的"中和"思想,相较于《周易》来说已经有所推进。对此,二程等人都有所贡献。程颢与程颐都主张"敬",但对"敬"的内涵理解有所不同。程颐主张的"敬"指的是内心的敬畏和外表的严肃,而程颢认为"执事须是敬,又不可矜持太过"③。不能只强调敬畏和严肃,还要达到一种自由活泼的精神境界。相较之下,程颐更为严肃拘谨,而程颢强调敬畏之中也要保持生命力。他提出"敬为和乐则不可,然敬须和乐"④,还说"今志于义理而心不安乐者,何也?此则正是剩一个助之长。虽则心操之则存,舍之则亡,然而持之太甚,便是必有事焉而正之也"⑤。在修养方法上,程颢的"中和"思想表现得更为明显,他认为做事不能"矜持太过""持之

---

① 周敦颐撰,梁绍辉、徐荪铭等校点:《周敦颐集》,岳麓书社,2007年,第68—69页。
② 朱熹:《四书章句集注》,中华书局,1983年,第18页。
③ 程颢、程颐著,王孝鱼点校:《二程集》,中华书局,1981年,第61页。
④ 同上书,第31页。
⑤ 同上书,第42页。

太甚",主张诚敬而和乐,抱着一种更为轻松从容的态度,体现了"中和"的特点。

程颐及其门人讨论《中庸》"已发未发"的问题,也引起了杨时的重视。他说:

> 道心之微,非精一其孰能执之?惟道心之微,而验之于喜怒哀乐未发之际,则其义自见,非言论所及也。尧咨舜,舜命禹,三圣相授,惟中而已①。

在杨时看来,任何语言文字都不能把"道"完全表达出来,因而对道的把握必须超越语言和物象,在静中从容体验,诉诸内心直观。

(二)作为审美范畴的"中和"

"中和"作为一个审美范畴,有一个前提不能忽视,那就是它仍属于儒家的话语体系。在儒家的话语体系中,往往将道德伦理的"善"与审美相结合,道德中焕发出来的气性也就是审美的气性,如对人格理想和道德标准的追求,其实也蕴含着审美主体的审美理想。

较早将"中和"作为审美范畴的应该是孔子。《论语·八佾》载:"乐而不淫,哀而不伤。"这是孔子在评价《关雎》时说的。孔子认为音乐和其他的艺术形式是可以表达人们的内心情感的,但是同时要求人们要把握一定的度,进而达到和谐的境界。《论语·雍也》载:"质胜文则野,文胜质则史。文质彬彬,然后君子。"这是孔子谈文化修养与品德的关系时说的,主张内容与形式的和谐,这一文质观后来就进入文学领域,宋人所说的"文道观"亦与之有相似之处。这些都是审美主体对"中和"之美的追求,既是一种精神境界,也是一种审美境界。

《周易》对"中和"之美的追求,则是十分明显。《系辞下传》

---

① 黄宗羲:《宋元学案》,浙江古籍出版社,2012年,第203页。

曰:"日往则月来,月往则日来,日月相推而明生焉;寒往则暑来,暑往则寒来,寒暑相推而岁成焉。"日月寒暑,往来更迭相推而不乱,正是时间适中的缘故,而这就是一种日与月、阴与阳、寒与暑的中和。有学者研究,"'中'在《周易》中凡144见,其中《易经》13见,《易传》131见,另外《周易》中用了很多带'中'字的词,如正中、中正、时中、中行、中直、中心、中道、得中、中位、刚中、柔中等等,词语使用的高频率和词汇涵容的广泛性,都可以看出'中'在《周易》的重要地位"①。正如前面我们提到的,《周易》对"中和"之美的追求主要是《易传》中阐发出来的,以"中"为标准推断吉凶,如:《需》九五,"'酒食贞吉',以中正也";《谦》六三,"鸣谦贞吉,中心得也";《震》六三,"'震往来厉',危行也。其事在中,大无丧也"。另外,在《易传》中也经常见到如"以中正也""中有庆也""中无尤也""得中道也""以正功也"等。也就是说,《易传》作者在阐释与推断中,表现出"中"道的和乐之情和对"中"道的向往之情。②

此外,在儒家的思想体系里,它是以中为体,养性于中,并从中抽绎出中节合度的道德原则。而且在儒家中和思想里是以中为基础,以和为大用,强调过犹不及,中度合节。如《艮·大象传》说,"兼山,艮,君子以思不出其位。"卦象是两艮重叠,故曰兼山。告诫人们抑制内心的不和谐情感,思虑不能超越本位。宋儒是非常重视此卦之义的。杨万里的《诚斋易传》将此卦归纳为三种意思,一是抑制邪恶,二是止于正道,三是止于本分。这正是儒家中和思想的体现。

通过以上的简要叙述,作为审美范畴的"中和",尤其是在儒家的话语体系中,它是与儒家的道德评价紧密联系的,既是道德追求也是审美追求。因此在分析"中和"之美时,我们就不能仅仅就"中

---

① 张庆利:《〈易传〉的中和之美与文学精神》,《东北师大学报(哲学社会科学版)》,2011年第4期。
② 参阅同上。

和"本身来谈美。

三、《周易》思想影响宋代审美文化的主要体现

前已述之,《周易》对宋代审美文化确实有着深刻的影响。这种影响是如何体现的?或者说,宋代审美文化中究竟蕴含着哪些《周易》的色彩?或许通过一些重要个案的分析能探其端倪。

(一) 太极之美:周敦颐美学思想的《周易》底蕴

对"太极"概念的发展是周敦颐《易》学思想的核心。周敦颐吸收了《周易》阴阳相生相克的思想,将其改造为"太极"化生的动力,认为"太极动而生阳,动极而静;静而生阴,静极复动。一动一静,互为其根"①。关于动静,周敦颐用"神"来解释,"动而无静,静而无动,物也。动而无动,静而无静,神也。动而无动,静而无静,非不动不静也。物则不通,神妙万物"②。(《通书·动静》)这样一来,周敦颐所说的"太极"与具体的事物形态是区分的,"太极"上升为一种本体,"神妙万物"也。

"太极"作为周敦颐美学思想的核心范畴,所蕴含的圆融美、动静美、天地人和谐美,集中体现了周敦颐理学美学之圆融特征。首先,"太极"之圆融美,是"太极"最根本的美学特质,是对古代美学中"圆"美思想和"圆融"境界的继承与发展,主要体现为"太极"形式、逻辑上的圆美和"太极"作为一种生命体验所能达到的圆融境界。其次,动与静、常与变是《易传》、玄学和佛家般若学都曾着重探讨过的世界观问题,周敦颐继承先贤,提出了太极生阴阳的动静观,阐明了"太极"化生天地万物的运作方式,进一步丰富了"太极"不断变易的特征,从而赋予了"太极"以动静美。最后,周敦颐

---

① 周敦颐撰,梁绍辉、徐苏铭等校点:《周敦颐集》,岳麓书社,2007年,第5页。
② 同上书,第73页。

借助《易传》中"合"的思想,以"太极"贯通"人极",从而形成了具有较强统一性、系统性的宇宙本体论,并为"人极"的确立提供哲学依据。接着周敦颐借助《乾·彖》以及《孟子》"诚"的思想,由"人极"反观"太极",将两者合为一体,呈现出和谐的图景。① 这是周敦颐以《易》立论,展开自己哲学理路的过程,也是其以"太极"为美的审美思想的体现,这种"太极"的审美创生过程,亦是周敦颐受《周易》影响的过程。周敦颐还将"诚"作为宇宙论最高范畴,下贯而为人生和道德的本体,成为人生和道德论的最高范畴。他说:

> 诚者,圣人之本。"大哉乾元,万物资始",诚之源也。"乾道变化,各正性命",诚斯立焉。纯粹,至善者也。故曰:"一阴一阳之谓道,继之者善也,成之者性也。"元亨,诚之通;利贞,诚之复。大哉易也,性命之源乎!②

周敦颐发挥《周易》的观念,认为乾元是诚的根源,具有万物始基的本性。"乾道变化"而化育万物,各正其性命,人道之诚于此而立,体现了周敦颐天道性命相贯通的理论旨趣,从宇宙论的角度论述社会道德价值,为儒家的道德性命之说寻求宇宙论的依据。

关于什么是"诚"?周敦颐接着认为:"诚无为""寂然不动者,诚也""无妄,则诚矣。"③ 在周敦颐看来,诚的主要意思就是真实无妄,不加矫饰,杜绝人为,其特性是"纯粹至善"。说完"诚"之后,又说到"恶",曰:"诚无为,几善恶""寂然不动者,诚也;感而遂通者,神也;动而未形,有无之间者,几也。诚精故明,神应故妙,几微故幽。诚、神、几,曰圣人。"④ 周敦颐接受《系辞》中"几"

---

① 参阅袁宏:《周敦颐理学美学思想研究》,山东大学博士论文,2008年。
② 周敦颐撰,梁绍辉、徐苏铭等校点:《周敦颐集》,岳麓书社,2007年,第64—65页。
③ 同上书,第66、67、81页。
④ 同上书,第67页。

的观念,作了创造性发挥,强调"几"的道德意义,用来说明人性中恶的来源。周敦颐进而也提出怎样达到"诚",他说:"君子乾乾不息于诚,然必惩忿窒欲、迁善改过而后至。"① 我们知道"君子乾乾不息"源自《乾》九三爻辞:"君子终日乾乾,夕惕若,厉,无咎。"而"惩忿窒欲"直接引自《损》卦《象传》"君子以惩忿窒欲"。下一句"迁善改过"源于《益》卦《象传》:"君子以见善则迁,有过则改。"这些都直接体现了《周易》思想对周敦颐审美思想的影响,而这种改过——修身——致诚则是一种对中和之美的追求。

(二)自然中正:《周易》与三苏审美理想

前已述之,《周易》是三苏的家学。三苏父子对《周易》都有较为深入的研习,自然受《易》影响也很深。苏洵是古文大家,文风犀利,见解独到。"风水相遭"一说,最能见其主张。在《仲兄字文甫说》② 一文中说道:

且兄尝见夫水之与风乎?油然而行,渊然而留,渟洄汪洋,满而上浮者,是水也,而风实起之。蓬蓬然而发乎大空,不终日而行乎四方,荡乎其无形,飘乎其远来,既往而不知其迹之所存者,是风也,而水实形之。今夫风水之相遭乎大泽之陂也,纡余委蛇,蜿蜒沦涟,安而相推,怒而相凌……故曰:"风行水上涣。"此天下之至文也。

这是苏洵的比喻说法,接下来,他又进一步解释:

然而此二物者岂有求乎文哉?无意乎相求,不期而相遭,而文生焉。是其为文也,非水之文也,非风之文也。二物者非能为

---

① 周敦颐撰,梁绍辉、徐荪铭等校点:《周敦颐集》,岳麓书社,2007年,第80页。
② 苏洵著,曾枣庄、金成礼笺注:《嘉祐集笺注》,上海古籍出版社,1993年,第412—413页。

文,而不能不为文也。物之相使而文出于其间也,故曰:此天下之至文也。

今夫玉非不温然美矣,而不得以为文;刻镂组绣,非不文矣,而不可与论乎自然。故夫天下之无营而文生之者,惟水与风而已。

由此,苏洵所要言说的正是《周易》思维的影响,创作的要素是"风"与"水",条件则是"不期而相遭",结果是"文生焉"且是"天下之至文"。这种强调有感而发,自然成文,正是易学思维的表现,且是审美的。

《东坡易传》修改完成于苏轼被贬海南期间,其中苏轼对《中孚》卦很是看重。《周易·中孚·象》曰"'利涉大川',乘木舟虚也",苏轼注解说:"乘天下之至顺,而行于人之所说,必无心者也。'舟虚'者,无心之谓也。"[①]《中孚》卦象的形状是初、二、五、上四爻是阳爻,中间两爻是阴爻,像一个木舟,中间是空的,代表着无私。由此,苏轼借以认为,一个人只要抛弃那些所谓的功名利禄,心里无私,恪守着中正之道、顺乎民心便可天下至顺。又"中孚者,必正而一、静而久",这体现了苏轼立身处世的一种态度,走中正诚信之路,才能够获吉。另外,《周易》的《坤》卦六二属于既中又正,是坤卦的卦主,柔、顺、中、正四者俱备,体现出该卦的最重要特征。《东坡易传》对此解释:"以六居二,可谓柔矣。夫直方大者,何从而得之?曰六二,顺之至也。君子之顺,岂有他哉?循理无私而已。故其动也为直,居中而推其直为方。既直且方,非大而何?夫顺生直,直生方,方生大。君子非有意为之也,循理无私,而三者自生焉。"[②]苏轼认为,循理无私的中正自然产生坤卦柔顺。这也自然不难

[①] 曾枣庄、舒大刚主编:《三苏全书》(第1册),语文出版社,2001年,第332页。

[②] 同上书,第152页。

理解为何苏氏父子喜欢以"人情""人事"来解说《周易》,并在实际生活中加以践行。如苏氏父子的政论文和策论文,其目的正是谏说皇帝,以圣人的要求来规范自己的行为,从而天下大治,不能不说是刚健中正的表现。

(三)太虚即气:《横渠易说》《正蒙》与张载美学

张载著《易说》在前,成《正蒙》在后,这在学界基本是没有争议的。据有关学者统计,《正蒙》中大约有四分之一的内容取自《易说》。除了《大心篇第七》《有司篇第十三》《乐器篇第十五》《玉禘篇第十六》四篇没有采用外,其余各篇都有不同程度的引用。其中《大易篇第十四》比率最高,达到95%左右。然后是《神化篇第四》,本篇总条数采取比率达到53.3%,本篇总字数采取比率达到64.3%。此外《太和篇第一》《天道篇第三》《至当篇第九》《乾称篇第十七》采取比率达到了三分之一。从二者中的一些重要概念来看,《正蒙》是《易说》的"接着讲",有逻辑上的内在统一。《正蒙》中的一些概念属于《易说》中相关概念的发展。①

在张载的易学体系中,既有对解《易》体例的传承,也有自己的创新。朱伯崑在《易学哲学史》中总结了占筮的原则和体例,就爻位而言概括了六点,即当位说、应位说、中位说、趋时说、承乘说和往来说。② 中位说在张载易学中依然为主要的解《易》体例,这其中有对王弼和孔颖达等人中位说的继承,但并不是全盘照搬,而是在此基础上进行了独到的创建,提出"柔中""刚中""过中"的解易体例,这也丰富了中位解《易》的内容。

张载自身的创新主要体现在卦变说、取象说、取义说和合阴阳四个方面。其中以爻是否合阴阳,居阴阳之正来判断吉凶则是张载的重要发明。如《泰·六四》:"翩翩,不富以其邻,不戒以孚。"《象》曰:"翩翩""不富",皆失实也。"不戒以孚",中心愿也。张载说:

---

① 参阅马鑫焱:《张载易学著作与思想研究》,陕西师范大学博士论文,2018 年。
② 参阅朱伯崑:《易学哲学史》(第一卷),华夏出版社,1995 年,第 57—61 页。

"阴阳皆未安其分,故家不富,志不宁。"六五,帝乙归妹,以祉元吉。《象》曰:"以祉元吉",中以行愿也。张载说:"虽阴阳义反,取交际为大义。"①

张载在《易说》中曾言"时中之义甚大",并将"时中"作为一种解《易》原则贯彻在《易说》之中,形成了自己独特的易学风格。在一卦之中,中指中位,一卦的二五位为中位,二为下体之中位,五为上体之中位。爻居中位即德位,居中位即有中正之德,但是否可以保证行事中庸而获吉,则需要应时变化把握时机。这种解说原则对后世研究《周易》的学者有不同程度的影响,其中二程就是。

深受《周易》思想影响的张载,在审美观念上也趋于易学与审美的统一。张载以气立论,通过对《周易》中气、阴阳等概念的深入解读和创造性阐释,树立起一个天道层面的终极依托,并构筑起一个完整的宇宙生成模式,为儒家的现实人生价值追求提供根据。在《正蒙》中提出"太虚即气":"太虚无形,气之本体,其聚其散,变化之客形尔;至静无感,性之渊源,有识有知,物交之客感尔。客感客形与无感无形,惟尽性者一之。"② 在张子看来:

> 气聚则离明得施而有形,气不聚则离明得施而无形。方其聚也,安得不谓之客?方其散也,安得遽谓之无?故圣人仰观俯察,但云"知幽明之故",不云"知有无之故"。③

而在《易说》中对"气"作了进一步解释:

> 所谓气也者,非待其郁蒸凝聚,接于目而后知之;苟健顺、动止、浩然、湛然之得言,皆可名之象尔。然则象若非气,指何

---

① 张载:《张载集》,中华书局,1978年,第95页。
② 同上书,第7页。
③ 同上书,第8页。

为象？时若非象，指何为时？世人取释氏销碍入空，学者舍恶趋善以为化，直可为始学遣累者薄乎云尔，岂天道神化所同语也哉！①

张载又指出"太虚"中蕴含着太和之道："太和所谓道，中涵浮沉、升降、动静、相感之性，是生氤氲、相荡、胜负、屈伸之始。其来也几微易简，其究也广大坚固。起知于易者乾乎！效法于简者坤乎！散殊而可象为气，清通而不可象为神"②。太和是气变化生成万物的动因，气与万物是本质同源。"气"则成为一种审美本体。这也是张载易学与美学统一的一个重要表现。

（四）成人成己：《周易》与二程审美追求

程颢曾对学生说："昔吾受《易》于周子，使吾求仲尼、颜子所乐。要哉此言！二三子志之！"③ 朱熹曾在《濂溪先生事实记》中言："洛人程公珦摄通守事，视其气貌非常人，与语，知其为学知道也。因与为友，且使其二子往受学焉。"④ 程珦即是二程的父亲，结合程父的自述，可知二程曾向周敦颐问学，其思想自然会受其影响。

与周敦颐将"太极""中和"看作本体不同，二程将"理"作为宇宙的本体，亦是审美的本体，如"万物皆只有一个天理"。并且程颐对"中庸"进行了重新的定义，他说："中者，只是不偏，偏则不是中。庸只是常，犹言中者是大中也，庸者是定理也。定理者，天下不易之理也，是经也。"⑤ 那么如何达到那个"理"，做到那个"中"？二程借助了《周易》的"感悟说"，从美学的角度来看，则是审美发生过程的呈现。

---

① 张载：《张载集》，中华书局，1978年，第219页。
② 同上书，第7页。
③ 程颢、程颐著，王孝鱼点校：《二程集》，中华书局，1981年，第1203页。
④ 朱熹撰，朱杰人、严佐之、刘永翔主编：《朱子全书》（第25册），上海古籍出版社；安徽教育出版社，2002年，第4558页。
⑤ 程颢、程颐著，王孝鱼点校：《二程集》，中华书局，1981年，第160页。

二程是在《周易》把"气"作为万物化生根本的基础上去讨论其"感通"理论的,将"感"作为生命的重要构成。二程有"凡物参合交感则生,不和分散则死"①的说法,把"气"的"感通"看作生命产生的基础环节。二程还说:"絪缊,阴阳之感。"②(《遗书》卷第十五)阴阳二气的相互交感,才产生"絪缊",也就是阴阳化生万物的状态。

《二程集》中曾提到:"'寂然不动,感而遂通',此已言人分上事,若论道,则万理皆具,更不说感与未感。"③(《遗书》卷第十五)也就是说,仅仅从"道"的角度来说,"道"是一种永恒的存在,"感"与"未感"并不影响"道"的存在,但如果从"人分"上看,也就是从人的角度,"道"的存在,则需要通过人心之"感"来察觉。接着,程颐对这一感应现象,作了详细的描述:"絪缊,交密之状。天地之气,相交而密,则生万物之化醇。醇谓酝厚,酝厚犹精一也。男女精气交构,则化生万物,唯精醇专一,所以能生也。"④(《损》卦,《周易程氏传》卷第三)天地之气,在"交密"的基础上化生万物,也就是"絪缊"。而所谓"交密",指的是阴阳二气相互作用的状态。阴阳二气作用而生男女,男女结合产生万物,万物本身是人精气交构的产物,它们之间发生感应现象只能是从人开始,对此感应二程称之为"内感",从人心寻找感应的根源,这与以前的从外在事物刺激的感应理论有着明显的不同。与"万物皆备于我"的说法有异曲同工之处。这样的说法,还有不少,如《二程集》说:"感,动也,有感必有应。凡有动皆为感,感则必有应,所应复为感,感复有应,所以已也。"⑤(《咸》卦,《周易程氏传》卷第三)阐发了感应的循环

---

① 程颢、程颐著,王孝鱼点校:《二程集》,中华书局,1981年,第82页。
② 同上书,第162页。
③ 同上书,第160页。
④ 同上书,第910页。
⑤ 同上书,第858页。

是万物化生原因的思想。"人心虚,故物能感之"①,(《中孚》卦,《周易程氏传》卷第四)将人心的"虚静"作为达到自由审美的条件。

另外,二程的"感通"理论还有即感即通的意味,而且以愉悦性为外在表现,极具审美意味。程颐从《周易》的《咸》卦中对愉悦性进行了详细的阐发和论述:

> 咸,感也,以说为主;恒,常也,以正为本。而说之道自有正也,正之道固有说焉:巽而动,刚柔皆应,说也。咸之为卦,兑上艮下,少女少男也。男女相感之深,莫若少者,故二少为咸也。艮体笃实,止为诚悫之义。男志笃实以下交,女心说而上应,男感之先也。男先以诚感,则女说而应也。②(《咸》卦,《周易程氏传》卷第三)

二程将自然之感,推进到具有美学意蕴的审美之感。将个体生命融入宇宙世界之中,使得人心产生的情感即感即现,感物动人。

综上简要的分析,我们明白了二程立足《周易》构建自己的理论体系的过程。当然,理论体系的构建是十分复杂的,我们这里只是掘出其中一点,这也使得二程立足《周易》构建理论体系,究竟为了什么的问题得以朗现。我们引用《周易程氏传·序》一段话:

> 易,变易也,随时变易以从道也。其为书也,广大悉备,将以顺性命之理,通幽明之故,尽事物之情,而示开物成务之道也。圣人之忧患后世,可谓至矣。去古虽远,遗经尚存。然而前儒失意以传言,后学诵言而忘味。自秦而下,盖无传矣。予生千

---

① 程颢、程颐著,王孝鱼点校:《二程集》,中华书局,1981年,第1010页。
② 同上书,第854页。

载之后,悼斯文之湮晦,将俾后人沿流而求源,此《传》所以作也。①

二程有着自己的学术追求,曰:"前儒失意以传言,后学诵言而忘味。自秦而下,盖无传矣。予生千载之后,悼斯文之湮晦,将俾后人沿流而求源,此《传》所以作也。"其对美的追求则是"顺性命之理,通幽明之故,尽事物之情",从而"成人成己"。

(五)中和之美:《周易》与朱子美学思想

"中和"作为审美范畴由来已久。朱熹作为理学集大成者,对"中和"范畴作出了积极的探讨,先后有《中和旧说》和《中和新说》,并花费大量心血注释《中庸》。朱子谈论"中和"的言论颇多,《四书章句集注》较为系统。如《中庸》曰:"中也者,天下之大本也;和也者,天下之达道也。"朱熹注曰:"大本者,天命之性,天下之理皆由此出,道之体也。达道者,循性之谓,天下古今之所共由,道之用也。"②朱子将"中"与"和"对应着道之体用,是"大本"与"达道"的关系,"中"与"和"也是"天命之性"与"循性而为"的体用关系,中和是"中"与"和"的辩证统一。也就是说,朱子将"中和"提升到了形而上的本体层面。

朱熹对"中和"的认知,除了形而上的理性思辨,同时也蕴含着感性的生命意识。《中庸》"致中和,天地位焉,万物育焉",朱熹注曰:"致,推而极之也。位者,安其所也。育者,遂其生也。……至静之中,无少偏倚,而其守不失,则极其中而天地位矣……应物之处,无少差谬,而无适不然,则极其和而万物育矣。"③"无少偏倚"是"至静之中""其守不失"的关键,只有这样,才能达到守中,做到极致。而"无少差谬"是致和的极致,可以"无适不然",从而万

---

① 程颢、程颐著,王孝鱼点校:《二程集》,中华书局,1981年,第689页。
② 朱熹:《四书章句集注》,中华书局,1983年,第18页。
③ 同上。

物育生。"中和"在朱熹的解释里，是指宇宙万物化育的条件与状态。而作为生命化育的状态，中和可以理解为生命存在的本真状态，亦即美的状态，其中将生命意识与审美意识的融合，这种致中和的过程，亦呈现中和的本然之美。

这种本然的生命意识，在朱子这里有着深深的《易》学痕迹。朱子曰："五行，一阴阳也；阴阳，一太极也。太极，本无极也。五行之生也，各一其性。无极之真，二五之精，妙合而凝，乾道成男，坤道成女，二气交感，化生万物，万物生生，而变化无穷焉。"① 在朱子看来，阴阳中和即是万物创生，阴阳二气的交感，生生不息而化生万物的动态过程，正是生命的本真状态。有研究者将这种"美"总结为"美在生命运动的过程，美在品物流形的内容，也是美在柔顺守中的形式"②。

（六）发明本心：陆九渊《易》学与心学审美

陆九渊称自己的学问是从孟子那里来的，所谓"读《孟子》而自得之"，疾呼"心即理""吾心即是宇宙"，以"本心"作为道德的本体，亦即审美的本体。他的这些主张则使其学问侧重向内，即所谓"发明本心"。陆九渊的心学系统构建离不开《周易》，最直接的呈现就是将"易简"之道转化为"至当归一"的心与理为一的心本体：

后世言《易》者以为《易》道至幽至深，学者皆不敢轻言。然圣人赞《易》则曰："《乾》以易知，《坤》以简能。易则易知，简则易从。易知则有亲，易从则有功……易简而天下之理得矣。"孟子曰："夫道若大路然，岂难知哉？"夫子曰："仁远乎哉？我欲仁，斯仁至矣。"……孟子曰："道在迩而求诸远，事在易而求诸难。"……古圣贤之言，大抵若合符节。盖心，一心也，

---

① 朱熹撰，朱杰人、严佐之、刘永翔主编：《朱子全书》（第 18 册），上海古籍出版社；安徽教育出版社，2002 年，第 3661 页。
② 张晓文：《中和：朱熹美学、诗学范畴研究》，四川师范大学硕士论文，2017 年。

理,一理也,至当归一,精义无二,此心此理,实不容有二。故夫子曰:"吾道一以贯之。"孟子曰:"夫道一而已矣。"①

陆九渊借助孟子"四心说",并以易简归一的思维逻辑为指引,合人心与道心为一,将万理统归于本体之心。他曾说:"数即理也,人不明理,如何明数。"②《易数》篇云:"吾尝言天下有不易之理,是理有不穷之变。诚得其理,则变之不穷者,皆理之不易者也。"③主张从"理"这一总体系的意义关联上重新思考《周易》,并赋予个别卦爻符号以意义。又说:"道塞宇宙,非有所隐遁,在天曰阴阳,在地曰柔刚,在人曰仁义。故仁义者,人之本心也"④。即认为本心即理,理根于心,其发则充塞宇宙,人心即天理。

对理、心关系的这种看法,同样存在于陆九渊关于八卦起源的认识中。其《与吴斗南》云:"塞宇宙一理耳。上古圣人先觉此理,故其王天下也,仰则观象于天,俯则观法于地,观鸟兽之文与地之宜,近取诸身,远取诸物,于是始作八卦,以通神明之德,以类万物之情。于是有辞、有变、有象、有占,以觉斯民。后世圣人,虽累千百载,其所知所觉不容有异。曰'若合符节',曰'其揆一也',非真知此理者,不能为此言也。"⑤

由此,我们可以知道,陆九渊虽然没有系统的《易》学著作,但是在其心学思想体系的构建中,《周易》发挥了重要的作用。这也影响到他的文学审美,如他给"文"所下的定义:"昔者圣人之作《易》也,幽赞于神明而生蓍,参天两地而倚数,观变于阴阳而立卦,发挥于刚柔而生爻,和顺于道德而理于义,穷理尽性以至于命,这方

---

① 陆九渊著,钟哲点校:《陆九渊集》,中华书局,1980年,第4—5页。
② 同上书,第465页。
③ 同上书,第259页。
④ 同上书,第9页。
⑤ 同上书,第201页。

是文。文不到这里，说甚文？"① 又有"有德者必有言，诚有其实，必有其文"②"人须是闲时大纲思量：宇宙之间，如此广阔，吾身立于其中，须大做一个人"③，这些都是在强调道德修养对一个人的审美情趣的重要性，只有道德修养高，审美情趣高的人，才能创作出"雅正"的作品。

（七）中正则吉：杨万里《诚斋易传》的审美旨趣

杨万里是南宋著名的诗人，同时也是一位理学家，对《周易》颇有研究。他所撰写的《诚斋易传》是南宋一部重要的易学著作，是其易学思想的集中体现。其审美心态和诗学观点亦是深受易学影响，杨万里将这些很好地融合在一起，推动着自己思想的演进。

1. 道为本体。杨万里作为一个理学家，他首先要解决的问题也是本体的问题。杨万里服膺二程的学说，他们之间的思想有相近之处。如"天地之道何道也？一言而尽，曰'交'而已"④，这与二程的感悟说是一脉相承的。程颐说"'一阴一阳之谓道'，道非阴阳也，所以一阴一阳道也"⑤。杨万里认为"易之道，一阴一阳而已矣"⑥，亦曰："虽然《易》之未作，易在太极之先；《易》之既作，易在八卦之内。"⑦ 也就是说太极之前已经有"理"的存在，而"理"就是"道"，将其视为本体的存在，亦是审美的存在。

2. 中和中正。在《诚斋易传》中，杨万里认为，中正之道既是君臣治国的方法，也是君臣应有的品德："斯道何道也？中正而已矣。唯中为能中天下之不中，唯正为能正天下之不正。中正立而万变通。此二帝三王之圣治，孔子颜孟之圣学也。"⑧ 进而，他进一步解释何为

---

① 陆九渊著，钟哲点校：《陆九渊集》，中华书局，1980年，第424页。
② 同上书，第145页。
③ 同上书，第439页。
④ 杨万里：《诚斋易传》，九州出版社，2008年，第46页。
⑤ 程颢、程颐著，王孝鱼点校：《二程集》，中华书局，1981年，第67页。
⑥ 杨万里：《诚斋易传》，九州出版社，2008年，第261页。
⑦ 同上书，第258页。
⑧ 同上书，卷首《序》。

"中正":

> 不杂者，金之纯。不杂而良者，金之粹。良而百炼者，金之精。精者，不杂之至。故夫正者，道之纯粹也。精则未也。中者，道之精也。盖正犹有偏也。楚、燕，南北之正也，非中也。洛师，天地之中也。夷惠，吾道之正也，非中也。孔子，吾道之中也。正者中在其外，中则正在其中。①

具体则体现在《诚斋易传》卦爻辞的解释中，杨万里在《师》卦九二爻的阐释中，对历史上的诸多将领作了评价：

> 过勇则轻，李陵是也。过智则奸，侯君集是也。过威则离，张飞是也。过强则骄，李光弼是也。过专则僭，王敦、苏峻是也。惟中则勇而怯，智而愚，威而惠，强而谦，专而顺，皇甫嵩、郭子仪是也。②

这些人中，李陵因为过于勇敢而轻敌，结果身犯险境一直身败名裂；侯君集过于聪明，转而成奸诈之徒；张飞过于威严，不知体恤下情，结果遭到背叛甚至自己也性命不保；李光弼自恃功高而傲视君上；王敦、苏峻专权跋扈以致僭越，失去臣下之礼。这些人都不是杨万里所欣赏的，他赞赏的则是像皇甫嵩、郭子仪那样的人，这样的人"勇而怯，智而愚，威而惠，强而谦，专而顺"，他们的举止都符合"中"的原则，所谓"九二以阳刚之才，专将帅之任，不患其不及，患其过也。惟中则吉而无咎也"③。又在《未济》卦，对诸葛亮不能成功作了分析："故九二视初九可以为难矣。自非九二以刚健坚贞之才，

---

① 杨万里：《诚斋易传》，九州出版社，2008年，第9页。
② 同上书，第32页。
③ 同上。

居大臣中正之位,受九五孚信之知,安能以一身莫助之力,而独济大难之险,以底于中正之吉乎?一萧何而助者二人,一邓禹而助者二十有七人,一玄龄而助者十有七人,'马曳轮'也。羽即死,飞又死,而孔明自将以出祁山,'身曳轮'也。哀哉!"① 在对待"流行底"与"不动底"关系上,杨万里也提出中正的标准,从而实现两者的结合。可见,在杨万里的审美态度上,中正中和才是最高的审美形态。

四、余　论

有研究者认为"理学对宋代美学理论品格的影响最为深刻与直接,对美学的思维促进和理论建构起了至关重要的作用,使原先中国美学在一鳞半爪式的表达中有了哲学的基础乃至体系,这是理学对中国传统美学理论思维的重要贡献。理学引导的宋代士人主体意识、本体意识及道德意识的自觉,对宋代美学在艺术和审美的本体论透析和建构,及审美社会功能的强化、人生境界的追求等方面,产生了重要的影响"②。这个论断是有道理的。理学作为两宋时期占据重要甚至统治地位的儒家思想,对宋人的审美产生了极其深刻的影响。但是通过本文的综合论析,在理学产生如此大的影响的同时,支撑它的主要学术基石显然就是《周易》学说,所以我们在研究理学对宋人审美文化影响的时候,不应该忽视对《周易》的研究。

平心而论,两宋时期在审美观上受到《周易》思想影响的学者还有很多,比如司马光、欧阳修、王安石、邵雍等,都值得深入探究。此外,《周易》对宋人审美文化的影响是多元化、全方位的。在诗歌、

---

① 杨万里:《诚斋易传》,九州出版社,2008年,第234页。
② 潘立勇:《从汉唐气象到宋元境界——宋代美学风貌概述》,《杭州师范大学学报(社会科学版)》,2013年第6期。

散文、绘画、书法、工艺艺术、建筑等方面都有不同程度的影响。限于篇幅，有俟来日。

（本文与博士生黄瑞合作，原载《美学与艺术评论》第24辑，山西教育出版社2022年版，第170—190页）

《周易》对阳明心学美学思想的影响

阳明心学的出现,至今已有五百年左右。自王阳明推出心学思想体系之后,便对当时的学术界造成极大的影响,并成为明代中后期的思想主流,其思想不仅深刻影响近代的韩国、日本,而且对明代中期以来的中国学术发展颇有影响。在当代中国,心学研究日益重视,举凡研究中国哲学、思想、文化、历史、文学等都对此特别予以关注,王阳明也因此被推崇为自孔、孟、程、朱之后的又一大儒。近几年来,随着"国学热"的兴起,尤其是国家领导人对阳明心学的高度重视[1],促使阳明心学正在成为一门"显学",得到更广泛的研究和传播。在以往的研究成果中,大多是从哲学、思想、文化、儒学的角度深入挖掘,就心学研究心学的情况比较突出,而从易学、美学的角度来研究心学的成果不多,也不够深入。本文认为,只有从易学的角度来研究心学,才能明其本源,知其奥妙;只有从美学的角度来研究心学,才能明其功用,悟其妙境;当我们把易学、美学、心学融为一体时,不仅能使儒学思想的源流更为清晰,而且能更好地凸显阳明心学的当代意义。有鉴于此,本文拟在已有研究成果的基础上[2],从易学、

---

[1] 习近平总书记指出:"王阳明曾在贵州参学悟道。贵州在弘扬传统文化方面很有优势,希望继续深入探索,深入挖掘,创造出新的经验。"(按:这是 2015 年 6 月习近平考察贵阳时,对贵州文化发展所作的重要批示。笔者在贵州孔学堂文化研修园内参观时在墙上看到此标语。)

[2] 本文主要从文本材料入手,并以适当借鉴当代的研究成果为主。文本材料主要参考吴光、钱明、董平、姚延福等人编校的《王阳明全集》(全二册,上海古籍出版社,1992 年)。从易学角度研究阳明心学的成果极少,温海明《王阳明易学略论》(1998 年第 3 期)、范立舟《〈周易〉与阳明心学》(2004 年第 6 期)等论文均在《周易研究》(转下页)

美学的角度较为全面深入地阐述《周易》对王阳明及其心学美学思想的重要影响。

一、《周易》是王阳明一生中最用心精研的经典

王阳明，名守仁，字伯安，浙江余姚人，生于明成化八年（1472）九月三十日，卒于明嘉靖七年（1529）十一月二十九日，终年五十八岁。因为他曾经隐居浙江会稽阳明洞，又创办过阳明书院，自号阳明子，故世称阳明先生，亦称王阳明。

近几年来，坊间流行一种新的说法，称王阳明是"牛人"，因为他的一生真正实现了《左传》所提出的"立功、立德、立言三不朽"，堪称是后世儒学的圣人。有些学者经过比较研究发现，王阳明除了建构心学和剿灭匪贼的重大成就以外，其才学不亚于同时代的著名才子唐伯虎，其书法风格遒逸可与历代名家相媲美。他为什么能达到如此高超的水平，成为中国历史上"真三不朽"的代表性人物呢？这个问题实难说清，但从他不平凡的家庭背景和人生经历或许能窥见一些答案。

据《年谱一》记载，王阳明出身于显赫的官宦世家，父亲是状元，祖父、曾祖、高祖都是儒学名士，先祖可以追溯到晋代的王氏望族。如果用现代科学眼光来看，可以说是有很好的遗传基因。相传王阳明乃生而非正常者，传说他在娘胎里呆了十四个月，临诞生时祖母有云中天神送子之梦，"祖竹轩公异之"，故取幼名"云"，"乡人传其梦，指所生楼曰'瑞云楼'"（至今仍作为王阳明故居的主体建筑

（接上页）上发表，相关专著还没有。从美学角度研究的也不多，一些中国美学史方面的著作都有所提及，但都不深入。从易学美学角度研究的，仅见到李定博士论文《"指掌易"的美学研究》及其著作《符号学视野下的易学》（华南理工大学出版社，2017年）中有所涉及。相关的研究成果或许还有不少，鉴于本文主要从文本材料出发，所以无法全面顾及。

保存完好，阳明的童年时光主要是在此楼度过），可"先生五岁不言"，直到遇神僧指点，祖父给他取名"守仁"之后才会开口说话①。如此离奇的经历，并非空穴来风，允是有一定的依据，值得探究。这跟先秦时期许多圣人的出生传说一样，看似荒诞不经，却意在说明：他们的出生是天意使然，绝非偶然。但也不能排除另一种可能，就是他们成名以后被附加的神圣光环，借此以吸引信众。坊间甚至还有传说他的前身是江苏镇江金山寺的得道高僧②，这就更加离奇，更加难以证实了。有鉴于此，研究王阳明如何成名成圣，还必须从他有可靠史料记载的经历入手。在他青少年的时代里，还有几件事值得注意。

第一，拥有一个非常优越的学习环境。据《年谱一》记载，他虽然到五岁才会说话，但刚能说话便"一日诵竹轩公所尝读过书。讶问之。曰：'闻祖读时已默记矣'。"③可见他自小用心好学，而且记忆力惊人。值得注意的是其祖父所"尝读过书"会是什么呢？史无明言，无法细述，大抵可推测是与儒学相关的，因为据《年谱一》说他祖父是一代名士，有著作行于世，曾"封翰林院修撰。自槐里子以下，两世皆赠嘉议大夫、礼部右侍郎，追赠新建伯"，而曾祖槐里子"以明经贡太学卒"，高祖遁石翁则"精《礼》《易》，尝著《易微》数千言"④。如此记载，且不说其家学如何深厚，至少可以推证他祖父所"尝读过书"大多是儒学经典，很可能也包括《周易》。自幼便受到祖父和父亲这两位儒学名士的熏陶，而且主动用心学习，足见王阳明的儒学功底之深厚。

第二，少年时便有一个超凡成圣的远大志向。据《年谱一》记载，传说他十一岁就读私塾以后，曾遇相士指点说他日后将成为圣人，因此他

---

① 王守仁：《年谱一》，《王阳明全集》，上海古籍出版社，1992年，第1221页。
② 据《年谱一》载，王阳明十一岁随祖父从浙江到北京，路过金山寺，祖父"与客酒酣，拟赋诗，未成"（《王阳明全集》，第1221页），坐在旁边的他却连作两首诗，让人惊异，可见他与金山寺是有些渊源的。
③ 王守仁：《年谱一》，《王阳明全集》，上海古籍出版社，1992年，第1221页。
④ 同上书，第1220页。

便立志通过读书学圣贤,而不再是把登第博取功名当作读书的最终追求。

第三,十五岁时出游居庸关一个多月,开始有经略四方之志;看到国家内忧外患,"屡欲为书献于朝",被他父亲"斥之为狂,乃止"①,可见他的爱国之心和报国之志是非常强烈的。

第四,对道门养生很感兴趣。传说他十七岁到洪都(今江西南昌)迎娶夫人,合卺(即结婚)之日,偶然闲行进入道观铁柱宫,与道士聊养生之说,竟相与对坐忘归。

第五,十八岁"始慕圣学",相信"圣人必可学而至",开始改变以往豪迈不拘的个性。

第六,二十一岁开始研治宋儒格物之学,取竹子格之,"沉思其理不得,遂遇疾","乃随世就辞章之学"。②

从二十一岁开始到三十七岁赴贵阳龙场之间,王阳明在醉心圣学的道路上做过许多尝试,他中了进士,也当了官,不仅深入研究程朱理学,而且对兵法、养生之学都有精究,也遁入山洞认真修行过,并开始觉悟释、道之非,但并未真正觉悟成圣的心法。从《年谱一》来看,有一点材料可以说明他是相信《周易》占筮的,即被贬贵阳龙场当驿丞之后,假装落水而逃遁到福建,刚好遇到二十年前在南昌铁柱宫认识的道人,劝他不要再远走他乡以免家人受害,在犹豫不决之时,"因为蓍,得《明夷》,遂决策返"③,由此可见他在人生最关键的转折点上受到《周易》的启发。

前已述之,王阳明自小受到儒学经典的熏陶,很可能在幼童时便已默诵过《周易》等儒经,青少年时代就认定人生第一等事是学圣贤,也精研过许多经典④,除了《五经》以外,对《四书》以及兵

---

① 王守仁:《年谱一》,《王阳明全集》,上海古籍出版社,1992年,第1222页。
② 同上书,第1223页。
③ 同上书,第1227页。
④ 按:据《年谱一》,王阳明二十一岁在京师,曾"遍求考亭遗书读之"(《王阳明全集》,第1223页)。朱熹是易学大家,有《周易本义》《易学启蒙》等著作传世。由此可证,当年的王阳明也很可能精研过易学著作。

书、道书、佛典等都有过深入研究。但是，何以见得王阳明一生中最用心精研的经典乃是《周易》呢？他精研过《周易》是毋庸置疑的，无须多论。而说其"最用心"，主要有如下体现。

（一）狱中仍读《易》

他三十五岁时（正德丙寅年）因冒死抗谏下狱后，这年十二月在狱中曾作诗《狱中十四首》，其中题为《读易》一诗曰："囚居亦何事？省愆惧安饱。瞑坐玩羲《易》，洗心见微奥。乃知先天翁，画画有至教。包蒙戒为寇，童牿事宜早；寒寒匪为节，虩虩未违道。《遯》四获我心，《蛊》上庸自保。俯仰天地间，触目俱浩浩。箪瓢有余乐，此意良匪矫。幽哉阳明麓，可以忘吾老。"① 又如《杂诗三首》之《其三》："羊肠亦坦道，太虚何阴晴？灯窗玩古《易》，欣然获我情。起舞还再拜，圣训垂明明；拜舞讵踰节？顿忘乐所形。……"② 可见此时的他一心读《易》玩辞，并从中领悟出"孔颜之乐"，已凸显出他超凡成圣的审美心态。

（二）梦中忆玩《易》

阳明三十四岁时结识湛若水、崔铣等至交，曾一起探讨过《易》道，给他留下美好的回忆，以致他连做梦都念及此事。如《梦与抑之昆季语湛崔皆在焉觉而有感因记以诗三首》之《其二》："起坐忆所梦，默溯犹历历；初谈自有形，继论入无极。无极生往来，往来万化出；万化无停机，往来何时息！来者胡为信？往者胡为屈？微哉屈信间，子午当其屈。非子尽精微，此理谁与测？何当衡庐间，相携玩羲《易》。"③ 可见当时他们玩《易》论道已臻入玄境，也可看出阳明之于《易》是非常用心参究的。正德庚辰（1520）八月廿八日傍晚，王阳明还做过一个晋代忠臣郭景纯伸冤指责王导是奸臣的奇梦，在梦中他也提及《周易》。此事详见《纪梦（并序）》："烛微先几炳《易》

---

① 王守仁：《外集一》，《王阳明全集》，上海古籍出版社，1992年，第675页。
② 同上书，第686页。
③ 同上书，第682页。

道，多能余事非所论……我昔明《易》道，故知未来事。时人不我识，遂传耽一技。"① 诗中袒露他很早以前就已"明《易》道"了，由此也可佐证他曾潜心研《易》。

(三) 风雨途中仍读《易》

如《醴陵道中风雨夜宿泗州寺次韵》末两句："水南昏黑投僧寺，还理羲编坐夜长。"② 诗句中的"羲编"，即是《周易》；而"坐夜长"，更说明他有多用功和用心。

(四) 被贬谪居龙场时主要是玩《易》

这次玩《易》，意义深远，与周文王于羑里"拘而演《周易》"相似，身处困境，心有忧患，不仅历时多年，而且因此大悟。可以《玩易窝记》为证，暂且不论，后文再述。

(五) 不仅关注《周易》的版本刊刻问题，而且有自己用心学思而后践悟的易学思想

如《与道通周冲书（一）》："古《易》近时已有刻者，虽与道通所留微有不同，□□无大不相远。中间尽有合商量处，忧病中情思不能及，且请勿遽刊刻，俟二三年后，道益加进，乃徐议之，如何？《易》者，吾心之阴阳动静也；动静不失其时，《易》在我矣。自强不息，所以致其功也。"③ 又如《语录（四条）》："《乾》卦通六爻，作一人看，只是有显晦，无优劣；作六人看，只是有贵贱，无优劣。在自己工夫上体验，有生熟少壮强老之异，亦不可以优劣论也。"④ 再如论《河出图洛出书圣人则之》："若究而言之，则书固可以为《易》，而图亦可以作《范》，又安知图之不为书，书之不为图哉？噫！理之分殊，非深于造化者其孰能知之？"⑤ 王阳明对易学思想的阐发，可谓比比皆是，且常发前人所未发。有待专论，此不赘述。

---

① 王守仁：《外集一》，《王阳明全集》，上海古籍出版社，1992年，第778页。
② 同上书，第688页。
③ 同上书，第1205页。
④ 同上书，第1183页。
⑤ 同上书，第846页。

(六)常以《周易》思想为指导来成就和传播他的心学思想

主要可以他的代表作《传习录》为证,凡是遇到精微玄妙的义理问题,他都会援用《周易》经传思想来解决。尤其是"良知即易"的思想,奠定了他的心学思想根基,使他的思想不仅能把儒释道融会贯通,而且能不失正统儒学的本色。这也留待后文细论,此不赘述。

综上所述,我们可以推定王阳明一生中最用心精研的经典就是《周易》。相信随着阳明学研究的不断深入,相关的证据还会不断得到补充。明于此,我们才能更好地理解和把握阳明心学的理论根源,也才能更好地传承和弘扬以《周易》为本根的中华传统文化。

二、龙场悟道是王阳明对儒家易学精髓的顿悟

王阳明是在其三十七岁那年的春天赴任龙场(今贵阳市修文县)驿丞的。据《年谱一》记载:"先生始悟格物致知。龙场在贵州西北万山丛棘之中,蛇虺魍魉,蛊毒瘴疠,与居夷人鴃舌难语,可通语者,皆中土亡命。旧无居,始教之范土架木而居。时瑾憾未已,自计得失荣辱皆能超脱,惟生死一念尚觉未化,乃为石椁自誓曰:'吾惟俟命而已!'日夜端居澄默,以求静一;久之,胸中洒洒。而从者皆病,自析薪取水作糜饲之;又恐其怀抑郁,则与歌诗;又不悦,复调越曲,杂以诙笑,始能忘其为疾病夷狄患难也。因念:'圣人处此,更有何道?'忽中夜大悟格物致知之旨,寤寐中若有人语之者,不觉呼跃,从者皆惊。始知圣人之道,吾性自足,向之求理于事物者误也。乃以默记《五经》之言证之,莫不吻合,因著《五经忆说》。居久,夷人亦日来亲狎。以所居湫湿,乃伐木构龙冈书院及寅宾堂、何陋轩、君子亭、玩易窝以居之。"① 这就是标志着阳明心学思想形成的

---

① 王守仁:《年谱一》,《王阳明全集》,上海古籍出版社,1992年,第1228页。

龙场悟道的大致情况。王阳明为什么会在龙场悟道呢？这无疑是一种机缘巧合的结果。综合起来看，不外乎几种原因：一是有悟道之心。自从少年时立志成为圣人开始，他便有了悟道之心，而随着深入研治程朱理学以来，他追求悟道之心愈切，而随之而来的思想负担愈重，乃至多次因此生病。二是有悟道之需。自从得罪宦官刘瑾以来，他受尽折磨，几至于死，到达龙场以后更是判若两人，身处恶劣环境之中，曾经的官宦子弟如何摆脱困境，重新过上安稳的生活，成为他心中的头等大事。三是有悟道之缘。初到龙场，生死未卜，他虽选择听天由命，但仍孜孜以求解脱之道，思索圣人身处忧患时的智慧之道，终于觉悟格物致知之旨。但是，还有一个更为关键的问题：王阳明顿悟格物致知之旨，是直接通过《大学》感悟的，还是通过《周易》启悟的呢？这在《年谱一》中似无明言，难以定论。在以往的研究成果中，许多学者都倾向于《大学》的作用，而罕有学者认定是《周易》的作用[1]。为什么必须判定王阳明是受《周易》影响而启悟心学思想的呢？其实，这不仅涉及阳明心学思想的重要来源问题，更关系到如何才能更好地理解阳明心学思想的学理和境界等问题，是至为关键的一环。

从前面《年谱一》的记载来看，王阳明被贬到龙场担任驿丞，与其说是异地做官，不如说是亡命边关，完全是无可奈何之举。且不说五百年前，即使今日交通便捷的时代，从浙江到贵阳再到龙场也要颇费周折，由此不难想象当年失魂落魄的王阳明赴任龙场是无比艰辛的。他随身行囊中除了衣物用品之外，还可能附带大量的书籍吗？答案是否定的，很可能连书都没带[2]，否则就不必再默记《五经》之言

---

[1] 按：现任教于中国人民大学哲学学院的温海明教授，在其攻读硕士阶段曾发表《王阳明易学略论》一文，始阐明"阳明悟道，源自《易经》"的观点，并作了相当全面深入的论述。对此问题，2015年笔者在贵阳孔学堂研修期间，与温教授有过交流，我们都倾向于《周易》对阳明心学的主导作用。不久，温教授在北京的学术演讲中，更加鲜明地提出王阳明龙场悟道是源于《周易》的观点，但主要是在原来论文观点基础上的引申和发挥。拙文也完全赞同温教授的观点，并尝试借助史料作更进一步的论证。
[2] 王阳明《五经臆说序》："龙场居南夷万山中，书卷不可携，日坐石穴，默记旧说读书而录之。"（王守仁：《外集四》，《王阳明全集》，上海古籍出版社，1992年，（转下页）

而著《五经臆说》①了。不管怎么说，他顿悟之后最主要的便是援用《五经》作佐证，而非他书。南宋以来，《四书》《五经》是书生的必读书，《大学》是《四书》之一，《周易》是《五经》之首，可见王阳明龙场悟道之初是有援用《周易》思想的。那么，何以见得《五经》之中唯独《周易》对王阳明心学思想影响最为深刻呢？这在《年谱一》中已露出端倪，即"玩易窝"是也。"玩易窝"保留至今，已成旅游胜地。相传王阳明于戊辰年（即悟道之年）曾撰《玩易窝记》：

> 阳明子之居夷也，穴山麓之窝而读《易》其间，始其未得也，仰而思焉，俯而疑焉，函六合，入无微，茫乎其无所指，孑乎其若株。其或得之也，沛兮其若决，联兮其若彻，菹淤出焉，精华入焉，若有相者而莫知其所以然。其得而玩之也，优然其休焉，充然其喜焉，油然其春生焉；精粗一，外内翕，视险若夷，而不知其夷之为阨也。于是阳明子抚几而叹曰："嗟乎！此古之君子所以甘囚奴，忘拘幽，而不知其老之将至也夫！吾知所以终吾身矣。"名其窝曰"玩易"，而为之说曰：
> 夫《易》，三才之道备焉。古之君子，居则观其象而玩其辞，动则观其变而玩其占。观象玩辞，三才之体立矣；观变玩占，三才之用行矣。体立，故存而神；用行，故动而化。神，故知周万物而无方；化，故范围天地而无迹。无方，则象辞蕴焉；无迹，则变占生焉。是故君子洗心而退藏于密，斋戒以神明其德也。盖

（接上页）第 876 页。）据此推测他当时没有携带书籍，也可证明他对《五经》是很熟悉的。据《五经臆说十三条》，阳明居龙场时，"阅十有九月，《五经》略遍，命曰《臆说》。既后自觉学益精，工夫益简易，故不复出以示人"，直至病故后，其徒钱德洪"偶于废稿中得此数条"，其中有几条是疏解《周易》下经《咸》《恒》《遁》《晋》诸卦，可见他深明《周易》义理，并已悟出守贞行正之道。（王守仁：《续编一》，《王阳明全集》，上海古籍出版社，1992 年，第 976—980 页。）

① 《年谱一》写作"五经忆说"（王守仁：《年谱一》，《王阳明全集》，上海古籍出版社，1992 年，第 1228 页），疑误将"臆"刻成"憶"（忆）。若以实论，两字似乎都可合实。

昔者夫子尝韦编三绝焉。呜呼！假我数十年以学《易》，其亦可以无大过已夫。①

这一篇短文太重要了！文中不仅确证王阳明初到龙场之时反复读《易》，思考《易》道，而且还表明了他对《周易》思想功用的深刻认识，充分证明他已具备深厚的易学素养，并从《周易》之中悟出了"视险若夷""终吾身"的人生智慧。综上所述，笔者深信王阳明龙场悟道的确源于《周易》，是对以《周易》为核心的儒学思想精髓的顿悟；也正是在易学思想的启发下，使他真正转向从心学的角度重新理解《大学》的格物致知之旨。

三、阳明心学是以《周易》学说为指导的儒学思想体系

综观阳明心学，不外乎三个方面的观点："心即理，为本源""知行合一""致良知"。而这三个观点的论证，都离不开《周易》思想的指导。以下拟通过查考《传习录》中与《易》相关的文句，来加以疏证。

从表面上看，阳明心学主要是对《大学》《中庸》《孟子》《论语》重新加以解读和认识，而实际上起指导作用的是易学思想。如："身之主宰便是心；心之所发便是意；意之本体便是知；意之所在便是物。如意在于事亲，即事亲便是一物；意在于事君，即事君便是一物；意在于仁民爱物，即仁民爱物便是一物；意在于视听言动，即视听言动便是一物。所以某说无心外之理，无心外之物。《中庸》言'不诚无物'，《大学》'明明德'之功，只是个诚意。诚意之功只是

---

① 王守仁：《外集五》，《王阳明全集》，上海古籍出版社，1992年，第897—898页。

个格物。"① 这段引文融摄了阳明心学的许多思想，而至为关键的就是对物的理解。为什么意之所在的对象"便是一物"呢？此处虽然没有提及《周易》，但明显包含了易学中的太极思维，即"物物一太极"。不妨先来分析《语录一》之《传习录》上篇中的几段文字：

"自伏羲画卦，至于文王、周公，其间言《易》如《连山》、《归藏》之属，纷纷籍籍，不知其几，《易》道大乱。孔子以天下好文之风日盛，知其说之将无纪极，于是取文王、周公之说而赞之，以为惟此为得其宗。于是纷纷之说尽废，而天下之言《易》者始一。"②

"以事言谓之史，以道言谓之经。事即道，道即事。《春秋》亦经，《五经》亦史。《易》是包牺氏之史，《书》是尧、舜以下史，《礼》、《乐》是三代史：其事同，其道同，安有所谓异？"又曰："《五经》亦只是史，史以明善恶，示训戒。善可为训者，时存其迹以示法；恶可为戒者，存其戒而削其事，以杜奸。"③

"知者行之始，行者知之成，圣学只一个功夫，知行不可分作两事。"④

"《易》之辞，是'初九，潜龙勿用'六字；《易》之象，是初画；《易》之变，是值其画；《易》之占，是用其辞。"⑤

"'一阴一阳之谓道'，但仁者见之便谓之仁，知者见之便谓之智，百姓又日用而不知，故君子之道鲜矣。仁智岂可不谓之道？但见得偏了，便有弊病。"⑥

---

① 王守仁：《语录一》，《王阳明全集》，上海古籍出版社，1992年，第6页。
② 同上书，第7—8页。
③ 同上书，第10页。
④ 同上书，第13页。
⑤ 同上书，第17页。
⑥ 同上书，第18页。

"蓍固是《易》,龟亦是《易》。"①

"中只是天理,只是易,随时变易,如何执得?须是制宜,难预先定一个规矩在。如后世儒者要将道理一一说得无罅漏,立定个格式,此正是执一。"②

"道无方体,不可执着。却拘滞于文义上求道,远矣。如今人只说天,其实何尝见天?谓日月风雷即天,不可;谓人物草木不是天,亦不可。道即是天,若识得时,何莫而非道?人但各以其一隅之见认定,以为道止如此,所以不同。若解向里寻求,见得自己心体,即无时无处不是此道。亘古亘今,无终无始,更有甚同异?心即道,道即天,知心则知道、知天。"又曰:"诸君要实见此道,须从自己心上体认,不假外求始得。"③

有必要简括一下以上诸条引文中的易学与心学思想。首先是略加考辨早期易学源流,充分肯定孔子易学思想的正统地位;其次是辩证分析经与史的关系,提出"事即道,道即事"的观点;再次抛出一系列同一思维模式指导的观点:知行合一(事)、辞象变占合一(《易》)、仁智合一(道)、蓍龟合一(《易》)、中只是天理只是易、心即道即天。综而论之,不证自明:在阳明看来,万殊合一,事即道即易即中即理即心即天,环环相扣,处处相通。换言之,易学是圣人之学,经学与史学相通,象数与义理相通,易学与心学相通,因此只"须从自己心上体认",便可直接出经入史,悟《易》得中,明心通道,而纯乎天理。明于此,方能读懂《孟子》的"反身而诚"、《中庸》的"自诚明"与"自明诚"、《大学》的"明明德"等思想主张。再来分析《语录二》之《传习录》中篇中几通书信中的文字:

---

① 王守仁:《语录一》,《王阳明全集》,上海古籍出版社,1992年,第19页。
② 同上书,第19页。
③ 同上书,第21页。

《答顾东桥书》:"知之真切笃实处,即是行;行之明觉精察处,即是知;知行工夫本不可离。""心之体,性也;性即理也。"①"吾心之良知,即所谓天理也。致吾心良知之天理于事事物物,则事事物物皆得其理矣。致吾心之良知者,致知也。事事物物皆得其理者,格物也。是合心与理而为一者也。"②"夫穷理尽性,圣人之成训,见于《系辞》者也。苟格物之说而果即穷理之义,则圣人何不直曰'致知在穷理',而必为此转折不完之语,以启后世之弊邪?盖《大学》格物之说,自与《系辞》穷理大旨虽同,而微有分辨。穷理者,兼格致诚正而为功也;故言穷理则格致诚正之功皆在其中,言格物则必兼举致知、诚意、正心,而后其功始备而密。"③"《易》曰:'君子多识前言往行,而畜其德。'夫以畜其德为心,则凡多识前言往行者,孰非畜德之事?此正知行合一之功矣。"④"道心者,良知之谓也。"⑤

《启问道通书》:"心之本体即是天理,天理只是一个,更有何可思虑得?天理原自寂然不动,原自感而遂通,学者用功虽千思万虑,只是要复他本来体用而已,不是以私意去安排思索出来。"⑥

《答陆原静书》在谈及"寂然感通"之后,"太极生生之理,妙用无息,而常体不易。太极之生生,即阴阳之生生。就其生生之中,指其妙用无息者而谓之动,谓之阳之生,非谓动而后生阳也。就其生生之中,指其常体不易者谓之静,谓之阴之生,非谓静而后生阴也。若果静而后生阴,动而后生阳,则是阴阳动静截然各自为一物矣。阴阳一气也,一气屈伸而为阴阳;动静一理

---

① 王守仁:《语录二》,《王阳明全集》,上海古籍出版社,1992年,第42页。
② 同上书,第45页。
③ 同上书,第48页。
④ 同上书,第51页。
⑤ 同上书,第52页。
⑥ 同上书,第58页。

也,一理隐显而为动静。春夏可以为阳为动,而未尝无阴与静也;秋冬可以为阴为静,而未尝无阳与动也。春夏此不息,秋冬此不息,皆可谓之阳,谓之动也;春夏此常体,秋冬此常体,皆可谓之阴,谓之静也。自元会运世岁月日时,以至刻秒忽微,莫不皆然,所谓动静无端,阴阳无始,在知道者默而识之,非可以言语穷也。"①"夫良知即是道,良知之在人心,不但圣贤,虽常人亦无不如此。"②

《答欧阳崇一》:"良知之外,别无知矣。故'致良知'是学问大头脑,是圣人教人第一义。"③"良知是天理之昭明灵觉处,故良知即是天理。"④"盖良知之在人心,亘万古,塞宇宙,而无不同,不虑而知,恒易以知险,不学而能,恒简以知阻,先天而天不违,天且不违,而况于人乎?况于鬼神乎?……是谓易以知险,简以知阻,子思所谓'至诚如神,可以前知'者也。"⑤

以上引文中阳明的论述都很浅白,只需稍加归纳便很明晰。在《答顾东桥书》中,既以《系辞》证诸《大学》以明"穷理尽性"即"致吾心之良知",又援引《易》辞而"正知行合一之功",从而感悟"道心即良知"。在《启问道通书》中,又借助《易传》思想解悟回复本体之道。在《答陆原静书》中,详析太极之易理,进而又提出"良知即是道,良知之在人心"。在《答欧阳崇一》中,进一步运用《易传》"乾易坤简"的主旨思想来论证"良知之在人心"。不难发现,阳明"知行合一""致良知"的心学思想,最终都是通过印证《周易》经传思想而推导出来的。

---

① 王守仁:《语录二》,《王阳明全集》,上海古籍出版社,1992年,第64页。
② 同上书,第69页。
③ 同上书,第71页。
④ 同上书,第72页。
⑤ 同上书,第74页。

四、阳明心学旨在传承超凡成圣的儒学美学智慧

通过前文的论述,我们发现阳明心学并非横空出世,而是根植于传统的儒家易学、经学、理学,是对千古圣学的继承和发扬。但是,让人难免疑惑的是:阳明学是一门什么样的学问呢?对人而言有什么功用呢?如果以中国特色的学科术语而言,阳明学既是儒学、易学,也是理学、心学、性学、道学、圣学等。如果以国际化的学科术语而言,阳明学主要归属于哲学(包括美学)。如果对哲学与美学再作进一步的区分和比较,哲学更侧重于形而上的追问,美学更侧重于主客体的融通,那么从阳明学思想内容来看并非对客观世界无休止的追问,而是在顿悟客观真相的前提下追求愉悦的审美体验,蕴含着中国千古学人孜孜以求的超凡成圣的美学智慧。从这个意义上说,我们还必须从美学的角度才能更好地理解阳明学(易学、心学、儒学)的奇妙功用,因此把阳明学理解成一门心学美学或许更有助于把握该学问的核心思想。对此,以下拟略引《全集》中的相关表述加以佐证。先看《文录四》中的几处引文:

> 《稽山书院尊经阁记》(乙酉):"经,常道也。其在于天谓之命,其赋于人谓之性,其主于身谓之心。心也,性也,命也,一也。……是常道也,以言其阴阳消息之行焉,则谓之《易》……《六经》者非他,吾心之常道也。故《易》也者,志吾心之阴阳消息者也……君子之于《六经》也,求之吾心之阴阳消息而时行焉,所以尊《易》也……故《六经》者,吾心之记籍也。"①
> 《重修山阴县学记》(乙酉):"夫圣人之学,心学也。学以

---

① 王守仁:《文录四》,《王阳明全集》,上海古籍出版社,1992 年,第 254—255 页。

求尽其心而已。"①

《谨斋说》（乙亥）："君子之学，心学也。心，性也；性，天也。圣人之心纯乎天理，故无事于学。"②

在王阳明看来，一切都是相通的，是合而为一的。所谓经学，实质上也是道学、天学、性学、命学、心学、易学、圣人之学、君子之学。但是，王阳明为什么独以心学标榜自己的学问呢？一言以蔽之，"心也，性也，命也，天也，理也，道也，易也，一也"，而"学以求尽其心而已"。换而言之，尽其心，即能周知宇宙天地万物，即能致知格物。因为人心与天地一体，天下无心外之物。如：

"可见人心与天地一体，故上下与天地同流。"③

"人的良知，就是草木瓦石的良知……盖天地万物与人原是一体，其发窍之最精处，是人心一点灵明……只为同此一气，故能相通耳。"④

"先生游南镇，一友指岩中花树问曰：'天下无心外之物，如此花树，在深山中自开自落，于我心亦何相关？'先生曰：'你未看此花时，此心与汝心同归于寂。你来看此花时，则此花颜色一时明白起来。便知此花不在你的心外。'"⑤

据《年谱三》，先生四十九岁答舒芬问元声时，提出："故心也者，中和之极也。"⑥

---

① 王守仁：《文录四》，《王阳明全集》，上海古籍出版社，1992年，第256页。
② 同上书，第263页。
③ 王守仁：《语录三》，《王阳明全集》，上海古籍出版社，1992年，第106页。
④ 同上书，第107页。
⑤ 同上书，第107—108页。
⑥ 王守仁：《年谱三》，《王阳明全集》，上海古籍出版社，1992年，第1278页。

既然心与一切事物息息相通,那么如何才能"尽其心"呢?这无疑是儒门圣学最为关键的法门,也是王阳明俯思仰疑才得以感悟的真理。既知"心也,性也,命也,天也,理也,道也,易也,一也",那么要"尽其心"就要穷理、尽性、知天、知命、悟道、通易、归一、合中,才能止于至善。而要达到如此完美的境界,是艰难?还是简易呢?我们知道,阳明自少年时代起便有成圣之志,而后出经入史,修道学佛,格竹子,练静坐,可谓上下求索,尝尽苦头,不仅身体多病,而且惨遭迫害,几乎置于死地,差点作鬼,哪能成圣?直至龙场玩《易》日久,才悟出"尽其心"的方法原来是极其简易的。根据笔者的理解,王阳明的彻悟至少有以下几方面。

(一)此尽心之法,自伏羲作《易》始

如:"师乃曰:'伏羲作《易》,神农、黄帝、尧、舜用《易》,至于文王演卦于羑里,周公又演爻于居东。二圣人比之用《易》者似有间矣。孔子则又不同。……况孔子玩《易》,韦编乃至三绝,然后叹《易》道之精。'"① 又如《答杨子直》:"大抵《孟子》所论求其放心,是要诀耳。"②

(二)儒家圣学才是大道根本,始迷后悟

《传习录下》:《附朱子晚年定论》之朱熹《答张敬夫》:"旧读《中庸》'慎独'、《大学》'诚意'、'毋自欺'处,常苦求之太过,措词烦猥;近日乃觉其非,此正是最切近处,最分明处,乃舍之而谈空于冥漠之间,其亦误矣。方窃以此意痛自检勒,懔然度日,惟恐有息而失之也。至于文字之间,亦觉向来病痛不少。盖平日解经最为守章句者,然亦多是推衍文义,自做一片文字;非惟屋下架屋,说得意味淡薄,且是使人看者将注与经作两项工夫,做了下梢,看得支离,至于本旨,全不相照。以此方知汉儒可谓善说经者,不过只说训诂,使人以此训诂玩索经文。训诂经文不相离异,只做一道看了,直是意

---

① 王守仁:《补录》,《王阳明全集》,上海古籍出版社,1992年,第1177页。
② 王守仁:《语录三》,《王阳明全集》,上海古籍出版社,1992年,第138页。

味深长也。"① 又如"圣人与天地民物同体，儒、佛、老、庄皆吾之用，是之谓大道。二氏自私其身，是之谓小道"②。

（三）无人欲之私，便是"尽其心"，此外更无别法

《外集四》之《附山东乡试录》之《易》之论《先天而天弗违后天而奉天时》："惟圣人纯于义理，而无人欲之私。其礼即天地之体，其心即天地之心，而其所以为之者，莫非天地之所为也，故曰：'循理则与天为一。'"③ 又如《答梁文叔》："日用之间，不得存留一毫人欲之私在这里，此外更无别法。"④

（四）天理之心，即无私欲之心，则易知易得

如"先生曰：'易则易知'。只是此天理之心，而你也是此心。你便知得人人是此心，人人便知得。如何不易知？若是私欲之心，则一个人是一个心，人如何知得？"⑤

正如王阳明在《答陆原静》中所言："夫良知即是道，良知之在人心，不但圣贤，虽常人亦无不如此。"⑥ 无论是圣贤，还是常人，其心皆有良知，而良知即是道，即是易，即是天理，即是无私欲，因此只要"致良知"，便能"尽其心"，止于至善，臻于理想的审美境界。所谓"中和一也"⑦，既是修行的工夫，也是感悟的本体，更是吾华夏千古圣学的审美境界。从某种意义上说，王阳明得以感悟的超凡成圣的心法，可以说就是几千年儒学源流中"一以贯之"的美学智慧。这种智慧之于王阳明，只是传承而已，并非他的发明。在王阳明看来，这种智慧始于《易经》八卦的创始人伏羲，并在儒学的传承和演变过程中不断发扬光大。所以，理解"良知即易"，乃是理解阳明心学思想的关键之处。

---

① 王守仁：《语录三》，《王阳明全集》，上海古籍出版社，1992年，第132—133页。
② 王守仁：《补录》，《王阳明全集》，上海古籍出版社，1992年，第1180页。
③ 王守仁：《外集四》，《王阳明全集》，上海古籍出版社，1992年，第845页。
④ 王守仁：《语录三》，《王阳明全集》，上海古籍出版社，1992年，第135页。
⑤ 王守仁：《补录》，《王阳明全集》，上海古籍出版社，1992年，第1173页。
⑥ 王守仁：《语录二》，《王阳明全集》，上海古籍出版社，1992年，第69页。
⑦ 王守仁：《补录》，《王阳明全集》，上海古籍出版社，1992年，第1174页。

五、"良知即易"是阳明心学美学的思想精髓

在阳明心学体系最重要的三个观点中,对"心即理""知行合一"的理解还是相对容易的,而如何"致良知"则是不容易参透的。在笔者看来,只有充分理解"良知即易"的思想,才能明白王阳明对"致良知"的深刻理解。有鉴于此,本文有必要再进一步论述"良知即易"的思想意义。

"致良知"是王阳明对易道的彻悟之后,对《大学》之"致知"的重新解读和阐释。如《文录二》之《与陆原静》之《二 壬午》:"《易》谓'知至,至之。'知至者,知也;至之者,致知也。此知行之所以一也。近世格物致知之说,只一知字尚未有下落,若致字工夫,全不曾道著矣。此知行之所以二也。"① 在阳明看来,《大学》之"致知",就是"致良知",这也是他经常开导门徒的不二法门。如《寄薛尚谦》(癸未):"但知得轻傲处,便是良知;致此良知,除却轻傲,便是格物。致知二字,是千古圣学之秘,向在虔时终日论此,同志中尚多有未彻。"② 《答季明德》(丙戌):"圣贤垂训,固有书不尽言,言不尽意者。凡看经书,要在致吾之良知,取其有益于学而已。则千经万典,颠倒纵横,皆为我之所用。"③ 《别诸生》:"绵绵圣学已千年,两字良知是口传。欲识浑沦无斧凿,须从规矩出方圆。不离日用常行内,直造先天未画前。握手临歧更何语?殷勤莫愧别离筵!"④ 由此可见,"致良知"无疑是阳明心学美学的思想精髓。

在《全集》中,阳明对"良知"的理解,有许多明确的表述,但

---

① 王守仁:《文录二》,《王阳明全集》,上海古籍出版社,1992年,第189页。
② 同上书,第199页。
③ 同上书,第214页。
④ 同上书,第791页。

说法有别。如《与道通周冲书（四）》："所谓良知，即孟子所谓'是非之心，知也'。是非之心，人孰无有？但不能致此知耳。能致此知，即所谓充其是非之心，而知不可胜用矣。"① 再如《答人问良知二首》："良知即是独知时，此知之外更无知。谁人不有良知在，知得良知却是谁？"、"知得良知却是谁？自家痛痒自家知。若将痛痒从人问，痛痒何须更问为？"② 而在《传习录》中相关论述颇多，前文所引《语录二》中就有谈及良知的，不仅认为"良知"即所谓的天理、道心、道，而且把"致良知"看作圣人教人第一义。如：

《答顾东桥书》："吾心之良知，即所谓天理也。"③ "道心者，良知之谓也。"④

《答陆原静书》："夫良知即是道。"⑤

《答欧阳崇一》："良知之外，别无知矣。故'致良知'是学问大头脑，是圣人教人第一义。"⑥ "良知是天理之昭明灵觉处，故良知即是天理。"⑦ "盖良知之在人心，亘万古，塞宇宙，而无不同，不虑而知……"⑧

为什么良知既是天理、道心，而又长存于人心呢？如何才能更准确地理解良知的涵义？对此，有必要再来分析一下《语录三》之《传习录》下篇中的精彩问答。先分析几段文字：

"问：'《易》，朱子主卜筮，程《传》主理，何如？'先生

---

① 王守仁：《补录》，《王阳明全集》，上海古籍出版社，1992年，第1207页。
② 王守仁：《外集二》，《王阳明全集》，上海古籍出版社，1992年，第791页。
③ 同上书，第45页。
④ 同上书，第52页。
⑤ 同上书，第69页。
⑥ 同上书，第71页。
⑦ 同上书，第72页。
⑧ 同上书，第74页。

曰：'卜筮是理，理亦是卜筮。天下之理孰有大于卜筮者乎？只为后世将卜筮专主在占卦上看了，所以看得卜筮似小艺。不知今之师友问答，博学、审问、慎思、明辨、笃行之类，皆是卜筮，卜筮者，不过求决狐疑，神明吾心而已。《易》是问诸天人，有疑自信不及，故以《易》问天；谓人心尚有所涉，惟天不容伪耳。"① "义即是良知，晓得良知是个头脑，方无执着。"② "良知是造化的精灵。"③ "问'通乎昼夜之道而知'。先生曰：'良知原是知昼知夜的。'"④

"天理在人心，亘古亘今，无有终始；天理即是良知，千思万虑，只是要致良知。良知愈思愈精明，若不精思，漫然随事应去，良知便粗了。"⑤ "先生曰'先天而天弗违'，天即良知也；'后天而奉天时'，良知即天也。" "良知只是个是非之心，是非只是个好恶；只好恶就尽了是非，只是非就尽了万事万变。"又曰："是非两字，是个大规矩，巧处则存乎其人。"⑥

"问：'良知一而已：文王作《彖》，周公系《爻》，孔子赞《易》，何以各自看理不同？'先生曰：'圣人何能拘得死格？大要出于良知同，便各为说何害？……'"⑦

良知是什么呢？从上面引文可知，阳明认为：良知是义，是个无执着的头脑，是造化的精灵，是知昼夜变化的，是天理，是天，是个是非之心；良知一而已。换句话说，无论什么都是良知。良知，是客观存在而又亘古不变的天道，是一以贯之而又随时变易的天理，是始终如一又不虑而知的人心，是蕴含在卦爻文字符号和儒学经典著作中的正

---

① 王守仁：《语录三》，《王阳明全集》，上海古籍出版社，1992年，第102页。
② 同上。
③ 同上书，第104页。
④ 同上书，第105页。
⑤ 同上书，第110页。
⑥ 同上书，第111页。
⑦ 同上书，第112页。

义,是潜藏在不断繁衍的人类群体中的公心,是任何个体在任何时刻所能独自体察的境界。良知,是道,是易,是只可意会不可言传的,但确是可通过"致中和"的审美手段和方法来达到的。此论,再看几段引文便可知晓:

"圣人一生实事,尽播在乐中"、"和声便是制律的本"、"先生曰:'古人具中和之体以作乐'"①"知得过不及处,即是中和"、"所恶于上,是良知;毋以使下,即是致知。"②

"已后与朋友讲习,切不可失了我的宗旨:无善无恶是心之体,有善有恶是意之动,知善知恶的是良知,为善去恶是格物,只依我这话头随人指点,自没病痛。"③

"故欲修身在于体当自家心体,常令廓然大公,无有些子不正处。主宰一正,则发窍于目,……此便是修身在正其心。"④

"及在夷中三年,颇见得此意思乃知天下之物本无可格者。其格物之功,只在身心上做,决然以圣人为人人可到,便自有担当了。""良知自知,原是容易的。只是不能致那良知,便是'知之匪艰,行之惟艰。'"⑤

先生曰:"吾与诸公讲致知格物,日日是此,讲一二十年俱是如此。诸君听吾言,实去用功,见我讲一番,自觉长进一番。否则,只作一场话说,虽听之亦何用。"先生曰:"人之本体常常是寂然不动的,常常是感而遂通的。未应不是先,已应不是后。"⑥

"诸君常要体此人心本是天然之理,精精明明,无纤芥染

---

① 王守仁:《语录三》,《王阳明全集》,上海古籍出版社,1992年,第113—114页。
② 同上书,第114页。
③ 同上书,第117—118页。
④ 同上书,第119页。
⑤ 同上书,第120页。
⑥ 同上书,第122页。

着，只是一无我而已；胸中切不可有，有即傲也。古先圣人许多好处，也只是无我而已，无我自能谦。谦者众善之基，傲者众恶之魁。""此道至简至易的，亦至精至微的。""良知即是易，其为道也屡迁，变动不居，周流六虚，上下无常，刚柔相易，不可为典要，惟变所适。此知如何捉摸得？见得透时便是圣人。"①

综合以上引文，不难参透阳明的"良知说"。笔者是这样理解的：阳明心学的宗旨是"四句教"："无善无恶是心之体，有善有恶是意之动，知善知恶是良知，为善去恶是格物。"② 而知善恶，从根本上说便是知阴阳。诚如王阳明在《与道通周冲书》所言"《易》者，吾心之阴阳动静也，动静不失其时，《易》在我矣。自强不息，所以致其功也"③，吾心之阴阳即《易》，那么知阴阳即知易，知易即知阴阳。良知即是易，即是阴阳，即是善恶，即是是非，即是正邪。《周易》的思想，就是追求阴阳的中正和谐。因此，"致良知"即是"致易"，即是"致中和"，即是"具中和之体以作乐"、致"知得过不及处"之"中和"之"良知"。恰如《答或人》所指出："中和二字，皆道之体用。"④

话说回来，良知即是道，即是易，是随时变易的，如何"致中和"呢？又该如何"知行合一"呢？且看王阳明的真知灼见：

"良知之妙，真是'变动不居，周流六虚'。若假以文过饰非，为害大矣。"临别，嘱曰："工夫只是简易真切，愈真切愈简易，愈简易愈真切。"⑤

---

① 王守仁：《语录三》，《王阳明全集》，上海古籍出版社，1992年，第125页。
② 同上书，第1307页。
③ 王守仁：《补录》，《王阳明全集》，上海古籍出版社，1992年，第1205页。
④ 王守仁：《语录三》，《王阳明全集》，上海古籍出版社，1992年，第141页。
⑤ 王守仁：《补录》，《王阳明全集》，上海古籍出版社，1992年，第1182页。

《文录三》之《答友人问》（丙戌）："行之明觉精察处，便是知；知之真切笃实处，便是行……元来只是一个工夫。""行之明觉精察处，便是知；知之真切笃实处，便是行……知天地之化育，心体原是如此。乾知大始，心体亦原是如此。"①

《答人问道》："饥来喫饭倦来眠，只此修行玄更玄。说与世人浑不信，却从身外觅神仙。"②

尽管王阳明反复申明"致良知"是简易真切的，但无疑仍是玄之又玄的。正如《老子》第七十章的感叹一样："吾言甚易知，甚易行。天下莫能知，莫能行。"此知与彼知，如何能捉摸得透呢？参透了便是得道之人，便是圣人。《易》曰"与时偕行""穷理尽性以至于命"；《老子》曰"和光同尘""致中和，守静笃"；《论语》曰"子绝四：毋意、毋必、毋固、毋我"；《庄子》曰"安时处顺""与时俱化"；《大学》曰"止于至善"；《中庸》曰"极高明而道中庸"；《孟子》曰"万物皆备于我""求其放心而已"；佛经曰"缘起性空""随缘不变，不变随缘"……要言之，三教心法相通，都是一种"中正和谐"的美学智慧，都是对阴阳消息之时间世界的证悟而已。但在阳明看来，此种心学美学智慧乃源于伏羲之易学，与天地民物同体，惟有儒学以天下为公，以礼乐正其心，以仁义尽其心，恪守中庸，大公无私，修齐治平，自强不息致其功，厚德载物守其仁，易知易行，只须知行合一，人人便能超凡成圣，共享美好的审美境界。而道、佛二教自私其身，成小道而已，未得华夏千古圣学之正宗也。明于此，方能明白阳明子的良苦用心，也才能明白其心学的美学智慧和易学真谛！

笔者历三载而成此文，苦参力讨，似有所悟：知易行难，关键在行；与时偕行，问心无愧；自足自乐，尽心尽性；反身而诚，诚

---
① 王守仁：《文录三》，《王阳明全集》，上海古籍出版社，1992年，第208页。
② 王守仁：《外集二》，《王阳明全集》，上海古籍出版社，1992年，第791页。

达于天;天人和合,美不胜收。但说不可说之道、易、良知,终究无法说清。不妨以阳明子临终之语作结:"此心光明,亦复何言?"①

(原载《复旦学报》,2022年第3期,第119—129页)

---

① 王守仁:《年谱三》,《王阳明全集》,上海古籍出版社,1992年,第1324页。

易学研究中若干重要问题的反思

——尚秉和《周易尚氏学》管窥

《周易尚氏学》是河北省行唐县尚秉和先生的遗著，也是其生平研究易学的集大成之作。该书几经周折，直到1980年5月才由中华书局正式出版。近四十年来，该书多次重印和重新点校整理，广为传播，并得到大多数易学研究者的认可。学术界普遍认为此书是近现代易学史上的代表性著作。适逢尚秉和先生诞辰150年之际，最近在阅读《周易尚氏学》之时，颇有感触，因此欲结合该书的相关思想内容来反思中国易学研究中存在的若干重要问题。

一、问题的缘起：《于序》的褒贬并不公允

《于序》，即著名学者于省吾先生应中华书局之嘱托为《周易尚氏学》这本尚秉和先生遗著写的序言，1963年4月写于长春。直至该书正式出版时，已经过去17年了，才附在书首，因此仍留有20世纪60年代初的思想印记。该序较长，含标点有4000多字，对《周易尚氏学》一书的主要内容和特点，都作了简要评析。总体上看，褒大于贬。所谓的"贬"，乃是于省吾从自身认识的角度来指出尚先生的不足之处。自古及今，即使再完美的作品也难免都会有不足之处。在个人看来，于先生对尚先生的评价有失偏颇，这是于先生思想眼界过于局限所致。

于先生指出《周易尚氏学》一书存在的缺点和错误主要有三方面:"一、有关《周易》作者的问题……二、震象为丘……三、训诂和史实……可以说,先生对易象的贡献是空前的。但是,也无可讳言,先生对《周易》的作者,只沿袭传统旧说;并且,对某些卦象,以及文字、音韵、训诂和史实方面,仍有许多可议之处。不过,前者的若干发明是主要的,后者的某些缺点和错误,与其使读者劳神笔墨,一一加以指责,不如先事择要说明之为愈。"① 不难发现,于先生的用心和出发点是好的,但在个人看来,事与愿违,确有好心办坏事之嫌。对此,如果再不能拨乱反正,更加客观公正地看待尚先生对中国易学研究中若干重要问题的真知灼见,很可能一再造成读者尤其是初学《易》者对《周易尚氏学》的误读,从而低估了尚秉和先生的易学成就。有鉴于此,本文拟以于省吾先生序言中"批判"尚先生的首个问题观点作为反思的重点,并适当结合《周易尚氏学》的思想主张,展开一些力所能及的探讨,庶几有补于对中国易学史的客观认识。

二、有关《周易》经传作者的问题并无标准答案

关于《周易》本经的作者问题,《易传》没有明言,但指向先圣伏羲、文王的意味是很明显的。也许正因为如此,东汉班固在《汉书》中才会认为"易道深矣。人更三圣,世历三古"。似乎可以这么说,在东汉之前关于《周易》经传的作者问题还是有一定标准答案的。东汉到唐代,尽管有些许不太一致的看法,但对原有的说法都是趋于认同的。自从北宋欧阳修《易童子问》面世之后,人们逐渐对孔子作《易传》的说法表示怀疑,到了清末民初疑古之风盛行时期便有更多学者抛弃传统的说法,把《周易》的作者问题当作悬案试图进一

---

① 尚秉和:《周易尚氏学》之《于序》,中华书局,1980年,第4—7页。

步破解。于是，旧说迅速被打破，同时又出现各种各样的新看法，以致人们很难回答《周易》的作者问题。在新说横行的背景下，尚先生仍然实事求是，坚持旧有正统的说法，到底是顽固不化？还是保持着一种难能可贵的精神？这些问题，或许到今天仍因史料缺乏而难以解决。但在个人看来，尚先生的精神是相当难能可贵的。这种可贵精神至少体现在三个方面。

一是对本族文化历史的坚信。在疑古思潮的影响下，想要做到这一点，其实是很艰难的。倘若不是对本族的文化历史有深入的理解和把握，估计是很难做到的。进士出身的尚先生，博通经史，文化根基相当深厚，他更加相信早期的史书和典籍具有相当的可信度，因此他尽可能借助相关典籍的记载来解决所遇到的学术问题。这一点在《周易尚氏学》中确有明显的体现。

二是对《周易》经典本身的研究相当深入。只有全面深入地阅读《周易》经传及其相关的典籍，对易学的性质、原理、功用等问题有足够的思考和认识，才能对相关问题加以有效的解决。尽管尚先生是老而学《易》，但他并不仅仅满足于对经传文本内容的研读，而是从筮法入手，自己编辑《周易古筮考》十卷，后又著《〈左传〉〈国语〉易象释一卷》，潜心多年研究焦赣的《易林》之后又著成《焦氏易林注》十六卷、《焦氏易诂》十二卷，"以正二千年《周易》之误解"。继而又研究《逸周书》发现卦气"必与时训相符"，"于《周易》所关至巨，乃著《〈周易〉时训卦气图易象考》一卷"，后又陆续著成《〈连山〉〈归藏〉卦名卦象考》一卷，最后"因之（笔者按：即易象失传之太久）及门诸友环请注《易》，乃复成《易注》二十二卷。以其与先儒旧说十七八不同，而又不敢自匿其非也，因名曰《周易尚氏学》"[1]。值得注意的是，《尚氏学》完稿之后，尚先生还是非常担心自己的新解只是自以为是而已，"乃复泛览易说，至数百家之多"，发

---

[1] 尚秉和：《周易尚氏学》之《滋溪老人传》，中华书局，1980年，第359页。

现前代有不少易家的观点"各有二三说与余符合"①，可以相互佐证，于是才更坚信自己的新解是"真理"。"泛览既久，乃成《易林评议》十二卷"，又著成《读易偶得录》二卷、《太玄筮法正误》一卷。② 据其子尚骧所记，尚先生所著与易学相关的作品，还有《洞林筮案》《郭璞洞林注》《易卦杂说》《（易筮）卦验集存》《周易导略论》，"于学无所不窥，除著述外，对于方术医药，无不精通博洽……又精于鉴赏金石文玩，工于绘事"③。综上可见，尚先生的确是非同一般的易学专家。由此反过来也可以说明他对易学史上重要问题的回答，并不是草率的，而是颇有研思的洞见。

三是对问题的回答有足够的文本和史料依据。《周易尚氏学》在"论《周易》谁作"时，先从《左传》记载"韩宣子适鲁，观《易象》与《鲁春秋》"一事，证得"春秋人以文王演易"；再根据《易传》之《系辞传》所云"易之兴也，其当殷之末世、周之盛德邪，当文王与纣之事邪"，证得"孔氏以文王演易"；又据《史记》"文王拘而演周易"，进一步得出"既曰演易，则卦爻辞皆文王所作，自西汉以前，无异议也"。然后，再根据已有的研究发现，分别从四个方面指出"周公作爻辞"之说乃是谬论，最后才得出结论："故夫《周易》卦爻辞，纯是文王一人所作。其欲加入周公者，毫无根据，不可信也。"④ 平实而论，尚先生的论证是有理有据的，虽是立足于旧说，但却能把旧说考证得更清楚，并得出肯定的答案。

在笔者看来，尚先生对《周易》卦爻辞作者的问题所作的考证，到目前为止还是比较靠得住的，因为学术界并没有找到足够的依据可以推翻先秦两汉时期的旧说。就因为这是对旧说的沿袭和再认同，于省吾先生就直接加以否定："像以上各种肯定的说法，都脱离不了旧

---

① 尚秉和：《周易尚氏学》之《滋溪老人传》，中华书局，1980年，第360页。
② 同上书，第361页。
③ 同上书，第363—364页。
④ 尚秉和：《周易尚氏学》之《总论》，中华书局，1980年，第3—5页。

有的圈套。先生对于近年来学者们的若干新说，一概置之不理。纵然他们对于旧解有着一笔抹杀的过分主张，未可尽信，可是，伏羲氏既画卦又重卦，以及文王作卦爻辞，孔子作《十翼》等传统说法，毕竟是靠不住的。"① 于先生的话似乎有些牵强。中国向来有信史的传统，没有理由可以证明传统的说法就是靠不住的；近年来学者们似乎出现"一笔抹杀的过分主张"，可能为蔑视历史传统，缺乏认真研习和客观思考。

关于《周易》取象思维、卦爻符号的产生及其经传的作者问题，由于史阙有间，向来是中国易学史研究的一大谜题。依据《系辞传》较为明确的记载，人们普遍认同八卦符号是伏羲氏原创的，即伏羲氏通过观物取象发明了八卦。伏羲氏已经被公认为是中华民族的始祖，距今至少在5 000年以上。周文王姬昌也是中华民族的始祖之一，其诞生距今大约3 172年。可以推算，从传说中的伏羲画卦到文王演易，至少超过1 900年，相当于从东汉中后期至今，甚至还更为漫长。超过1 900年的远古历史，几乎没有留下可靠的文字记载，以致后人几乎难以知晓那段历史的真实情况，只能依靠春秋时期以来文献典籍的零星记载和出土文献、文物来加以推测和还原。因此，早期易学的发展历史，也就难以描述清楚。由此，带来一系列难以定论的几个重要问题：八卦出现之后经过多久才演变为六爻的重卦？六十四卦出现之后经历几次排序？今本《周易》卦爻辞是谁制作的？……秦汉以来的易学家都对这些问题有所看法，但始终没有确切的定论。尚秉和先生生活的时代，出土的远古时期文物还较少，要想回答相关的问题主要还是依据传世文献来推断。关于重卦的问题，古代学者早就看法不一，而尚先生通过简明的考证，断定"宓戏画卦，即重为六十四卦，愈无疑也"②，这在笔者看来是颇有见地的。根据《系辞传》的说法："古者包牺氏之王天下也，仰则观象于天，俯则观法于地，观鸟兽之

---

① 尚秉和：《周易尚氏学》之《于序》，中华书局，1980年，第5页。
② 尚秉和：《周易尚氏学》之《总论》，中华书局，1980年，第5页。

文，与地之宜，近取诸身，远取诸物，于是始作八卦，以通神明之德，以类万物之情。作结绳而为罔罟，以佃以渔，盖取诸离。包牺氏没，神农氏作，斲木为耜，揉木为耒，耒耨之利，以教天下，盖取诸益。"可见伏羲氏时代，已经根据重卦离的卦象发明罔罟了，即观象制器始于伏羲氏时代，并被神农氏所继承和发展。由此说来，尚先生认定伏羲重卦的推论，尽管未必符合历史真实，但无疑是有确凿的早期文献依据的。话说回来，近百年来尤其是近五十年来，虽然先秦两汉时期的文物不断从地下出土，但至今为止也仍然没有发现可靠的依据可以完全推翻《系辞传》的说法。正是如此，我们没有理由可以认定尚先生的考论是错误的，尽管学术界已经提出许多新的不同看法。

关于孔子与《周易》的关系问题，曾有过较为深入的研究①，综合现当代学者对该问题的大量研究成果，发现孔子与《周易》的关系是密切的，确实无法否认"孔子作《易传》"的旧说。关于《易传》（十翼）的作者问题，笔者认为尚先生的研判是非常清晰和到位的。首先，他认为诸如《象传》《文言传》《系辞传》《杂卦传》中不少关乎全《易》大旨的解释，"盖非圣人不能为也"，同时又发现"由是知《十翼》之义，有采集古《易》说者"；其次，认为"盖自宓戏至孔子，有数千年之久。前后筮法，虽有不同，而理则无二。其间《易》说必多。其为夫子所常常称述者，门人从而辑录之也"；最后，得出推论"故《十翼》非孔子不能为，不敢为。而纪录《十翼》者，则孔子之门人也"。② 按照尚先生的说法，我们可以更好地理解《易传》的作者问题：这本传为孔子所作的《易传》，确有许多孔子的解《易》思想，但确是由孔门中人纪录成书的；在书中也包含一些自伏羲到孔子之时长达数千年的易学成果，并非都是孔子的研究心得。如

---

① 谢金良：《关于孔子与〈周易〉学说的若干思考》，"早期易学的形成与嬗变"国际学术研讨会论文集《大易集思》（刘大钧主编），上海科学技术文献出版社，2013年8月，第223—248页。

② 尚秉和：《周易尚氏学》之《总论》，中华书局，1980年，第6页。

此来理解《易传》的作者问题，在笔者看来是合情合理的，既维护了孔子的著作权，又揭示了《易传》内容的实际及其大致的成书过程，即使是近50年来依靠大量出土文献对该问题的重新审视也仍然无法推翻尚先生的说法。

综上所论，在《周易》经传作者问题的看法上，尚先生虽然对若干新说都置之不理而坚持旧说，但并不是简单的因袭，而是重新加以认真的思考和研判，虽然未必都是确论，但到目前为止仍然具有一定的可信度。而于省吾先生受到近现代各种新说的影响，仅仅因为尚先生固执坚持旧说，就认为是有缺点和错误的，显然有所误解和误判，从某种程度上影响了后学者对尚先生的客观评价，也影响了人们对早期中国易学历史的正确认识。

三、《周易》卦象与卦爻辞之间的关系问题值得细究

按照《系辞传》的说法，《周易》古经的形成经历了从观物取象到观象系辞的漫长演变过程："圣人有以见天下之赜，而拟诸其形容，象其物宜，是故谓之象。圣人有以见天下之动，而观其会通，以行其典礼，系辞焉以断其吉凶，是故谓之爻。""圣人设卦观象，系辞焉而明吉凶，刚柔相推而生变化。是故吉凶者，失得之象也；悔吝者，忧虞之象也。变化者，进退之象也；刚柔者，昼夜之象也。六爻之动，三极之道也。是故君子所居而安者，《易》之序也；所乐而玩者，爻之辞也。是故君子居则观其象而玩其辞，动则观其变而玩其占，是以'自天祐之，吉无不利'。"如果真是如此的话，卦象与卦爻辞的关系是非常密切的，卦爻辞就是对卦象的语言表达而已，即所谓"立象以尽意"的进一步升级，使卦爻意象通过更为具体生动的卦爻辞得到形象表达和准确界定。

对于卦象符号与卦爻辞之间的关系，《系辞传》也甚为精辟地指

出:"彖者,言乎象者也;爻者,言乎变者也。吉凶者,言乎其失得也;悔吝者,言乎其小疵也;无咎者,善补过也。是故列贵贱者存乎位,齐小大者存乎卦,辨吉凶者存乎辞,忧悔吝者存乎介,震无咎者存乎悔。是故卦有小大,辞有险易;辞也者,各指其所之。""是故《易》者,象也;象也者,像也。彖者,材也;爻也者,效天下之动者也。是故吉凶生而悔吝著也。"通俗地说,《系辞传》已经相当明确地指出卦爻辞与卦象是一一对应的(即"辞也者,各指其所之"),但主要还是阐明卦爻辞中吉凶悔吝等断语与卦爻象的对应关系,并未涉及卦爻辞中每一字词与卦爻象的对应关系。这里,其实涉及一个非常重要的关键性问题:作《易》者是如何观象系辞的?或者说,六十四卦中的卦爻辞是如何制作出来的?对该问题的回答,到目前为止已经有多种不同说法,比较常见的不外乎四种:第一种认为这些卦爻辞,相当于巫师的占筮之辞,类似于甲骨文中的卜辞,后由作《易》者编撰而成。第二种认为这些卦爻辞是对作《易》者人生经历或见闻之事的记录,具有一定的以史为鉴的作用。第三种就是尚先生的看法,认为卦爻辞的每一字句都是观象所得,即每一字都有卦爻象的依据:"诚以易辞皆观象而系……是故读易者,须先知卦爻辞之从何象而生,然后象与辞方相属。"① "易辞与他经不同。他经上下文多相属,易则不然。因易辞皆由象生,观某爻而得甲象,又观某爻而得乙象,故易辞各有所指,上下句义不必相联。……易辞皆观象而生。象之所有,每为事之所无,故不能执其解……故读易衹可观象玩辞,而不可泥其解。"② 不难发现,尚先生的说法,与前两种是明显不同的,甚至可以说是完全否定了前两种说法。实事求是地说,前两种说法主要是以卦爻辞的文本作为研究对象,并不太认可《系辞传》"观象系辞"的说法;而尚先生的说法仍立足于《系辞传》的取象思路,但又大大超越了古往今来对象辞之间关系的认识。虽然他认为卦爻辞属于占辞,但

---

① 尚秉和:《周易尚氏学》之《说例》,中华书局,1980年,第1页。
② 同上书,第5—6页。

并不认为这些占辞是对占卜材料的编撰整理；虽然卦爻辞中有比较具体的名称和故事，但他仍坚持认为"易辞皆观象而生"而与任何历史故事无关。

第四种是认为卦爻辞与卦象符号有密切关系的，在中国易学史上还有比较典型的说法，就是东汉时期荀爽、虞翻所创的卦变说（即后文所谓"汉易卦变说"），即借助六十四个卦象之间的密切关系来说明此卦是由彼卦变化而来，乃至试图由此进一步阐释不同卦爻辞之间的某种因果关系，既立足于取象又借助了卦变说来解释卦爻辞的由来及其意义。这与前述三种说法也是有明显差异的。这种解经的思路和方法在两宋时期已经得到一些易学家的关注和改良（如宋代朱震《汉上易传》、朱熹《易学启蒙》卷末《考变占》章和《周易本义》卷首《卦变图》等，都有涉及卦变之说）；但在元明清时期便有不少学者质疑和反对①。及至清代汉学复兴，焦循、张惠言等学者又重新大量运用卦变说来解《易》。对此，尚先生是极力反对的："凡春秋人说易，无一字不根于象。汉人亦然……乃虞翻浪用卦变，郑玄杂以爻辰，虚伪支离，使人难信。……适当易象失传之后，于象之不知者，仍用卦变爻变，奉虞氏遗法，为天经地义。于是焦循变本加厉，于象之不知者、义之不能通者，以一卦变为六十四，以求其解。其敝遂与谈空者等。然汉学家于训诂必求其真，无空滑之病，少越轨之谈，一洗元明以来讲章之霾雾，于初学较便也。"② 尽管尚先生反对以卦变说解《易》，但是沿承卦变说的学者还是有的。当代学者中大量运用汉易卦变说解《易》并能自成一家之言的，最早见于河北师范大学马恒君教授的《周易正宗》。近几年来，跟从马恒君教授研学《周易》的中

---

① 如明代吴桂森指出："若从某卦变而来，则何卦何爻不可变，安知从此卦来。若云吉凶因变而往，则爻爻皆有变，安知吉凶从此卦来。若云吉凶，因变而往，则爻爻皆有变，安知吉凶从此而定，四千九十六皆可变也。以此说《易》，不胜繁矣。"清代黄宗羲在《易学象数论》中批驳说："使一卦之中头绪纷然，爻爻各操其柄，则彼卦之体已不复存在，犹可认自其卦象乎？其为卦百二十四，盖已不胜烦矣。"以上转引自常秉义：《"卦变说"辨析》，《周易研究》，1997年第4期。

② 尚秉和：《周易尚氏学》之《总论》，中华书局，1980年，第10—11页。

人民大学哲学院教授温海明及其博士生韩盟等人，又在马恒君教授所创卦变体系的基础上推陈出新，既完善了卦变理论体系，推出所谓的文王卦变图、卦变天圆地方图等，又阐述了"卦变是理解卦爻辞的总纲"①"要解通卦爻辞，非用卦变不可"② 等新的观点，并运用更为完善的卦变理论撰写《周易明意》③，对所有卦爻辞都进行卦变说的阐释。其实，早在二十多年前就有学者研究指出："我们初步可以认为，历代汉易卦变说的研究者，由于不知文王之《易》是以反对为次序的组合规律，所以推衍《彖传》刚柔上下往来之旨，不着边际，难以揭示其纲。因此，我们说汉易卦变说与《彖传》刚柔往来之旨是风马牛不相及的。卦变本天地自然造化之理，如否泰之循环，剥复之消息，随蛊之变化，损益之盈虚……文王序卦，孔子杂卦正是本此天地阴阳反复之理以取义，六十四卦皆此一往一来反复循环而互为卦变的，这才是卦变的本来面貌和唯一由来。因此，我们不能因为汉易卦变说之非，而否定卦变之理，这一点特别重要。"④ 但是，让常秉义先生万万没有想到的是，马恒君、温海明、韩盟等三代师生不仅仍坚持汉易卦变说，而且推陈出新，梳理出更具体系的卦变系统，并力求贯穿全经。这种做法估计也是尚秉和先生始料未及的。

对于《周易》卦爻辞是如何制作又该如何解读的问题，前述四种代表性的说法几乎都是截然不同的。姑且先不论其是非，只需对后两种看法稍加比较，就会让人无所适从。尚秉和《周易尚氏学》的处处以象注《易》，似乎已证明了"易辞皆观象而系"，相当于明确告诉人们"不知象无以解《易》"；马恒君《周易正宗》和温海明《周易明意》的处处以卦变说《易》，似乎也证明了"卦变是理解卦爻辞的总纲"，相当于明确告诉人们"不懂卦变说难以解通卦爻辞"。这明显

---

① 温海明：《论卦变是卦爻辞的总纲》，《周易研究》，2018年第6期。
② 温海明、韩盟：《王弼〈周易注〉卦变说发微》，《周易研究》，2020年第2期。
③ 温海明：《周易明意》，北京大学出版社，2019年。
④ 常秉义：《"卦变说"辨析》，《周易研究》，1997年第4期。

是理解《周易》的两大极端看法。按常理，若尚氏说正确，则卦变说便是误解。但在实际的解释卦爻辞过程中，人们发现他们也不是完全做到非此即彼的。《尚氏学》中大多以象求解，个别地方也用卦变说帮助解释；《周易明意》虽以卦变说为主导，但对以象解辞仍是非常认同的。从某种意义上说，马、温所创的卦变说明显比尚先生的解象方法更具兼容性，但在自洽性方面未必能及。可以说，从目前来看，后两种说法究竟孰是孰非，由于学力有所不逮，委实难以做出准确评判。有鉴于此，对于《周易》卦象与卦爻辞之间的关系问题，在此呼吁更多的易学研究者进一步加以细究，尽早得出令人信服的结论。

四、余　论

2020年11月27日应山东大学易学与中国古代哲学研究中心副主任李尚信教授之邀，到山东济南（泉城）参加"《周易》古经本义及其解读方法总结与探索前沿论坛"。在28日和29日上午的学术研讨会上，前述四种说法均有代表性的学者提供相关论文并参与开放性的当场论辩。论坛首先讨论了复旦大学哲学学院一位老师的两篇论文，这位学者发现《周易》是一个有关文武周公时代的系统的历史叙事，因此以为卦爻辞的本义就隐藏在本事之中。其文中的论述确有不少臆测和硬伤，在场的学者也对其观点纷纷提出质疑。平心而论，以这位学者对卦爻辞历史叙事方面的深入研究所得，虽不足以佐证其全部观点，但无疑能让人更加相信《周易》卦爻辞中确实带有历史典故。随后，讨论福建师范大学易学研究所一位教授提交的论文，在场学者对其文中观点大多比较认可。该教授文中有不少对于尚秉和、黄寿祺易学思想的总结与发挥，在论辩中也常以尚先生的思想方法来评析他人。该教授对《周易尚氏学》有较为深入的研究，也可以说基本上是信从的，因此其对论坛中不同说法的质疑，从某种意义上说也可代表尚先生对另外三种说法的反驳。一位教授提交的论文及与其博士生合撰的论文，在论坛中得到较为激烈的争论。这位学者始终坚持自己的看法，还是有学者质疑。这位学者认为此卦由彼卦变来以致此卦卦爻辞也源于彼卦的卦爻辞，并非完全说得通。其博士生以卦爻辞生成的路径亦稍有不少未竟之处。山东曲阜师范大学孔子文化研究院一位教授提交的论文遭到一些学者的质疑。作者既认为卦爻辞是一些毫无逻辑的占筮文辞的汇集，甚至认为卦爻辞是不具备思想意义的。该教授的观点稍有偏颇之嫌，但其运用较为扎实的文字学功底来研究卦爻辞所得的成果是值得肯定的，应该也是有助于人们对卦爻辞的总体认识和把握的。①

基于以上阅读《周易尚氏学》引发的思考，以及在济南论坛交流中的见闻，对卦爻辞制作及其解读路径问题等，笔者也开始萌生新的看法。不妨先粗略表述一下：综合前述四种代表性说法及其相关成果，发现《周易》卦爻辞可能是一个极其复杂的表述系统，作《易》者不仅借助卦象之间的卦变关系通过卦序推演（即通行本《周易》的卦序）加以揭示，在错综复杂的卦象演变中赋予某种意义，而且通过观察卦象特征运用取象的思维来观象系辞，同时又使所系之辞与某些历史故事巧妙吻合，并将这些带有某种规律特征的卦爻辞用于占筮预测之中，使之明显具有筮辞的内容特征。如此说来，作《易》者必须具有非同一般的大智慧，相当于"神人""圣人"之类的神奇人物。而从古史文献记载周文王乃是作《易》者的说法来看，因为周文王一直以来都被看作古代的圣人，且真实留存他在安阳羑里城演易的传说和故地，可以比较充分地为新说佐证。历史倘若如所推想的一样，那么我们就更有理由相信：近现代以来学术界的研究，大大低估了周文王的易学成就，也大大误解了中华文化思想、思维的本源特征。由此可见，继续加强对早期中国易学史的全面深入研究，确实具有非常重要的学术意义。

---

① 诸位学者的观点，详见山东大学易学与中国古代哲学研究中心、中国周易学会、《周易研究》编辑部主编：《〈周易〉古经本义及其解读方法总结与探索前沿论坛论文集》，2020年11月。

附记：笔者于 11 月 29 日夜间回沪寓所后旋即继续撰写本文。次日，有感于论坛中学者之间在解《易》问题上的互相攻驳，以及最近阅读《周易尚氏学》引发的思考，于傍晚时分开始尝试撰写一首易学史诗表达心中的感受，大约一个时辰草创完成。为了充分表达笔者对师祖尚秉和、黄寿祺等老一辈易学研究者的由衷敬意，兹特录拙诗作如下：

羲文观系卦爻辞，仲尼晚年常研思。
十翼真义传后世，焦京孟荀未固持。
弼以老庄得象意，儒门正义孔疏释。
若无鼎祚集易解，汉魏象数将弥失。
胡瑗口义程颐传，邵子易学入宋诗。
朱蔡启蒙求本义，元明解经数来氏。
龙场悟道兴心学，晚明高僧皆易痴。
唯心唯理争高下，务实唯物出夫之。
宋学有理弃象数，光地折中仍见疵。
惠氏父子兴汉易，爻辰卦气人又识。
乾嘉考据数十载，易说纷纭难求是。
西学东渐经学废，群经之首主变次。
幸有尚黄易学出，千古象树开新枝。
迨及改开国学热，正是多元解易时。
圣人作品有目的，史缺有间歧义滋。
虽有简帛互参证，文本残缺难识字。
各说各话各有理，古经古义古无知。
尚信经中真义存，泉城扬帆新易始。

（原载《中华易学》第七卷，文物出版社 2021 年版，第 125—138 页）

百年未有之大变局中的中国易学与美学

乾坤变化，斗转星移，中国进入了新时代和新的发展阶段，也正面临百年未有之大变局。在这个大变局中，如何加快实现中华民族的伟大复兴，无疑是当下中国学者必须重视的首要问题。而要实现伟大复兴，中华优秀传统文化势必先行得到复兴，才能促使中国更好地发展。与中华传统文化思想紧密相关的中国哲学，在民族复兴的伟大征程中，无疑也应该承担至为重要的学术角色。笔者目前的主要研究方向是中国易学与美学，显然与中国哲学密切相关，这也是促使本文得以完成的主要缘因。顺便指出，论题中的"中国易学与美学"，有三层意思："中国易学""中国美学""中国易学与美学"，相当于三门学问，三个不同的研究方向。这三者，也都与中国哲学在学理和学科上有密切的关联。那么，如何更好地理解这三者与中国哲学之间的关系呢？本文拟从以下三个方面加以探讨。

一、中国易学乃是中国学术的主要特色

（一）追根溯源：易学为中国学术本源

什么样的"学"才是具有中国特色的？中国的学术给人的印象具有什么样的特色？要回答诸如此类的问题，首先要正视历史，正本清源，实事求是地把握中国学术演变的核心本源、基本过程等。那么，也就必须回溯到华夏文化学术的开端。从学术的角度讲，其滥觞可追

溯到语言文字符号发生之初或历史记载的源头。就此而论，吾国文化当肇始于传说中的伏羲画卦，这是中国易学的开端，也是中国审美与艺术的起点，也可以说是中国哲学思想的远古源头。所以，笔者认为应该追认易学为中国学术之本源。阴阳八卦之学是基础，在此基础上随着原始先民认识的不断深化，逐渐形成了一个基于"易卦"符号象征思维为主的学术文化系统，这个系统是有基本思维和基本原则的，但又是开放的、包容的、变异的。简单地说，中国的许多本土性明显的学科都可在这一流变中找到固有的源头。具体而论，中国的天文学，尤其是对时间历法的研究与认识，显然与易学相关；中国的早期器具发明，据《易传》所言，大多是尚象而制的；中国的早期房屋、宫殿建筑都发源于易学；中国的文学、艺术、哲学、文化等，从某种意义上也都肇始于易学。需要特别指出的是，因为伏羲画卦是后来《周易》思想体系的雏形，所以从广义上看，我们都可把伏羲之后与阴阳八卦思想理论相关的称之为易学；而狭义上，主要是指研究《周易》经传的学说。本论既取广义，也兼顾狭义。

在对中国学术进行考镜源流时，人们更多关注的是先秦时期的诸子百家之学。从历史的角度看，这个时期的学术虽然是秦汉以来两千多年中国学术文化的本源，但其实也只是中国五千年文明历史中的一带高峰而已。而这带高峰的来源，就是此前漫长的史前时期、三皇五帝时期、夏、商、西周等时期。不难发现，诸子百家之学不是凭空生成的，而是有着渊深的历史文化底蕴的。关键的问题是，这一底蕴的内核思想或学术灵魂是什么，或者说应该归结为什么。而从前面的简述中，我们已经认识到以阴阳八卦学说为主的易学思维或思想，从无到有，既是本源又是核心地实现早期华夏文化的构建和发展、变异，使之成为具有鲜明特色的易学思维模式，并在这一具有"中国特色"的基本思维模式下造就了后来的诸子百家之学。通过研究[①]，我们发

---

① 笔者曾完成课题"和谐之道：《周易》与先秦诸子审美观研究"，上海社科基金一般项目，2007年立项，2013年结项。

现《周易》的思想对诸子的影响是明显的，在文本内容中都有比较鲜明的痕迹。如果再以广义的易学思想而论，那么可以说整个诸子百家之学始终都笼罩在易学的思想氛围中，也就是探讨问题的方法都没有离开对阴阳这一对基本矛盾关系的理解和思辨，解决问题的方略也都能在易学的思想中找到一定的根据。尤其是"尚中"的思想，这一易学研究的成果，既是早期华夏先民的专利，也是后世中国人民的法宝①。"尚中"，让中国人打上了鲜明的烙印！而对"尚中"的理解，古往今来的中国学者，倾注了许多心血，从符号到数理、从文字到理论，逐渐累积，层层建构，早已是体系鲜明，思想精深，应用广泛，让人印象深刻。

（二）从源溯流：易学为中国学术主干

根据以往的研究发现②，在早期的易学研究过程中，随着卦爻符号的体系化和文本化，大约在殷末周初出现了完整系统的《周易》古经，包含六十四个卦爻符号及其相对应的卦爻辞。虽然，当时这仅是一本占筮之书，但对当时的国家和社会的影响仍然是占有主导性的。到了春秋战国时期，相传孔子为之作传，并留有"七种十篇"号称"十翼"的《易传》，对《周易》古经第一次进行全面深入的哲理阐释，并和伦理道德之说相互发明，使之从占筮之书演变为道理之书、智慧之书。及至西汉，随着儒家经学定于一尊，《周易》经传也被冠为"群经"之首，易学研究被视为官学中的一大显学，以致历代的贤哲都奉之为学术的圭臬，不断地展开研究与阐说。

正如《四库全书总目·易类小序》所言："又《易》道广大，无所不包，旁及天文、地理、乐律、兵法、韵学、算术，以逮方外之炉火，皆可援《易》以为说，而好异者又援以入《易》，故《易》说愈繁。"③

---

① 谢金良、樊高峰：《中华文化审美基因初探》，载《辽宁师范大学学报》，2021年第3期。
② 黄寿祺、张善文：《周易译注》（新修订本），上海古籍出版社，2018年。
③ 《四库全书总目·卷一·经部一》，清乾隆武英殿刻本。

要言之，秦汉以降，易学乃是中国学术的主干，各种中国学术也都不同程度上与易学的思想、思维、内容、方法等发生关系。即使是道家、道教之学，乃至东传中土的佛学，也逐渐在与易学发生关系，并可纳入易学的领域中①。经过魏晋学术玄学化、隋唐佛学中国化，易学与儒佛道三教的关系日趋紧密，并逐步向哲学和美学转化——"实际上，《周易》'观物'思想早已被宋明理学赋予了新内涵，其宗教内涵在此时即已脱落，被发展成为一种认识世界、解决物我关系的思想方法，因而可以向专门的哲学和美学转化"②。唐宋元明以来的"三教合一"思想，总体上仍然是尊崇《周易》的，足以说明易学在中国学术中的主导地位。因此，我们可以发现，易学已经成为中国学术的灵魂，独具中国的特色，尤其是在阴阳五行学说的框架下，以象征和类比思维为特色，重视天地人三才之道的统一整体关系，强调中正和谐的中庸理念，注重标本兼治，倾向于模糊的准确，都可在易学的思想体系中得到鲜明体现，也可在各分支学科或相关学说中得到应有的体现。

（三）名正言顺：中国学术应有中国特性

清末以来，随着外学的进入，西学东渐，经学缺席，中国学术思想与研究经历了巨大的转变。但是，万变不离其"中"。人们仍充分认识到"中学为体，西学为用"，并在各学科领域致力于中西学的结合，逐渐实现外学或异学的中国化。最典型的是，如马克思主义学说，不断与中国具体实践相结合，从毛泽东思想到邓小平理论，再到"三个代表"和"科学发展观"，乃至习近平新时代中国特色社会主义思想，无不表现出具有中国化倾向的理论特色。这与汉唐以来佛学中国化的模式与途径异曲同工，足见中国本土学术思维的魅力！易学

---

① 笔者曾专门研究易学与佛学之间的关系，深感易学在包容异学思想文化方面是极具张力的，确实是"易道广大，无所不包"。详见谢金良：《〈周易禅解〉研究》，巴蜀书社，2006年。

② 王怀义：《近现代时期"观物取象"内涵之转折》，《文学评论》，2018年第4期。

正在全球化，异学正在中国化，足见中国学术的实力！其它的相关学科，也存在这样的中国化倾向。这是不证自明的，也是历史发展的必然，否则中国的学术文化就不再具有生机和活力！反之，刚好证明具有包容性和开放性的以易学思想为核心本源的中国学术，在国际学术背景下仍然具有鲜明的特色和独特的地位，是不会被代替的，也是不可能被代替的。

  为什么不会被代替？这是问题的关键，也是当今提倡继承和发扬中国传统学术文化的意义之所在。最为关键的就是，源于易学又以易学为主干的中国传统学术，在日益发展变化的人类进程中，在百年未有的大变局时代中，不仅不断在做出贡献，而且对于处理或解决当今乃至未来人类生存与发展过程中存在的一系列重要问题有很大的帮助。比如"和谐"与"平衡"的思想，非常具有中国学术的特性，对当今世界而言是最为重要的。再比如"太极思维"，即以易学思想为主的凝聚成太极阴阳鱼图式的中国思维，正在促使中国从一个落后的国家变为震惊世界的强国。这些都是非常具有中国特性的，即使外学中也可能有相关的思想，但绝对不如我们中国历代以来所进行的那么具体深入、历史久远、持续不断、影响广泛等。既然在相互比较中，可以找到一些中国学术或学说的特性。那么，我们在研究中国哲学时，就应该实事求是地面对具有中国特色的学术思想、内容、思维等，就应该高度重视与易学相关的研究，而不是把易学剥离在外。

  当然，我们也应该充分认识到，在目前的学科设置上，尽管中国易学研究主要从属于中国哲学，但这并不等于中国易学就必须一直从属于中国哲学。笔者认为，中国易学研究的范围远远大于中国哲学，甚至可以把中国哲学容纳其中。但由于近代以来学科建制的西化，导致最具有中国特色的经学缺席，中国易学也因此被吞并和肢解，中国学术话语也因此失去主导地位。早在2005年，笔者就特别强调把易学作为独立学科加以科学研究的重要性和必要性："从未来发展对易学文化的要求来看，易学文化只有通过学科独立发展的途径，才能更快趋向利国利民的理想目标。易学文化的发展任重道远。如何才能真正推动易学文化的发展呢？我以为，易学界除了要抓紧做好易学史论的深入研究，并积极开展易学知识的普及工作之外，尤为关键的任务就是要争取使易学成为独立的学科加以发展。'民咸用之谓之神'，应该是运用和发展《周易》学说的最高境界。既然要达到'民咸用之'的境界，就免不了要先做好易学知识的研究和普及工作；而要使易学知识得到更快更好的研究和普及，就必须把易学文化作为一门独立的学科来加以重视和建设。因为，易学研究只有真正受到重视，其研究的人才才能更广泛而集中，研究的领域才能更全面而专一，研究的问题才能更具体而深入，所发挥的作用才能更巨大而突出。"① 2018年春季，笔者在布置复旦大学研究生公共选修课程"《周易》文化与当代生活"期末课程论文时，题目是"在新时代背景下，为能更好地弘扬中国传统文化，更全面地培养青年人才，更实际地发挥易学的作用，是否有必要在一些高等院校设立易学系？"出乎意料的是，选课的近60名来自不同学科专业的硕博研究生几乎一致认为当今时代确实有必要在高校设立易学系。这是他们在对《周易》学说有所了解的前提下做出的回答，并不能代表新时代青年们的呼声。因此，易学文化的传承与普及仍然任重道远！

二、中国美学乃是西学东渐的产物

（一）中国美学研究百年回顾

"美学在西方的兴起，主要在三个方面：一是柏拉图提出了美的本质，展开了美学理论建立的基础（由之也形成了一个包容一切的美学框架）；二是从夏夫兹伯里到鲍姆加通和康德，从主体美感出发建

---

① 谢金良：《浅谈易学文化的传承与发展》，载《周易研究》，2005年第4期。

立了美学的体系,这在康德的《判断力批判》中有典型的体现;三是从巴托到黑格尔,从艺术出发建立了美学的体系。"① 美学作为一门崭新学科,1750年诞生于德国,辗转传进中国已有百余年了。在清末时期内忧外患的背景下,有识之士纷纷把国外的先进学科引到中国,更多是为了改变本民族落后的思想观念,也为了拯救日益衰颓的清王朝。西学东渐之初,我国学者的美学研究,主要是以译介和传述西方美学研究成果为主,尤其是对西方现代美学思想体系的关注和理解。在二十世纪上半叶,国内对美学学科的建立和美学知识的教育与普及方面,还处于起步阶段,相关的论著大多以译作和概论性、原理性的著作为主;在审美文化建设方面,对美育的重视尤为强调。当时的美学理论尽管已经走进大学课堂,并陆续有零星论著出版,但是中国美学研究队伍仍然很薄弱。从某种意义上说,当时的美学理念尚处于启蒙阶段,许多国人还搞不清美学为何物,对西方的美学思想还不太了解,也极少有人深入研究古代中国的审美观念。

对于现当代中国美学而言,美学研究与传播也迎来了重大的转变。中华人民共和国成立后,对美学学科的重视,不仅培养了一批美学人才,也使美学理论知识更快地得到传播。在二十世纪五十年代,主要热衷于对苏联模式的借鉴,审美文化研究的重心也迅速从西方转向苏联,理论意识形态方面也从多元转向一元,即由西方美学思想体系转向马克思主义文艺美学体系。当时的美学研究,大多仅从唯物与唯心、主观与客观的角度来诠释纷繁复杂的审美现象,并因为研究视野的狭隘和研究思维的定势导致一场轰轰烈烈的美学大讨论。随着与苏联的决裂,方兴未艾的一场新型审美文化建设无果而终,当时的美学研究也因此失去了发展的机会和可能。

四十多年的改革开放,促使中国美学研究不断走向新的顶点。改革之初大力提倡的"解放思想,实事求是""实践是检验真理的唯一

---

① 张法:《为什么美的本质是一个伪命题——从分析哲学的观点看美学基本问题》,《东吴学术》,2012年第4期。

标准"等思想及时起到拨乱反正作用,更重要的是启动全面改革,尤其是经济和政治体制的迅速改革。改革初期的中国美学研究至少有三方面是值得肯定的①:一是重新译介西方的美学思想著作,而且数量是与日俱增。这使开放的国人大开眼界,逐渐摆脱单一审美观念的束缚,在努力学习西方思想的同时,也在不断做出具有创新性的工作。二是重新展开美学问题的大讨论,而且结论是有所共识。这使原本依赖于国外美学思想体系的本国学者,在以马列主义思想理论为指导的前提下,更善于联系实际,与正在发生变革的中国实际相结合,逐渐发展出具有中国特色的美学思想理论体系雏形,并深刻影响了当时的学术界。三是开始针对具体的美学问题展开广泛深入的研究。随着高考制度的恢复,国家对教育的日益重视,一批批新型的人才脱颖而出。在美学研究方面更是形势喜人,以往的美学大家不仅健在而且仍热衷于此,刚出的美学新锐不仅为数不少而且兴致高涨,使得1980年代的中国美学热潮出现前所未有的盛况,当时的美学的确是一门显学。在这门显学的光环下,许多相关的研究开始起步,既有步西方美学研究流派之后尘,也有开中国古代审美思想与文化研究之先河。

1990年代以来的美学尽管已失去显学的光环,但在审美文化研究和建设方面并没有停止前进的脚步。随着一批功利主义明显的学者从这个研究领域消失,一批真正热衷于美学研究的学者得以更好地开展研究。更值得欣慰的是,美学研究开始突破以往狭隘的美学理论框架,而是转向审美文化研究,作为一种文化批判理论深入到人的生存活动中,在新的历史语境中实现当代的转换并逐渐与国际接轨,使美学研究找到更适合学科性质的合理位置②。美学作为一门崭新的学科,一旦步入审美文化研究与建设的正确轨道,必将发挥更大的作用,有

---

① 谢金良:《关于转型时期审美文化研究与建设问题的思考》,《美学与艺术评论》第8辑,学苑出版社,2010年。
② 谢金良:《中国古典美学的定位与思考》,载《美学与艺术评论》第9辑,山西教育出版社,2011年。

力推动社会的深刻变革和重大转型。

中国美学的出现，可以说是西学东渐的产物。经过百余年的演进，亦步亦趋地融进中国的审美文化园地里。西方的美学理论，一旦与奇特多样的中华审美文化相结合，其研究的前景必然是无限精彩的。

（二）中国美学研究范围也可以包罗万象

近四十年来，中国文化研究盛况空前，颇有成就，学者遍布海内外，成果涵括文史哲[①]。从某种意义上说，文化研究与审美密切相关，而审美文化的研究正日益成为中国美学研究的重点。因此，我们可以从许多个角度来考察中国审美文化可涵盖的对象和范围。

重要对象：以儒（儒学、儒家、儒教、经学）、道（道学、道家、道教、丹道）、佛（佛学、佛法、佛教、禅宗）三教文化的研究为重点，全面梳理中国哲学、思想、文化、易学、史学、文学、美学、管理学、教育学、政治学、军事学等方面的历史与成就。其中，易学与儒道佛文化，成为中国文化研究的核心，备受海内外学者瞩目。

百家文化：除儒家、道家以外，法家、墨家、兵家、阴阳家、农家、杂家等也备受关注。

术数文化：伴随着易学文化热出现，冠以预测科学的名目，有风水、命相、算命、择吉、取名、占星、六壬、奇门、占卜等谶纬文化也因此受到关注。与本土固有的宗教文化信仰交错在一起，形成一股难以抗拒的迷信思潮。

考古文化：仰韶文化、半坡文化、大汶口文化、河姆渡文化、良渚文化、红山文化、三星堆文化；氏族文化、青铜文化、甲骨文化、简帛文化、古墓文化、兵马俑文化、博物馆文化等。

大众文化：梦文化、数文化、性文化、茶文化、酒文化、棋文化、饮食文化、休闲文化、语言文化、方言文化、服饰文化、丧葬文化、

---

① 谢金良：《中国文化研究的历史回顾》，载《人民日报》理论版，2013年1月31日。

婚庆文化、花鸟文化、艺术文化、审美文化、风俗文化、礼节文化、医疗文化、宗教文化、城墙文化、教育文化、体育文化、农耕文化。

中医文化：按摩、针灸、推拿、拔罐、膏药、草药、补药、毒药、药方、药房等。

性别文化：男性、女性、同性、妓女、太监、妻妾、丫鬟、嫔妃、儿童、青年、老年等。

阶层文化：贵族文化、平民文化、精英文化、学者文化、名人文化、帝王文化、士大夫文化、将帅文化、史官文化、商人文化、乞丐文化、宦官文化、网友文化、奴仆文化等。

区域文化：闽文化、粤文化、赣文化、晋文化等；东北文化，西北文化、北方文化、南方文化、西南文化；海洋文化、森林文化、海边文化、郊野文化、草原文化、水乡文化、雪域文化、沙漠文化等；客家文化、河洛文化、齐鲁文化、岭南文化；台湾文化、香港文化、澳门文化；敦煌文化、妈祖文化、石窟文化、高原文化等。

朝代文化：汉代、唐代、宋代、清代；先秦、六朝、五代；古代、近代、现代、当代。

民族文化：汉族、藏族、维吾尔族、朝鲜族、满族、蒙古族、壮族等五十六个民族的文化。还有研究不同民族文化之间的关系、异同等。

民间文化：玉器、丝绸、瓷器、奇石、书法、诗词、韵文、绘画、音乐、舞蹈、中医、武术、天文、园林、戏曲、杂技、祭祀·雕刻、建筑、家具、姓名、养生、管理、军事、谋略、桥梁、寺庙、道观、长城、扇子、镖局、塑像、宫廷、楼台、佛塔、乐器、兵器、古玩、徽章、烟草、围棋、象棋、篆刻、剪纸、纸艺、山歌、月饼、糕点、烟花、爆竹、楹联、汤丸、粽子、元宵、龙舟、傩戏、木偶、高跷、舞狮、舞龙、插花、说书、评书、相声、小品、卖艺、火锅、谱牒、宗族、首饰、碑石、图腾、禁忌、避讳、祠堂、缠脚、婚宴等等文化。

旅游文化：名山文化，有三山五岳，如泰山、华山、衡山、恒山、嵩山五岳，蓬莱、方丈、瀛洲传说中的三山，雁荡山、庐山、黄山广为流传的三山，还有普陀山、五台山、九华山、峨眉山等佛教名山，龙虎山、青城山、崂山、茅山等道教名山，更有武夷山、三清山、张家界、九寨沟等许多风景名胜；大川文化，有长江黄河，以及分布在东西南北中美丽的江湖河海溪池沟渠等；古迹文化，有故宫长城，以及遍布全国各地的古代建筑遗存遗址等；美食文化，有鲁、川、苏、粤、闽、浙、湘、徽八大菜系，还有到处与众不同的风味小吃和特产。此外，还有令人心驰神往的西藏、云南、青海、新疆、内蒙古等边疆风情文化。

综合文化：龙文化、凤文化、节日文化、炎黄文化、太极文化、都市文化、市井文化、装饰文化、色情文化、武侠文化、海盗文化、红色文化、黄色文化、白色文化、方位文化、生日文化、面子文化、命理文化、神秘文化、和谐文化等。

中国的文化现象，错综复杂，丰富多彩。以上的简单罗列（不完全统计，归类也不尽合理，方便展示而已），意在更好地说明中国文化确实具有审美的多样性，是多元的统一，是与审美观念混融相合的，都是中国美学值得研究的。在笔者看来，所谓文化就是一种习俗，一种讲究，一种特色，甚至是一种偶然的怀念，是人类所创造的物质与精神财富的化身。尽管中国文化丰富多样，千差万别，仍凸显出较为共同的审美特质：尚中、崇正、求吉、趋和、美化、和谐。从文化与审美乃至美学的关联，我们不难进一步体悟到：所谓的中国美学，既是中国思想观念的美学化，也是西方美学理论的中国化。这种中西结合的学术模式，未来还是必须回到中西结合的环境之中，才能大放异彩，服务全人类！实事求是地说，无论是哲学、文学，还是美学，从根本上看是没有中西之分的，是不应该有国别的。

（三）中国美学研究未来图景展望

人类已经步入二十一世纪，在这个新的千年历史中，中华审美文化仍将涌现出生机活力。种种迹象表明，中国文化正开始登上世界的舞台，展现其亲和圆融的魅力，给全人类带来福音。随着中国经济的腾飞，势必掀起一场场更高更广的中国文化热，将会有更多的外国人在掌握汉语言的基础上，继续走近和理解中国文化，甚至是研究和运用中国文化。我们有理由相信，未来的社会里中国文化将与更多不同国家、民族、地区的文化碰撞交融，谱写崭新的文化历史篇章。在百年未有之大变局中，展望不久的未来，中国审美文化研究将有可能取得一系列改变和突破。

其一，理论上会有所创新和突破。过去的几十年，基本上处于研究的起步阶段，各种条件都很不成熟，尤其是在思想上容易走极端，或过于西学化，或过于马列化，或过于传统化，或逃脱不了意识形态的哲学思维范式，缺乏能自成体系的当代中国化。而这种情况正在逐步改变，随着社会思想环境的改变，全球化进程的加快，研究人员整体素质的提高和人员队伍的壮大，文化思想势必得到更充分的交流和整合，也就更有取得理论成就的可能。

其二，内容上会更偏重审美文化本身。即使到现在，美学的研究仍然是偏重学术理论而忽略审美文化，往往过多地把政治、经济、教育等因素强加在文化之上，使得文化带有思想的色彩，也就自然地打上国家、民族、阶级的烙印。而在研究上则出现两种普遍的现象：一是玩文字游戏，严重脱离实际，使得官方文化与民间文化脱离，学者研究与民众生活脱离，导致学术与文化的发展弊端重重，严重缺乏人性化的研究和继承；一是搞文化经济，表面上看似开始重视文化，其实质是希望借助文化宣传品牌、拉动旅游、带动经济，结果是在某种程度上破坏了文化的价值。而在未来随着学者与民众视野的开阔，理解的成熟，势必改变以往幼稚愚蠢的行为，更好地保护和运用文化，使文化真正能够跨越各种局限，展现富有人情味的本身。

其三，形式上会更注重审美文化智慧。很久以来，所谓的研究就是通过运用许许多多相关的文字材料来展现某种真实或推导某种理论。这样的研究模式，导致研究者的成果只能是从文字到文字，从材料到文章,很少能不做长篇大论而取得重大成就的。这种模式愈演愈烈,导致研究成果评判中的以量取胜。即使说是以质取胜,也免不了要出版数万乃至数十万言。这种研究和评判方式,固然有可取之处,也是不得已而为之。从某种意义上说,也是学术陷入功利主义境地的缘故。长此以往,学术产品必将淹没我们的思想视野,也会让我们的研究进退两难。对于中国审美文化研究,更应该尽早摆脱那种研究模式的束缚,方能做到"取其精华,弃其糟粕",获得中国文化的高超智慧。只要中国审美文化得以深入研究,文化体验与研究会密切联系,知识性的文化成果将无法令人精神满足,因此人们开始注重文化智慧是极有可能的。

其四,方式上会更看重合作交流。大陆的学者,大多是单打独斗,很难形成团队合作研究;即使是已凝成的学术团队,也很难就某一个重要项目课题开展分工合作。以往的许多重大项目,往往是一个具有研究实力的主持者,带领一批年轻的教师或研究生在完成。很少出现强强联合,也就是说同一专业领域的专家很少能合作解决学科中某一研究方向的重要问题。这就导致一些严重后果:一些重大学术问题的研究成果不尽如人意,甚至因此而丧失对该问题的继续研究;或者是不得不再重复研究,结果又差不多,实在是劳民伤财。再者,许多学者的研究是处于封闭或半封闭的,急于查找各种资料,急于完成必须出版的书稿,很少就某些学术难题与他人研讨,很少关注当下的现实问题,既不合作又无交流,以致研究成果质量不高,或者说达不到应有的高度。随着时间的推移,所有不负责任造成的缺陷越来越明显。随着不同思想文化交流的加快,这些缺陷产生的恶果也会变得明显。那时,学者的良知就能再重新唤醒,文化研究也势必朝着团队合作和中外交流的方向发展。

其五,方法上会更趋向学科交叉。以往的文化研究方法比较单一呆板,这是受限于文、史、哲等学科分野的缘故。现在,大多数学者能够意识到,单一学科的研究方法是很难取得突破的。在中国学术与文化研究方面，人们也能意识到传统治学方法的重要。不过，由于目前仍然处于传统治学不到位、多学科交叉艰难的困境中，很难取得重大学术成果。近十几年来，中国的博士后在科研选题上开始强调跨学科，已初步取得成效。可以预见，随着后备研究人才素质的提高，尤其是一批专研中国学术文化的年轻研究生，有着更为扎实的国学基础和宽广的学科知识，中国审美文化研究将有可能在多学科交叉的研究态势下取得重大成果。

其六，成果上会更显得具体深入。随着研究队伍的不断壮大，研究人员也越来越专业化，这就有可能实现：一是对许多较为细小问题分开加以专题研究，使研究更加深入细致；一是联合更多有实力的学者开展特重大课题的研究，把整个文化历史的过程描述得更清楚，把某一文化的真相还原得更真实。我们也期待着，能有一批博学善思而又公正不俗的学者，以学术证伪和纠错为己任，严格肃清学术文化研究史上的垃圾，还文化研究一片纯净的天地。

其七，机构上会更侧重项目研究。随着中国文化热的兴起，与中国文化相关的机构也会增多。跟以往不同的是，这些机构将会采取定活两便的方式，以项目课题聘请有研究能力的人才共同完成，真正做到问题研究的跨国界、全球化、专业化。机构里也会出现固定编制以外的特聘、短聘、客座、讲座等教授人员，不求所有，但求所用，有利人才的整合流动。

其八，运用上会变得更灵活自如。研究与运用是分不开的，中国审美文化研究也是能派上用场的。中国文化本身具有许多对人修身养性、治病强身有益的成分，这也将被更多人所发现。其中，还有许多与经济贸易相关的，都可以加以合理利用。只要不是依靠损害文化本身来牟取经济利益的，就能促进文化的发展，也能服务于人类生活，让人们过得更加幸福快乐。对于外国人而言，只要深入接触并研究中国文化，相信都会有所收获。不同文化背景的人，一旦喜欢上中国文化，反而能够运用得更加灵活自如。这也是我们所期待的，让大多数人灵活运用中国文化而受益终生!

因此,对于未来的中国审美文化研究,我们必须充满信心,相信前景会越来越美好!

三、中国易学与美学乃是中西学术的融通

易学是中国固有之学,美学是诞生于西方,从源头上看可谓是风马牛不相及。但经笔者研究发现:"易学与美学是有机统一的。以易学观美学,美学处处是易学;以美学观易学,易学样样是美学。倘若我们能打破学科的界限,从大哲学、大理论的角度出发,实事求是地理解历史和现实,那么就有可能找到更好地解释宇宙世界和人类现象的思想理论,使原有的知识、经验、文化、学术等融会贯通,让后来者更易于理解和运用。因此,以'审美'之心来研究易学,与以'变易'之道来研究美学,都同等重要,也同样具有无比重要的价值和意义。"[①]

(一)易学与审美有天然的联系

首先,从易学的起源、审美的本能发现两者的天然联系。易学相传起源于伏羲氏观物取象,如果要认真地推究,应该追溯到原始智人求生的本能。在这个关节点上,人类求生与求美的本能应该是趋于一致的。其次,从易学与审美的功用发现两者的必然联系。简单地说,易学的功用是趋吉避凶,追求至善至美,无疑与审美的功用是相通的,甚至是相同的。再次,从易学历史与审美文化的流变发现两者的密切联系。易学的历史,其实是一部不断研究而创新的生动历史,不同的易学理念影响着审美文化的不断流变,可以明显发现两者之间联系密切。最后,从《周易》与美学的研究成果发现两者的有机联系。从表面上看,《周易》学说是本土生成的,美学是外来的,看似差别

---

① 谢金良:《关于〈周易〉与美学的若干思考》,载《文学教育》,2014年第5期上。

明显，其实根据我们的研究成果①，可以很充分地证明两门学问之间是有机联系的，因为人们只要稍加挖掘和比较，就能找出许多联系点。由此观之，易学与审美的联系是天然的，不是后人强加的。

（二）易学与美学皆具玄学思维

首先，不从美学的角度，无法理解易学指向的审美境界。对于研究易学的人而言，相信对此都能很好理解。由于中国古代没有实际的美学学科，但许多贤哲却非常执着地追求真善美，反而使许多人忘却应该从美学的角度来理解易学。其次，不从易学的角度，无法理解美学对美的准确定义。对此，从事美学研究的人，可能会很不服气。因为不少人认为自己可以给"美""美学"下定义了。但若以易学思维思考问题的，都不会轻易给事物下定义。这跟道学、佛学的思维差不多，都知道只能方便说法，而无法究竟而彻底地说清事物的本真。从某种意义上说，易学、美学、佛学等，都是玄学思维。再次，一阴一阳之谓道与一阴一阳之谓美。正是从玄学思维的角度，笔者根据《易传》所言"一阴一阳之谓道"提出与众不同的新观点："一阴一阳之谓美"，其实是把审美主体与审美客体所形成的阴阳鱼太极图式的关系都说清楚了。顺便指出，华东师范大学哲学系 2019 级博士生王昌乐特撰一篇长达 16 000 字的文章《一阴一阳之谓美何以可能？——以"一阴一阳之谓道"章为诠释中心》，引经据典加以论证；复旦大学中文系 2019 级博士生黄瑞，也几乎同时自发撰写一篇长达 12 000 字的文章《略论易学与美学的关系——从"一阴一阳之谓美"说起》，试图在理论的层面进一步论证本人的观点②。第四，在中国，兑卦与审美的联系应该是很明显的。兑为泽，为少女，为羊，取义为"欣悦"，在八经卦中与审美的联系是最密切的。笔者曾提出自己的看法：汉字

---

① 谢金良、黄瑞：《融通之境的寻求——当代易学与美学研究史抉要》，载《周易研究》，2021 年第 2 期。

② 王昌乐和黄瑞的论文，均收入《诗性与神性——第二届中国古典美学高端论坛论文集》，复旦大学中文系主办，2021 年 11 月。

"美"可能与兑的卦象、取象乃至本义有莫大的关系。

以上四个方面看法,笔者早在2013年就提出来了①,在2020年复旦易学与美学高端论坛上又进一步从玄学思维的角度来加以认识,既是自己多年的感悟,也希望能给予易学和美学研究的同仁们以启发。窃以为,这是超凡成圣的关键。悟道悟美,非玄不可!

(三)易学与美学趋向中和之美

首先,易学与美学是可以互相贯通的,这与中西文化可以贯通本无二致。在笔者看来,易学在中国的发展流变,明显突出对中和之美的追求②;而美学在欧美的发展流变,也逐渐显出对和谐之美的追求,从总的趋势来看无疑都会趋向中和之美。其次,从某种意义上看,易学是无所不有的,美学是无所不包的,两者涉及的范围其实并无差别,同属于一个学术整体。因此,从学术研究的角度看,只关注易学或美学的研究,无疑都具有一定的片面性;大多数的学人在研究中其实都兼具易学与美学的思维,只是没有明显体现出来而已。我们有必要把潜意识开始变成显意识,才能进行更有针对性、更为全面的学术研究。否则,太专太偏的研究,到头来只是盲人摸象。再次,易学与美学,有必要作为一门新的学问,或是新的学科,重新加以建构、诠释和完善,使全人类逐渐拥有一种大致共同、共通的学术理论范式和思维方式。这个任务任重道远,离取得共识还有很长的路。我们确实已经明显意识到该新兴学科的重要性了,但是如何整合与融通,还需要有更多的研究。最后,如何寻找最佳的平衡与对称,都是易学研究与美学研究者们孜孜以求的。我们已经与民间学者开展合作研究,试图从数理科学的角度为易学的发展寻找根本理论,为美学的发展寻找新的指导图式,业已取得一些新的图式及其成果。譬如,笔者与戴长

---

① 谢金良:《易学与美学互观——关于〈周易〉与美学的若干思考》,载《第七届海峡两岸周易研讨会论文集》,2013年8月。

② 笔者曾完成课题"中和之美:《周易》与中华审美文化史论",上海社科基金一般项目,2014年立项,2020年结项。结项时评为优秀成果,主要观点详见谢金良:《〈周易〉"中和之美":中华审美文化的基因》,载《社会科学报》,2020年7月30日第5版。

坤、杨子杰联合绘制的新时代太和象数图早在2018年首届复旦易学名师论坛上就公之于世了，但如何阐释和运用推广还有一段路要走。我们也真诚希望新的图式，能从根本上改变人们的易学观念和审美观念，为未来人类寻找更美好的未来！根据以上四点，可以发现：追求中和之美，既是中国古圣先贤不断梦想追求的，也是被我们新绘就的易学图式所证明的，可谓是易学与美学融通的趋向。基于此，笔者认为易学与美学的研究必将是前景光明、魅力无限！因为，易学与美学的研究，除了走向融通，别无他途。

四、余　　论

在对中国易学、中国美学、中国易学与美学都有所了解的基础上，我们不难发现这些研究方向都与中国哲学有密切的联系，但一直以来都不是中国哲学研究的主流。而在笔者看来，百年未有之大变局中的中国哲学，应该要有大格局，要更加重视中国易学与美学的研究，使中国思想、中国思维、中国模式、中国话语都能在中国哲学理论体系的支撑下得到更好的阐释和传播，更好地服务于人类实现美好的生活。近来，笔者欣喜地看到中国社会科学院美学研究中心于2021年9月29日成立，中国社会科学院院长、党组书记谢伏瞻在讲话中指出："以习近平新时代中国特色社会主义思想为指导，建设中国社会科学院美学研究中心，系统总结中华美学发展的历史特征、规律和脉络，系统提炼中华美学的精髓和基因，系统梳理中华美学在人类文明发展史上的独特优势和突出贡献，深入开展美学重大理论和现实问题研究，加快构建中国特色美学学科体系、学术体系、话语体系，是一项举精神之旗、立精神支柱、建精神家园的盛举""不断提升美学研究的中国特色""努力开创中国气派、中国风格的中国特色美学研究新气象""努力把中国人'中和之美'的象征深植于全体中华儿女心中,将中华文化价值以美的形式展现于世界""开展跨学科研究,为构建中国特色美学学科体系、学术体系、话语体系作出贡献"。姜辉理事长指出今后中心的工作要"系统总结中华美学历程,深入挖掘中华美学特征,提炼中华美学精髓,把握住中华美学真善美统一的基本特征,发挥好中华美学的教育功能,积极适应人民对美好生活的向往……让'中国美'走向世界,成为中华文化的象征"。① 从这些讲话中可以领悟到,党中央已经开始重视对中国美学的研究与传播,也充分认识到研究的任务、目的及其意义。欣喜之余,笔者仍心有疑窦,主要有三方面疑虑:一是如此重要的学术任务,应该由哪些人来完成?二是如此强调"中国特色",倘若不深入研究中国易学与美学,能达到预期效果吗?三是中国美学研究如果不与中国哲学、史学、文学、考古学等研究密切配合,共同推进,能够在理论体系构建上令人满意吗?在目前的中国人文学科领域,一个突出的现象就是文史哲长期分家;而在中国哲学研究领域,易学、美学、儒学、道学、佛学、理学、实学、心学、诸子学、朱子学、阳明学……也几乎都是分崩离析的状态。而从实际上看,易学、美学都与其它中国哲学分支中的"学"密切关联,也与文学、历史、艺术、文化等方面息息相关,从这些学科研究方向之间错综复杂的关系中就可以看出易学与美学在中国学术研究中的重要性和独特性。因此,在面临百年未有之大变局时,中国哲学研究应该多发挥统合的功能,尽可能找到一条线索把诸多分支的研究方向密切联系在一起,并尽量朝着让人类生活得更加和平与美好的方向前进。在笔者看来,这条线索最好的就是易学与美学的结合。

(首次发表于第二届中国哲学论坛,2021年10月29日。原载《理论月刊》,2022年第4期,第155—160页)

---

① 高莹:《中国社会科学院美学研究中心成立》,《中国社会科学报》,2021年9月30日。

后记

1994年本科毕业以来一直在高校从事教学与科研工作，至今已陆续出版多种著作并发表学术论文百余篇。早在"奔五"之际即有想法，拟在五十周岁时出版一本自选集，把自以为较好的论文汇总起来。这一想法很快得到复旦大学中文系的支持，并与复旦大学出版社匆匆签订了合同。但由于种种原因，一拖再拖，直至今年才腾出较多的时间加以编撰。

本书收录了从1997年底至2022年6月正式发表的25篇文章，大致可以反映本人近25年来在易学与美学研究方面发表的主要成果与观点（基本上不包括已出版的《穀梁传漫谈》《〈周易禅解〉研究》《审美与时间——先秦道家典籍研究》《穀梁传开讲》等专著中涉及的内容），其中有两篇关于易学与审美的论文是与博士生黄瑞合作的，考虑到这两篇文章有助于了解易学与美学的研究，经黄瑞博士同意后予以收录。本人在易学与儒佛道文化研究方面的论文，将另外结集出版。

本书是25篇已发表文章的汇总，又经过一番精心整理和编辑，大体上与发表在刊物上的文本内容一致，个别篇章有所出入。主要是个别论文选用了初稿，更能体现本人写作之初的一些想法；还有个别地方在语言表达方面再加以改正和润饰。另外，早期发表的论文在引文注释方面相对不够严格，不同刊物上发表的论文注释体例亦有所差别，因此只能重新按照著作出版的体例和范式来统一格式。总体上看仍保持观点一致，在某些方面或许更为精到。当然，重新捣腾旧作实非易事，在编撰过程中也难免会出错。如有差错和不妥，还望有识者鉴之告之！

本书在编撰和出版过程中得到不少帮助，借此衷心致谢。感谢复旦大学中文系高峰学科经费对本书出版的资助！感谢博士生刘朝元同学帮助我录入并校对了早期发表的几篇论文！感谢上海大学著名书法家赵伟平教授（笔名：白鹤）在百忙之中为本书题写书名！感谢爱人孙燕华博士和爱女谢申妍以及家人们对出版本书的支持！此外，还必须感谢一直以来对本人关心和帮助的亲人和师友们！在过去的一年里，敬爱的岳母洪素芬女士和母亲郑菊花女士相继离世，也促使我在人生无常的现实中进一步体会到致力于易学与审美教育的重要性和紧迫性。因此，我愿意先把此书献给两位平凡而又伟大的母亲！

易学博大精深，洁净精微，源远流长，包罗万象；美学亦是无所不包，无所不有，融贯中西，会通古今。中国古代的易学名家，大多致力于追求中和之美，希冀超凡成圣或者修炼成仙或者涅槃成佛，以求臻于尽善尽美的理想境界，从根本上看乃是易学与审美的有机结合。中国易学与美学的独特之处，或许能对西方美学的发展提供有益的启示，也能对中国易学的发扬指明正确的方向。生活需要易学，也需要美学，当易学与美学走进我们的日常生活中，短暂的人生将获得更多的智慧和快乐。有鉴于此，但愿本书的出版，能够引领更多的读者开始耕耘易学与美学的园地，并收获许多幸福的花果！

是为记。

谢金良

2022 年 10 月 10 日写于福建安溪美山后书房

图书在版编目(CIP)数据

《周易》与审美文化论稿/谢金良著.—上海:复旦大学出版社,2022.12
ISBN 978-7-309-16299-8

Ⅰ.①周… Ⅱ.①谢… Ⅲ.①《周易》-审美文化-文集 Ⅳ.①B221.5-53

中国版本图书馆 CIP 数据核字(2022)第 120543 号

《周易》与审美文化论稿
谢金良 著
责任编辑/刘 月

复旦大学出版社有限公司出版发行
上海市国权路 579 号 邮编:200433
网址:fupnet@fudanpress.com http://www.fudanpress.com
门市零售:86-21-65102580 团体订购:86-21-65104505
出版部电话:86-21-65642845
江阴市机关印刷服务有限公司

开本 890 × 1240 1/32 印张 13.375 字数 360 千
2022 年 12 月第 1 版
2022 年 12 月第 1 版第 1 次印刷

ISBN 978-7-309-16299-8/B·756
定价:78.00 元

如有印装质量问题,请向复旦大学出版社有限公司出版部调换。
版权所有 侵权必究